La imagen ausente

La imagen ausente

**El cine mudo argentino
en publicaciones gráficas.
Catálogo
El cine de ficción (1914-1923)**

teseo

Mafud, Lucio
La imagen ausente : el cine mudo argentino en publicaciones gráficas : catálogo : el cine de ficción, 1914-1923 / Lucio Mafud. - 1a ed . - Ciudad Autónoma de Buenos Aires : Teseo, 2016.
576 p. ; 23 x 15 cm. - (Investigaciones de la Biblioteca Nacional)
ISBN 978-987-723-096-3
1. Cine. 2. Cine Argentino. 3. Directores. I. Título.
CDD 791.4309

[∰]

teseo t

© Editorial Teseo, 2016
Buenos Aires, Argentina
ISBN 978-987-723-096-3
Editorial Teseo
Hecho el depósito que previene la ley 11.723
Para sugerencias o comentarios acerca del contenido de esta obra, escríbanos a: **info@editorialteseo.com**
www.editorialteseo.com

Director de la Biblioteca Nacional: Alberto Manguel
Subdirectora de la Biblioteca Nacional: Elsa Barber
Director de Cultura: Ezequiel Martínez

Área de Investigaciones Biblio-hemerográficas: Cecilia Larsen, Emiliano Ruiz Díaz, Andrés Tronquoy
Área de Publicaciones: Sebastián Scolnik
Diseño de tapas: Alejandro Truant
Ilustración de tapa: Eliseo Viola

Índice

DEDICATORIAS

A mi viejo, por dejar un recuerdo entrañable.

A mi vieja, entre muchas cosas, por haberme llevado de muy pibe a ver *La diligencia*, de Ford.

A María Pia López y a Horacio González, por haber impulsado proyectos de investigación de convocatoria amplia y democrática, que posibilitaron, entre otros, la concreción de este trabajo.

A los amigos de *La Videoteca* de Liberarte y a Octavio Fabiano, por haber permitido descubrir a diferentes generaciones de espectadores una inmensa diversidad de cineastas y películas.

Presentación

De una zona entera de la producción cultural hay referencias, pero no quedan, casi, los objetos. Los films del cine mudo argentino desaparecieron. Como si se tratara de una ciudad arrasada por una catástrofe, quedan restos que los arqueólogos pueden buscar y con ellos reconstruir la forma de vida extinguida, imaginar el tipo de arquitectura a partir de los fragmentos de ladrillo, o los colores basándose en algún pigmento perdido. O quizás el conocimiento de esa ciudad perdida surja de las literaturas y las músicas que en ella surgieron y que sobre ella hablan. Algo así sucede con ese momento del cine. No están las cintas, a veces restan algunos fotogramas, otras las críticas de las revistas especializadas, otras las menciones de los estrenos o las carteleras del cine.

Lucio Mafud, investigador preciso de la historia del cine nacional, se enfrentó al desafío de reconstruir la ciudad perdida. Lo hizo a través de la búsqueda paciente y obcecada de las revistas especializadas en espectáculo y la crónica periodística. Revisó cada ejemplar y en cada rincón, anotó y fichó, para construir un original catálogo del cine mudo argentino entre 1914 y 1932. La ciudadela de aquellos filmes es reconstruida por su precisa pesquisa. Y así el lector se entera de sorprendentes películas que existieron, como las imitaciones del exitoso Charles Chaplin, imaginables bajo los títulos *Carlitos y Tripín del Uruguay a la Argentina* o *Carlitos de Buenos Aires y la huelga de barrenderos* o producciones de la Liga Patriótica.

La investigación es sorprendente y constituye un catálogo sin equivalencias: toda la información es recopilada y sistematizada y ofrecida ahora como libro. Nos cabe el orgullo de que se realizó en el marco de dos concursos de becas organizados por la Biblioteca Nacional, en años diferentes. En ambos casos, los jurados decidieron que la primera y la segunda parte de la investigación debían ser reconocidas en ese marco. El resultado no sólo justifica la elección sino la existencia misma de los concursos.

Biblioteca Nacional

Introducción

1. Presentación

La historia del cine mudo es la historia de una ausencia. En efecto, casi la totalidad de la producción fílmica de las primeras décadas del siglo se halla irremediablemente perdida.[1] Sin embargo, la producción cinematográfica argentina de esos años fue una de las más importantes de Latinoamérica, no sólo por la cantidad de films, sino por la calidad que alcanzaron algunos de ellos.

A pesar de la trascendencia histórica del cine mudo argentino, la producción total del período no está debidamente documentada. No existe ningún catálogo completo de los films producidos en la época muda y la bibliografía sobre el tema es fragmentaria.

Ante la necesidad de suplir esa falta información, realizamos un relevamiento de la producción cinematográfica nacional entre 1914 y 1932, gracias al apoyo de la Biblioteca Nacional de la República Argentina a través de las becas de investigación "Oscar Landi" (2008) y "Domingo F. Sarmiento" (2010).

Debido a la cantidad de información recopilada, hemos dividido el trabajo de investigación en dos partes: la primera abarca la producción de 1914 a 1923, en la que se centra este libro; la segunda, los films realizados entre 1924 y 1932.

2. Estado de la cuestión

Si bien no existe un catálogo completo ni una historia detallada de la producción nacional entre 1896 y 1932, diversos textos han dado cuenta de lo realizado en esos años.

Una vez concluida la etapa del cine mudo, los primeros estudios históricos que intentan establecer una cronología y una periodización de acontecimientos y figuras relevantes del período son *Historia y filosofía*

---

[1]   Debido a que el material base de la película en la época, el nitrato, tenía la particularidad de ser altamente inflamable, provocó la destrucción de depósitos fílmicos de diversas productoras y distribuidoras. Pero también la desidia y la falta de una política de preservación determinó la pérdida de la mayor parte de la producción del período.

del cine, de León Margaritt, y los artículos de Pablo Ducrós Hicken,[2] que se publican entre mediados de la década del '40 y comienzos del '50, cuando el desarrollo de un cine sonoro autóctono había logrado trascender los límites del mercado interno y se celebraba el cincuentenario de la "invención del cinematógrafo" o del nacimiento del cine nacional. Este contexto potencia la construcción de un "relato" sobre los orígenes y la evolución del cine argentino, ya sea con la intención de inscribirlo en la historia del cine mundial o con el objetivo de homenajear a aquellos que sentaron las primeras bases de un cine que con el transcurso del tiempo logró convertirse en una industria rentable.[3] Esta perspectiva determina una mirada que tiende a establecer un culto a los pioneros,[4] visión que recién comienza a ser cuestionada a mediados de la década del '90.

Luego del golpe de Estado de 1955, en un contexto de crisis del cine industrial y de cambios políticos y culturales, una nueva generación de historiadores –como Jorge Miguel Couselo y Domingo Di Núbila– escribe una serie de obras de suma importancia en la época. Por un lado, Di Núbila publica entre 1960 y 1961 los dos tomos de la primera *Historia del cine argentino*; ya con anterioridad había comenzado a escribir la biografía de uno de los nombres fundamentales del cine mudo: Federico Valle.[5] Por otro, Couselo –figura central del Centro de Investigación de la Historia del Cine Argentino– dirige, en 1958, la edición del primer texto específico sobre esta temática, *La época muda del cine argentino (Reseña biográfica).* Poco después, publica folletos sobre Leopoldo Torres Ríos (1960) y José Ferreyra (1962).[6] Además, desde las páginas de la revista *Tiempo de Cine,* intentará una suerte de diccionario de nombres fundamentales del cine argentino en su conjunto.

Sin embargo, en los trabajos más extensos, el período mudo suele aparecer como la "prehistoria", como un apéndice del cine sonoro que en el caso Di Núbila se limita a 16 páginas; o como la etapa inicial de cineastas que adquirieron gran importancia en el desarrollo del cine nacional

---

[2]   Además de un texto pionero de 1942 publicado en *La Nación* sobre los primeros años del cine argentino, este historiador escribe entre 1950 y 1955 una serie de artículos en *El Hogar* y en el Suplemento de *El Hogar,* que se inicia con "Cincuenta Años de Cine" (Ducrós Hicken, 1950).

[3]   Esta perspectiva puede observarse también en diversos reportajes y artículos sobre los participantes de ese período publicados desde fines de la década del 30 en revistas sobre el medio como *Cine Argentino.*

[4]   En este sentido no es casual que el primer capítulo sobre cine mudo nacional incluido en un libro (Margaritt, 1947) se denomine "Visión heroica de la cinematografía argentina".

[5]   Este libro recién se editará en 1996 con el nombre de *Cuando el cine fue aventura. El pionero Federico Valle.*

[6]   Posteriormente publicará sendas biografías de ambos cineastas: *El negro Ferreyra. Un cine por instinto* (1969) y *Leopoldo Torres Ríos. El cine del sentimiento* (1974).

de la década del '30 y del '40, como es el caso de Ferreyra y Torres Ríos. Esta característica perdurará hasta mediados de los años '90, con alguna excepción,[7] e incluso en las historias del cine nacional relativamente contemporáneas. Por ejemplo, en *Historia del cine argentino* (Couselo, 1984 y 1992), hay solamente 13 páginas de texto dedicadas al período mudo; en *Cine argentino: Crónica de 100 años* (García Oliveri, 1997), 21 páginas; y en *Cien años de cine* (Peña, 2012), 33 páginas.

Sin embargo, con la celebración de los 100 años del cine surge un nuevo interés por el cine mudo, que se traduce en la edición en nuestro país de diversos libros (algunos de los cuales parten de investigaciones previas), como es el caso de *Pioneros del cine en la Argentina* (1995), de Barrios Barón; *Historia de los primeros años en la Argentina. 1895-1910* (Caneto *et al*, 1996), del Seminario de Investigación del Cine Mudo Argentino;[8] *El cine mudo argentino. Las películas existentes en el archivo de Florencio Varela* (1996), del coleccionista Roberto Di Chiara; o *Cuando el cine fue aventura. El pionero Federico Valle* (1996), de Di Núbila. Un año antes de esa conmemoración aparecen los primeros artículos de Héctor Kohen (1994), y el estudio de Sergio Pujol (1994) sobre el cine de los años '20.

En la década siguiente se acrecienta por parte de los archivos fílmicos el interés por la preservación por el cine mudo, que en el caso local se expresa en la recuperación de películas nacionales encarada por el Museo del Cine[9] y Aprocinain, y su difusión por parte de Filmoteca Buenos Aires. También surgen nuevas investigaciones, entre las que destacamos el aporte de nuevos datos a partir de la consulta de fuentes de la época de César Maranghello para su *Breve historia del cine argentino* (2005) y los análisis de Héctor Kohen (2005), Irene Marrone (2003), Emilio Bernini (2000), Andrea Cuarterolo (2009) y Leonardo Maldonado (2006).[10]

3. Materiales consultados

Las mayores fuentes de información fueron publicaciones exclusivamente cinematográficas, en especial *Excelsior* y *La Película*, las primeras

---

[7]   Ver por ejemplo Museo del Cine (1980) y Martín (1983).

[8]   Este grupo de investigadores en 1992 ya había publicado en Venezuela una breve "Historia del cine mudo en Argentina. 1896-1933".

[9]   Un hito importante de este trabajo fue la edición en DVD de *Mosaico criollo* (2009), que recopila varias películas del período junto con un dossier informativo.

[10]   En esa década también se publican diversos relevamientos sobre el cine realizado en diversas provincias o regiones, que dan cuenta del período mudo, como por ejemplo Etchenique y Pena (2003), Irigaray y Molina (2003), Paralieu (2000), Sáenz (2004), Ielpi (2006), Neifert (2007) y Levinson (2011).

y las de mayor permanencia en el mercado editorial. Se trata de revistas gremiales que surgen entre 1914 y 1916, en un contexto particular de expansión de la exhibición cinematográfica, y cuyo destinatario principal no es el espectador común, sino los propietarios de las salas. Por esta razón, estas publicaciones se constituyen directamente en órganos de propaganda explícita e implícita de diversos sectores de la distribución enfrentados entre sí, que buscan imponer sus productos sobre el sector de la exhibición. En este sentido, tanto *Excelsior* –fundada por Augusto Álvarez en enero de 1914– como *La Película* –creada en septiembre de 1916 por Francisco Fernández–, son los espacios privilegiados para que las productoras nacionales publiciten sus productos o den cuenta de sus actividades, ya que son los principales medios con llegada a los dueños de los cines que alquilan estas películas.

Estas publicaciones de periodicidad semanal representan, en conjunto, la fuente de información más completa sobre la producción cinematográfica argentina del período, ya que cada una de ellas la reflejará en diversos espacios y secciones.[11]

En la hemeroteca de la Biblioteca Nacional pudimos acceder a gran parte de la colección de *La Película* que abarca entre 1919 y fines de la década del '20; consultar publicaciones cinematográficas destinadas al público en general como *Imparcial Film, Cine Universal* y *Cinema Chat*; revistas de interés general (*Caras y Caretas, PBT* y *Fray Mocho*) y diversos periódicos (*La Razón, La Montaña, La República*, entre otros).

Nuestra investigación se completa con el relevamiento de otras publicaciones periódicas preservadas en hemerotecas públicas y colecciones privadas. El listado detallado de las fuentes y los archivos consultados se encuentra al final del catálogo.

3.3. Catalogación

A partir del análisis del material citado arriba, trasladamos la información a una serie de fichas técnicas que dieran cuenta de la totalidad de la producción nacional de ficción del período abordado.

Con respecto a la organización de las fichas, hemos optado por un criterio cronológico, que permite una inmediata contextualización

---

[11] En este sentido, quisiéramos resaltar la política de conservación realizada por el grupo de trabajo de la Biblioteca y Centro de Documentación y Archivo del Instituto Nacional de Cine y Artes Audiovisuales, a cargo de Adrian Muoyo y Octavio Morelli, que permitió recuperar prácticamente la colección completa de *Excelsior*, la revista cinematográfica más antigua editada en Buenos Aires que se preserva en la actualidad, y los primeros años de *La Película*, las cuales no existían en ningún catálogo de las bibliotecas nacionales.

histórica de las películas y facilita el análisis de la cambiante producción nacional por ejemplo de un año a otro.

3.3.1. Estructura de la ficha técnica

En cada ficha hemos consignado título, título de rodaje, fecha de estreno y de exhibición privada, año de rodaje, producción, dirección, guion, intertítulos, fotografía y cámara, virados en color, laboratorios, estudios, música, distribución, duración, género, intérpretes, argumento o bien datos sobre el mismo, y locaciones. También hemos agregado comentarios sobre la información relacionada con cada film, una comparación con la bibliografía previa, y un apartado de notas y referencias.

A continuación describimos aquellos ítems que presentan características particulares.

Estreno

A diferencia de otros autores, consignamos no sólo la fecha de estreno, sino también la sala, el horario y el día. Este último dato es importante para comprender el marco de exhibición del período porque las películas no se estrenaban en un día fijo como sucede actualmente. Había días mejores que otros, que en general se destinaban a películas extranjeras. El peor, al que quedaron relegadas muchas películas nacionales, era el lunes. Los estrenos, salvo excepciones, se realizaban a la noche. Durante el verano (en enero y febrero) no se efectuaban estrenos nacionales en Buenos Aires, debido al calor y a la falta de ventilación de los cines.

Exhibición privada

Decidimos mencionar también la fecha, el horario y la sala de la exhibición privada del conjunto de las películas del período porque permiten dar cuenta de las diferentes etapas, claramente prefijadas, de la circulación de un film dentro del sistema de exhibición. Estas exhibiciones, destinadas a los propietarios de las salas que eventualmente podían alquilar el film y a la prensa, que posibilitaba su promoción, se realizaban en su mayoría durante la mañana y en distintos días de la semana, sobre todo los domingos.

Al final del catálogo incluimos un listado de los cines donde se realizaron las proyecciones privadas y los estrenos, con su respectivo domicilio comercial.

Dirección

Al comienzo del período abordado la figura del director adquiere relevancia debido a que ese rol es ocupado por dramaturgos y directores teatrales como García Velloso, Mertens, Defilippis Novoa, etc. De hecho, la denominación utilizada en la época para referirse a este rubro responde a una terminología teatral (*metteur en scéne* o director de escena), que comprendía en el campo cinematográfico la dirección de actores, la composición escenográfica y el vestuario, muchas veces con un total desconocimiento de los aspectos "técnicos" (iluminación, encuadre, etc.) que quedaban en manos del "operador", es decir, el cameraman y fotógrafo.[12] Recién a fines de la década del 10 surgirán una serie de directores ajenos al ámbito teatral, como José Ferreyra, Roberto Guidi, Edmo Cominetti, entre otros, que en mayor o menor medida propondrán un estilo narrativo, un modelo de actuación y de redacción argumental más "específicamente" cinematográfico, influenciados por la modernidad estética del cine estadounidense.

Ahora bien, es importante destacar que, más allá de la importancia que se le otorga a la figura del director en muchas obras del cine nacional, en otras –especialmente entre 1916 y 1917– se trata de una categoría difícil de determinar porque permanece oculta bajo el peso del productor (el editor), del guionista (el autor o argumentista), del fotógrafo (el operador) o incluso del actor, rubros que le disputan implícitamente la "autoría" o bien la relevancia en la obra. Pero también porque, otras veces, su función no parece estar claramente delimitada del rol de jefe de producción o de "operador".

Intertítulos

Durante el período mudo las películas contaban con leyendas o títulos que describían situaciones y personajes de la trama, o reproducían diálogos, e incluso letras de canciones. En algunos casos estaban enmarcados en cuadrículas con guardas decorativas y acompañados de dibujos alusivos. En nuestro país había talleres dedicados a la confección de intertítulos en castellano para algunas de las películas extranjeras, y especialistas dedicados a adaptarlos a los modismos de nuestro lenguaje para las casas distribuidoras. Autores teatrales como González Castillo y Serrano Clavero se dedicaban a su redacción, incluso los de películas nacionales.

Este ítem aparece cuando logramos individualizar al redactor de los mismos, como así también al ilustrador de los dibujos simbólicos. En los casos en que hemos podido recuperar fragmentos de los intertítulos originales, o bien comentarios sobre los mismos, se transcriben al final del resumen argumental.

---

[12]   De ahí la importancia para las producciones nacionales, de contar con operadores de talento como Martínez y Gunche o Francisco Mayrhofer.

Virados en color

A pesar de que las películas mudas se rodaban en blanco y negro, desde sus comienzos se desarrollaron diversas técnicas para incorporar color a las copias reveladas, por ejemplo a través de la coloración a mano de los fotogramas, o de la inmersión de fragmentos o la totalidad de la película en determinadas tonalidades ("virado" y "tintado"). Estos dos últimos procedimientos fueron utilizados extensivamente en el cine mundial del período.[13]

Aunque esto era algo común en la época, solo hacemos mención a los virajes en aquellos casos en los cuales pudimos confirmar su utilización, ya que no podemos asegurar que todas las producciones nacionales lo hayan incorporado, como así tampoco que se aplicara en la totalidad de un film o solo en algunas escenas. Las características de los virados en color se describen en las notas al pie de este ítem o bien después de la transcripción del argumento de un film.

Estudios

Las productoras de ficción debían contar en general con "teatros de pose" al aire libre, algunos con juegos de cortinas y toldos, o cubiertos con techos y paredes vidriados que permitieran impresionar escenas de interiores con luz solar. De ahí que el espectador observara muchas veces "ondular las paredes por efectos del viento al batirse contra las telas del decorado" ("Cinematografía", 1917), o bien que durante la filmación el director tuviera que suspender una escena debido al paso de una nube que cubría el sol. Sin embargo, algunos estudios como Ortiz Film, Cóndor Film, o el de Mario Gallo afirmaban ya en 1917 que contaban con luz artificial para realizar toda clase de trabajos cinematográficos de día y de noche.

En este ítem damos cuenta de las "galerías de filmación" que se utilizaron en los films y de su domicilio. Los estudios podían pertenecer tanto a la productora que financiaba el proyecto como a los talleres cinematográficos que eran contratados por estas.

Música

El cine mudo nunca fue completamente mudo. Los films de la época eran exhibidos con un acompañamiento musical ejecutado y seleccionado por una orquesta o un pianista. Los programas que se entregaban a la entrada de los cines solían consignar el repertorio musical que

---

[13] De ellos da cuenta, por ejemplo, un artículo de *La Película*: "hay escenas que requieren virajes o colocaciones para darles cierto carácter o realzar su belleza [...] Las escenas de noche, por ejemplo, suelen tener una coloración azul para los exteriores y rosa o anaranjada para los interiores" (A.J.B., 1917).

acompañaba el film. A partir del relevamiento de 37 programas de los que disponemos, de las salas de la ciudad de Buenos Aires y La Plata del período abordado en este tomo, vemos que el repertorio se caracterizaba –entre 1914 y 1919– por una selección de música "culta" europea del siglo XVIII, y principalmente del XIX y comienzos del XX (vals, suite, sinfonía, operas, etc.), aunque también se puede observar la inclusión de la zarzuela, el pasodoble, y más esporádicamente el ragtime, el one step, el two step y el tango. En cambio, entre 1920 y 1923 se incorpora a los programas música estadounidense como el shimmy y el fox trot, y adquieren más protagonismo los estilos nacionales como el tango y el folklore, estilos que, en algunas salas, irán desplazando al repertorio más clásico. Sin embargo, es importante destacar que la prensa de la época, en forma recurrente, cuestiona que la selección musical, a cargo del director de orquesta de cada sala en particular, no siempre se adecuaba a la atmósfera y la trama de los films.[14]

En cambio, la ejecución de una partitura especialmente adaptada al film a partir de un repertorio previo, o escrita originalmente para una determinada película, es mucho más excepcional. En el caso de las películas nacionales, predomina lógicamente un repertorio autóctono, principalmente folklórico y tanguero.[15] Sin embargo, este tipo de selección musical especial, a cargo por ejemplo de compositores como Osmán Pérez Freire, Roberto Firpo o Enrique Delfino, tiende a ser escasa dentro de la producción nacional entre 1914 y 1923, y en general se ejecutaba sólo durante el estreno o en el transcurso de las primeras exhibiciones. La partitura más extensa preservada es la sinfonía del film *La última langosta* (1916), de Pérez Freire, que consta de 12 páginas.

Posiblemente la recurrencia de fragmentos de óperas italianas en el repertorio musical de los cines de Buenos Aires haya determinado, entre otras causas, la curiosa adaptación cinematográfica en nuestro país de versiones reducidas de óperas de Puccini y de Mascagni, como *La boheme* (Georges Benoît, 1919) y *Cavallería rusticana* (Mario Gallo, 1919), cuya proyección estaba en su totalidad acompañada con música y

---

[14]   "Ocurre – y eso lo habrán notado infinidad de veces nuestros lectores- que mientras la tela proyecta un asunto cómico los otros *ejecutan* con toda exactitud, el trozo más triste de la 'Bohéme', 'Pagliacci', 'Cavalleria', etc., etc., y vice versa" ("La música y el cine", 1919). "En cambio, en plena tragedia, cuando los protagonistas lloran amargamente, irrumpe la orquesta con un two step o una marcha a pleno tambor batiente, con lo que el público pierde la ilación de la trama" ("¿Por qué se descuida tanto la música...?", 1922).

[15]   Este estilo musical incidirá incluso sobre la trama de films nacionales como es el caso de *Violeta o La reina del tango* (1917), *El tango de la muerte* (1917), *Milonguita* (1922), entre otros.

canto a cargo de los propios intérpretes líricos del film que sincronizaban sus voces con la mímica de la pantalla.

Por último, es importante resaltar que en la época se editaron partituras cuyos títulos remitían a películas nacionales de éxito, como es el caso de los valses *Nobleza gaucha* de Enrique Fitte y *Sombras de Buenos Aires* de Antonio Bonavena, que se compusieron posteriormente y no hay constancia de que hayan sido ejecutadas en alguna proyección.

En este ítem hacemos referencia a cualquier información sobre el repertorio musical y sus ejecutantes, incluso cuando la selección musical no era la prevista por la producción del film.

Género

Aquí tendemos a transcribir las categorías genéricas que utilizan las crónicas de la época y las publicidades.

Duración

En el cine mudo la duración de los films no estaba consignada en minutos como sucede actualmente. En la información recogida conviven tres criterios para medir la extensión de un film.

En primer lugar, predomina el metraje (la cantidad de metros de película que posee un film) como medida de duración. Ahora bien, aunque en todos los casos realizamos la conversión a minutos tomando como referencia el formato (35mm) y una cantidad de fotogramas por segundo estimativa (16), es importante destacar que su resultado es solo aproximado, ya que la velocidad de proyección en las salas era sumamente variable (por ejemplo, desde los 16 a los 20 fotogramas por segundo), alterando de esta forma su duración.[16]

Por otro lado, convive con el metraje la mención a los "actos" de un film. Esta medida de duración resulta, según las fuentes de la época, tan imprecisa que optamos por evitar cualquier tipo de conversión, ya que, por ejemplo, mientras las bases de un concurso de argumentos en 1918 indican que 5 actos corresponden a 50 minutos ("Concurso de argumentos", 1918), un programa cinematográfico de 1914 informa que un determinado film de 2 actos equivale a 30 minutos,[17] o en 1926 un cronista describe el primer acto de un film con una duración de 8 minutos ("Como descuidamos el espectáculo...", 1926). Si bien generalmente se señala que un acto equivale aproximadamente a un rollo de 300 metros de celuloide (16 minutos a 16 fotogramas por segundo), esto no implica que todas las

---

[16] En este sentido, resulta oportuno señalar que la percepción de un cine mudo caracterizado por imágenes aceleradas es errónea, producto de la proyección de películas mudas a la velocidad de los proyectores del sonoro, es decir a 24 fotogramas por segundo.

[17] Smart Palace, viernes 15 mayo 1914, matiné.

películas utilizaran para su impresión exactamente la totalidad de ese metraje en cada acto, por lo cual resulta difícil determinar la duración en minutos de films en su gran mayoría perdidos. A su vez, el término *acto* en algunos casos parece remitir más a una división de la estructura narrativa que a una medida de duración.[18]

Finalmente, en gran parte de los programas cinematográficos de los que disponemos, la extensión de una película está determinada por la cantidad de "partes". Sin embargo, nuevamente nos encontramos ante un término impreciso cuyo parámetro son los "actos" de un film. En general, cada acto está compuesto por una cantidad variable de tres a cinco partes.

Ahora bien, esto plantea un problema porque, analizando aquellas películas que incluyen varios sistemas de medición, no se puede hacer una correlación coherente entre uno y otro sistema. Por ejemplo, mientras que *Bajo el sol de la pampa* y *Resaca*, con un metraje de 3.600 y 3.500 metros, tienen 24 y 35 partes respectivamente, dos films de 6 actos como *Milonguita* y *El remanso* poseen 1.600 (88 min) y 2.000 metros (110 min) respectivamente.

Por lo tanto, para calcular la duración de un film optamos por la medida más exacta que es el metraje, con una conversión en minutos según una velocidad de proyección estimada de 16 fotogramas por segundo. Cuando no existen registros de los metros, citamos la cantidad de actos y/o de partes, sin hacer ningún tipo de conversión.

Por último, es importante destacar que muchas veces, cuando una película era comercializada tiempo después de su estreno, podía cambiar su duración. Cuando tenemos datos ciertos sobre modificaciones, damos cuenta de ellas en el ítem "Comentario". En el caso de que los datos de la duración provengan de exhibiciones posteriores porque no existe información de la época del estreno de un film, se consigna en una nota al pie la fecha y la fuente de la obtención de la información.

Argumento o datos del argumento

Inicialmente habíamos planeado incluir una breve sinopsis (una *plot line* de 3 a 5 líneas) del argumento de cada film. Sin embargo, hemos decidido transcribir, a partir de las críticas, folletines, publicidades y otros materiales, toda información referente al argumento. En la mayoría de los casos optamos por respetar la redacción de la época, ya que muchas veces las publicaciones periódicas copian los resúmenes de los argumentos distribuidos en la prensa por las propias productoras. En algunos,

---

[18] Por ejemplo, se promociona *La última langosta* como un "emocionante drama nacional en 3 actos. 4000 metros" (Publicidad de *La última langosta*, 1916), que equivalen a 219 minutos.

solamente pudimos obtener datos de algunas escenas o descripciones de los personajes, en otros la transcripción de un intertítulo, o la descripción del estilo fotográfico o de montaje. La razón de esta decisión tiene que ver con la inexistencia física de la gran mayoría de los films de la época y el escaso registro de los argumentos por parte de la bibliografía previa, lo que hace imposible un modelo regular de sinopsis.

Sin embargo, hemos decidido excluir en la trascripción las reseñas críticas o los juicios valorativos, privilegiando solamente el contenido informativo.

Comentario

En este ítem incluimos toda la información adicional sobre el film que consideramos relevante. Por ejemplo, detalles sobre la producción, datos sobre el director o el guionista, etc. También abordamos aquí la información sobre la distribución y la exhibición tanto nacional como internacional, atendiendo a su recorrido por los circuitos de exhibición a lo largo de los años.

Comparación con la bibliografía específica

Aquí hemos marcado las contradicciones que aparecen entre nuestros datos y la información vertida en obras históricas sobre el período estudiado. Hay que tener en cuenta que es muy común que los textos transcriban datos erróneos de obras previas, sin haber establecido un relevamiento exhaustivo de las fuentes de la época, o bien que se confíe en una sola fuente, sin cruzarla con otras que podrían contradecirla. Es importante destacar que la información sobre el período dependía muchas veces de la memoria oral de los cineastas o actores, de los recuerdos muchas veces difusos de algunos historiadores que fueron espectadores y participes tangenciales de ese cine.

Bibliografía

A.J.B. (1917): "La industria cinematográfica vista desde el punto de vista técnico", en *La Película* n° 43, Buenos Aires, 19 jul. 1917, p. 15.

Barrios Barón, Carlos (1995), *Pioneros del cine en la Argentina*, Buenos Aires, Ed. del Autor.

Bernini, Emilio (2000): "Escenas callejeras. La ciudad en el cine argentino 1919-1943", en *El Matadero* n° 2, Buenos Aires, Facultad de Filosofía y Letras.

Caneto *et al* (1996), *Historia de los primeros años del cine en la Argentina. 1895-1910*, Buenos Aires, Fundación Cinemateca Argentina.

CIHCA [Centro de Investigación de la Historia del Cine Argentino] (1958), *La época muda del cine argentino (reseña biográfica)*, Buenos Aires, Ed. Cinemateca Argentina, 2° ed.

——(1960), *Leopoldo Torres Ríos*, Buenos Aires, Ed. Cinemateca Argentina.

——(1962), *José Agustín Ferreyra (1889-1943)*, Buenos Aires, IV Festival Cinematográfico Internacional de Mar del Plata.

"Cinematografía" (1917), en *La Vanguardia*, Buenos Aires, 3 abr. 1917.

"Como descuidamos el espectáculo cinematográfico" (1926), en *Revista del Exhibidor* n° 2, Buenos Aires, 30 jul. 1926, p. 9.

"Concurso de argumentos" (1918), en *Excelsior* n° 232, Buenos Aires, 21 ago. 1918, p. 981.

Couselo, Jorge Miguel (1969), *El negro Ferreyra. Un cine por instinto*, Buenos Aires, Freeland.

Couselo, Jorge Miguel (1974), *Leopoldo Torres Ríos. El cine del sentimiento*, Buenos Aires, Corregidor.

——(1992), "El período mudo" en *Historia del cine argentino*, Buenos Aires, Centro Editor de América Latina.

Cuarterolo, Andrea (2009), "Los antecedentes del cine politico y social en la Argentina (1896-1933)" y "Primeros debates y reflexiones en torno al cine nacional", en *Una historia del cine político y social en Argentina (1896-1969)*, Buenos Aires, Nueva Librería.

Di Chiara, Roberto (1996), *El cine mudo argentino. Las películas existentes en el archivo de Florencio Varela*, Buenos Aires, Ed. del Autor.

Di Núbila, Domingo (1996), *Cuando el cine fue aventura. El pionero Federico Valle*, Buenos Aires, Ediciones del Jilguero.

——(1998), *La época de oro del cine argentino*, Buenos Aires, Ediciones del Jilguero.

Ducrós Hicken, Pablo C. (1942): "Primeros tiempos del cine argentino", en *La Nación*, Buenos Aires, 5 abr. 1942.

——(1950): "Cincuenta Años de Cine", en *El Hogar* n° 2144, Buenos Aires, 15 dic. 1950.

——(1954a): "Orígenes del cine argentino. Tiempo precinematográfico, en Suplemento de *El Hogar* n° 6, Buenos Aires, 12 nov. 1954.

——(1954b): "Orígenes del cine argentino. Un hombre providencial: Eugenio Py", en Suplemento de *El Hogar* n° 10, Buenos Aires, 10 dic. 1954.

——(1955a): "Orígenes del cine argentino. Nuevas etapas", en Suplemento de *El Hogar* n° 14, Buenos Aires, 7 ene. 1955.

——(1955b): "Orígenes del cine argentino. Una realidad apasionante", en Suplemento de *El Hogar* n° 18, Buenos Aires, 4 feb. 1955.

——(1955c): "Orígenes del cine argentino. Después de *Nobleza Gaucha...*", en Suplemento de *El Hogar* n° 22, Buenos Aires, 4 mar. 1955.

——(1955d): "Orígenes del cine argentino. La etapa de *Una Nueva y Gloriosa Nación*", Suplemento de *El Hogar* n° 26, 1° de abril.

Etchenique, Jorge y Pena, Cristhian (2003), *Apuntes para una historia del cine en el territorio nacional de La Pampa*, Ministerio de Cultura / Gobierno de La Pampa.

Félix-Didier, Paula y Peña, Fernando [coord.] (2009), *Mosaico Criollo. Primera antología del cine mudo argentino. Dossier*, Buenos Aires, INCAA-Gobierno de la Ciudad.

García Oliveri, Ricardo (1997), "El período mudo", en *Cine argentino: Crónica de 100 años*, Buenos Aires, Manrique Zago Ediciones.

Ielpi, Rafael Oscar (2006), "El cine: una novedad. Capítulo 10", en *Rosario, del 900 a la "década infame".* Tomo IV, Rosario, Homosapiens.

Irigaray, Fernando y Molina, Héctor, *Aproximación a la producción cinematográfica rosarina*, http://www.bdp.org.ar/facultad/catedras/comsoc/comaud1/2003/01/ aproximación a la p...19/08/2010.

Kohen, Héctor (1994): "1900-1920", en *Film* n° 10, Buenos Aires, oct.-nov. 1994.

——(1994), "La crisis de la modernización. La oligarquía argentina en el período 1908-1919", en *Arte, historia e identidad en América Latina*, México, UNAM.

——(2005): "Algunas bodas y muchos funerales", en *Cuadernos de Cine* n° 5, Buenos Aires, mar. 2005, INCAA.

Levinson, Andrés (2011), *Cine en el país del viento. Antártida y Patagonia en el cine argentino de los primeros tiempos*, Viedma, Fondo Editorial Rionegrino.

Maldonado, Leonardo (2006), *Surgimiento y configuración de la crítica cinematográfica en la prensa argentina (1896-1920)*, Buenos Aires, iRojo Editores.

Maranghello, César (2005), *Breve historia del cine argentino*, Barcelona, Laertes.

Margaritt, Teo de León (1947), "Vida heroica de la cinematografía argentina. Séptima parte" en *Historia y filosofía del cine*, Buenos Aires, Impulso.

Marrone, Irene (2003), *Imágenes del mundo histórico. Identidades y representaciones en el noticiero y el documental en el cine mudo argentino*, Buenos Aires, Biblos / Archivo General de la Nación.

Martín, Jorge Abel (1983a), "Suplemento 1: Cine argentino. Historia. Documentación. Filmografía", en *Cine Libre* n° 6, Buenos Aires.

——(1983b), "Suplemento 2: Cine argentino. Historia. Documentación. Filmografía. El período intermedio", en *Cine Libre* [n° 7?], Buenos Aires.

Museo del Cine "Ducrós Hicken" (1980), *Aquellos tiempos del biógrafo*, Buenos Aires, Museo del Cine "Ducrós Hicken".

"La música y el cine" (1919), en *Imparcial Film* n° 13, Buenos Aires, 20 mar. 1919.

Peña, Fernando (2012), *Cien años de cine argentino*, Buenos Aires, Biblos.

"¿Por qué se descuida tanto la música en nuestros cines?" (1922), en *Última Hora*, Buenos Aires, 1° sep. 1922, p. 3.

Programa del Smart Palace, viernes 15 mayo 1914, matiné.

Publicidad de *La última langosta* (1916), en *Fray Mocho* n° 222, Buenos Aires, 28 jul. 1916.

Pujol, Sergio (1994), *Valentino en Buenos Aires. Los años veinte y el espectáculo*, Buenos Aires, Emecé.

Sáenz, Sebastián (2004), *El cine en Córdoba. Catálogo de la producción cinematográfica 1915-2000*, Córdoba, Ferreyra editor.

SICMA [Seminario de Investigación del Cine Mudo Argentino] (1992), "Historia del cine mudo en Argentina. 1896-1933", en *Cine latinoamericano (1896-1930)*, Caracas, Fundación del Nuevo Cine Latinoamericano.

PANORAMA DEL CINE MUDO ARGENTINO
(1914-1923)

Un nuevo comienzo

La noche del sábado 12 de diciembre de 1914, el Teatro Colón fue el escenario de una función inédita. A beneficio de la obra de la Asociación del Divino Rostro y con la presencia del propio Presidente de la Nación y sus ministros, el templo de la "buena sociedad" porteña sirvió por primera vez de sala cinematográfica para el estreno de un film local: *Amalia,* financiado por esa sociedad de beneficencia, producido por el distribuidor y exhibidor Max Glücksmann y dirigido por el dramaturgo Enrique García Velloso. Con una entrada inusualmente cara para una función de cine, y musicalizado por la orquesta del teatro, este evento, que parecía ser un espectáculo de autocelebración de clase,[19] abrió horizontes inéditos para el cine argentino.

Es que la producción nacional de ficción se había estancado. Luego de un fugaz estallido alrededor del Centenario, casi no hubo films nacionales en los años precedentes. *Amalia* fue la única película de ficción estrenada en el año, tal como ocurrió en 1913 y en 1912.[20] Pero, a diferencia de las anteriores, la estela que *Amalia* dejaría sería mucho más importante, tanto en prestigio "artístico" como en posibilidad comercial.

La finalidad pedagógica de la película, anclada en la divulgación de una visión de la historia y de una literatura nacional afines a amplios sectores de las clases dominantes, o de la difusión de valores positivos –léase burgueses– como el "buen gusto y cultura de nuestras altas clases" ("Vida Social", 1914), le otorgaron prestigio moral y artístico al cine nacional. Este film no sólo ocupó un lugar de relevancia en las páginas de "sociales" de los grandes diarios, sino también en la sección teatral, y dio lugar a la publicación de las primeras críticas cinematográficas de una película nacional, logrando así una valoración como hecho artístico.

La influencia de *Amalia* se vislumbra en casi toda la producción del año siguiente. Por un lado, brindó nuevos bríos al cine ligado a las

---

[19]   Los actores, no profesionales, portaban los apellidos más característicos de la alta sociedad porteña, cuyas familias prestaron el mobiliario y el vestuario. La propia trama de la película se diluía en la saturación descriptiva del ceremonial histórico de la oligarquía porteña (bailes, paseos, comidas, rituales religiosos, etcétera).

[20]   *Tierra baja* (1912) y *Nelly o La primita pobre* (1913). Según Maranghello (2005), en 1914 se estrenó además *El talismán del amor,* de Adolfo Fuentes, información que no hemos podido corroborar en nuestro relevamiento de las publicaciones de ese año.

instituciones de la elite: de las siete películas estrenadas en 1915, por lo menos tres (*El tímido*, *Deuda sagrada* y *Un romance argentino*) fueron producidas por sociedades de beneficencia. Por otro lado, *Amalia* permitió vislumbrar el potencial económico del cine nacional. Con una muy escasa inversión logró, gracias al alto precio de las entradas, recaudar más de 35.000 pesos en unas pocas exhibiciones restringidas a un público aristocrático. No es casual, entonces, que un director como Julio Irigoyen, paradigma del cine de bajo presupuesto, hubiera manifestado que realizó su primer largometraje (*Espectros en las sierras*, 1915?) con 4.000 pesos, "aleccionado, estimulado por el éxito tremendo que acababa de tener la cinta *Amalia*", por la cual se cobraba quince pesos la platea. "¡Quince pesos la platea cuando en los mejores cines del centro se pagaba veinte... centavos por ver a Perla White, Carlitos Chaplin, Maciste, etcétera!" (Sherwood, 1951).

El propio productor de *Amalia*, Max Glücksmann, fue el primero en entender este potencial. A poco más de un mes de su estreno, inició la filmación de *Mariano Moreno y la Revolución de Mayo* (García Velloso, 1915), y construyó en el transcurso de ese año sus propios estudios en el barrio de Belgrano. Esta nueva producción retomaba algunas de las características de su éxito anterior, como el carácter instructivo, la temática histórica y la búsqueda de una reconstrucción realista. Pero *Mariano Moreno* se proponía trascender las limitaciones de *Amalia*, cuya exhibición en general se restringió a un público más elitista. Esta nueva producción se estrenó en salas comerciales, en las que competía con las películas europeas que hegemonizaban la pantalla local. Por otra parte, mientras que *Amalia* se nutría de actores no profesionales, para esta producción fueron contratadas primeras figuras del teatro argentino (como los Podestá o Camila Quiroga), que lograban condensar prestigio artístico y una gran convocatoria popular.

Mariano Moreno, con un presupuesto de 70.000 pesos, fue la producción más ambiciosa del cine argentino hasta ese momento,[21] y continuaría siéndolo por algunos años, si tenemos en cuenta las cifras de los capitales invertidos en películas entre 1915 y 1916, que oscilan entre los 4.000 y los 50.000 pesos. Sin embargo, el film no tuvo el éxito esperado, y los ambiciosos proyectos de Glücksmann[22] quedaron truncos; sus films

---

[21] Trescientos personajes intervenían en una reconstrucción histórica minuciosa para la que, según una reseña de León de Aldecoa en *Caras y Caretas*, "el autor tuvo desde el primer momento carta blanca para pedir escenas, la indumentaria [...] Max [Glücksmann], por su cuenta, suplementó en vez de coartar las exigencias del autor [...] y es así como se han invertido alrededor 70.000 pesos" (De Aldecoa, 1915).

[22] Glücksmann se proponía producir, en el contexto previo a los festejos del Centenario de la Independencia de 1916, una serie de films que narrarían la historia argentina desde

siguientes fueron de un presupuesto mucho menor,[23] y se retiró definitivamente de la producción de ficción en 1916.

La apuesta de Glücksmann tenía su justificación en el contexto de la época. El frustrado productor era el más importante importador de películas entre 1914 y 1915, y vio en la realización local una manera de afrontar la crisis de un mercado cinematográfico dominado principalmente, por ese entonces, por la producción europea. La Primera Guerra Mundial, como afirma Couselo (1992), había debilitado la producción de los países que hasta ese momento hegemonizaban la producción mundial (Francia e Italia), por lo que se redujo la importación de películas europeas a los mercados dependientes como Argentina y el resto de América Latina. Pero las expectativas de un aumento de la producción nacional también se enmarcan en un contexto de expansión del consumo cinematográfico en Argentina, que se puede observar en el crecimiento de la importación de films entre comienzos y mediados de la década de 1910. Por ejemplo, mientras que en 1911 ingresaron 1.600.000 metros de película, en 1913 la cifra alcanzó los 3.600.000 (Acosta, 1918). Si bien para 1914 se proyectaba la importación de una cantidad mayor, la irrupción del conflicto bélico a mediados de ese año redujo las expectativas a 3.000.000 metros. De esta manera, existía una demanda interna que de alguna forma necesitaba ser colmada y que la importación no llegaba a satisfacer.

Apogeo y caída

Fue *Nobleza gaucha* (1915), de Humberto Cairo, Martínez de la Pera y Ernesto Gunche, el film que –según Di Núbila (1998)– pareció abrir el camino a una producción nacional rentable. A diferencia de *Amalia* o de *Mariano Moreno*, los héroes de este drama campero que narraba el enfrentamiento entre un peón y un estanciero ante el rapto de una mujer eran expresión de las clases populares (un gaucho y un chacarero italiano). El éxito de este film, inscripto en la tradición gauchesca, radicaba, entre otros factores, en esa postura inclusiva, que permitía que amplios sectores sociales pudieran sentirse representados.

"la *Asamblea del año 1813*, los episodios principales de la Epopeya Emancipadora, para concluir la serie histórica con *Facundo* y la *Guerra Civil* hasta Caseros" ("Una gran novedad...", 1915).

[23]   En 1915 produjo *La flor del pago* y *Un romance argentino*, y durante 1916 estrenó *Las aventuras de Viruta y Chicharrón, Viruta y Chicharrón, Viruta y las mujeres,* y *La hija del matrero*.

Esta obra obtuvo un amplio reconocimiento por parte de la prensa, que le reconocía una calidad similar a la de las mejores producciones extranjeras, y además se convirtió en el film de mayor recaudación de todo el cine mudo argentino. Según declaraciones de su productor, Humberto Cairo –quien hasta entonces se desempeñaba como programador de la distribuidora Sociedad General Cinematográfica– logró recaudar, con un costo inicial muy inferior a *Mariano Moreno* –30.000 pesos– y en sólo dos meses de exhibición, 230.000 pesos ("A propósito del éxito...", 1915).

Las esperanzas que suscitó *Nobleza gaucha* para la constitución de una industria cinematográfica nacional están reflejadas en el discurso pronunciado por el dramaturgo José González Castillo, redactor de los intertítulos del film, durante un festival artístico en homenaje a Humberto Cairo, que se realizó en noviembre de 1915. En ese texto describe lúcidamente la dependencia económica del mercado latinoamericano al afirmar que "este monopolio del abastecimiento biográfico, en países como la Argentina, [donde] se exhiben miles de películas por día, ha originado, como es de imaginarse, una situación tan esclava como incómoda para los cinematografistas americanos, que, en el afán de la competencia y del mejor servicio, se ven obligados a pagar sumas enormes por la exclusividad de determinados films, y a depender perpetuamente del capricho y la voracidad de los productores extranjeros". En consecuencia, González Castillo incita a modo de una gesta patriótica a "independizarse del yugo", y, tomando como referencia el éxito de este drama campero, señala: "es la hora en que [...] debemos celebrar el natalicio de una industria que, librándonos de ese fuerte tributo que pagamos a Europa, creará para el país un nuevo recurso de trabajo y de dinero" ("Ecos de una fiesta", 1915).

Por otro lado, la temática de la película fue percibida dentro de la misma industria como una veta que había que explotar. El director de la revista gremial *Excelsior* publicó, en los días previos al estreno, un artículo pionero sobre la industria cinematográfica argentina (Álvarez, 1915). En él señala: "[el público] quiere ver tipos *nuestros*; ansía presenciar idilios en los mismos lugares en que casi todos hemos tenido nuestra aventura más o menos feliz; desea vivir dramas de nuestro ambiente". Por su parte, González Castillo iría aún más lejos al proponer este drama campero como el paradigma temático para el cine nacional: "como en el teatro nacional, la cinematografía argentina debía, apartándose de influencias o inspiraciones ajenas, comenzar por el gaucho, como síntesis de lo genuinamente nuestro" ("Ecos de una fiesta", 1915). En este sentido, señala González Castillo, *Nobleza gaucha* es al cine argentino lo que *Juan Moreira* de los Podestá representó para la "fundación" del teatro rioplatense.

Su influencia, de hecho, se puede constatar en la proliferación de títulos fuertemente autóctonos que se dio con posterioridad a su exitoso estreno.[24] Ya en noviembre de 1915 *Excelsior* anunciaba: "son varios los cinematografistas que se aprestan para confeccionar cintas nacionales" (Donován, 1915). Se trataba de Max Glücksmann, Humberto Cairo, Enrique Sala, Enrique Dillac, la empresa Cinematográfica Rosarina y la Sociedad General Cinematográfica. Si bien algunos de esos proyectos no llegaron a realizarse, reflejan el entusiasmo por el cine nacional, que se materializaría en un gran salto cuantitativo de la producción nacional.

No es casual que los "cinematografistas" citados fueran distribuidores, programadores y propietarios de salas, porque eran justamente ellos quienes vislumbraban las potencialidades de la producción nacional. En primer lugar, debido a las condiciones propicias generadas, como mencionamos, por la limitación de la importación de la producción europea y por el creciente interés de los espectadores hacia temáticas autóctonas, producto del suceso de *Nobleza gaucha*. Pero sobre todo, porque, como distribuidores, conocían las redes de comercialización y podían instalar esas obras como complemento de los programas que negociaban con los propietarios de los cines, mientras que como exhibidores tenían la posibilidad de colocarlas en sus propias salas.[25]

En paralelo, la "aventura" cinematográfica atraía a las más variadas "personalidades" ajenas al gremio cinematográfico: desde un "niño bien" como Carlos Dose Obligado[26] hasta un payador apodado "El gaucho Relámpago";[27] desde estudiantes universitarios[28] hasta un ex detective de investigaciones, Carlos Costa, interesado en exaltar su accionar en la resolución de un caso de asesinato.[29]

Luego del éxito de *Nobleza gaucha*, entre 1915 y 1916, algunos financistas de películas nacionales construyeron o adquirieron "galerías

---

[24]   Sólo en 1916 se estrenaron, entre otros, títulos como *...Tierra argentina!, Bajo el sol de la pampa, Alma de criolla, Por mi bandera, Carlitos en Buenos Aires* y *El general Ricardo López Jordán*.

[25]   Entre 1916 y 1917, distribuidores como Alejandro Gómez, Atilio Liberti, Atilio Lipizzi, Manuel Brugo, Raúl Mazzini, Julio Irigoyen y Héctor Quiroga, y exhibidores como José Costa, Guillermo Franchini y Pablo Landó serían los encargados de financiar en parte esa expansión de la producción nacional.

[26]   Obligado, luego de producir *La travesía de los Andes en globo* (1916), creó la Cinematografía del Río de la Plata, que llegó a estrenar seis películas entre 1916 y 1917.

[27]   Se trataba del cantor Carlos D. Nasca, quien produjo, dirigió e interpretó *Por la tradición o El gaucho Relámpago* (1917).

[28]   Por ejemplo, la exhibición de *El triunfo de un estudiante* (1917), escrito, dirigido y producido por Ángel Pascual e interpretado por otros estudiantes, fue auspiciada por la Federación Universitaria.

[29]   Costa financió, escribió, dirigió y protagonizó *El crimen de la calle Suipacha* (1916), film en el que glorificaba su propia actuación en un caso de 1901.

de filmación" y laboratorios en Buenos Aires –es el caso de Glücksmann, Martínez y Gunche, Cinematografía del Río de la Plata, Cóndor Film y Ortiz Film–, mientras que en 1917 surgieron Colón Film, Argentina Film, Austral Film, Platense Film S. A. y Talleres Cinematográficos de Mario Gallo. Otros productores carecían de esa infraestructura y se veían obligados a alquilar estudios o a asociarse con algunas de esas firmas o con modestos talleres cinematográficos para la realización técnica de sus films.

Cine, prensa, teatro

Pero esta incipiente industria debía nutrirse de otras manifestaciones culturales ya establecidas. Se observa en el período una incesante apelación por parte de los productores a figuras del teatro nacional, debido, entre otros factores, a su convocatoria popular, que quedaba explicitada en la propia publicidad de los films.[30] De hecho, los trabajos de filmación de muchas de las películas realizadas entre fines de 1915 y 1917 debían adecuarse a los horarios libres de los intérpretes, mientras que la filmación de otras coincidía en parte con el fin de la temporada teatral en Buenos Aires, entre enero y marzo, y el rodaje en exteriores se trasladaba a los sitios donde los actores pasaban sus vacaciones o realizaban sus giras.

Por otro lado, el gremio teatral se sentía atraído por este nuevo medio. Así, la actriz Felisa Mary recordaba, en la década de 1940, las palabras de Roberto Casaux en relación con su rol protagónico en L'América (1916), que daban cuenta de un imaginario que circulaba alrededor del cine a fines de 1915: "después de esto... ¡la gloria, la riqueza!" (Mauros, 1941). El triunfo económico y la fama internacional asociados a los *stars* de las más importantes industrias cinematográficas extranjeras –muchos de ellos provenientes del teatro–, sumados al suceso de *Nobleza gaucha* en el mercado interno, parecían corroborar estas aspiraciones.

Esa atracción por el cine se inscribía también en el marco de un continuo crecimiento del consumo cinematográfico en nuestro país,[31] expansión que terminó por acentuar una tendencia que ya se perfilaba desde 1912, en la que el cine asumía la hegemonía del ocio cultural en Argentina y relegaba al teatro a un lejano segundo plano.[32] Frente a la

---

[30]   Por ejemplo, se afirma que en ...*Tierra argentina!* (1916) "toman parte los más aplaudidos artistas de la Capital" o que *L'América* (1916) es "genialmente interpretada por el popular actor Casaux" (Publicidad de ...*Tierra argentina!*, 1916; Publicidad de *L'América*, 1916).

[31]   La importación de películas pasó de 3.000.000 de metros en 1914 a 4.200.000 metros en 1915 y 5.700.000 metros en 1916 (Acosta, 1918).

[32]   Según estadísticas de la ciudad de Buenos Aires, mientras que en 1911 las cifras de concurrentes a representaciones teatrales (6.128.898 asistentes) eran superiores a las de

posibilidad de un espectáculo más económico –en la medida en que "por el dinero con que uno saca una platea en cualquier biógrafo no tiene ni para sacar una entrada a paraíso aun en el teatro que cobra menos las localidades"–, y a la vez menos centralizado –ya que "ha llegado a todos los rincones de la ciudad, mientras que los teatros han formado un barrio aparte que no es precisamente en los suburbios" (Moccio, 1916)–, una parte significativa del gremio teatral incursionó en el nuevo medio en busca de importantes ganancias económicas.

Por un lado, los dramaturgos del teatro comercial aportaron nuevos argumentos y dirigieron y adaptaron sus antiguas obras al nuevo medio, pero también se encargaron, en algunos casos, exclusivamente de la redacción de intertítulos, e incluso, a veces, de la producción de los films de ese período. Por otro lado, la resonancia de *Nobleza gaucha*, interpretada por actores profesionales del teatro nacional, acentuó, como ya mencionamos, la gravitación del gremio teatral en torno al cine.[33] Los teatros de variedades, por su parte, incluían la exhibición de películas en sus espectáculos cómicos o musicales. Muchos de los artistas que participaban en ese tipo de representaciones[34] trasladaron luego sus personajes característicos, sus estilos interpretativos y sus danzas a la propia trama de las películas que interpretaban, que en muchas ocasiones eran, a su vez, proyectadas en los teatros donde actuaban esos intérpretes, como el Teatro Esmeralda o el Empire Theatre.

Se produjo, en definitiva, un proceso de retroalimentación, en el que el teatro se valía del medio cinematográfico para construir o potenciar la popularidad de los intérpretes teatrales, a través de la distribución de films nacionales en diversas provincias y en los países limítrofes, en algunos de los cuales realizaban sus giras,[35] mientras que el cine podía no sólo sacar rédito de la popularidad de un intérprete para colocar los films

---

exhibiciones cinematográficas (4.650.653 asistentes), a partir de 1912 esa proporción se invirtió: 7.090.110 personas asistieron a funciones de cine, y alrededor de 5.163.480 a las teatrales. En 1914 esa brecha se acentuó, ya que 12.138.529 espectadores concurrieron a los "biógrafos", y aproximadamente 3.082.357 a los teatros (*Anuarios estadísticos de la ciudad de Buenos Aires: 1891-1923*).

[33] En esos años, de hecho, debutaron en el cine Florencio Parravicini, Olinda Bozán, Luis Arata, César Ratti y María Esther Podestá. Algunos intérpretes, como Emilia Saleny, Cunill o el propio Parravicini, se encargaron, además de la dirección y de la redacción del argumento de algunos films.

[34] Por ejemplo, cómicos como José Duarte (*Cómo se casó Duarte*, 1917-1919), el dueto italiano Negri y Appiani (*El terrible Pérez*, 1917, y *Una aventura de Appiani*, 1917), Pepito Ruiz (*Alma de criolla*, 1916) y Berardo Cantalamessa (*Viruta y Chicharrón*, 1916); tonadilleras como Inés Berutti (*El conde Orsini*, 1917) y Trinidad Plá (*...Tierra argentina!*, 1916), y cantantes como Carlos Gardel (*Flor de durazno*, 1917) y Mimí D'Orleans (*La isla misteriosa*, 1918).

[35] El modelo ya lo habían ensayado actores europeos dedicados también al cinematógrafo, como Lyda Borelli, Alberto Capozzi o María Guerrero, que visitaban con sus compañías

en las salas, sino también utilizar los géneros convocantes y probados del teatro nacional (gauchesco, sainete, comedia picaresca, melodrama histórico, etcétera), con las potencialidades del nuevo formato.

El 21 de julio de 1916, el semanario *Fray Mocho* anunció los resultados de un concurso de argumentos cinematográficos, con importantes premios. El jurado estaba conformado, entre otros, por Martiniano Leguizamón y Alberto Gerchunoff, quienes eran asiduos colaboradores de la prensa periódica. La publicación, además de premiar al ganador (Enrique Miller), participó de la financiación de la película (*La última langosta*) y la publicitó ampliamente en sus páginas.

Este hecho da cuenta de la permeabilidad del cine de la época hacia una industria editorial masiva en proceso de consolidación y refleja las posibilidades que se les abrían a los escritores en el contexto de la naciente profesionalización de su oficio. Así, periodistas como José Bosch, Heredero Clarc, Eloy Buxó Canel, Joaquín Rimbau y Claudio Miranda ingresarían al cine como guionistas. Posteriormente, críticos cinematográficos como Manuel Lema Sánchez y Leopoldo Torres Ríos serían guionistas y directores.

Además de *Fray Mocho*, otras empresas editoriales incursionaron en la producción de films. El copropietario del diario *Crítica*, Alfonso Tomada, produjo *Alma de criolla* (1916), y el director del semanario *PBT*, Emilio Dupuy de Lome, participó de la transposición fílmica de una popular historieta de la revista, *Máscara-Dura* (1918).

La producción cinematográfica de la época parecía, por otro lado, hacerse eco de algunas secciones de la prensa masiva. Las caricaturas políticas constituyeron la base de muchas producciones pioneras de animación,[36] para las cuales fueron contratados los propios dibujantes de las publicaciones más importantes de este género, como Diógenes Taborda, Pelele, Columba, Cristiani o Borgini. En la misma línea, la popular historieta *Viruta y Chicharrón* dio origen a una serie de películas interpretadas por cómicos de la época.[37] La sección policial, por su lado, constituyó no sólo la fuente para las actualidades y documentales como *La maffia en el Rosario* (1916), de Mario Gallo, sino también para films

---

Buenos Aires y otras ciudades de América Latina para representar su repertorio teatral entre 1914 y 1915.

[36]   *El Apóstol* (1917), *La república de jauja* (1918), *Sin dejar rastros...* (1918), *Mambrú se fue a la guerra...* (1918), *Una noche de gala en el Colón* (1918), *El viaje de Marcelo* (1922), entre otros.

[37]   *Viruta y Chicharrón* (1916), de Víctor Pantaleone, y la serie de películas producidas por Max Glücksmann: *Las aventuras de Viruta y Chicharrón* (1916), *Viruta y Chicharrón* (1916) y *Viruta y las mujeres* (1916).

argumentales basados en las historias de "pistoleros de tristísima fama en los anales de la policía capitalina" (Sherwood, 1951), como *Espectros en las sierras* (1915?), de Julio Irigoyen, o en casos famosos de la "crónica roja" como *El crimen de la calle Suipacha* (1916), de Carlos Costa.

En el bienio 1916-1917 se produjo un notable aumento de la producción del cine de ficción. Mientras que en 1915 se estrenaron aproximadamente siete películas de producción nacional (y sólo una en 1914), el número se elevó a 26 en 1916 y a 21 en 1917.[38] Este aumento de la producción respondía en parte al creciente interés del público por ver en la pantalla a sus actores favoritos y tramas con temáticas autóctonas. Los cuatros grandes éxitos del cine nacional entre 1916 y 1917, *Bajo el sol de la pampa* (1916), *Resaca* (1916), *Hasta después de muerta...* (1916) y *Santos Vega* (1917) respondían a estas premisas. El atractivo del cine nacional en ese contexto inicial radicaba en su carácter de novedad para un mercado dominado exclusivamente por la producción extranjera, que, debido a las limitaciones en la importación, debía reestrenar muchas veces los mismos films. Sin embargo, este entusiasmo no alcanzó a consolidar esta industria naciente. La endeblez de esa estructura no pudo soportar, como señala Kohen (2005), el ingreso masivo de películas de origen estadounidense que se produjo a partir de 1917.

Cambio de paradigma

La Primera Guerra Mundial no sólo provocó una limitación de la producción y la exportación del cine europeo a los países periféricos, sino que también facilitó la irrupción de Estados Unidos como primera potencia cinematográfica. Las cifras de importación en el mercado argentino durante 1917 dan clara cuenta de ello: de los 6.500.000 metros de películas extranjeras, prácticamente el 90% era de origen estadounidense (Acosta, 1918).

La introducción de las productoras estadounidenses provocó una revolución en el gusto del público, que terminó por relegar de sus preferencias al cine francés y principalmente al italiano, relevante en la cartelera cinematográfica durante 1915 y 1916. Frente a este cine percibido como "escuela de teatralidad", con sus divas italianas "enfermas de histerismo artístico" ("La cinematografía en Sud América", 1918) el

---

[38] La producción cinematográfica, además, alcanzó un desarrollo comercial fuera de la ciudad de Buenos Aires. En la provincia de Santa Fe se produjeron, por ejemplo, *El general Ricardo López Jordán* (1916), de Aquiles Sordelli y *El último malón* (1918) de Alcides Greca, uno de los mejores films del período.

cine estadounidense se presentaba como verista, ejemplo del arte de la naturalidad y la expresión sobria, pero también como exponente del movimiento incesante, producto del montaje alterno, en comparación a la mayor inmovilidad del plano, propia del cine italiano.

En la recepción de las producciones locales indudablemente impactó ese cambio de paradigma estético que conllevaba la última tendencia de la técnica estadounidense. A los ojos de la prensa y del público, el cine nacional aparecía, en comparación, como un cine más "primitivo", cuyo referente seguía siendo la superada cinematografía europea. El reestreno de algunos films argentinos de los años anteriores ponía más en evidencia, para la prensa, el anacronismo estético y técnico del cine nacional. Para comienzos de la temporada de 1917, *Excelsior* ("Cinematografía Nacional", 1917) expresaba: "algunas facilidades y privilegios de que gozaba [la exhibición de la producción nacional] en temporadas pasadas han ya desaparecido" frente a la enorme afluencia de films extranjeros de calidad superior. Ya en 1916 se habían estrenado con importante promoción dos obras que evidenciaban el potencial económico y artístico del cine estadounidense: *El nacimiento de una nación* (1915), de David Griffith, y *Civilización* (1915), de Thomas Ince, exhibidas con orquesta sinfónica en vivo en los "selectos" teatros de Buenos Aires, con gran éxito de público.

La incesante producción estadounidense, sostenida por un enorme aparato publicitario en la prensa gráfica, terminó por dominar el circuito de exhibición argentino, de modo que la distribución del cine nacional quedó restringida. Las particularidades de la exhibición dentro de un mercado local en continua expansión potenciaron la dependencia respecto de esa cinematografía extranjera. Debido a que no existía en la época una cartelera semanal fija sino una programación cambiante y variada, en la que un film podía ser exhibido por uno o dos días y luego pasar a otra sala, se producía una alta competencia entre los exhibidores por el acceso a una producción capaz de satisfacer una demanda de esas características.[39]

La competencia entre los distribuidores por obtener la exclusividad del material estadounidense, de la mano de la demanda creciente derivada de la paulatina conformación de un público adepto a ese cine, produjo un aumento de los precios de los productos en cuestión, proceso que se reforzó con el paso de los años. Por ejemplo la revista gremial *La Película* ("El público, los exhibidores, y...", 1923) reseña, en 1923, que mientras que los franceses pagaban 600 dólares o los brasileños 250

---

[39]   Esta situación se potenciaba muchas veces por un aumento de la velocidad de proyección de los films, lo cual permitía incluir una cantidad mayor de películas en las secciones y mejorar así la oferta a los espectadores.

por una determinada producción estadounidense, a una distribuidora argentina le costaba 2.500 dólares, y tenía una rentabilidad menor, teniendo en cuenta que se comercializaba en un país con una población de aproximadamente 10 millones de habitantes, frente a los 40 millones de Francia y a los 18 millones de Brasil. La dominación del mercado nacional por parte de Estados Unidos se consolidó a partir de 1917 con la implantación de algunas sucursales de productoras estadounidenses, que distribuían directamente sus obras sin necesidad de intermediarios.[40]

Ese contexto de paulatino dominio extranjero del mercado interno dificultaba la distribución del propio cine argentino. Es importante destacar que si un film nacional no era proyectado en los cines del centro, circuito fundamental para visibilizar cualquier producción, los exhibidores terminaban por no alquilarlo. Si la dificultad de obtener un lugar en la cartelera provocaba que se postergase el estreno de una película, la publicidad implícita cimentada en los comentarios de la prensa posteriores a la proyección privada se diluía. A veces se conseguía que un film se exhibiese en esas salas céntricas, pero un lunes, el peor día de la semana por el bajo porcentaje de público asistente, u otros días con poca afluencia de espectadores, mientras que los de mayor asistencia estaban reservados para las producciones extranjeras.

Por otro lado, los editores nacionales, para recuperar los costos de una producción más o menos estándar, estaban obligados a cobrar por las localidades un precio igual o mayor que el de los films estadounidenses, cuya factura técnica era superior.[41]

La dominación estadounidense no se limitaba al mercado de la exhibición: la importación de celuloide virgen, en su mayor parte de la marca Kodak, provenía también de Estados Unidos. La revista *Cinema Chat* ("Las especulaciones", 1921) daba cuenta por ejemplo de las especulaciones que realizaba esta empresa y de la queja de las productoras nacionales frente a los precios injustificadamente altos del material. No era, sin embargo, un escenario novedoso: en el contexto de la Primera Guerra Mundial, la producción nacional se vio sometida a las restricciones de la importación de celuloide proveniente de Europa y de Estados Unidos, y debió adaptarse a postergar estrenos, interrumpir rodajes o lanzar films con pocas copias al mercado, que, en caso de ser exitosos,

---

[40] Por ejemplo, en junio de 1916 se instaló Fox Film Corporation y, entre 1917 y 1918, North American Films Service Corp. y New York Film Exchange, que tenían la exclusividad de marcas como World y Vitagraph. Durante 1921, ya existía una filial de Universal Film Manufaturing Company y, en 1922, de United Artists.

[41] En 1917, algunos cines exhibían films extranjeros a diez centavos y un film nacional a cincuenta centavos o un peso ("Problemas cinematográficos", 1918).

conllevaban, paradójicamente, un gran perjuicio, pues la inmediata demanda por parte de las salas no podía satisfacerse.

La confluencia de estos factores, sumados a los problemas intrínsecos de una cinematografía incipiente, determinó un estancamiento de la producción: mientras que en 1916 se exhibieron comercialmente alrededor de 26 films, y 21 en 1917, la cantidad de estrenos en 1918 y 1919 se limitó a 16 films por año,[42] y cayó dramáticamente a 9 en 1920. Parte de esa menguada producción la constituía un particular grupo de películas de ficción, financiadas por empresas comerciales, cuyo principal objetivo era la promoción de un producto.[43] Algunas, como *Reía carnaval...* (1920) y *El sueño de dos enamorados* (1921), de Julio Irigoyen, eran ofrecidas en forma gratuita a los exhibidores, que las utilizaban para rellenar sus programas.

Cuando se comenzó a observar esta tendencia decreciente en la producción, surgió desde diversos medios de prensa un llamado a implementar políticas de protección a la industria cinematográfica local. En este sentido, ya en julio de 1917 se planteó la eliminación de las tasas aduaneras para la importación de celuloide, con el objeto de abaratar los costos de producción, y la instauración, en un sentido muy genérico, de subvenciones por parte de Estado a la producción nacional ("La industria cinematográfica...", 1917). Durante 1920, el peor año para el cine argentino, algunos legisladores prometieron presentar un proyecto de ley que "rebajaría el 30% de los impuestos a los cines que exhibieran películas nacionales" ("Producción Sudamericana", 1920). Pero estos medios de prensa, especialmente las revistas gremiales ligadas a los intereses de las distribuidoras, fueron reacios, por no decir hostiles, a toda propuesta que limitara la importación de películas a través de la suba de impuestos o del establecimiento de un cupo determinado, lo cual liberaría una parte del mercado de la producción extranjera. De todas formas, ninguna de estas medidas fue implementada por el Estado durante el período estudiado.

---

[42] No incluimos en la lista *Los cisnes encantados* y *Blanco y Negro*, realizados para festivales de beneficencia, porque no tuvieron exhibición comercial ese año.

[43] Citamos a continuación sólo aquellos films de *reclame* (publicitarios) que pudimos corroborar que eran obras de ficción: *Las aventuras de las señoritas Argas* (1917), *La isla misteriosa* (1918), *A toda hora* (1918), *Perseverancia* (1918), *El secreto de la felicidad* (1919?), *La cubierta del amor* (1919), *Reía carnaval...* (1920), *El sueño de dos enamorados* (1921), *Hacia el abismo* (1921) y una película en serie de la Caja de Ahorro Postal (1921). Estos films fueron financiados, entre otros, por Lámparas Argas, Compañía Ítalo-Argentina de Electricidad, Edison, Ginebra Llave, Banco A. Sud-Americano, Lamborn y Cía., Argentina Scherrer y Kalisay.

Dos tendencias

La posibilidad de superación de esa coyuntura para la cinematografía nacional se canalizó en dos tendencias opuestas –pero influenciadas, paradójicamente, por el cine estadounidense– que entraron en conflicto en 1919.

Por un lado, aquella que propugnaba una considerable inversión de capitales, a través de la contratación de actores teatrales de renombre, de dramaturgos de éxito en la escena nacional y de directores extranjeros de experiencia con la intención de producir un cine "de calidad" comparable a las grandes producciones estadounidenses, aunque inscripto en temáticas nacionales. Esta corriente estaría expresada por el drama campero *En buena ley* (1919), escrito por el autor teatral José Mazzanti y dirigida por el cineasta italiano Alberto Traversa, y por el melodrama social *Juan Sin Ropa*, del dramaturgo José González Castillo y del director francés Georges Benoît, editadas respectivamente en los estudios Gallo Film y Quiroga-Benoît Film.[44]

Por otro, una tendencia caracterizada por una producción de bajo presupuesto a cargo de pequeñas editoras, y estéticamente influenciada por la técnica estadounidense y por sus géneros característicos, en conjunción con rasgos autóctonos. Esta producción "independiente", representada por films como *Campo ajuera* (1919), de José Ferreyra, y *El mentir de los demás* (1919), dirigida por Roberto Guidi, encontró su referente intelectual en Leopoldo Torres Ríos. Este crítico cinematográfico hizo un llamado, frente a obras como *En buena ley,* que costaban 50.000 pesos, "a seguir la escuela de Ferreyra. Hacer películas que no cuesten más de diez mil pesos. No malograrse, invirtiendo grandes capitales, pues este ha sido error que nos condujo a grandes fracasos". Pero también propone "formar a los artistas cinematográficos como en Norteamérica [...] porque el artista de teatro perjudica, porque sus recursos no tienen nada que ver con los que debe emplear el artista de cine" y "lo mismo con los argumentistas y directores [...] entre los concurrentes casi fanáticos

---

[44]   Un antecedente más desmesurado de esta tendencia es el ambicioso proyecto de Platense Film S.A. de instaurar en nuestro país un cine "de calidad" a la altura de lo mejor de esa producción extranjera. El proyecto, organizado por el empresario teatral Héctor Quiroga, incluía una alta inversión en estudios de filmación y laboratorios con la más moderna tecnología, y la contratación de figuras del cine francés que por ese entonces intervenían en la cinematografía norteamericana: el actor y director artístico Paul Capellani y el fotógrafo Georges Benoît. A pesar de que la única producción de esta empresa, *¿Hasta dónde...?* (1918), basada en una obra característica del teatro francés del siglo XIX, fue considerada por parte de la crítica como la mejor película nacional hasta el momento, no logró constituirse en el éxito popular esperado.

del cine, entre la pléyade de jóvenes que estudian el cinematógrafo están los valores desconocidos que surgirán en un momento dado" (Torres Ríos, 1921).[45]

Si bien ambas tendencias podrían haberse complementado en el contexto del cine nacional de esos años, hay un aspecto que determinó la imposibilidad, o por lo menos la dificultad, del desarrollo de una de ellas. En 1919, los productores Mario Gallo (*En buena ley*) y Héctor Quiroga (*Juan Sin Ropa*) se retiraron del cine de ficción. A pesar de que *Juan Sin Ropa* (1919) fue tal vez el mejor film del período mudo y se consagró como éxito entre el público, su productor, un conocedor del mercado que se había desempeñado como distribuidor desde 1917, sostenía: "la cinematografía nacional no puede rendir lo que antes rendía por exceso de material extranjero (...) la salida necesaria para su expansión comercial está en la conquista del mercado extranjero" ("La empresa editora Quiroga...", 1919). En esta línea, emprendió sin éxito la búsqueda de grandes capitales en el extranjero, especialmente europeos, para que junto con editores locales realizaran coproducciones que permitieran disputar parte del mercado interno al cine estadounidense. De este modo, se apuntaba a la expansión del cine nacional hacia nuevos mercados, latinoamericanos y europeos.

En cambio, Torres Ríos afirmaba que sólo un cine de bajo costo y de buena factura técnica y artística podría desarrollar una producción continuada que permitiera despertar el interés del público, lo que, más adelante, atraería a los grandes capitales. Pero eso sólo sería posible cuestionando a aquellos improvisados que se lanzaban a hacer películas sin ningún tipo de competencia artística y a los distribuidores que adquirieran antiguos y rudimentarios films argentinos con el objeto de comercializarlos, porque en definitiva contribuían a desprestigiar el cine nacional de la época entre su público potencial.

Serían precisamente algunos de los cineastas inscriptos en esta corriente quienes continuarían realizando films nacionales a lo largo del período mudo. De todas formas, ambas tendencias contribuyeron a que el cine nacional lograra grandes progresos en la realización técnica que la crítica elogiaría a comienzos de la década de 1920.

---

[45]   Otro cineasta que podría inscribirse en esta tendencia es Roberto Guidi, quien publicó un folleto que explicaba cómo se escribía y se organizaba un argumento cinematográfico ("Cinematografía Argentina", 1918). También propuso un estilo de actuación específicamente cinematográfico, desligado de las rutinas teatrales (Guidi, 1918).

Un nuevo impulso

Sin embargo, los éxitos cinematográficos que marcaron el comienzo de la nueva década no provinieron de ninguna de estas dos corrientes. El primer gran suceso de público de la década de 1920 fue *La vendedora...* (1921), de Francisco Defilippis Novoa, una transposición fílmica de la popular novela *La vendedora de Harrods*, de Josué Quesada, estrenada un lunes y en un contexto adverso.[46]

La película, cuya popularidad contrastaba con una mediocre recepción crítica, continuaba una línea que surgió en 1917 con *Delfina* (1917-1919), una adaptación de la exitosa novela homónima de Manuel T. Podestá, editada por Biblioteca La Nación en ese mismo año, y *Flor de durazno* (1917), sobre la novela de Hugo Wast. Se trataba de películas que llevaban a la pantalla obras de escritores populares, no necesariamente prestigiosos, que publicaban en colecciones baratas con tiradas excepcionales: *La Novela Semanal*, Biblioteca La Nación o *La Novela del Día*, o bien en semanarios y diarios. El estreno del film, además, solía potenciar las ventas de estas obras.[47] Inversamente, esta permeabilidad entre cine y literatura de consumo se puede observar en la publicación de novelas breves basadas en los argumentos cinematográficos de las películas que se estrenaban.[48]

Poco tiempo después del estreno de *La vendedora...*, otro popular escritor de la época, Juan B. Lecuona, formó la productora Estrella Film con el objetivo de llevar su propia obra, *El triunfo de la verdad*, al cine. Los tópicos y la estructura de *La vendedora...* se pueden encontrar también en otro éxito de la época: *La chica de la calle Florida* (1922), de José Ferreyra. La constitución de Hugo Wast Film en 1922, con la intención de producir y distribuir una serie de films basados en otras novelas de este escritor, como *La casa de los cuervos* (1923), *Valle negro* (1924) y *Pata de zorra* (1924?), da cuenta del interés que podía suponer el cine para referentes de la industria editorial.

Esta relación entre cine y literatura no se limitó a las novelas populares de la época. En este período hubo varias películas que transpusieron

---

[46]   Por este film, que alcanzó a un mes y medio de su estreno las 235 representaciones consecutivas, su productor Alfredo Quesada llegó a exigir a los dueños de las salas el pago por adelantado del 50% de las localidades vendidas como condición para exhibir una copia. Lo usual era que el exhibidor alquilara un film por un precio fijo (Cevedo Fernández, 1941).

[47]   Así, por ejemplo, la reedición de la novela *Flor de durazno* en la serie *La Novela del Día*, en 1920, fue promocionada con fotografías del film e información sobre los lugares donde se exhibía.

[48]   Es el caso de *La gaucha* (1920) y *El remanso* (1922), o de folletines como *¡Federación o muerte!* (1917), editado en el magazine *PBT*.

clásicos populares del siglo XIX. Alfredo Quesada, el productor de *La vendedora...*, comenzó a filmar al año siguiente una versión del *Martín Fierro*, estrenada en 1923. También en este período se estrenó una versión del *Fausto* criollo (1922), *El puñal del mazorquero* (1923, sobre un relato de Juana Manuela Gorriti) y *La epopeya del gaucho Juan Moreira* (1924).

El otro gran suceso de público fue *Milonguita* (1922), de José Bustamante y Ballivián, que demostró la permeabilidad del cine a otro exitoso producto de la cultura de la época: el tango. La película es un eslabón de una cadena que se inició con el estreno del tango homónimo (de Enrique *Delfy* Delfino y Samuel Linning) como parte del sainete *Delikatessen Haus* ("Bar alemán"), de Samuel Linning y Alberto Weisbach, en 1920, y continuó luego con su grabación en disco por Gardel en ese mismo año y su difusión por medio de partituras impresas. Linning escribió un sainete con el mismo nombre, que se estrenó el mismo año que el film. Para la película, un melodrama que versionaba muy libremente el tema del tango, fue convocado Enrique Delfino para realizar la música, que era interpretada por su propia orquesta durante la proyección. Es que el tango no sólo se había transformado en un estilo musical ampliamente difundido, sino que, especialmente a partir de 1921, estaba invadiendo el repertorio con que las orquestas musicalizaban las películas, incluso las extranjeras.[49]

Milonguita influyó en la interrelación entre cine y tango: en *La muchacha del arrabal* (1922, de José Ferreyra), otra obra de buena recaudación, se incluía durante la proyección la composición musical de otro autor reconocido como Roberto Firpo, acompañado de una orquesta típica y canto en vivo. Al año siguiente se estrenó *Melenita de Oro* (1923), inspirada en la letra del tango de Samuel Linning.

Milonguita se estrenó en abril de 1922, al comienzo de la temporada. Otras películas argentinas,[50] más encuadradas en la corriente que proponía Torres Ríos, también tuvieron buena recaudación en los cines. Esto, sumado al suceso de *La vendedora...*, del año anterior, pareció abrir una puerta para una producción rentable y regular de cine autóctono. De

---

[49] "Por derecho de conquista, casi a puño limpio, se ha incorporado a los espectáculos cinematográficos de esta capital, y las salas más aristocráticas o lujosas como las más populares y cosmopolitas llenan sus ámbitos con las cadencias tangueras de 'milonguitas', 'bulines', 'indios', 'percantas', 'cielitos', y una más o menos dudosa clase de música parece entusiasmar a todos los auditorios, llevándolos desde el aplauso enguantado al alarido ancestral" (Dux, 1921).

[50] *El remanso*, de Nelo Cosimi; *La muchacha del arrabal* y *La chica de la calle Florida*, ambas de José Ferreyra.

esta forma, mientras que se estrenaron aproximadamente 15 películas en 1921 y 12 en 1922,[51] la producción saltó a 24 en 1923.

Y es en ese contexto de 1921 y 1922, en el que "la industria cinematográfica argentina está adquiriendo un desarrollo extraordinario" ("La cinematografía nacional", 1922), cuando se reanudó el debate en la prensa sobre la necesidad de proteger e incentivar esta prosperidad a través de nuevas propuestas: la implementación de un premio anual a la mejor película nacional, igual al valor de una producción estándar, la exención de impuestos para la publicidad callejera, la supresión del impuesto de exportación a las películas nacionales, o la implementación del "día de la cinematografía nacional" con el objeto de que los exhibidores programaran alternativamente en el transcurso de un mes toda una jornada de films argentinos. Ninguna de estas propuestas, sin embargo, llegó a ver la luz, y la precaria industria cinematográfica nacional tuvo que diseñar sus propias estrategias para intentar pisar un terreno más firme. En 1923, precisamente, se constituyó la Unión Filmadores Argentinos, que englobaba a tres editoras, con el objeto de imponer sus productos en el mercado. También en ese año se creó la distribuidora Selección Nacional, que comercializaba exclusivamente films argentinos, con un amplio catálogo.[52] Otra organización importante fue la Asociación Cinematográfica Nacional, que agrupaba productores, directores, técnicos, críticos y distribuidores, con el objeto de difundir el cine argentino y elaborar estrategias para consolidar el gremio. La organización se había fundado a fines de 1921, pero no fue hasta 1923 que comenzó a organizar sus asambleas y difundir sus proyectos.

Por otro lado, es notable cómo se incrementó desde 1921 la publicación de notas, fotografías y reportajes a actores de cine en medios de difusión masiva (*Imparcial Film, Crítica, La Montaña, El Telégrafo, Última Hora, La República,* entre otros). Podemos mencionar en esta línea la aparición en 1923 del libro *Estrellas del cine,* de Roberto Gustavino Molinari, que contenía entrevistas a los principales actores de cine del momento, y que contribuía a reforzar la tendencia a la constitución de una suerte de *star system* local.

El período cierra, entonces, con uno de los picos más altos de producción de films desde el comienzo del cine mudo en Argentina. Sin embargo, esta misma expansión deja traslucir la precariedad de un

---

[51]   No contamos las películas realizadas por sociedades de beneficencia que no tuvieron exhibición comercial.

[52]   Esta empresa llegó a distribuir alrededor de 27 películas entre largometrajes, mediometrajes de animación y cortos documentales seleccionados supuestamente entre lo mejor del cine nacional del período.

sistema dominado todavía por la producción extranjera: la Unión de Filmadores Argentinos se disolvería meses después de su constitución; la distribuidora Selección Nacional cerraría a fines de 1924, y el *star system* local dejaría entrever las bambalinas de un mundo donde la precariedad laboral competía con el glamour.[53]

Después de todo, la punta de lanza de la expansión de la producción en 1923 y 1924 era la Buenos Aires Film de Julio Irigoyen, que produjo siete películas, algunas de las cuales (*Sombras de Buenos Aires*, *De nuestras pampas*) lograron grandes recaudaciones gracias al apoyo de importantes medios de prensa. Se trataba de una editora caracterizada, salvo dudosas excepciones, por la excesiva reducción de costos, rodajes muy breves, y principalmente por una pobre calidad estética según los parámetros instaurados por el modelo narrativo estadounidense, de gran influencia en la época.[54] Es decir, representaba precisamente aquello que tanto Mario Gallo o Héctor Quiroga como Roberto Guidi e incluso un director más irregular como José Ferreyra intentaron, desde posiciones antagónicas, desterrar del cine nacional.

Conclusiones

La cinematografía nacional, en el período estudiado, no logró consolidarse como una industria. Uno de los factores principales fue la limitación de capitales. Una parte importante de la producción, que surgió en un contexto propicio como el de 1915-1917, estaba caracterizada por la reducción de costos, hecho que incidiría sobre el resultado estético de parte de las obras del período. Muchos de los financistas tendían a reducir los gastos en algunos de los rubros artísticos, en la modernización del equipamiento técnico o en la cantidad de celuloide virgen y el tiempo de rodaje, lo cual provocaba que muchas veces los errores cometidos durante la filmación no pudieran ser subsanados posteriormente. Estas deficiencias se acentuaban muchas veces por la ausencia de una tradición en el campo del cine de ficción, pero también se tornaban más visibles una vez pasado el efecto de novedad del cine nacional entre los espectadores, y

---

[53]   Así, un actor de la época se debate, en un reportaje, entre el cinematógrafo y una actividad más lucrativa para su subsistencia, como la venta de churros o la caza de ratas ("Conversando con Augusto Gosalbes", 1924).

[54]   Así describía un cronista de la época una película de Irigoyen: "*De nuestras pampas* [...] está realizada con un desconocimiento absoluto de lo que entraña el costumbrismo, poniendo en evidencia su pésima dirección" (Brulote, 1923). Por otra parte, desde el propio título, un artículo de Couselo (1996) sobre el conjunto de la obra de este cineasta ("Julio Irigoyen, el cine harto primitivo") señala esas mismas características.

por la comparación frente a la producción estadounidense –considerada la última palabra en innovación técnica y estilística– que invadió nuestro mercado a partir de 1917.

Este conjunto de factores incidió sobre la mala imagen que el cine nacional adquirió no sólo entre el público y los exhibidores, sino también entre los potenciales inversores. De ser considerado un "negocio fácil y brillante", a raíz del éxito de varios films entre 1915-1916, terminó por convertirse en un rubro demasiado riesgoso, en el cual la permanencia en el mercado de muchas productoras dependía del éxito o del fracaso de una sola obra.

De ahí en más, el cine nacional tendría que lidiar con estos fantasmas, que determinaban una producción irregular y discontinua, lo cual limitaba la formación de nuevos cineastas y la posibilidad de que los realizadores adquirieran experiencia en forma más sistemática. Sin ninguna política de protección de parte del Estado, nuestra cinematografía, expresión de un país económicamente dependiente, tendría que valerse por sí misma en un mercado interno dominado principalmente por el cine estadounidense, cuya hegemonía se expandía a gran parte del mundo y que, junto a la ausencia de importantes capitales autóctonos, impedía el acceso del cine nacional a los mercados extranjeros, especialmente latinoamericanos. Así, esta frágil cinematografía dependía del éxito sorpresivo de un film autóctono o de una serie de películas más o menos rentables en un circuito de exhibición adverso para suscitar el interés de los financistas y dinamizar su producción, siempre y cuando esa expansión no fuera acechada por la baja calidad de los films, producto de la incorporación de "elementos improvisados" que terminara por alejar otra vez al público del cine nacional.

Sin embargo, a pesar de este difícil contexto, Argentina pudo convertirse en uno de los principales productores de películas de ficción de América Latina y realizar una serie de obras que fueron valorizadas por la crítica de la época, como *Nobleza gaucha* (1915), *Hasta después de muerta...* (1916), *Resaca* (1916), *Flor de durazno* (1917), *¿Hasta dónde...?* (1918), *El último malón* (1918), *Juan Sin Ropa* (1919) o *Milonguita* (1922). De la misma forma, en el período abordado, cineastas de cierto talento como Edmo Cominetti, Roberto Guidi, José Ferreyra, Nelo Cosimi y Leopoldo Torres Ríos, o bien fotógrafos reconocidos en su época como Eduardo Martínez de la Pera y Ernesto Gunche, Francisco Mayrhofer o Alberto Biasotti, entre otros, pudieron formarse profesionalmente y desarrollar su actividad a pesar de los múltiples obstáculos mencionados, de modo que lograron sentar muchas de las bases estéticas que serían retomadas por el cine de la década de 1930. De hecho, algunos de ellos, como Ferreyra y Torres Ríos, serían esenciales para el desarrollo industrial del cine sonoro.

Bibliografía

"A propósito del éxito de *Nobleza gaucha*" (1915), en *Las Noticias*, Buenos Aires, 9 nov. 1915, p. 7.

Acosta, José (1918): "Estadística aduanera", en *Excelsior* n° 200, Buenos Aires, 1 ene. 1918, p. 84.

Álvarez, Augusto (1915): "Industria cinematográfica argentina. La necesidad imperiosa de implantarla", en *Excelsior* n° 79, Buenos Aires, 4 ago. 1915.

Anuarios estadísticos de la ciudad de Buenos Aires: 1891-1923 [DVD] (2010), Buenos Aires, Dirección General de Estadísticas y Censos / Gobierno de la Ciudad Autónoma de Buenos Aires.

Brulote, Armando (1923): "Es indispensable hablar claro...", en *La Unión*, Buenos Aires, 23 nov. 1923.

Cevedo Fernández, Eugenio (1941): "Un galán de aquellos tiempos. Argentino Gómez", en *Cine Argentino* n° 185, Buenos Aires, 20 nov. 1941.

"La cinematografía en Sud América" (1918), en *La Verdad*, Buenos Aires, 30 ene. 1918, p. 6.

"Cinematografía Nacional" (1917), en *Excelsior* n° 162, Buenos Aires, 11 abr. 1917, p. 433.

"Cinematografía Argentina" (1918), en *La Película* n° 102, Buenos Aires, 5 sep. 1918.

"La cinematografía nacional" (1922), en *La Argentina*, Buenos Aires, 8 nov. 1922, p. 8.

"Conversando con Augusto Gosalbes" (1924), en *Imparcial Film* n° 292, Buenos Aires, 22 nov. 1924.

Couselo, Jorge Miguel (1992), "El período mudo" en *Historia del cine argentino*, Buenos Aires, Centro Editor de América Latina, p. 26.

Couselo, Jorge Miguel (feb.-mayo, 1996): "Julio Irigoyen, el cine harto primitivo", en *Desmemoria*, Año II, n° 10, Buenos Aires, p. 147.

Cuarterolo, Andrea (2009), "Los antecedentes del cine político y social en la Argentina (1896-1933)", en Lusnich, Ana Laura y Piedras, Pablo [edit.], *Una historia del cine político y social en Argentina (1896-1969)*, Buenos Aires, Nueva Librería, p. 151.

De Aldecoa, León (1915): "¡Películas nacionales, al fin! Mariano Moreno y la Revolución de Mayo", en *Caras y Caretas* n° 863, Buenos Aires, 17 abr. 1915.

Di Núbila, Domingo (1998), *La época de oro del cine argentino*, Buenos Aires, Ediciones del Jilguero, p. 27.

Donován, Raúl (1915): "Carta abierta", en *Excelsior* n° 92, Buenos Aires, 10 nov. 1915.

Dux, Laurent (1921): "Tangomanía", en *Imparcial Film* n° 106, Buenos Aires, 3 mayo 1921.

"Ecos de una fiesta" (1915), en *Excelsior* n° 91, Buenos Aires, 3 nov. 1915.

"La empresa editora Quiroga, Benoît Film se transforma en Quiroga Film" (1919), en *Excelsior* n° 285, Buenos Aires, 27 ago. 1919, p. 1021.

"Las especulaciones" (1921), en *Cinema Chat* n° 85, Buenos Aires, 30 abr. 1921, p. 2.

Una gran novedad. Prodigios del cinematógrafo" (1915), en *El Diario*, Buenos Aires, 24 mar. 1915.

Guidi, Roberto (1918): "El cinematógrafo y los actores de teatro", en *La Película* n° 82, Buenos Aires, 18 abr. 1918, p. 13 y 15.

"La industria cinematográfica argentina" (1917), en *La Película* n° 43, Buenos Aires, 19 jul. 1917, p. 1 y 2.

Kohen, Héctor (2005): "Algunas bodas y muchos funerales", en *Cuadernos de Cine* n° 5, mar., Buenos Aires, INCAA, p. 39.

Maranghello, César (2005), *Breve historia del cine argentino*, Buenos Aires, Laertes, p. 24.

Mauros, Juan (1941): "Felisa Mary", en *Cine Argentino* n° 168, Buenos Aires, 24 jul. 1941.

Moccio, Elías (1916): "El cinematógrafo en Buenos Aires", en *Excelsior* n° 112, Buenos Aires, 5 abr. 1916.

"Problemas cinematográficos" (1918), en *Excelsior* ° 200, Buenos Aires, 1° ene. 1918, p. 75.

"Producción Sudamericana" (1920), en *Excelsior* n° 322, Buenos Aires, 12 mayo 1920.

Publicidad de *L'América* (1916), en *Excelsior* n° 129, Buenos Aires, 9 ago. 1916.

Publicidad de *...Tierra argentina!* (1916), en *La Razón*, Buenos Aires, 14 abr. 1916.

"El público, los exhibidores, y los alquiladores argentinos, víctimas de la avaricia de los productores yanquis" (1923), en *La Película* n° 340, Buenos Aires, 29 mar. 1923, p. 11.

Sherwood, Gregory (1951): "Julio Irigoyen, decano de los directores del cine argentino", en *Mundo Argentino* n° 2129, Buenos Aires, 5 dic. 1951, p. 9.

Torres Ríos, Leopoldo (1921): "Hacia el triunfo. Consideraciones y consejos", en *Crítica*, Buenos Aires, 3 sep. 1921.

"Vida Social" (1914), en *El Diario*, Buenos Aires, 20 nov. 1914.

CATÁLOGO

Aclaraciones para la lectura

En aquellos casos en que dudamos de la certeza de algunos datos vertidos en la ficha técnica decidimos dar cuenta de ello a través de un signo de interrogación [?]. En los ítems "Notas" o "Comentario" argumentamos el problema, citando las fuentes consultadas.

Cuando las publicaciones relevadas no dan cuenta de alguna información de las fichas técnicas, optamos por utilizar s. d. (sin datos). Mientras que en los casos en que, por ejemplo, un estreno o la exhibición privada no se realizó, utilizamos el guion (-).

Cuando mencionamos el año de una película entre paréntesis siempre nos referimos al año de estreno.

En los casos de que las publicaciones consultadas no tengan impreso el número de página, la numeración no tiene en cuenta la tapa y retiración de tapa.

Referencias de abreviaturas

aprox.: aproximadamente
CIHCA: Centro de Investigación de la Historia del Cine Argentino
min: minutos
prov.: provincia
s.d.: sin datos
SICMA: Seminario de Investigación del Cine Mudo Argentino

Índices

Para facilitar la consulta de datos, hemos confeccionado dos índices. El primero organiza los nombres (directores, actores, productoras, distribuidoras, etc.). El segundo consigna los títulos de obras (películas, novelas, textos teatrales). La búsqueda de nombres y títulos se organizó por número de ficha técnica y no por número de página, salvo los mencionados en la introducción, en el estudio preliminar y en el ítem "Divergencias con bibliografía específica".

1914

1. Amalia

Estreno: sábado 12 de diciembre a las 22:00 hs. en el Teatro Colón (Capital Federal)
Exhibición privada: -
Año de producción: 1914
Producción: Asociación del Divino Rostro (Presidenta: Angiolina Astengo de Mitre) / Max Glücksmann[1]
Dirección: Enrique García Velloso
Guion: Enrique García Velloso sobre la novela *Amalia* de José Mármol
Fotografía: Eugenio Py [y Enrique Luchetti?]
Virados en color
Laboratorios: Talleres Cinematográficos Max Glücksmann
Música: ejecutada por la orquesta del Teatro Colón[2]
Escenografía: Dalmira Cantilo de Gallardo y Mercedes Mantels de De Bruyn
Vestuario: Angiolina Astengo de Mitre y Drago de Mitre
Estudios: Talleres Cinematográficos Max Glücksmann (Avenida Alvear)[3]
Distribución: [Casa Lepage de Max Glücksmann?][4]
Duración: 3.000 metros (164 min. aprox.)
Género: drama histórico

Intérpretes: Susana Larreta y Quintana (Amalia), Luis García Lawson (Eduardo Belgrano), Jorge Quintana Unzué (Daniel Bello), Lucía de Bruyn (Florencia Dupasquier), José Miguens (D. Juan Manuel de Rosas), Raquel Aldao (Manuelita Rosas), Rodolfo Quesada Pacheco (Ciriaco Cuitiño), Josefina Acosta (doña María Josefa Escurra), Carlos Morra (doctor Alcorta), Srta. María Luisa Costanzó (Luisa), Ricardo Aldao (h) (Pedro), María Carolina Harilaos (doña Agustina Rosas de Mansilla), Camilo Aldao (Corvalán), Lola Marcó del Pont (Sra. de Dupasquier), Delfín Huergo Paunero (D. Cándido Rodríguez), María Delfina Astengo (Jesusa), Juan Carlos Huergo (Mariño), Inés González Guerrico (Josefa), Enrique Bustillo (general Mansilla), Florencia Quesada (Petra), José Estrada (Felipe Arana), Dora Huergo (Rosa), Enrique Schlieper (h) (Fermín), Enriqueta Salas (una pordiosera), Enrique García Velloso [Mendeville (o Mandeville?)], María Ayerza, Héctor Fernández (Lynch), Manuela Lloveras, Alberto Santamarina (Maisson), María Teresa Bravo, Emilio Bravo Fernández (Oliden), Teresa Guerrico, Carlos A. Penard (Sr. Bello), Susana Esteves, Raúl Sánchez Elía (bailarín del "gato"), María Luisa Salas, José María Bustillo, Laura Salas, Alejandro Bustillo, Silvina Cobo (Carmen), Eduardo Legarreta, Mariana Vivot, Juan Cullen, María Elena Saguier (Mercedes Rosas de Rivera), Marcos Riglos, María Luisa Larreta y Quintana, Adolfo Salas, Carmen Zuberbühler, Enrique Richard Lavalle, Josefina Zuberbühler, Ernesto Rodríguez (jefe de la Mazorca), Ana María Flores Pirán, Santiago Rey Basadre, Lola Flores Pirán, Manuel Guerrico, Josefina Lagos García, Eduardo Tornquist, Silvia Lagos García, José Calixto Yáñez, Delia Guerrico, Ángel León Gallardo, Arminda Luro Roca, Armando Peña, Alicia Richard Lavalle, Alfredo Benítez, Carmen Sauze, Enrique Cibils, Tita Yáñez, Enrique García Lawson, Clara Becú, Julián García Lawson, Elina Cramer, Jorge Bunge, Elisa Luque Bustillo, Guillermo Zimmermann, María Teresa Pearson (Sra. De la Quintana?), Elisa Bosch Alvear.

Descripción de los episodios faltantes con sus títulos originales:[5]
"Títulos: 1- Los conspiradores que pretendían derrocar al dictador Rosas deciden huir a media noche para unirse al ejército de Lavalle.
2- Daniel Bello habla con el paisano Merlo que vigila afuera y avisa a Eduardo Belgrano, Oliden, Maisson y Lynch que pueden salir.
3- El paisano señala a los conspiradores el camino del bajo, donde está lista la ballenera que ha de conducirlos a Montevideo.
4- Daniel no se queda tranquilo... tiene lúgubres presentimientos y resuelve seguir a sus compañeros.
5- El paisano Merlo los traiciona y la mazorca después del santo y seña se precipita sobre los unitarios.
6- Eduardo lucha heroicamente contra los asesinos. Daniel lo salva...
7- ...conduciéndolo a una zanja...
8- ...donde le restaña sus heridas.
9- Después del combate los asesinos reciben instrucciones de Cuitiño y se despiden.
10- Cuitiño asiste al reparto del botín.
11- Daniel se acerca cauteloso al sitio donde se halla uno de los asesinos le asesta un certero golpe en la cabeza y...
12- ...utiliza después el caballo para conducir al herido a la quinta de su prima Amalia.
13- ..."¡Por fin llegamos al ansiado refugio!"
14- Amalia es sorprendida en el silencio de la noche por el llamado de Daniel.
15- Amalia consiente en recibir a Eduardo.
16- "¡Ya vuelve en sí!... ¡Gracias!... ¡Gracias!"
17- "Pronto... pluma y papel para escribir al doctor Alcorta".

18- Amalia va en busca de Pedro.

19- Carta...

20- Después de recibir órdenes precisas, Pedro lleva el mensaje de Daniel al Dr. Alcorta.

21- Amalia y Daniel despiden a Pedro reiterándole que cumpla rápidamente su cometido [...]

124- Habiéndose instalado Amalia nuevamente en Buenos Aires van Daniel y Eduardo a la delegación británica a pedir un pasaporte para Eduardo.

125- El ministro Mendeville [o Mandeville?] por razones de estado niega el pasaporte que se le pide" (*El Diario*, 11 dic. 1914, p. 5).

Locaciones: Prov. de Buenos Aires: barrancas de San Isidro, Olivos, el tajo de San Fernando, costas del Río de la Plata, Santos Lugares, los jardines del palacio del Sr. Morra (escena del minué federal), y la quinta de Artayeta de Amadeo. Capital Federal: la iglesia del Pilar.

Comentario: La realización de films con participación de miembros de la alta burguesía fue propuesta por Raquel Aldao en una reunión de la Asociación del Divino Rostro, como fuente de nuevos recursos de esa sociedad de beneficencia. En dicha reunión, se determinó finalmente que sería la novela de José Mármol, contratando luego como director y adaptador al dramaturgo Enrique García Velloso. La jefatura de producción recayó sobre Max Glücksmann, dedicado tanto a la edición, distribución y exhibición de películas como a la venta de aparatos cinematográficos, artículos de fotografía, discos y fonógrafos, a través de la Casa Lepage. Su filmación, iniciada a mediados de noviembre y concluida el 6 de diciembre de 1914, estuvo a cargo de los "operadores" de la casa Glücksmann, Eugenio Py y probablemente Enrique Luchetti.[6]

Amalia no fue, como usualmente se afirma, un proyecto original en su época, ni el primer largometraje del cine argentino. El historiador César Maranghello (2005, p. 24) cita como antecedente la película de 60 minutos, *Nelly o La primita pobre* (1913), financiada e interpretada por integrantes de sociedades de beneficencia de las clases altas.

Sin embargo, sí podemos afirmar que el film de Velloso, estructurado en 150 cuadros o escenas, fue el de mayor extensión hasta ese momento. Su versión original, proyectada únicamente el día del estreno, constaba de 3.000 metros. Aunque ya para su segunda exhibición varias fuentes informaban: "han sido cortados cerca de quinientos metros, correspondientes a las escenas del baile, salida de misa y paseo de la Alameda".[7] Aparentemente, continuó exhibiéndose con esta nueva duración durante 1915,[8] 1916, 1917, y en diciembre de 1927 en un festival a beneficio. Con posterioridad, el 16 de febrero de 1940, se proyectó nuevamente, aunque posiblemente en su versión original, en el Teatro Odeón (Mar del Plata) a beneficio de la Escuela-Taller del Divino Rostro, luego de ser descubierta una copia. Paradójicamente, la versión más completa en dvd que logramos obtener, extraída, aparentemente, de la copia en 35mm preservada por el Museo del Cine "Ducrós Hicken", contiene las tres escenas suprimidas, pero carece de una larga secuencia inicial y de dos escenas finales, que pudimos reconstruir a partir de la consulta a diversas fuentes de la época. Se trata de una copia editada con posterioridad a su estreno, ya que tiene como agregado, al inicio de los títulos, una referencia a la muerte prematura de uno de sus protagonistas, Jorge Quintana Unzué.

Por otro lado, es importante destacar que *Amalia* de García Velloso no fue, como señalan varios historiadores,[9] la primera adaptación cinematográfica de la novela de José Mármol, ya que la misma data de 1910.

Como ya señalamos en el estudio preliminar, este film constituyó un acontecimiento social debido a su exhibición inaugural en el Teatro Colón, con la presencia del presidente Victorino de la Plaza junto a sus ministros, y a la mayoritaria participación actoral de miembros de la elite dominante (con la salvedad de José Miguens y García Velloso), como así también por su minuciosa reconstrucción histórica, en la que se utilizaron como referencia pinturas de la época, mientras que el vestuario y el mobiliario fueron cedidos por diversos coleccionistas y familias de la oligarquía.

Pero a su vez implicó un éxito económico de importancia, a pesar de tener una distribución restringida dentro de la alta burguesía, ya que con una escasa inversión[10] logró recaudar en muy pocas exhibiciones, entre el 12 y el 27 de diciembre, más de 35.000 pesos.[11] La exclusividad de su exhibición, en funciones a beneficio de la Asociación del Divino Rostro, determinó el alto precio de las localidades, especialmente en el Colón y en las primeras en el Palace Theatre, poco común para el cine nacional de la época. A su vez, para su distribución en el resto del país a fines de diciembre, se exigía –por ejemplo en Paraná– un porcentaje de más del 50% de las entradas, el pasaje y la estadía del proyectorista, como así también un canon muy elevado para las exhibiciones caseras. Se editó un lujoso programa –seguramente para sus primeras proyecciones–, que se conserva en la Biblioteca Nacional, con una introducción biográfica sobre José Mármol, un resumen del argumento y doce fotografías publicitarias del film.

Su prestigio y éxito influyeron notablemente en la realización de films por parte de sociedades de beneficencia de la alta burguesía durante 1915, como por ejemplo *El tímido*, *Deuda sagrada* y *Un romance argentino*.

Comparación con bibliografía específica: Nuestro trabajo permitió descubrir nuevos datos no contemplados por las investigaciones previas, como su duración, la existencia de dos versiones del film en las primeras exhibiciones, la descripción de las escenas perdidas, el período de rodaje, la ubicación del taller de filmación, las locaciones, los escenógrafos y los vestuaristas, la recaudación inicial y su distribución posterior.

Notas: 1. Es muy probable que Glücksmann haya aportado la infraestructura fílmica, a cambio de un porcentaje en las recaudaciones. **2.** Si bien Couselo (1970, p. 87) señala que el film tuvo acompañamiento musical de Domingo Prat y cinco instrumentistas, *El Diario* (11 dic. 1914, p. 1) sólo hace referencia a la participación de "la orquesta del Colón [que] estaba citada [a la mañana de ese día] para ensayar los comentarios musicales que han de seguir como la sombra al cuerpo el desarrollo de la cinta". **3.** *El Diario* (25 nov. 1914, p. 8) menciona esta ubicación, aunque sin especificar su dirección exacta. **4.** Su distribución en teatros del interior del país y en el extranjero estuvo a cargo de Oscar Ossovetsky. **5.** Optamos por transcribir estos intertítulos, porque corresponden a las escenas faltantes en algunas copias del film. A su vez, pudimos comprobar que se trata de los títulos originales, al cotejar los restantes con los de una de las copias conservadas. En cambio, los publicados en el programa original editado por la Compañía Sud Americana de Billetes de Banco en 1914, no guardan exactitud con los de la película. **6.** Ducrós Hicken (1968, p. 1) lo menciona como fotógrafo del film, lo cual no surge de nuestro relevamiento. **7.** *El Diario*, 14 dic. 1914, p. 12. Por su parte, *Tribuna* (15 dic. 1914, p. 7) confirma esta información. **8.** Es probable que se haya estrenado en Montevideo durante 1915, como se anunció en varias oportunidades. **9.** Ducrós Hicken (1968, p. 1); Couselo (1970, p. 87); Manrupe y Portela (2005, p. 19); Peña (2009, p. 3). **10.** Hay que tener en cuenta que se trabajó mayoritariamente con actores no profesionales, mientras que el vestuario y la escenografía fueron aportados gratuitamente por miembros de la elite. **11.** *La Gaceta de Buenos Aires*, 28 dic. 1914, p. 8.

Divergencias con bibliografía especifica: El historiador Cesar Maranghello (2005, p. 24), sin citar la fuente, incluye dentro de la producción nacional de 1914 a *El talismán del amor*, dirigido e interpretado por Adolfo Fuentes, información que no hemos podido confirmar en nuestro relevamiento de las publicaciones de la época.

1915

2. Mariano Moreno y la Revolución de Mayo

Estreno: martes 20 de abril a la noche en el Palace Theatre (Capital Federal)
Exhibición privada: [1]
Año de producción: 1915
Producción: Max Glücksmann
Dirección: Enrique García Velloso
Guion: Enrique García Velloso basado en *Vida y memorias del doctor don Mariano Moreno*, de Manuel Moreno; *Historia de Belgrano*, de Bartolomé Mitre; *Escritos de Mariano Moreno*, de Norberto Piñero; la correspondencia de fray Cayetano Rodríguez y del canónigo Manuel Terrazas, y los trabajos de Vicente Fidel López y Paul Groussac
Fotografía y cámara: Eugenio Py
Virados en color
Laboratorios: Talleres Cinematográficos Max Glücksmann
Música adaptada: Carlos Marchal, ejecutada por una orquesta de 20 profesores[2]
Estudios: Talleres Cinematográficos Max Glücksmann (Av. Alvear?)
Distribución: Casa Lepage de Max Glücksmann
Duración: [160 min. aprox.?][3]
Género: drama histórico

Intérpretes: Pablo Podestá (Mariano Moreno), José J. Podestá (Cornelio Saavedra), Héctor G. Quiroga (Juan José Castelli), César Fiaschi (Manuel Belgrano), Juan Logarzo (Juan José Paso), Celestino Petray (Miguel de Azcuénaga), Emilio Torres (Juan Larrea), Juan Vidal (Domingo Matheu), Oscar González (presbítero Manuel Alberti), Atilio Cincioni (Nicolás Rodríguez Peña), Sabino García (Hipólito Vieytes), Juan Ciencia (Juan M. de Pueyrredón), Juan Casamayor (general Martín Rodríguez), José Brieba (fray Cayetano Rodríguez), Ángel Cuartucci (fray Anglada), Diego Martínez (el canónigo Terrazas), Buenaventura Bertrán (el virrey Hidalgo de Cisneros), Pardo Rivas (A. L. Beruti), Luis Fagioli (French), José Iglesias (Juan José Lezica, alcalde de Buenos Aires), Juan Lliri (Manuel Moreno Argumosa), Héctor Calcagno (Manuel Moreno), Casimiro Ros (general De la Quintana), Elías Alippi (El Indio, esclavo de Moreno), Manuel Ronderos (el torero Genilito), Camila Quiroga (La india Beltrana), Blanca Vidal (la madre de Moreno), Juana Conde (María Cuenca), Aurelia Ferrer (una vieja criolla), Julio Escarcela (Tomás Guido), José Volpi (Antonio Caspe), [Pedro Quartucci?].[4]

Argumento: "Fray Cayetano Rodríguez, sabio maestro de Mariano Moreno, sorprendido por este en cierta ocasión que el franciscano daba libertad a unas palomas, pronunció aquella célebre frase que tanta influencia debía ejercer en la vida del futuro prócer y hasta en la emancipación argentina... 'tú tienes alas y debes usarlas'.
La escena ha sido reproducida en el propio convento San Francisco.
Mariano Moreno estudiando en la biblioteca del convento San Francisco, donde daba su lección diaria con fray Cayetano Rodríguez y con el padre Argañaraz. La reconstrucción de la escena ha sido hecha en la misma biblioteca de la histórica casa franciscana y los viejos infolios que aparecen son los mismos que servían para instruir a la juventud argentina de fines del siglo XVIII.
Gracias a la generosidad del rico mercenario fray Anglada pudo Moreno ir a doctorarse a la Universidad de Chuquisaca.
En el momento de las despedidas, fray Cayetano alentó al joven diciéndole: 'Nos agobiamos bajo el yugo; cuánto tiempo ha se nos viene a las manos el sacudirlo, pero es preciso trabajar: ilustrarnos'. 'No sé qué presagio advierto de libertad y es necesario formar hombres'.
Mientras se celebraba la fiesta de la Candelaria llega Moreno en demanda de alojamiento, a un rancho tucumano donde reinaban el holgorio y la algazara, y allí fue donde se enfermó gravemente lejos de todo auxilio y sin otra compañía que la del arriero.
El fiel sirviente indio del viajero huyó de Buenos Aires en su seguimiento dándole alcance y sirviéndole de consuelo en este momento difícil de su largo viaje.
Una de las escenas más enternecedoras del penoso viaje, es la del momento en que el sirviente indio lo encuentra tendido sobre un lecho de paja y aparentemente sin vida.
La providencia quiso que en el delirio de la fiebre Moreno bebiera una fuerte infusión de quina y coca que le sirvió de mágica panacea.
Desde ese instante no volvió a separarse el indio de su amo.
El dueño del rancho donde pasó Moreno su enfermedad habiendo advertido la gran cantidad de onzas que llevaba en el cinto, se combinó con dos camaradas para asaltar a los viajeros mientras dormían en pleno camino, poniendo nuevamente en peligro la vida del futuro prócer como tantas veces lo estuvo en aquel memorable y accidentado viaje en busca del saber que para servir a la patria ambicionaba.

Largos días de viaje por áridas tierras hicieron sentir a los viajeros la sed abrasadora con todos sus horrores siendo de suponer la febril avidez con que Moreno, el arriero y el indio, bebieron al encontrar un cristalino manantial y la alegría inmensa con que celebraron tan oportuno hallazgo. ¡En aquellos tiempos ir de Buenos Aires al Alto Perú equivalía a jugar con la muerte a cada paso!

A la escasez de agua siguió la excesiva abundancia, haciéndose preciso dar largos rodeos para cruzar arroyos que las grandes crecidas habían hecho peligrosos.

La escena que en esta página se reproduce nos presenta al viajero en el momento de encontrar el vado en uno de los innumerables brazos de agua que obstaculizaron sus penosas jornadas.[5]

Mas al fin llegó a Chuquisaca donde con ahínco se dedicó a estudiar.

En el parque de Felipe IV, en Chuquisaca, Moreno requirió de amores a María Cuenca quien luego fue su esposa y la principal colaboradora en el desenvolvimiento de la vida pública del agitado revolucionario.

Este casamiento, celebrado en el Alto Perú sin la aprobación paterna, no fue jamás perdonado por el padre de Moreno, hombre de férrea voluntad, apegado a las antiguas tradiciones.

De regreso a Buenos Aires, Moreno se hizo pronto notar por su brillante talento y elocuencia.

En esta escena lee Moreno a fray Cayetano, al ilustre abogado doctor Paso y al doctor Manuel Belgrano –más tarde famoso general– 'La Representación de los Hacendados', magnífico informe que reproduciendo los ideales agrarios de Aranda, de Campomanes y de Jovellanos, fue la chispa que produjo el incendio de la Revolución de Mayo.

El virrey Cisneros ha recibido de la península pliegos en que le anuncian que las tropas napoleónicas han cruzado la Sierra Morena. Temeroso de que esas malas nuevas circulen hace imprimir una hoja tranquilizadora y llama al torero Genilito –famoso diestro desde la época de Vértiz– para que organice una gran corrida de toros que distraiga al pueblo de asuntos más serios.

El comandante de Patricios don Cornelio de Saavedra y don Manuel Belgrano –que ya viste el uniforme glorioso de la reconquista– acuden a casa del alcalde de primer voto, don Juan José Lezica, para pedirle que convoque enseguida a Cabildo abierto y encontrando allí al torero Genilito preparando la corrida ordenada por el virrey, pronuncia Saavedra su célebre frase: 'Pan y toros', como irónico comentario a la solemnidad del momento.

El virrey Cisneros preocupado con el giro que va tomando la situación, convoca en consulta a los jefes militares.

Abierta la conferencia, el comandante de Patricios don Cornelio Saavedra habla en nombre de los jefes nativos diciendo: 'No cuente V.E. ni conmigo ni con los Patricios; el gobierno que ha dado autoridad a V.E. para mandarnos ya no existe; se trata ahora de asegurar nuestra suerte y la de América'.

Buscando los revolucionarios un sitio adecuado y solitario donde reunirse para deliberar, Belgrano, Rodríguez Peña, Paso, Alberti, Castelli, French, Beruti y Saavedra cruzan el Riachuelo dirigiéndose a la histórica jabonería de Vieytes donde ya les esperan otros conspiradores.

En aquellos momentos quizás hubiera sido peligroso reunirse en Buenos Aires, a pesar de que lo mismo criollos que peninsulares conspiraban contra el régimen imperante.

A la jabonería de Vieytes siguió como club sedicioso el patio del célebre café de los Catalanes donde se pronunciaban fogosos discursos y se hacían adeptos.

Allí fue donde por primera vez repartieron French y Beruti las escarapelas azules y blancas que más tarde habían de servir a Belgrano para crear en las Barrancas del Paraná la bandera de la nueva patria.

En casa de Rodríguez Peña también se reunían con frecuencia los dirigentes del movimiento revolucionario y en una de esas asambleas se decidió que Castelli y Peña fuesen al fuerte para exigir del virrey que convocase a Cabildo abierto.

La tardanza de los emisarios alarmaba ya a los congregados, cuando llegaron aquellos con la buena nueva de que el virrey por fuerza de las circunstancias accedía a sus deseos.

El día antes de la gran corrida de toros, cuando toreros y majas se habían congregado en el barrio del Pecado para ver el entorilado de las reses, se presenta Castelli inopinadamente en busca de adeptos y en una arenga de arrebatador patriotismo incita al populacho a desertar de la fiesta torera, diciendo con frase ardorosa que el puesto de honor de todos ellos estará al día siguiente no en el circo de toros: sí en la Plaza Mayor frente al Cabildo.

Al día siguiente el pueblo exaltado pretendía penetrar al local del Cabildo pero French y Beruti salieron a calmarlos dándoles seguridades de que la asamblea, aun cuando tarda para deliberar estaba consultando reposadamente el interés del pueblo.

Acto seguido repartieron las escarapelas azules y blancas que por aquellos días ostentaban hombres y mujeres de todas las condiciones sociales.

El Cabildo abierto donde Castelli, Paso y Saavedra fueron los héroes indiscutibles de la jornada, donde con sus fogosos discursos resumieron el concepto del dogma de Mayo.

Terminada tras larguísima deliberación la trascendental asamblea se procedió a votar eligiéndose los miembros que debían componer la Primera Junta Provisional de Gobierno presidida por el comandante de Patricios don Cornelio de Saavedra.

El juramento de la Primera Junta que a las doce de la noche había sido elegida por los cabildantes:

'*El reloj del Cabildo daba las doce de la noche al terminar la votación. La campana que debía tocar más adelante las alarmas de la revolución resonaba en aquel momento lenta y pausada sobre las cabezas de la primera asamblea popular que inauguró la libertad proclamando los derechos del hombre en la patria de los argentinos* (Mitre-*Historia de Belgrano*)'.

El 25 de Mayo de 1810. La Junta en pleno sale al balcón del Cabildo frente al cual el pueblo a pesar del día lluvioso, permanece estacionado.

Saavedra anuncia que la Junta ha redactado su manifiesto, lo que es acogido con frenético entusiasmo por la multitud que da repetidos vivas a la libertad, a Saavedra, a los Patricios y a la patria argentina que alborea en el nuevo continente" (*Excelsior* n° 71, 9 jun. 1915, Sup. p. 1 y 2).

"Todas las escenas han sido reconstruidas hábilmente por la escenografía o se han reproducido en los mismos sitios donde ocurrieron los acontecimientos de la revolución. Sirven de fondo a la vista, paisajes admirables del interior de la república y edificios coloniales de estilo plateresco y mudéjar. Los muebles, los trajes y el armamento, han sido ajustados al rigor de la época [...] Figuran además como complemento, reproducciones de 'La Gazeta', de 'La Representación de los Hacendados' y otros documentos que tienen vinculación con los sucesos que se rememoran" (*El Diario*, 24 mar. 1915, p. 1).

Locaciones: Prov. de Buenos Aires: río Luján y pueblo de Luján. Capital Federal: convento San Francisco, el Riachuelo, Plaza de Mayo y el Cabildo.

Comentario: Luego del éxito de *Amalia* (1914), a fines de enero de 1915 Max Glücksmann instala una fábrica de películas bajo la dirección artística del dramaturgo García Velloso, contando inicialmente con 20.000 metros de celuloide virgen. El primer film de esta productora será *Mariano Moreno y la Revolución de Mayo*, publicitado como un costoso proyecto de alrededor de 70.000 pesos que implicó la participación de los actores más importantes del teatro nacional de la época, y aparentemente una cuidada reconstrucción histórica. Sin embargo, algunas fotografías recuperadas parecen desmentir dicha inversión por lo menos en las escenas de masas. Su filmación se inició durante los últimos días de enero, y debe haber concluido antes de fines de marzo de 1915, fecha de su exhibición privada. Es probable que se haya rodado en la misma "galería" que se utilizó para *Amalia* en la Avenida Alvear, ya que Glücksmann inauguró un nuevo estudio en Belgrano, con posterioridad a este film.

Esta película exponía sólo una parte de la biografía de Moreno (desde su adolescencia hasta el 25 de mayo), y se completaría luego con "los triunfos de la revolución, el fusilamiento de Liniers y la muerte de Moreno en alta mar".[6] Sin embargo, es muy probable que la idea original haya sido sintetizar dicha biografía en una única producción, ya que en *Excelsior*[7] se da a entender que en una exhibición previa se proyectaron también los episodios de la segunda parte, con la salvedad de la muerte de Moreno que aún no había sido rodada. En este sentido, sólo pudimos constatar, gracias a la publicación de una fotografía, que se realizó una escena finalmente desechada que describe una "comida en el cuartel de Patricios festejando los primeros triunfos de los ejércitos revolucionarios" en la que "Moreno brinda y dice su célebre frase: 'Ni ebrio ni dormido puede un hombre conspirar contra las libertades de su patria'".[8]

A su vez, *Mariano Moreno* –estrenada pocos días antes del comienzo del mes patrio en una función a beneficio de la Escuela-Taller del Divino Rostro– era parte de una serie de films históricos que iban a ser producidos por Glücksmann, entre los que se incluían la "Asamblea del año 1813", los episodios principales de la Epopeya Emancipadora, para concluir la serie histórica con "Facundo" y la guerra civil hasta "Caseros".[9] Este ambicioso proyecto se inscribe en el contexto previo a la conmemoración del Centenario de la Independencia en 1916, por supuesto desde una visión ideológica conservadora afín a las clases dominantes. En este sentido, no es casual que *Mariano Moreno* haya sido exhibido en la residencia particular del presidente Victorino de la Plaza, a quien acompañaron algunos ministros y miembros del Poder Legislativo.

Con respecto a su distribución, se proyectó en nuestro país durante 1915 y 1916; en septiembre de 1915 se anunció su inminente estreno en Chile. Es muy factible que el negativo de esta película se haya destruido en un gran incendio acaecido en octubre de 1920 en los archivos fílmicos de la Casa Lepage de Max Glücksmann.

Notas: 1. No existió propiamente una exhibición privada para la prensa y los exhibidores, sino diversas proyecciones aisladas, los días 27 y 30 de marzo y el 14 de abril, a las que asistieron algunos medios. **2.** Esta información está referida al estreno, y probablemente al resto de las exhibiciones en el Palace Theatre. **3.** *Excelsior* n° 62 (7 abr. 1915, p. 8) es la única fuente que da cuenta de su duración. Sin embargo, se trata de una información referida a una de sus proyecciones privadas, y no al estreno del film. **4.** Este intérprete de gran relevancia en el cine sonoro solo es mencionado en Museo del Cine (1980a, p. 30). **5.** Según *El Pueblo* (25 abr. 1915, p. 2), "en el viaje de Moreno a Chuquisaca prescíndese de la reproducción de lugares y panoramas que pudieron y debieron recorrerse [...] no simularlos, para dar la impresión, por ejemplo, cual sucede, de que recorrer tan larga distancia a más de cien años fue simple cuestión entre nosotros de cruzar un arroyo". **6.** *La Nación*, 21 abr. 1915, "Teatros y Conciertos". **7.** N° 62, 7 abr. 1915, p. 8. **8.** *El Diario*, 27 mar. 1915, p. 7. **9.** *El Diario*, 24 mar. 1915, p. 1.

3. El tímido o El candidato fracasado

Estreno: domingo 11 de julio a la noche en el Teatro Olimpo (Rosario, prov. de Santa Fe)
Exhibición privada: viernes 2 de julio a la mañana (Rosario, prov. de Santa Fe)[1]
Año de producción: 1915
Producción: Sociedad Damas de Caridad (Presidenta: Mercedes Virasoro de Vila)
Dirección: Miguel López
Guion: Rosa Cano de Vera Barros
Fotografía y cámara: s.d.
Laboratorios: [2]
Estudios: salón fotográfico de la Casa Assanelli y Castellani (Rosario)
Duración: 600 metros (33 min. aprox.) / 4 partes
Género: comedia

Intérpretes: Ernesto de Larrechea (Tirifilo Corral), Nydia Ortiz Clusellas (Lila), María Amelia Olivé (Sra. de Campanillas), María del Carmen Brignardello (una invitada), María Mercedes Pimentel (una mucama), Benjamín Vila Virasoro (Sr. Campanillas), José Olivé (un criado), Sr. N.N. (Profesor de Modales), [Miguel?] López; invitados a la casa del Sr. Campanillas: Sara Benegas, Elena Ghiraldi [o Giraldi?], María Victoria Díaz Rolón, María Angélica Junquet, María Angélica Díaz Rolón, Carmen Fillol, Clara Regules, Rosario Vera Barros, Laura Regules, Delia Shaw, Delia Quiroga Alvarado, Esilda Ereñu, Raúl Ortiz Clusellas.

Argumento: "Tirifilo Corral es un joven estudiante de veterinaria al que la veleidosa fortuna acaricia con un premio mayor de lotería.
En posesión de un apreciable capital abandona sus estudios y se entrega a la regalada vida del que tiene su porvenir asegurado. Sin embargo, no es feliz. Su alma pletórica de amantes nostalgias sueña con el ideal que forjara su ardiente y juvenil fantasía. La casualidad, hermana en ciertos casos de la fortuna, lo coloca frente a Lila, hermosa rubia de ojos de cielo, de la que se enamora locamente.
Desconocido en el medio social de la niña, una carta resuelve el problema de la presentación.
Los padres de Lila aceptan al festejante y empieza para Tirifilo la serie de calamidades que lo llevarán al ridículo.
Nuestro protagonista, cándido y más que cándido, torpe, se coloca bajo la dirección de un profesor de modales, hombre anticuado y lleno de

amaneramientos, del que recibe las peligrosas lecciones para desenvolverse en sociedad y que determinan su lamentable fracaso.

Tirifilo en casa de los señores de Campanillas comete toda clase de torpezas, agotando el repertorio; desde el pisotón de carácter astronómico, hasta la clásica cursilería del tonto; desde el intempestivo saludo, hasta la grotesca actitud: en fin, todo aquello de más realce para ridiculizar su desgraciado debut de festejante.

Perseguido por las burlas de los invitados huye del salón y se refugia en su casa, donde intenta poner fin a sus días, propósito que no se realiza por haberse olvidado de cargar el revólver. Reflexiona y concluye por entregarse de nuevo al estudio de su carrera de veterinario.

Hace saber su resolución a los padres de su malogrado ideal de un día, con una carta tan torpe como su actuación mundana y recibe de aquellos la respuesta que le resulta algo así como un irónico epitafio a las pretensiones de un tonto" (*La Reacción*, 1° jul. 1915, p. 4).

"Acerca de esta cinta debemos decir que adolece de grandes defectos cinematográficos, pues carece de nitidez debido a la escasez de luz en varias de sus escenas, principalmente en la del Jardín de Infantes en que los rostros de las niñas no se distinguen en absoluto, la gran rapidez con que el operador ha tomado algunos pasajes y también la falta de importantes detalles" (*La Reacción*, 12 jul. 1915, p. 3).

Locaciones: Rosario (prov. de Santa Fe): jardín de infantes del Parque Independencia y las residencias de Ángela Tiscornia de Pinasco y de Amelia Quiroga de Alvarado.

Comentario: Este film de 10 cuadros dirigido por el actor y director teatral Miguel López es la segunda ficción santafesina, ya que dicha producción, según la bibliografía,[3] se inicia en 1910 con *El caballero ladrón*. Se trató de la primera película nacional escrita por una mujer, Rosa Cano de Vera Barros, quien también había planeado dirigirla, pero debido a "una desgracia de familia"[4] dicha función recayó en un director característico de los festivales artísticos de beneficencia de la elite rosarina.

El tímido se enmarca en el proceso de filmación de películas por parte de sociedades de beneficencia y con participación actoral de integrantes de la alta burguesía –en este caso rosarina– que alcanzó gran auge con el estreno de *Amalia* en diciembre de 1914.

Su rodaje comenzó entre el 13 y el 17 de junio de 1915, y concluyó el 20 de ese mes; estrenándose en un festival organizado en el Teatro Olimpo por la Sociedad Damas de Caridad a favor del Hospicio de Huérfanos que incluía diversos números de variedades. Además, se exhibió en Rosario, siempre en funciones benéficas, el 20 y 22 de julio en el Smart Palace y el 31 de julio en el Royal Palace.

Comparación con bibliografía específica: Paralieu (2000, p. 25) es el único autor que menciona esta obra. Consigna la fecha y sala de estreno, su exhibición a beneficio y que se filmó en Rosario con intérpretes de la alta sociedad.

Notas: 1. *La Reacción* (3 jul. 1915, p. 4) es la única fuente que da cuenta de esta proyección. **2.** El revelado del film fue realizado en Capital Federal (*La Reacción*, 21 jun. 1915, p. 4). **3.** Museo del Cine (1980a, p. 12) y Maranghello (2005, p. 20). **4.** *La Reacción*, 21 jul. 1915, p. 4.

4. Nobleza gaucha

Estreno: miércoles 11 de agosto a la noche en el Select American Biograph y el Empire Theatre (Capital Federal)
Exhibición privada: domingo 18 de julio a las 10:30 hs. en el Select American Biograph
Año de producción: [1915?]
Producción: Sociedad Cairo, Martínez y Gunche (Productores: Humberto Cairo, Eduardo Martínez de la Pera y Ernesto Gunche)
Dirección: Humberto Cairo [y/o Ramón A. Maran?]
Guion: Humberto Cairo
Intertítulos: José González Castillo en prosa, y en verso extractados de obras de José Hernández, Eduardo Gutiérrez, Estanislao del Campo y Rafael Obligado
Fotografía y cámara: Eduardo Martínez de la Pera, Ernesto Gunche [y Francisco Mayrhofer?][1]
Música adaptada: música criolla, y el complemento de "estilos", "cielitos" y "canciones" ejecutado por el cantor y guitarrista Arturo de Nava
Mobiliario: mueblería Maple y Cía.
Estudios: improvisados en la terraza de la mueblería Maple[2]
Distribución: Sociedad General Cinematográfica (Lavalle 540)
Duración: 3.000 metros (164 min. aprox.)
Género: drama campero

Intérpretes: Julio Escarcela (el gaucho Juan), María Padín (María), Arturo Mario (estanciero Gran), Celestino Petray (don Genaro), Orfilia Rico (Ña Ciriaca, su esposa), Atilio Cincioni (mayordomo), Ramón A. Maran, Aquiles Rivelli, Marino Podestá.

Argumento: "Es el idilio del gaucho que salva, a riesgo de su existencia, la de su joven enamorada, arrancada por él, a toda carrera, de la montura de un animal desbocado para alzarla en el propio y conducirla sana y salva al rancho de sus padres. El amor se intensifica; el patrón quiere raptar, y así lo hace, a la flor tempranamente abierta y la lleva a la ciudad. El gaucho la sigue, y en plena ciudad, tras una lucha emocionante, pródiga en incidentes y cuadros dramáticos, la liberta de su brutal dominador y vuelve con ella al rancho, en que aguarda la felicidad para la modesta y dignísima pareja, libre de los odios y sensualismos del dueño de la estancia. Pero el despecho del patrón se convierte en una persecución policial para el gaucho, que huye de su rancho en momentos en que la policía lo registra; en el camino se encuentra con su pervertido perseguidor; lo va a atacar. El patrón huye a todo escape y, en la ceguedad de su carrera, se desploman caballo y jinete en una barranca. Mueren, y la cinta termina.[3] Las escenas principales de la obra, el pericón, la doma, el rodeo, los apartes, están admirable y precisamente cinematografiadas [...] El viaje del gaucho por la ciudad en compañía del italiano (Petray) es una sucesión de vistas y cuadros que no dejan nada que desear en su comparación con las mejores de Europa y Norte América, por la precisión y continuidad de sus detalles" (*La Razón*, 23 jul. 1915, p. 5).

Locaciones: estancia *La Armonía* (propiedad de la familia Torres), y diversos lugares de Capital Federal como Constitución, Avenida de Mayo, Congreso de la Nación, Avenida Alvear y salón Armenonville.

Comentario: *Nobleza gaucha* fue la primera película de ficción con dirección técnica de Ernesto Gunche y Eduardo Martínez de la Pera, quienes desde muy jóvenes se habían dedicado a la fotografía, siendo premiados en diversas exposiciones en la Sociedad Fotográfica Argentina. Su debut cinematográfico lo constituyó un documental sobre el Iguazú y Misiones en 1911, instalando luego, a fines de 1913, un taller para la impresión de intertítulos y copias de negativos, ubicado en San Eduardo 2840. Sus trabajos realizados al año siguiente por encargo del gobierno nacional, adquieren un importante reconocimiento en la Exposición de San Francisco de California de 1915.

En cambio, Humberto Cairo, el coproductor, guionista y director artístico del film, se había desempeñado hasta entonces como empleado de una de las más importantes distribuidoras, la Sociedad General Cinematográfica. Posteriormente, se convirtió en empresario del Empire Theatre y del cine Florida.

Sin embargo, la información vertida en algunas publicaciones relativiza su intervención como director. Por ejemplo, el diario *Tribuna*,[4] a diferencia del resto de las fuentes, informa que *Nobleza gaucha* "ha sido interpretada por una porción de artistas nacionales organizados y dirigidos por el señor Ramón Maran".[5]

Si bien no fue posible determinar el período exacto de rodaje, Humberto Cairo señala que su filmación demandó más de tres meses, con actores que, por compromisos teatrales en Buenos Aires, apenas disponían de un par de días para trasladarse al campo a impresionar el film.[6]

Con respecto al repertorio folklórico de esta película, no se limitó a sus primeras exhibiciones, ya que por ejemplo en los festejos del cuarto aniversario del estreno realizados en el Empire Theatre, en algunos pasajes Arturo de Nava volvió a cantar estilos nacionales; y en las funciones del 30 de septiembre y del 1 de octubre de 1920 en el Select Lavalle se anunció: "dos conocidos cantores harán oír algunos estilos más o menos parecidos a los que Escarcela le cantara a María Padín".[7]

También se publicaron en la época dos partituras musicales dedicadas a Humberto Cairo que aluden al título del film: un tango milonga de Francisco Canaro y un vals para piano de Enrique Fitte, compuestas aparentemente después del estreno dada su popularidad, aunque tal vez fueron ejecutadas en alguna proyección.

Nobleza gaucha, "la primera producción cinematográfica argentina que puede competir con la europea",[8] fue el mayor éxito de público y de crítica del período mudo nacional. Según el productor Humberto Cairo con un costo de 30.000 pesos, logró recaudar en dos meses de exhibición 230.000,[9] cifra que en 1924 llegó a 700.000 pesos.

Cairo asumió la paternidad artística y comercial de la obra, relegando a Martínez y a Gunche a la categoría de meros "operadores", cuando en realidad se habían encargado de la dirección técnica y de la coproducción. Esta actitud, entre otros factores, tras provocar la disolución de la sociedad, derivó en un conflicto judicial entre las partes por la comercialización de esta obra. Recién en octubre de 1917 se llegó a una conciliación, a partir de que Cairo compró la parte del film correspondiente a Martínez y Gunche.

Nobleza gaucha fue comercializada entre noviembre de 1916 y marzo de 1924 por la Cairo Film. Esta empresa vendió en abril el negativo y las copias de *Nobleza gaucha* a la Gazzolo Film, denominada desde 1925 American Film, que se encargó de distribuirla entre 1924 y 1929.

En Montevideo (Uruguay), se estrenó a comienzos de octubre de 1915 en el Teatro Urquiza; las proyecciones en esa ciudad hasta fin de mes convocaron 79.249 espectadores.[10] Además de exhibirse en otros países sudamericanos como Chile, Brasil, Paraguay, Bolivia y Perú, este film también marcó cierta influencia estética en algunas de las cinematografías limítrofes, como en el caso de *Alma chilena* (1917), protagonizada y dirigida por los intérpretes de *Nobleza gaucha* María Padín y Arturo Mario.

En Europa, se estrenó en España entre julio y agosto de 1916 en el Teatro Príncipe Alfonso por intermedio de los distribuidores Iberio Solá y Rubio. Y posiblemente en Estados Unidos, ya que la revista *Excelsior*[11] da cuenta de que se envió en agosto de 1921 un negativo para ser vendido a una importante distribuidora.

Es probable que en algunos de estos países se haya exhibido con el agregado de más escenas camperas, que Humberto Cairo planeaba filmar al final de la temporada de 1915[12] seguramente para acentuar los aspectos pintorescos en sus representaciones en el exterior.

De este film, uno de los más importantes del cine mudo argentino, se conserva una versión incompleta restaurada por Aprocinain (Asociación de Apoyo al Patrimonio Audiovisual) a partir de un positivo en 35mm perteneciente al Instituto Nacional de Cine y Artes Audiovisuales, de una copia obtenida por Filmoteca Buenos Aires en Rosario (Prov. de Santa Fe) y de fotografías del programa original.

Notas: 1. CIHCA (1958, p. 16) incluye a Mayrhofer en el equipo de fotógrafos de esta obra, información que no hemos podido confirmar en nuestro relevamiento. **2.** Ver Couselo (2008, p. 16). **3.** Con respecto a la escena final, *La Mañana* (17 jul. 1915, p. 5) señala: "el gaucho, que ha presenciado la tragedia, corre para socorrer al hombre que tanto mal le había hecho y ante su cadáver se descubre respetuosamente, demostrando así su nobleza gaucha, que motiva el título de este notable film". **4.** 23 ago. 1915, p. 5. **5.** En cambio, SICMA (1992, p. 27) y Couselo (2008, p. 16), sin dar cuenta de la fuente, atribuyen la dirección de actores a Arturo Mario. **6.** *Las Noticias,* 9 nov. 1915, p. 7. **7.** *Última Hora*, 30 sep. 1920, p. 5. En septiembre de 1921 se anuncia su proyección en el cine Standard con la participación de payadores (*Última Hora*, 3 sep. 1921, p. 3). **8.** Publicidad en *La Razón*, 11 ago. 1915. **9.** *Las Noticias*, 9 nov. 1915, p. 7. **10.** *Las Noticias*, 6 nov. 1915, p. 7. **11.** N° 390, 31 ago. 1921, p. 19. **12.** Ver *Las Noticias*, 9 nov. 1915, p. 7.

5. Deuda sagrada

Estreno: miércoles 22 de septiembre a la noche en el cine Select (Córdoba)
Exhibición privada: lunes 20 de septiembre (Córdoba)
Año de producción: 1915
Producción: Sociedad Entre Nous / Sociedad General Cinematográfica
Dirección: Julio Brunner Núñez
Guion: Julio Brunner Núñez basado en la novela alemana *La fortuna de los Harlewigh*, de J. Edhop
Fotografía y cámara: Emilio Peruzzi
Laboratorios: [Sociedad General Cinematográfica?]
Distribución: s.d.
Duración: [2.000 metros?][1] (110 min. aprox.)
Género: drama

Intérpretes: Rosa Ferreyra (Linda), Mario de Tezanos Pinto (Egon, conde de Bradford), María Emilia Harthlied Beltrán (Estefanía, condesa de Bradford), Ricardo Achával (Huger), María Ignacia Rius (Eugenia), Estela Casas (Elisa), José Manuel Álvarez (Adolfo), Alicia de la Peña (Adda), Raúl V. Martínez (Baron), María Teresa Ferreyra (Carmen, la chica cowboy), Lía César Leston y Manuelita Vélez (servidoras), Modesto Moreno (h) (servidor), Rodolfo Ferrari Rueda (guarda del tren), Ricardo Ferreyra (policía), Francisco R. Rius (chofer), Ricardo Revol (conductor), Moisés Escalante (h) (León), Carlos Suárez Pinto, Nelia Funes, Rosario Revol Cabrera, Ernesto Díaz, Ernesto Luque.[2]

Argumento: "La condesa Elsa, ciega y enferma, abandonada por la familia de su esposo, recurrió al cariño de su hermano, que simula ser honrado profesional. Empero, en realidad, está entregado a oscuros manejos de usurero. La intriga asoma a medida que avanza el desarrollo de la fábula. En ella se mezclan leyendas escalofriantes, amores contrariados y la 'deuda' de dinero que la avaricia quiere sea cumplida con forzado amor. Acontecen episodios de toda índole, desde la fuga de la hija del mal hermano trepando por un alto ventanal hasta fantasmales apariciones; desde el cruce de un lago a nado por la pareja de enamorados, hasta una borrasca sacudiendo el viejo castillo..." [*La Voz del Interior*, 11 sep. 1915, citado en Bischoff (1975, p. 48)].

Locaciones: Córdoba: actual Museo Genaro Pérez, Parque Sarmiento, Ferrocarril Mitre, y residencias de las familias Juárez Revol, Ordoñez, Cárcano, Navarro Ocampo, etc.

Comentario: *Deuda sagrada*, la primera producción de ficción cordobesa, refleja la influencia del éxito de *Amalia* (1914)[3] dentro de la elite dominante, por ejemplo en su financiación por parte de una sociedad filantrópica, Entre Nous, con la finalidad de recaudar fondos para obras de beneficencia.

Este film fue dirigido y escrito por el autor teatral, Julio Brunner Núñez, e interpretado por miembros de la alta burguesía cordobesa. Su rodaje, realizado en agosto de 1915, estuvo a cargo del cameraman Emilio Peruzzi, el cual, según el historiador Bischoff (1975, p. 47), había sido enviado desde Buenos Aires por la empresa Sociedad General Cinematográfica. *Deuda sagrada*, luego de ser exhibida en Tucumán el 28 de septiembre de 1915, volvió a proyectarse a fines de la década del 20 en Córdoba.

Notas: 1. Este metraje, citado por Bischoff (1975, p. 48), parece corresponder a la cantidad de celuloide impreso en el rodaje. **2.** La mayor parte de los datos de la ficha técnica se obtuvieron de Bischoff (1975) y Sáenz (2004). **3.** De hecho, la película de García Velloso fue exhibida el 14 de abril de 1915 en Córdoba, a beneficio de la Sociedad Entre Nous, con presencia de alguno de sus intérpretes (*La Nación*, 13 abr. 1915, "Córdoba", p. 8).

6. Un romance argentino
[Primer título: **El testamento**]

Estreno: lunes 6 de diciembre a la noche en el Teatro Coliseo (Capital Federal)
Exhibición privada: -
Año de producción: 1915
Producción: Comisión de damas de la Asociación Hospital San Fernando (Presidenta: Angélica García de García Mansilla) / Max Glücksmann
Dirección: Angélica García de García Mansilla
Guion: [Angélica García de García Mansilla?] basado en una novela estadounidense
Fotografía y cámara: [Eugenio Py?] [y/o Enrique Luchetti?]
Virados en color
Laboratorios: Talleres Cinematográficos Max Glücksmann
Música: bailes y cantos criollos ejecutados por la orquesta[1]
Estudios: Talleres Cinematográficos Max Glücksmann (Av. Alvear?)
Distribución: Casa Lepage de Max Glücksmann
Duración: 9 actos / 24 partes[2]
Género: "comedia de costumbres nacionales"[3]

Intérpretes: Jovita García Mansilla (Inés de Sotomayor), Estanislao Pirovano (Juan Carlos de Alcántara), María Julia Martínez de Hoz de Salamanca (doña Laura de Sotomayor), María Cristina Méndez Terrero (la criada Juana), Adela Gramajo (Carmen de Alcántara), María Elena Saguier (Clarita Alcántara), Juana Teresa Duncan (la criada Margarita), Delfín Huergo Paunero (don Esteban Sotomayor), Arturo Gramajo (h) (Basilio Pérez), Carlos Castro Madero (Carlos), Benjamín de Morra (Alberto del Valle), Enrique Schlieper (Juan), Ignacio Torres (Cocoliche), Guillermo Madero (pulpero), Alejandrina Elizalde (hija del pulpero), Raquel Aldao (hija del pulpero), Luis de Salamanca (un vigilante). Paisanas: Elena Gramajo, María Rosa García Mansilla, María Teodosia Roca, María Carolina Harilaos. Gitanas: Silvia Casares, Carmen Estrada Borbón, María Elena Casares, Magdalena Ortiz Basualdo, Susana Peralta Alvear, María Luisa Fauvety. Gitanos: J. Rey Basadre, Hugo Tedín Uriburu, Jorge Ayerza, Alberto Tedín Uriburu. Paisanos y gitanos: Manuel Güiraldes, Bernabé Artayeta Castex (h), Guillermo Fernández Guerrico, Daniel Videla Dorna, Eduardo Legarreta, Juan Madero, Ernesto Madero (h), José María Bustillo, Pastor Obligado, Domingo Méndez Terreno, Guillermo [o Alejandro?] Gowland, Raúl Sánchez Elía, Eduardo Bunge, Vicente

Peralta Alvear, Manuel González Guerrico, Gustavo Pueyrredón. Otros: Señoritas: Mercedes Peña Unzué, Mercedes de Alvear, Susana y Esther del Campillo, María, Juana y Valentina Sáenz Valiente, Alina Paunero, Celina y María Zuberbühler, Julieta Pueyrredón, Celia Shaw. Señoras: Mercedes Quintana de Santamarina, Lía Sansinena de Gálvez, Sara Mezquita de Madero, Elena Zuberbühler de Cullen Ayerza, María Elena Peralta Alvear de Láinez, Marta Casares de Bioy, Silvia García Victorica de Casares, María Ignacia Casares de Grondona, Matilde Mezquita de Meyer Pellegrini y María Carlota Peralta Alvear de Gowland. Señores: Federico Madero, Norberto Láinez, Juan A. García Victorica, Víctor García Victorica, Gustavo Casares.

Argumento: "Es como reza la leyenda con que se inicia la película, 'la vida nacional pintada por quienes la viven en su faz social y saben sentirla en su alma argentina'" (*La Nación*, 5 dic. 1915, p. 11).

"*Un romance argentino* es la historia sentimental de un amor de dos jóvenes que, sin conocerse, se odian, porque una tía dispone al morir que ambos, que se llaman en la obra Inés de Sotomayor y Juan Carlos de Alcántara, deberán casarse si desean ser sus herederos [de diez millones de pesos].
Juan Carlos, que estudia en Norte América, regresa con su título de ingeniero agrónomo a Buenos Aires. Su presencia en esta capital obliga a los tíos de Inés, doña Laura de Sotomayor y don Esteban Sotomayor, a comunicarle lo testado por su tía al morir. Inés se rebela contra estas imposiciones y en su desesperación se decide a escribir a su primo, a quien no conoce, diciéndole que debe renunciar, como ella lo hace, a la herencia que en tales condiciones les ha dejado su tía, la señora de Wilson. A su vez, Juan Carlos, a quien tampoco le era agradable lo resuelto, contesta desvinculándose de todo compromiso, porque supone que la 'candidata' ha de ser fea y desagradable. Otro tanto ha supuesto Inés cuando se le ha hablado de su presunto novio.
Transcurridos algunos días, que el joven ingeniero aprovecha en 'conocer' la capital acompañado de su amigo Alberto del Valle, admirando los parajes más pintorescos de los alrededores, llega hasta el Hipódromo Argentino, donde se realizan grandes carreras a las que ha concurrido todo el Buenos Aires social. En el recinto de los socios, Juan Carlos tiene oportunidad de recoger la sombrilla que una niña ha dejado caer involuntariamente. Al mirarla, se ha sentido cautivado por su belleza, y sin saber quién era se pasa toda la tarde con los anteojos clavados en el sitio donde ella se halla en compañía de otros festejantes. Al día siguiente

la encuentra en Palermo y sabe entonces que se trata de su prima Inés de Sotomayor. Desesperado por la actitud asumida, quiere a toda costa conocerla y trabar relación con ella. Es, sin embargo, difícil, por cuanto en la carta que él contestara declaraba roto todo compromiso. Su amigo Del Valle le ofrece la solución. Acaba de ser contratado por el tío don Esteban para ocupar el cargo de mayordomo de su estancia. En su lugar puede ir Juan Carlos, que conoce las tareas del campo como el mejor.

Aceptada la sustitución, Juan Carlos se dirige a la estancia, a la que llegan algunos días más tarde los propietarios y la sobrina Inés.

La presencia en la estancia da motivo a que se realicen en ella interesantes fiestas camperas.

En esta parte, la novela sufre un paréntesis sobre su trama central para dar lugar a la presentación de cuadros hermosísimos, de paisajes encantadores que han sido tomados en su casi totalidad en la estancia de Casares, en Cañuelas. También llegan a poco a la estancia numerosos invitados que se presentan algunos en un 'mail coach' y los restantes en caballos formando parte de la comitiva numerosas amazonas.

La animación de la estancia adquiere entonces un carácter extraordinario. Inés se ve cortejada por Basilio Pérez, que se presenta en la estancia de jaquet y galera, caracterizando con gracia y acierto un tipo común en nuestro ambiente.

Mientras el idilio de Juan Carlos experimenta este retraso, en la estancia se desarrollan carreras en las que participan los supuestos peones, entre los que no falta el 'cocoliche' [...] También se presenta en la estancia una banda de gitanos [...] Terminadas las fiestas[4] y vuelta la tranquilidad a la estancia, se reanuda el idilio, esta vez con más éxito para el supuesto Del Valle que es correspondido por Inés. Pero sorprendidos ambos cuando conversan en el jardín por los tíos don Esteban y doña Laura se le expulsa a él del establecimiento por haber abusado así de la confianza y de la hospitalidad. Juan Carlos se va, seguro del amor de su prima, que aún ignora la verdadera personalidad de su novio.

Algún tiempo más tarde, los tíos dan en Buenos Aires un baile en honor de su sobrina e invitan, como es natural, a Juan Carlos de Alcántara, presentándose el mismo a quien sólo conocían por Del Valle. Se formulan las explicaciones del caso, y Juan Carlos e Inés, que se habían enamorado espontáneamente, cumplen con los deseos de la extinta tía.

Y en la última escena, mientras se oye en el interior la alegría de los ritmos musicales, a cuyo compás danzan los invitados, en la terraza, frente al jardín que despide toda la fragancia de sus rosas, los novios se alejan para amarse más..." (Josué Quesada, *La Razón*, 6 dic. 1915, p. 9).

Locaciones: Prov. de Buenos Aires: establecimiento de campo de Hersilia Lynch de Casares (Cañuelas). Capital Federal: el foyer del Teatro Colón (escena de baile), Hipódromo Argentino, Palermo y diversas calles del centro.

Comentario: Esta película, la primera dirigida por una mujer en nuestro país, reitera los tópicos de producción de *Amalia* (1914). *Un romance argentino* también fue financiado por una sociedad de beneficencia, interpretado por actores aficionados reclutados entre las clases altas[5] y realizado por los talleres Max Glücksmann.

El rodaje desarrollado entre el 13 y el 27 de noviembre de 1915 estuvo a cargo de "los operadores de la Casa Glücksmann".[6] Tanto Eugenio Py como Enrique Lucchetti son, según la bibliografía previa, los camarógrafos característicos de esta empresa.

Un romance argentino se constituyó en una obra rentable económicamente, pues con un costo inicial de 5.000 pesos recaudó ya en el estreno 8.000 pesos, monto que se repartía, según *La Película*,[7] por partes iguales entre la editora de Max Glücksmann y la Comisión del Hospital San Fernando. Sin embargo, esta nueva producción, a diferencia de *Amalia*, pretendió ingresar al circuito comercial con localidades a un precio más accesible, generalmente en cines relacionados con la distribuidora Glücksmann. De esta forma se buscó potenciar su rentabilidad, aunque sin lograr necesariamente una buena convocatoria de público en los cines ajenos a la elite. *Un romance argentino*, luego de ser proyectada en el Palace Theatre hasta el 23 de diciembre de 1915, continuó exhibiéndose esporádicamente durante 1916. Posiblemente se haya estrenado en Chile, ya que en varias oportunidades se menciona el inminente envío de una copia a ese país. Su negativo, casi con seguridad, fue destruido en el incendio ocurrido en los archivos de la casa Glücksmann durante octubre de 1920.

Por último, es importante destacar algunas particularidades de este film. Por un lado, se promocionó para la segunda quincena de diciembre –sin que hayamos podido corroborar su exhibición–, una versión más completa "con paisajes tomados en los alrededores de Mendoza, donde abundan parajes de ensueño y que a causa de la precipitación con la que se ha exhibido, fue imposible presentarla completa".[8] Por otro, con respecto al reparto, diversos medios de prensa[9] informan que en una de las escenas a impresionarse en Cañuelas titulada *Una cacería*, intervendría entre otros miembros de la elite, la futura editora y escritora Victoria Ocampo de Estrada, dato que sin embargo no pudo ser constatado ni en el resto de las notas de rodaje ni en las crónicas del estreno.

Comparación con bibliografía específica: Couselo (1964, p. 24) y Maranghello (2005, p. 26) atribuyen la dirección de este film a García Velloso. Sin embargo, diversas fuentes de la época (*El Diario*, 7 dic. 1915, "Vida Social" y 8 dic. 1915, p. 10; *La Gaceta de Buenos Aires*, 4 dic. 1915, p. 6; *La Nación*, 4 dic. 1915, "Notas Sociales") confirman en ese rol a Angélica García de García Mansilla. Este dato hace de García Mansilla la primera directora del cine argentino, y no Emilia Saleny, como afirma la bibliografía previa.

Maranghello (2005, p. 26) indica que *Mariano Moreno y la Revolución de Mayo* se realizó después de *Un romance argentino*, cuando en realidad fue a la inversa. CIHCA (1958, p. 9) señala que el año de producción fue 1916. Por último, Margaritt (1947, p. 510) y Di Núbila (1998, p. 35) citan esta obra como *Romance argentino*.

Notas: 1. No se especifica en las fuentes si el repertorio incluía composiciones originales o adaptadas al film. **2.** La información sobre su extensión en actos fue obtenida de *La Reacción* (3 jun. 1916, "Carnet Mundano") y sobre su duración en partes de la cartelera de *Tribuna* (3 jul. 1916). **3.** Publicidad en *El Diario* (11 dic. 1915) y en *La Razón* (11 dic. 1915, p. 2). **4.** Es probable que en este segmento se hayan incluido las siguientes escenas que, según *La Razón* (13 nov. 1915, p. 11), se irían a filmar ese día: el pericón nacional, una corrida de sortija y una cacería. **5.** De hecho, Raquel Aldao, María Carolina Harilaos y Delfín Huergo Paunero entre otros, habían participado en *Amalia*. **6.** *La Nación*, 7 dic. 1915, p. 11. **7.** N° 5, 26 oct. 1916, p. 7. **8.** *La Razón*, 11 dic. 1915, p. 10. **9.** *La Razón* (13 nov. 1915, "Sociales") y *El Nacional* (13 nov. 1915, "Sociales").

7. Amor de bombero

Estreno: [1915?/16?]
Año de producción: [1915?/16?]
Producción: [Arturo Alexander?]
Dirección: s.d.
Guion: s.d.
Fotografía: Arturo Alexander
Duración: s.d.
Género: comedia

Intérpretes: s.d.

Argumento: s.d.

Comentario: La mayor parte de la información de la ficha técnica fue obtenida de un listado de films argentinos publicado en la revista *Excelsior*.[1] Debido a que este título es citado después de *Nobleza gaucha* (1915) y de *Un romance argentino* (1915), podemos inferir que se realizó o estrenó entre fines de 1915 y comienzos de 1916. Sin embargo, uno de los datos es erróneo, ya que esta publicación atribuye la producción a la firma Bulo y Alexander, conformada recién en enero de 1917. De todas formas, es probable que haya sido producida por el cameraman Arturo Alexander.

Comparación con bibliografía específica: Ducrós Hicken (1950, p. 28), CIHCA (1958, p. 12), Di Núbila (1998, p. 20) y Maranghello (2005, p. 24) señalan que este film fue realizado por Atilio Lipizzi, aunque sin dar cuenta de la fuente. A su vez, CIHCA (1958) indica que se trató de una producción de 1915 de la editora Filmgraf.
A pesar de la profusa información que recopilamos sobre Lipizzi en las revistas de la época, jamás se hace referencia a esta película. Tampoco en el reportaje "El abuelo de nuestra cinematografía" (*Cine Argentino* n° 20, 22 sep. 1938, p. 10) este productor y fotógrafo la incluye en su filmografía.

Notas: 1. N° 200, 1 ene. 1918, p. 48.

8. Espectros en las sierras

Estreno: [fines de 1915? o durante 1916?]
Año de producción: 1915
Producción: Empresa Cinematográfica Julio Irigoyen
Dirección y guion: Julio Irigoyen[1]
Fotografía y cámara: Julio Irigoyen
Laboratorios: Empresa Cinematográfica Julio Irigoyen
Escenografía: Julio Irigoyen
Distribución: Empresa Cinematográfica Julio Irigoyen (Brasil 1328)
Duración: largometraje
Género: drama policial

Intérpretes: Graciano Luluengo, Julio Irigoyen.

Datos del argumento: *"Espectros en las sierras* [...] parte de la cual se refería a la vida de los penados en un presidio de la provincia de Buenos Aires [...] En mi primera película, yo [Julio Irigoyen] representaba a un pistolero de tristísima fama en los anales de la policía capitalina" (Gregory Sheerwood, "Julio Irigoyen, decano de los directores del cine argentino", *Mundo Argentino* n° 2129, 5 dic. 1951, p. 9).

Comentario: Un reportaje a Julio Irigoyen publicado en la revista *Mundo Argentino* es la única fuente que da cuenta de *Espectros en las sierras*, film que marcaría su debut en el cine de ficción, aunque en otras entrevistas cita como su primera obra *Carlitos y Tripín del Uruguay a la Argentina* (1916).[2]
Irigoyen se inició como importador y vendedor de películas entre 1910 y 1911, y a partir de 1913 se dedicó al alquiler de las mismas. En 1915 su empresa por ejemplo incluía también la confección de intertítulos en castellano para las producciones extranjeras.
Espectros en las sierras, obra que inauguraría el género policial en el cine argentino, fue filmada a fines de 1915 con una cámara Gaumont a manivela. Tuvo un costo ínfimo de 4.000 pesos, distribuidos de la siguiente forma: 900 para el sueldo de los actores, 620 para salarios de carpinteros, electricistas y ayudantes; 150 para alquiler de locales, 350 para decorados, 2.000 destinados para película virgen y gastos de laboratorio.[3]

Comparación con bibliografía específica: Maranghello (2001, p. 59), el único historiador que menciona esta obra, da a entender que Irigoyen era propietario por lo menos desde 1913 de la productora Buenos Aires

Film, la cual se constituyó recién a fines de 1918.[4] Un error de información que se origina en CIHCA (1958, p. 3).

Notas: 1. Irigoyen señala, refiriéndose a este film, que "en aquel enton-ces el director de cine era prototipo del hombre orquesta: argumentista, fotógrafo, iluminador, decorador y casi siempre actor" (*Mundo Argentino* n° 2129, 5 dic. 1951, p. 9), por lo cual le atribuimos diversos roles en la filmación. **2.** Ver *Imparcial Film* n° 237, 3 nov. 1923, p. 35. **3.** *Mundo Argentino* n° 2129, 5 dic. 1951, p. 9. **4.** Ver *La Película* n° 115, 5 dic. 1918, "Cinematografía Argentina".

9. La flor del pago

Estreno: -
Año de producción: 1915
Producción: Max Glücksmann
Dirección: s.d.
Guion: Alfredo Méndez Caldeira basado en su obra teatral homónima
Fotografía y cámara: Eugenio Py
Laboratorios: Talleres Cinematográficos Max Glücksmann
Estudios: Talleres Cinematográficos Max Glücksmann (Av. Alvear?)
Distribución: -
Duración: largometraje
Género: s.d.

Intérprete: Berta Gangloff.

Datos del argumento: *"La flor del pago* extiende su escena hacia la metrópolis, si hemos de atenernos a la trama de la novela"[1] (*Excelsior* n° 102, 10 ene. 1916, p. 6).

Comentario: Esta obra rodada en las sierras cordobesas fue concluida en 1915, pero aparentemente no tuvo estreno comercial. Podría tratarse de una filmación conjunta con *La hija del matrero* (1916), ya que ambas tenían producción de Max Glücksmann y el mismo espacio geográfico como marco de la trama.
Es muy factible que el negativo de *La flor del pago* haya sido destruido en el incendio del depósito de películas de esta empresa ocurrido en octubre de 1920.

Notas: 1. No se trata de una novela sino de una obra teatral.

1916

10. Bajo el sol de la pampa

Estreno: jueves 16 de marzo a la noche en el Empire Theatre (Capital Federal)
Exhibición privada: martes 14 de marzo a las 15:00 hs. en el Empire Theatre [o Select?][1]
Año de producción: 1915/16
Producción: Pampa Film (Propietarios: Emilio Bertoni y Pablo A. Landó)
Dirección: [Juan Cambieri?] [y/o César A. Chicchi?]
Guion: Pablo A. Landó
Fotografía y cámara: Emilio Peruzzi, Mario Gallo[2] [y Juan Cambieri?]
Virados en color
Laboratorios: Pampa Film
Música adaptada
Estudios: Pampa Film (Cangallo 827)
Distribución: Pampa Film (Cangallo 827)
Duración: 3.600 metros (197 min. aprox.)
Género: drama campero

Intérpretes: Luis Vittone, Segundo Pomar, María Esther Podestá de Pomar, Sabina Vittone, Blanca Vidal, Olinda Bozán, V. Cruz, Luis Fagioli, Julio Andrada, Pepito Petray, Alfredo Camiña.[3]

Argumento: "Justo vive en Buenos Aires y tiene como compañera a una antigua mujer de teatro que le explota en toda forma y cuando su fortuna ya está en peligro, trata por medio del juego de ponerse en condiciones de seguir la misma existencia disipada. Fatalmente va a la ruina y a punto de recurrir al suicidio, aconséjale un amigo, viejo peón de la estancia de la familia, quien le pide que abandone a la mala mujer y huya a la Pampa, donde encontrará trabajo y olvido.
Efectivamente, encuentra en una estancia de la lejana localidad a un hacendado que después de cuatro años de trabajo consigue toda su confianza y le ayuda a descubrir que su antiguo mayordomo le robaba. El dueño de la estancia tiene una hija, la cual se enamora de Justo, y después del descubrimiento del robo se casa con el joven mayordomo, quedando este al frente del establecimiento.

La acción se desarrolla en varios pasajes que dan motivo a la exhibición de varias vistas de Mar del Plata, el Hipódromo Argentino, diversos puntos de la ciudad, escenas de la vida del campo [estancia en Cañuelas], entre ellas una yerra, rodeo de ovejas, esquila, etc." (*El Censor*, 7 abr. 1916, p. 1).

Intertítulos: "Excelente también la parte literaria del film con dichos y versos de buena cepa criolla, algunos que producen gran hilaridad" (*La Mañana*, 16 mar. 1916, p. 9).

Comentario: La productora y distribuidora Pampa Film fue fundada en 1914 por Emilio Bertoni y el exhibidor Pablo A. Landó. Los estudios de filmación fueron instalados en Cangallo 827 con el objeto de emprender la realización de *Bajo el sol de la pampa*. A partir de fines diciembre de 1916, Bertoni queda como único propietario de la empresa, que se convierte en abril de 1917 en sociedad anónima.

Si bien algunas fuentes de la época[4] citan como director de *Bajo el sol de la pampa* al productor Pablo Landó, nuestra investigación determinó que ese rol correspondió a otros cineastas. La filmografía del actor Julio Andrada[5] se lo atribuye a Juan Cambieri, quien era promocionado en 1916 como un cameraman y "metteur en scéne" de las productoras italianas Ambrosio Film, Itala Film y Savoia Film, y que dirigió en nuestro país *Problemas del corazón* (1917). Dicha información parece corresponderse con los recuerdos de María Esther Podestá (1985, p. 103) acerca de un director italiano que "llegó a Buenos Aires esgrimiendo títulos muy rimbombantes de su paso por el cine italiano, en verdad nunca comprobados" y que esta actriz confunde con el cineasta Alberto Traversa.

La participación de Cambieri en *Bajo el sol de la pampa* también se puede inferir de una crítica del periódico *La Mañana*[6] que elogia "la labor artística" de Emilio Peruzzi y de un tal *Gambieri*, aunque sin especificar si la misma incluye la dirección artística o la fotografía del film.

En contrapartida, una breve biografía de César A. Chicchi, un actor teatral de origen italiano, publicada tardíamente en *Excelsior*[7] también lo señala como director de este film. Su rodaje es muy factible que se haya iniciado en el transcurso de noviembre de 1915, ya que a comienzos del mes siguiente se informa que estaba muy adelantada su "impresión".[8] Luego de varias interrupciones, *Crítica*[9] anuncia su pronta terminación para la primera semana de febrero de 1916.

Esta obra constituyó el debut cinematográfico de Olinda Bozán y María Esther Podestá, intérpretes de gran popularidad en el teatro nacional, y del actor de reparto Julio Andrada, de larga actuación en el cine mudo.

A su vez, fue el único film protagonizado por Luis Vittone, intérprete característico del sainete y la revista criolla.

Bajo el sol de la pampa fue un importante éxito comercial del cine mudo nacional. Según su productor, el film, con un costo de 30.000 pesos, logró recaudar en un año y medio de exhibición 80.000.[10]

Se reestrenó a precios populares en marzo de 1917. En 1919 y 1921 se distribuyó por intermedio de Pampa Film S. A. con un metraje más reducido, 3.200 metros (175 minutos aproximadamente). Tras el cierre de esta productora en 1923, el negativo fue adquirido por el distribuidor Arturo Copperi y vendido posteriormente a Adolfo Wilson. La última información sobre este film data de 1928 cuando era distribuido por la Cinematografía Terra, de Wilson, y publicitado como "un film nacional que todavía arrastra".[11]

Bajo el sol de la pampa fue estrenado en Uruguay y Chile en 1916; en el transcurso de 1918 en Cuba, y probablemente en Paraguay y Brasil durante 1917, ya que se anunció el inminente envío de copias a esos países.[12]

Comparación con bibliografía específica: A pesar de que la bibliografía[13] menciona como director a Alberto Traversa, se trata de una información errónea, ya que la primera noticia del arribo de este cineasta italiano a Argentina data de comienzos de enero de 1918,[14] es decir casi dos años después del estreno del film. A su vez, las publicaciones de la época, cuando describen su filmografía en nuestro país, citan siempre en primer lugar *Los inconscientes* realizada en 1918.[15]

Si bien este dato inexacto, que se origina en CIHCA (1958, p. 3 y 37), es ratificado en las memorias de la actriz Podestá (1985, p. 103), es importante destacar que dicha autobiografía fue escrita en colaboración de Couselo, uno de los principales integrantes del Centro de Investigación de la Historia del Cine Argentino (CIHCA).

Maranghello (2005, p. 29) refiriéndose a la producción de esta película dice: "la Patria Film, fundada en 1916 por Carlos Gutiérrez, Emilio Bertoni y Pablo Landó, contó como director técnico con Francisco Mayrhofer". El autor confunde y fusiona a dos productoras diferentes: Patria Film, creada en 1916 (dirigida por Gutiérrez y cuyo "operador" era Mayrhofer), y Pampa Film. Por su parte, Margaritt (1947, p. 504), indica que el fotógrafo Emilio Peruzzi fundó la Pampa Film. Ninguna de las fuentes de la época da cuenta de ello, a pesar de que el domicilio comercial de esa productora coincide con la de los talleres de este cameraman. Es probable que estos fueran alquilados por Pampa Film y Peruzzi contratado como empleado. Por último, SICMA (1992, p. 25) señala que se realizó o estrenó en 1913.

Notas: 1. Mientras *La Mañana* (16 mar. 1916, p. 9) informa que se efectuó en el Empire, *Tribuna* (15 mar. 1916, p. 5) indica que se proyectó en el Select. **2.** Este fotógrafo se atribuye la participación en este film en un reportaje de *Excelsior* n° 751 (2 ago. 1928, p. 33). **3.** Los dos últimos actores son únicamente mencionados por María Esther Podestá (1985, p. 103). **4.** *La Película* n° 2, 30 sep. 1916, p. 4; *Última Hora*, 21 mar. 1923, p. 3. **5.** *Última Hora*, 6 nov. 1929, p. 4. **6.** 16 mar. 1916, p. 9. **7.** N° 760, 4 oct. 1928, p. 33. **8.** *Excelsior* n° 96, 8 dic. 1915, p. 4. **9.** 28 ene. 1916, p. 5. **10.** *La Película* n° 53, 27 sep. 1917. Las ganancias posteriormente llegaron a 150.000 pesos (*Última Hora*, 21 mar. 1923, p. 3). **11.** Publicidad en *Excelsior* n° 767, 22 nov. 1928. **12.** *La Película* n° 29, 12 abr. 1917, p. 11. **13.** Ver, por ejemplo, Di Núbila (1998, p. 46), García Oliveri (1997, p. 25) y Maranghello (2005, p. 29). **14.** *La Película* n° 67, 3 ene. 1918, p. 5. **15.** Ver *Excelsior* n° 275, 18 jun. 1919, p. 711; *La Película* n° 170, 25 dic. 1919, p. 7 y n° 225, 13 ene. 1921, "Producción Nacional".

11. Alma de criolla

Estreno: viernes 17 de marzo a la noche en el Esmeralda (Capital Federal)
Exhibición privada: días antes del 17 de diciembre de 1915[1]
Año de producción: 1915
Producción: Platense Film (Productores: Alfonso Tomada [y Enrique Dillac?])
Dirección: Enrique Dillac
Guion: José M. Bosch, Heredero Clarc, y otros
Fotografía y cámara: s.d.
Virados en color[2]
Distribución: Platense Film (Cangallo 1030)
Duración: 3.000 metros (164 min. aprox.)[3]
Género: comedia dramática

Intérpretes: Pepito Ruiz (Pepito, el andaluz), Guerreiro,[4] Lea Carbó ("La tonadillera de moda"), Roberto Sanfuentes, Brígida Vda. de Olmedo.

Datos del argumento: "El amor, eterno protagonista, canta su dulce canción en un corazón bueno y sincero. Mil obstáculos imprevistos matizan el idilio; violentos obstáculos cierran el paso a su felicidad y en la lucha inevitable que las circunstancias imponen, el cariño triunfa un día por la magnanimidad femenina" (*El Radical*, 18 mar. 1916, p. 8).

"Las partes cómicas derramadas con habilidad en las 30 partes que constituyen toda la cinta, lo han sido en justa medida, sin tocar la nota grotesca ni de mal gusto; hay un barón brasilero [barón de Moito Preto] y un andaluz [el secretario Pepito], muy andaluz, que el capricho del autor los hace inseparables que se han propuesto y lo consiguen hacernos olvidar la crisis con sus ocurrencias de buena ley, y no decimos más, pues es el disloque cuando a dicha pareja se le junta un judío, cambalachero, que creemos se llama Alejandras Quimiqontass...
La parte campera, las escenas de estancia, tienen el sabor local tradicional [...] Hay una partida de taba que da y dará suerte a esta gran película" (*Crítica*, 17 dic. 1915, p. 4).

Comentario: *Alma de criolla* fue producida por Alfonso Tomada, por ese entonces copropietario del diario *Crítica*, lo que determinó una enorme campaña de publicidad que llegó a incluir, en un determinado momento, un aviso en cada una de las páginas del diario de Natalio Botana.

Su director (y probablemente co-productor), Enrique Dillac, era parte del directorio de la distribuidora Sociedad General Cinematográfica entre 1914 y 1916, y concesionario del cine Empire Theatre en 1915.
Este film constituyó la única producción de Platense Film, al parecer sin ningún tipo de relación –pese a tener la misma denominación comercial– con la editora de *Viviana* (1917). Con respecto a la autoría del guion, *La Película*[5] informa que el productor Tomada "pidió argumentos sin pagarles nada a varios periodistas", entre los que cita a "José M. Bosch, crítico teatral de *Última Hora*, a Heredero Clarc de la redacción de *La Gaceta* y a otros", combinándolos para así construir la trama de esta película. Su rodaje se inició en noviembre de 1915 y debió concluir antes de mediados de diciembre, porque para esas fechas se realizó su exhibición privada. *Alma de criolla* expresa, como una parte importante del cine de la época, una relación estrecha con el teatro de varietés. De hecho, su protagonista, Pepito Ruiz, era un famoso cómico del teatro de variedades y uno de los personajes del film era caracterizado como "la tonadillera de moda", muy característico de este tipo de espectáculos.
Según las fuentes consultadas, este film no volvió a ser comercializado posteriormente.

Comparación con bibliografía específica: Di Núbila (1998, p. 35) es el único historiador que menciona este título, aunque sin aportar ningún dato complementario.

Notas: 1. Se proyectó también el martes 14 de marzo de 1916 a las 11:30 hs. en el Esmeralda. **2.** *Tribuna* (21 mar. 1916, p. 5) señala por ejemplo que en "las escenas realizadas en Palermo [...] se han combinado con arte bonitos efectos de luz y de color". **3.** En el mismo mes del estreno, *Crítica* (30 mar. 1916, p. 6) informa que el film ha sufrido algunas reformas, tratándose posiblemente de una reducción de su metraje dada su gran extensión. **4.** Este intérprete era un dibujante conocido. **5.** N° 20, 8 dic. 1917, p. 6.

12. L'América

Estreno: viernes 24 de marzo a las 22:00 hs. en el Smart Palace (Capital Federal)
Exhibición privada: s.d.
Año de producción: 1915/16
Producción: [Nacional Film?][1]
Dirección y guion: Federico Mertens
Fotografía y cámara: Domingo Zanier [o Zaniéres? / Zaineri?][2]
Virados en color
Estudios: azotea del Teatro Apolo
Distribución: Nacional Film[3] (Paraná 508)
Duración: 3.000 metros (164 min. aprox.)
Género: comedia dramática

Intérpretes: Roberto Casaux (Cayetano Bellazzoppa), Felisa Mary (doña Robustiana), Emilia Saleny (Isabel), Julio Traversa ("El Rubio"), Arseno Mary.

Argumento: "Un pueblo rural de Italia. Una familia de modestos campesinos lucha obstinadamente laborando la tierra que cansada por una constante producción, apenas rinde lo necesario para sustentar a los que la trabajan.
Estas y otras contrariedades que surgen en el seno de aquella familia, de la que es jefe Cayetano Bellazzoppa, influyen para que este decida ausentarse para América, la tierra de promisión tan cantada en donde el abundante oro alcanza a todos los que a ella concurren.
Por fin, un buen día, Cayetano, animado de un espíritu resoluto, parte con rumbo a Buenos Aires, prometiendo a su esposa, Isabel, y a sus ancianos padres, que en fecha próxima habrán de tener satisfactorias noticias de su vida en América, desde donde el oro que les remitirá habrá de poner fin a tanto sufrimiento y dolor.
Ya en Buenos Aires, nuestro protagonista lucha obstinadamente por la existencia, trabajando sin descanso en oficios distintos, hasta que logrando reunir algunos ahorros, compra un carrito de mano e institúyese en vendedor ambulante de frutas, hortalizas, etcétera.
Entre los clientes con que cuenta el modesto comercio de Cayetano, hállase una robusta y enamoradiza cocinera, dueña y señora de una tentadora libreta de depósito, cuya cantidad logra conmover la fibra ambiciosa del inmigrante, el que madurando sus planes, llega a la conclusión de que un casamiento con la cocinera lo haría partícipe de una dote no despreciable, con la cual podría establecer su comercio en escala más importante.

Y el enlace se efectúa. También el proyecto de ampliar el negocio en puesto de mercado obtiene práctica finalidad.

Y con el andar del tiempo, el ayer labrador, peón de albañilería, verdulero, etc., hállase hoy gozando de una envidiable posición social y hasta política, pues lo proponen para ocupar el alto cargo de Presidente del Consejo Municipal Bonaerense...

¡Milagros y sorprendentes hechos de la vida americana!

Entretanto, en Italia, en aquel pueblo rural de donde era nativo el hoy famoso e influyente don Cayetano de Bellazzoppa (sic), siguen sufriendo la legítima esposa del emigrado y sus ancianos y achacosos padres. Mil conjeturas surgen en el pensamiento de aquellos predestinados al dolor, pues ignoran en absoluto qué se ha hecho del ausente.

De miseria, de dolor, o de achaques, esto no lo sabemos porque el autor de *América* ha tenido a bien no decírnoslo, muere el padre de Cayetano y también creemos que la madre rinde tributo a la ley inexorable.

El hecho es que la esposa de Cayetano, parte para América en busca del esposo y llega a Buenos Aires sin otro bagaje que la natural indumentaria. Guiada por informes de los transeúntes a quienes interroga, la afligida esposa, dirígese desde el puerto de Buenos Aires hasta el consulado de Italia. Inquiere allí noticias de Cayetano Bellazzoppa y no es poca su sorpresa al saber el encumbramiento de su esposo, 'digno' consorte de la ilustre dama doña Robustiana.

El dolor de la citada esposa, no reconoce límites al conocer hecho tan amargo y triste. Mas deseando comprobar la exactitud de los informes, dirígese al suntuoso palacio de don Cayetano, en la avenida Alvear.

Atraviesa los umbrales del portón que conduce al parque del lujoso edificio, e interroga a un criado que le cierra el paso. Indignada, Isabel, no titubea en pronunciarse como esposa de Cayetano, palabras que escucha El Rubio, antiguo amigote del potentado y poseedor del secreto de su vida. Viendo El Rubio el escándalo que se avecina, y apreciando la grave situación que ello puede crear a don Cayetano, del que recibe protección ilimitada, trata en un aparte de convencer a la infeliz víctima, de que su delación solo podría arrastrar al presidio y deshonor a Cayetano, en vísperas de su plena consagración como hombre ilustre y político notorio.

Mientras esto sucede en el parque, en el interior del palacio, celébrase una animada fiesta, que don Cayetano ofrece a sus amigos y correligionarios, agradeciéndoles su deferencia al proclamarlo candidato para la Presidencia del Consejo.

Con este motivo, habla don Cayetano. Su discurso, tiene veladas frases que evocan una pena que lo aflige, un recuerdo triste de otros tiempos, que solo la desgraciada Isabel oculta tras una puerta, logra interpretar...

¡Es la voz de la conciencia que rasga el corazón del bígamo, del ambicioso, del renegado, pero su esposo al fin...!
Y doliente cual un ánima que busca lenitivo para su inmensa amargura, Isabel sale de la señoril mansión y vaga inconsciente por el bosque, sin tener noción del tiempo y sin hallar explicación al abatimiento de su espíritu.
Una doble vía de ferrocarril atraviésase en el sendero de la doliente...
Un día después, don Cayetano, lee las noticias del día. Su esposa señálale una información que habla de un suicidio. Una mujer, se ha encontrado destrozada entre las vías de un tren...
– ¡Bah!¡Alguna infeliz abandonada por su amante!...
Y el influyente, que en un instante parece ser presa de un triste recuerdo, termina por acompañar a su vaporosa consorte, en el matinal paseo, por los bosques de Palermo.
¡Oro de América!
¡América!" (*Excelsior* n° 109, 15 mar. 1916, p. 9).

Locaciones: Capital Federal: puerto de Buenos Aires, Jardín Zoológico, bosques de Palermo y Avenida Alvear.

Comentario: Este film, protagonizado por el popular actor teatral Roberto Casaux, quien había debutado en el cine con *El fusilamiento de Dorrego* (Mario Gallo, 1910), fue escrito y dirigido por el dramaturgo Federico Mertens. Sin embargo, *La Mañana*[4] indica, en contradicción con las fuentes consultadas,[5] que "ha dirigido la confección de esta película, en todo a lo que su terminación se refiere, con actividad e inteligencia singular, el señor Luis Arena". Tal vez se trate en realidad de una información no necesariamente referida a la dirección escénica sino a la producción o bien a las tareas de laboratorio.
En *L'América* participaron los integrantes de la compañía del Teatro Apolo como Felisa Mary, Julio Traversa y Emilia Saleny. Los trabajos de filmación se iniciaron a fines de 1915 en la azotea de ese teatro, donde se improvisó un estudio para aprovechar la luz del sol, y continuaron durante febrero de 1916 en Mar del Plata.
Esta película, que durante el primer año de exhibición pasó a denominarse *El país del oro (L'América)*, se estrenó en Montevideo (Uruguay) en septiembre de 1916 y en Chile entre 1916 y 1917. Posteriormente fue distribuida en nuestro país durante 1917, 1920, 1928 y 1929.

Comparación con bibliografía específica: Margaritt (1947, p. 515), CIHCA (1958, p. 27), y Di Núbila (1998, p. 35) mencionan este film como *América*.

Por su parte, CIHCA (1958, p. 37) y Couselo (1964, p. 24), indican que se filmó o se estrenó en 1917.

Notas: 1. Si bien un listado de películas nacionales en *Excelsior* n° 200 (1 ene. 1918, p. 48) atribuye a esta empresa la producción, parece tratarse más bien de una distribuidora. **2.** Mientras que en *La Mañana* (25 mar. 1916, p. 8) es citado como Zanier, en *Excelsior* n° 109 (15 mar. 1916, p. 11) y n° 200 (1 ene. 1918, p. 48) es mencionado respectivamente como Zaniéres y Zaineri. **3.** No pudimos determinar que esta distribuidora lo haya comercializado desde su estreno, sino recién a partir de agosto de 1916. **4.** 25 mar. 1916, p. 8. **5.** Ver, por ejemplo, publicidad en *La Razón*, 24 mar. 1916; *Excelsior* n° 109, 15 mar. 1916, "Producción Nacional", y n° 200, 1° ene. 1918, p. 48.

13. Las aventuras de Viruta y Chicharrón

Estreno: [domingo 26 de marzo a las 15:00 hs. en el Alvear (Capital Federal)?]
Exhibición privada: s.d.
Año de producción: [1915?/16?]
Producción: Max Glücksmann
Dirección: [Héctor G. Quiroga y José González Castillo?]
Guion: [José González Castillo?] basado en los personajes de la historieta *Las aventuras de Viruta y Chicharrón*
Fotografía y cámara: [Eugenio Py?]
Laboratorios: Talleres Cinematográficos Max Glücksmann
Estudios: Talleres Cinematográficos Max Glücksmann (Barrio Belgrano?)
Distribución: Casa Lepage de Max Glücksmann
Duración: s.d.
Género: comedia

Intérpretes: Celestino Petray (Viruta?), Pepito Petray (Chicharrón?).

Argumento: s.d.

Comentario: Una publicidad de *La Voz del Norte* que anuncia para el 26 de marzo de 1916 en el cine Alvear "*Las aventuras de Viruta y Chicharrón*, gran estreno cómico, 1ª serie",[1] es la única fuente de la época que da cuenta de este título. Se trataría del primer estreno nacional basado en la popular historieta editada desde 1912 por el semanario *Caras y Caretas*, salvo que fuese en realidad una película extranjera. La otra producción sobre estos personajes, a cargo de Víctor Pantaleone (ver ficha 14), recién se exhibió en función privada el 30 de marzo.[2]
A su vez, la información referida a que es la "primera de la serie" nos lleva a atribuir esta obra a Max Glücksmann, ya que el historiador Ducrós Hicken (1968, p. 1) afirma que bajo su producción "Héctor Quiroga y González Castillo dirigían unas comedias con Celestino Petray, protagonista de la serie criolla de tono festivo *Viruta*".
Es poco probable que este film fuese el título alternativo de otra producción de Glücksmann, *Viruta y Chicharrón* (1916, ver ficha 17), porque la misma sala (el Alvear de Palermo) anuncia el estreno de esta obra para el día 29 de abril.[3]

Comparación con bibliografía específica: Ducrós Hicken (1955b), Di Núbila (1998, p. 22) y Maranghello (2005, p. 24) son los únicos autores que hacen referencia a este film. Si bien Maranghello menciona como año de producción o de estreno 1914, según nuestra opinión fue realizado durante 1915 como sugiere Ducrós Hicken (1968, p. 1) en relación a la serie *Viruta* o bien a comienzos de 1916, como parece dar a entender *Excelsior* n° 102 (10 ene. 1916, p. 6) al señalar que Glücksmann "tiene en preparación algunas obras de estilo cómico, en las que intervienen personajes muy conocidos por su feliz actuación artística".

Notas. 1. 25 mar. 1916, p. 6. **2.** *La Razón*, 30 mar. 1916, "Films". **3.** *La Voz del Norte*, 29 abr. 1916, p. 6.

14. Viruta y Chicharrón

Estreno: s.d.
Exhibición privada: jueves 30 de marzo a la mañana en el Smart Palace
(Capital Federal)
Año de producción: [1916?]
Producción: Víctor F. Pantaleone
Dirección: [Víctor F. Pantaleone?]
Guion: [s.d.] basado en los personajes de la historieta *Las aventuras de Viruta y Chicharrón*
Fotografía y cámara: s.d.
Distribución: s.d.
Duración: s.d.
Género: "comedia grotesca"[1]

Intérpretes: Berardo Cantalamessa (Viruta), Gino Frendo (Chicharrón), Luisa Piacentini (Pajarito), Reiter (Tiburón), Teresa Piacentini (señora de Tiburón).

Datos del argumento: "La escena ocurre, en la primera parte, exhibida hoy, en los alrededores de Palermo y en el Paseo de Julio, donde los protagonistas llegan hasta la fonda de la leyenda, señalada desde hace años por la del pinchazo (sic)... El automóvil resulta en el 'film' el compañero de los dos personajes" (*La Razón*, 30 mar. 1916, p. 11).

Comentario: *Viruta y Chicharrón* es otra versión cinematográfica de la historieta que se publicaba en el semanario *Caras y Caretas* con dibujos de Manuel Redondo y/o Juan Sanuy.
La información arriba citada sobre la exhibición privada corrobora dicha relación, ya que la frase "el automóvil resulta el compañero de los dos personajes" remite a una particularidad de la historieta original que consistía en concluir la trama con la expresión "¡Llama a un automóvil!".
El protagonista de esta obra, que no forma parte de la serie *Viruta* producida por Max Glücksmann, era Berardo Cantalamessa, un actor cómico de varietés de origen italiano.

Comparación con bibliografía específica: Solo Margaritt (1947, p. 514) menciona este título, aunque sin especificar si se refiere a la película de Pantaleone o a la realizada por Glücksmann.

Notas. 1. *La Razón*, 30 mar. 1916, p. 11.

15. ...Tierra argentina!

Estreno: jueves 6 de abril a la noche en el Splendid Theatre (Capital Federal)
Exhibición privada: miércoles 5 de abril a las 10:00 hs. en el Imperial Biógrafo (Capital Federal)
Año de producción: 1915/16
Producción: Buenos Aires Film (Productor: Enrique Sala)[1]
Dirección: [Enrique Sala (h)?]
Guion: Enrique Sala (h)
Fotografía y cámara: [Mario Gallo?]
Música adaptada: Canciones: Himno Nacional Argentino, entre otras
Distribución: Enrique Sala (Cangallo 771)
Duración: 4.000 metros (219 min. aprox.)[2]
Género: "comedia dramática"[3]

Intérpretes: Lola Membrives (Lola), Juan Reforzo, Florencio Parravicini (Gilberto Cacatúa), Aurelia Ferrer (madre de Gilberto), Trinidad Pla alias *La Criollita* (la bailarina), Félix Mesa (Gerundio), Eduardo Díaz de la Vega, Benito Cibrián, Antonio Stecconi, Adolfo H. Fuentes, Eliseo San Juan, [Pablo Cumo?].[4]

Argumento: "Un trasatlántico entra en el puerto de Buenos Aires. Entre los miles de inmigrantes se destaca uno de ellos, Enrique Álvarez, que 'sin más bagajes que su juventud y sus esperanzas' no desespera de encontrar en estas nuevas tierras la felicidad que no pudo hallar en su país natal. Aconsejado por el capitán del barco que siente simpatía por el joven y después de despedirse de él, baja a tierra.
Sus primeros pasos son para encontrar el frigorífico 'La Blanca', donde espera encontrar trabajo, pues lleva una carta de recomendación [de un ex cónsul] para el director del establecimiento.
A pesar de que un letrero dice 'No hay vacantes' que en un principio ha hecho temblar al joven, este es bien recibido e incorporado a los numerosos empleados del frigorífico.
[Juan] Ocampo, un millonario argentino, al visitar el establecimiento es arrollado por los volantes de una máquina. El accidente debía tener consecuencias funestas. Sin embargo, Álvarez ha visto la escena, y sin perder la serenidad, corre hacia los frenos y hace parar la máquina en el momento en que la muerte de Ocampo era inevitable.

Agradecido el millonario lleva a su salvador a su casa y le ofrece la administración de sus bienes. Enrique vacila por delicadeza, pero ante la firme decisión de Lola, una hija de este, acepta.

En compañía de Ocampo, Lola y su prometido parten para la estancia 'La Catalina'. Al dirigirse a esta, después de haber bajado del tren, el millonario visita la escuela del pueblo.

Y es aquí donde se desarrollan una serie de escenas cómicas entre el maestro Gerundio, su mujer y su hijo, Gilberto Cacatúa. La familia de 'maistro' vive en continua reyerta que no se suspende ni siquiera con la llegada de los patrones.

Una vez en la estancia, Enrique se entera de todos los trabajos que debe desempeñar al ejercer sus funciones.

Carlos siente hacia Álvarez una antipatía instintiva que le hace decir al mayordomo: – 'Tenga cuidado amigo. Este hombre va a arruinarle el comedero'. –'Peor para él' –es la contestación que recibe.

De ahí una lucha sorda entre Enrique y el mayordomo. Ocasiones no faltan. Al querer castigar a un gaucho llamado 'El Gauchito', que ha dejado escapar un caballo, se encuentra con Álvarez, que evita una pelea. Esto aumenta su rencor, pero el joven ya tiene un amigo deseoso de pagar esa deuda de gratitud.

En estas partes van intercalados una serie de cuadros campestres, como la doma de potros, el rodeo, los festejos de los paisanos por la llegada de los patrones, un baile campestre [el pericón y el malambo], distinguiéndose también muchas escenas cómicas, entre ellas la que quiere dar Gilberto Cacatúa al Gauchito echando un purgante para caballos en la cerveza y luego el cambio de papeles, puesto que el paisano conociendo la broma cambia los vasos y tiene el gusto de ver las contorsiones de aquel que pensaba reírse a costa suya.

Al querer [Enrique] partir para Buenos Aires acompañando al maestro y a su hijo Gilberto recibe una carta de Ocampo por la cual tiene que partir para Misiones.

El maestro y su hijo parten solos para Buenos Aires.

Él va donde su patrón lo manda y en su viaje puede gozar del placer de contemplar las Cataratas del Iguazú.

Vuelve a Buenos Aires y encuentra a la familia Ocampo desolada. Un anónimo hace saber a la familia que el novio de Lola, Carlos, es un jugador y un libertino.

La prueba la tienen al ver en su propia casa [en el marco de una fiesta] los devaneos de Carlos con una bailarina, 'La Criollita'. Carlos es expulsado. La noche misma en el Jockey Club exige nuevos préstamos a un usurero. Este se los da confiado en su casamiento.

Mientras tanto Gerundio y Gilberto Cacatúa llegan a Buenos Aires. Este último tiene que dar un examen.

Visitan el Parque Japonés, el Pabellón de los Lagos, Gath y Chaves y demás centros de diversión, llamando la atención por sus vestidos, sus gestos, y por su completo desconocimiento de las costumbres porteñas. Carlos no renuncia a su proyecto de matrimonio en el cual ve su única salvación. Una noche se acerca cautelosamente a la estancia. Enrique lo ve y al querer sorprenderlo es enlazado por el mayordomo, el cual deseando su muerte lo coloca sobre la vía del tren y huye. Es salvado por el Gauchito que paga de esta manera su deuda de gratitud.

Mientras tanto Carlos entra al cuarto de Lola y quiere faltarle el respeto. Enrique llega a tiempo y salva a la joven.

Después de este fracaso Carlos se entrega al juego y a la bebida, cayendo en la abyección más completa.

Un nuevo amor nace entre Lola y Enrique.

Gilberto Cacatúa ha dado un examen que por lo original le ha valido una medalla satisfaciendo los deseos de su madre, deseosa de hacer rabiar a los Lechuguini.

Las últimas escenas suceden en Mar del Plata donde Enrique acompaña a Lola que es hoy su mujer y donde se distingue la persecución de Gilberto a una francesa de la que se ha enamorado" (*Excelsior* n° 113, 12 abr. 1916, p. 2).

Escena final: "De vuelta al hotel [Bristol de Mar del Plata], Lola y Enrique van hacia la terraza a contemplar el nostálgico panorama del anochecer y en esa hora de poético recogimiento Enrique siente arrullada su alma de inmensa gratitud y acariciando la hermosa cabeza de su amada, con la mirada hacia el infinito, continúa su oración empezada al llegar a la Argentina, diciendo feliz y emocionado: '¡Salve, oh, Tierra Argentina, Madre generosa de Libertad, Paz y Progreso!'. Y como un eco de grandeza y de infinita ternura, óyense los últimos compases del Himno Nacional" (Programa original. Colección autor).

Fotografía: "Técnicamente adolece de varios defectos. Diversas figuras colocadas fuera de foco, otras tomadas a una distancia respetable, mal calculada, que hacen que aparezcan los tipos desproporcionados, y no en la justa medida en que deben aparecer" (*La Prensa*, 6 abr. 1916, p. 14).

Locaciones: Capital Federal: el puerto de Buenos Aires, el Parque Japonés, el Pabellón de los Lagos, la tienda Gath y Chaves, el Hipódromo y cercanías del subte de Avenida y San José. Prov. de Buenos Aires: el frigorífico

La Blanca, la estancia *La Catalina*, Hotel Bristol y diversas playas de Mar del Plata. Prov. de Misiones: Cataratas del Iguazú.

Comentario: El productor de ...*Tierra argentina!,* Enrique Sala, era un exhibidor de origen español propietario del cine Imperial Biógrafo desde 1909 hasta 1925, año en que vende las pertenencias de esa sala y el negativo de este film[5] para radicarse definitivamente en Barcelona. A pesar de que no existe ninguna referencia sobre su director, es probable que haya asumido ese rol el guionista Enrique Sala (hijo) ya que viajó con los intérpretes a fines de diciembre a Mar del Plata para participar de la filmación. En su conjunto, el rodaje se desarrolló entre fines de noviembre de 1915 y los primeros días de enero de 1916.

Con respecto a la fotografía, los datos son contradictorios. Mientras que *Excelsior*[6] da cuenta de que "han sido contratados en Europa elementos técnicos de reconocida valía", un artículo del diario *Crítica*[7] de 1921 atribuye esa labor a Mario Gallo.

Esta película marcó el debut cinematográfico de Florencio Parravicini y de Lola Membrives. Fue un éxito de público ya que, según la prensa de la época, logró recuperar el capital invertido a pocos meses de su estreno, cuando todavía restaba proseguir con su exhibición en el interior y lanzar su *reprise* a precios populares.[8]

...*Tierra argentina!,* única producción de la Buenos Aires Film, fue estrenada durante enero de 1917 en el Teatro Ruzafa de Valencia (España), y entre mayo y julio en Brasil. En nuestro país, luego de su reestreno en octubre de 1916, se distribuyó durante 1917 y 1919.

Comparación con bibliografía específica: Di Núbila (1998, p. 35) y Couselo (1965a, p. 42) citan el film como *Tierra argentina Dios te bendiga,* pero todas las fuentes de la época lo mencionan como *Tierra argentina!.*[9]
Maranghello (2005, p. 37) atribuye la dirección a Enrique Sala padre, sin mencionar ninguna fuente que acredite dicha información.
CIHCA (1958, p. 35), Couselo (1965a, p. 42), Di Núbila (1998, p. 35) y Maranghello (2005, p. 37) incluyen, en forma errónea, dentro del reparto a Camila Quiroga.

Notas: 1. Según recuerda Lola Membrives, el capital fue facilitado por una señora catalana (*Cine Argentino* n° 1, 12 mayo 1938, p. 29). **2.** Al día siguiente de su estreno en una función de beneficencia, *La Prensa* (7 abr. 1916, p. 13.) señala que "ha sido aligerada en buena proporción, suprimiéndose todas las escenas que pudieran resultar pesadas y los episodios de poco interés". **3.** Publicidad en *Excelsior* n° 105, 9 feb. 1916.

4. Di Núbila (1998, p. 35) menciona a este actor, dato que no pudo ser confirmado por nuestra investigación. **5.** *Excelsior* n° 610, 18 nov. 1925, p. 18. **6.** N° 91, 3 nov. 1915, p. 3. **7.** 13 oct. 1921, p. 5. **8.** *Excelsior* n° 133, 13 sep. 1916, "Producción Nacional". **9.** Ver, por ejemplo, las publicidades en *Excelsior* n° 114, 19 abr. 1916, *Crítica*, 10 abr. 1916, y *La Razón*, 27 abr. 1916.

16. Carlitos en Buenos Aires

Estreno: jueves 6 de abril a la noche en el Smart Palace (Capital Federal)
Exhibición privada: miércoles 5 de abril a las 10:30 hs. en el Smart Palace
Año de producción: 1916
Producción: Cooperativa Biográfica (Directores: Manuel A. Brugo y Raúl Mazzini)
Dirección y guion: [Cunill (Antonio Cunill Cabanellas)?]
Intertítulos: E. Fuster[1]
Fotografía y cámara: Emilio Peruzzi
Laboratorios: Talleres Cinematográficos de Emilio Peruzzi
Estudios: Talleres Cinematográficos de Emilio Peruzzi (Cangallo 827)
Distribución: Cooperativa Biográfica (Suipacha 750)
Duración: 3.000 metros (164 min. aprox.)
Género: "comedia satírica" [2]

Intérprete: Cunill (Carlitos).[3]

Argumento: "Un enorme gentío saluda en el puerto de Buenos Aires el arribo del célebre Carlitos, quien después de un porrazo, cae en tierra argentina. Ovaciones, reportajes e instantáneas.
Carlitos es saludado por una familia admiradora y en tanto conversa con ella, un guinche lo levanta por los aires... Carlitos en sus manoteos desesperados arranca la gorra y la peluca de una señora.
En la aduana, revisándose su equipaje, los guardias tienen sospecha de contrabando, el que averiguado por la fuerza resulta una sorpresa...
Toma un auto, viola una ordenanza, soborna a un vigilante, y es rechazado del Plaza Hotel por causa de la sorpresa... El chauffeur sigue viaje con nuestro héroe, no le resulta el trabajo de la piolita (sic), y Carlitos conducido y aconsejado por un verdulero se instala en un hotel del Paseo de Julio, desde donde escribe sus primeras impresiones a Tripitas.[4] La carta por una lamentable confusión del buzón tiene fatal destino.
Visita lo más importante de la ciudad y en su graciosa gira, algo ha tenido que ver con aquello del: 'Es prohibido escupir sobre la vereda', 'Es prohibido fijar carteles', etc., etc. También se interesa por la política; pide consejos a don Victorino [de la Plaza], en quien descubre un secreto; pide plata a don Benito [Villanueva], no le va bien con don Marcelino [Ugarte] y descubre los pensamientos íntimos de don Hipólito [Yrigoyen] y don Lisandro [de la Torre].
Por fin, presenta su candidatura a la Presidencia, que como el contrabando de marras resulta otra sorpresa...

Carlitos retribuye las atenciones de la 'familia admiradora' con una visita. En la sala tienen lugar con motivo del mate notables escenas de gran comicidad.

Carlitos concurre a un centro de diversión, lo que ha dado motivo para un cuadro notable por la elegancia de su presentación escénica y de indumentaria, por las danzas y la continua comicidad de Carlitos, revelando sus genialidades en el tango y la borrachera.

Carlitos veranea en Mar del Plata, y vuelve triste y sin dinero para el pago de pasaje, lo que le ocasiona un incidente, y por fin en aquella misma mañana, divagando por la gran metrópoli sobre la fugaz fortuna, llega al jardín zoológico, donde le ocurren extraordinarias aventuras, que como las anteriores, revelan la genialidad y el talento del actor" (*Excelsior* n° 114, 19 abr. 1916, Sup. p. 7-8).

"Contiene entre otras escenas: La llegada de Carlitos a Buenos Aires-Gran recepción-Visitando la Ciudad-Accidentes-Aventuras amorosas-La tragedia del mate-Entusiasta por el tango-Carlitos político-Con Don Victorino-Con Don Benito-Con Don Marcelino-Con Don Hipólito-Con Don Lisandro-Carlitos en Mar del Plata" (Publicidad en *Excelsior* n° 113, 12 abr. 1916).

Intertítulos: "Los letreros debían haber sido hechos en prosa y con algo más de 'chispa', pues se presta la índole de la película para ello" (*El Nacional*, 6 abr. 1916, p. 4).

Locaciones: Capital Federal: puerto de Buenos Aires, Plaza Hotel, Paseo de Julio y Jardín Zoológico de Palermo. Prov. de Buenos Aires: Mar del Plata.

Comentario: Este film fue financiado por la distribuidora Cooperativa Biográfica, fundada en 1913 por Manuel Brugo, quien se desempeñaba como director junto con Raúl Mazzini. Esta pequeña empresa estaba dedicada a la comercialización de películas, especialmente en el interior (Córdoba, Rosario, Mendoza, Bahía Blanca), y a la venta y alquiler de aparatos cinematográficos.

La Cooperativa Biográfica carecía de un estudio y de cameraman propio por lo cual encargó la realización técnica a Emilio Peruzzi, propietario de un taller de filmación en Cangallo 827 que compartía con la productora Pampa Film. A pesar de no contar con datos sobre su rodaje, podemos estimar que fue realizado entre febrero y marzo de 1916. Es difícil que se haya iniciado con anterioridad porque su cameraman, Emilio Peruzzi, estuvo filmando desde diciembre de 1915 hasta comienzos de febrero de 1916 *Bajo el sol de la pampa*; y debió haber concluido antes de su exhibición pública en los primeros días de abril.

Carlitos en Buenos Aires es el primero de una trilogía de films, basada en la imitación de Charles Chaplin, realizados por esta productora durante 1916 como complemento de las películas de este genial cómico que la Cooperativa Biográfica distribuía.

Este film "con argumento de ambiente social, político y municipal"[5] que daba cuenta del proceso electoral de 1916 fue protagonizado, y según algunas fuentes,[6] dirigido y escrito por Antonio Cunill Cabanellas.

Sin embargo, en las publicidades resulta llamativa la ausencia de toda referencia a este intérprete, tal vez con el objeto de crear la ilusión, especialmente en el público infantil, de la visita del auténtico *Carlitos* a nuestro país.

Su éxito de público determinó la realización de otras dos películas: *Carlitos de Buenos Aires y la huelga de barrenderos* (1916) y *Carlitos entre las fieras* (1916).

La popularidad de este cómico en el público de habla hispana incentivó también la producción de películas protagonizadas por otros imitadores, como fue el caso de Benito Perojo en España en 1915, y el de José Bohr en Chile durante 1919.

Carlitos en Buenos Aires volvió a ser distribuida por la Cooperativa Biográfica en 1919 junto con otras películas de Chaplin y Tripitas (*Fatty* Arbuckle), pero esta vez se hace referencia a la interpretación de Cunill del popular personaje de Chaplin.

Comparación con bibliografía específica: Solo CIHCA (1958, p. 14 y 27) y Di Núbila (1998, p. 16 y 35) dan cuenta de esta obra mencionando los siguientes datos: el año de estreno, la labor fotográfica de Peruzzi, y a Antonio Cunill Cabanellas además de actor como director y guionista.

Notas: 1. *El Nacional* (6 abr. 1916, p. 4), indica que sólo algunos de los intertítulos en verso pertenecen a este redactor. **2.** Publicidad en *La Razón*, 6 abr. 1916. **3.** El resto del elenco estaba conformado por "artistas conocidos aunque no de gran actuación" (*El Nacional*, 6 abr. 1916, p. 4). **4.** Este era el apodo en nuestro país del popular cómico estadounidense Roscoe *Fatty* Arbuckle. **5.** Publicidad en *Excelsior* n° 112, 5 abr. 1916. **6.** CIHCA (1958, p. 27); Di Núbila (1998, p. 35).

17. Viruta y Chicharrón

Estreno: viernes 7 de abril en el Electric Palace (Capital Federal)
Exhibición privada: s.d.
Año de producción: [1915?/16?][1]
Producción: Max Glücksmann
Dirección: [Héctor G. Quiroga y José González Castillo?]
Guion: [José González Castillo?] basado en los personajes de la historieta *Las aventuras de Viruta y Chicharrón*
Fotografía y cámara: [Eugenio Py?]
Laboratorios: Talleres Cinematográficos Max Glücksmann
Estudios: Talleres Cinematográficos Max Glücksmann (Barrio Belgrano?)
Distribución: Casa Lepage de Max Glücksmann
Duración: 14 partes
Género: comedia

Intérpretes: Celestino Petray (Viruta?), Pepito Petray (Chicharrón?), Orfilia Rico.

Argumento: s.d.

Comentario: Se trata de la segunda producción de Max Glücksmann basada en la popular historieta *Las aventuras de Viruta y Chicharrón*.
El historiador Ducrós Hicken (1968, p. 1) aporta la única información sobre sus realizadores al afirmar que "Héctor Quiroga y José González Castillo dirigieron unas comedias con Celestino Petray, protagonista de la serie criolla de tono festivo *Viruta*", la cual no pudo ser confirmada por nuestra investigación, salvo la referida a su intérprete protagónico. En el mismo sentido, atribuye a Eugenio Py, cameraman característico de la empresa Max Glücksmann, su realización técnica.
Debido a que *Viruta y Chicharrón* de Glücksmann comparte el mismo título que el film de Víctor Pantaleone, resulta difícil determinar en la cartelera su fecha de estreno. Sin embargo, decidimos consignar el 7 de abril en el Electric Palace,[2] porque era una sala propiedad de Glücksmann, la misma donde se estrenará el otro film de esta serie, *Viruta y las mujeres* (1916).

Comparación con bibliografía específica: Además de Ducrós Hicken (1950), el otro historiador que cita este título es Margaritt (1947, p. 514), sin dar cuenta de ningún dato complementario.
Nuestra investigación logró determinar, a partir de varias fuentes,[3] su duración y la participación de los hermanos Petray y de la actriz Orfilia Rico.

Notas: 1. Una posible referencia a esta producción surge de *Excelsior* n°
102 (10 ene. 1916, p. 6), donde se indica que Max Glücksmann "tiene
en preparación algunas obras de estilo cómico, en las que intervienen
personajes muy conocidos por su feliz actuación artística". **2.** Cartelera en
La Razón, 7 abr. 1916. **3.** Publicidad en *La Voz del Norte*, 29 abr. 1916, p.
6 y 22 jul. 1916, p. 2; *Tribuna*, 19 ene. 1917, p. 5.

18. Viruta y las mujeres

Estreno: miércoles 26 de abril en el Electric Palace (Capital Federal)
Exhibición privada: s.d.
Año de producción: [1915?/16?][1]
Producción: Max Glücksmann
Dirección: [Héctor G. Quiroga y José González Castillo?][2]
Guion: [José González Castillo?] basado en los personajes de la historieta *Las aventuras de Viruta y Chicharrón*
Fotografía y cámara: [Eugenio Py?]
Laboratorios: Talleres Cinematográficos Max Glücksmann
Estudios: Talleres Cinematográficos Max Glücksmann (Barrio Belgrano?)
Distribución: Casa Lepage de Max Glücksmann
Duración: 10 partes
Género: comedia

Intérpretes: [Celestino Petray?], [Srta. Ferreti?].

Argumento: s.d.

Comentario: Tercera película de la serie *Viruta y Chicharrón* producida por el distribuidor Max Glücksmann.
En el periódico *La Voz del Norte*[3] se publicita en el cine Alvear la película *Viruta y la mujer que pesa 280 kilos*, con "Celestino Petray y la señorita Ferreti", la cual podría tratarse de una nueva obra de la serie de Glücksmann, o bien del título alternativo de *Viruta y las mujeres*, ya que tienen una denominación y duración similares.[4]
Viruta y las mujeres continuó comercializándose durante 1917. Los negativos de este film y del resto de la serie probablemente se perdieron a raíz del incendio del archivo fílmico de la Casa Glücksmann en 1920.

Comparación con bibliografía especifica: Si bien Couselo (1968, p. 62) atribuye, en coincidencia con Ducrós Hicken (1968, p. 1), la dirección a Héctor Quiroga, cita como posible año de producción 1913.

Notas: 1. Podría constituir una alusión a esta obra la información de que la productora de Glücksmann "tiene en preparación algunas obras de estilo cómico, en las que intervienen personajes muy conocidos por su feliz actuación artística" (*Excelsior* n° 102, 10 ene. 1916, p. 6). **2.** Tomamos como referencia para determinar el nombre del director los datos suministrados sobre esta serie cómica por Ducrós Hicken (1968, p. 1). **3.** 6

mayo 1916, p. 6 y 13 mayo 1916, p. 6. **4.** Mientras que una publicidad del cine Coliseo Palermo en *La Voz del Norte* (7 oct. 1916, p. 2) da cuenta de que *Viruta y las mujeres* tiene una extensión de 10 partes, otra de la sala Alvear referida a *Viruta y la mujer que...*(*La Voz del Norte*, 6 mayo 1916, p. 6) cita la misma duración.

19. Por mi bandera

Estreno: sábado 20 de mayo a la noche en el Empire Theatre (Capital Federal)
Exhibición privada: domingo 14 de mayo a las 10 hs. en el Select American Biograph (Capital Federal)
Año de producción: [1915?/16?]
Producción: Plata Film (Productores: Alejandro F. Gómez y Alfredo Méndez Caldeira)
Dirección: Alfredo Méndez Caldeira
Guion: Alfredo Méndez Caldeira
Fotografía y cámara: Alejandro F. Gómez y otros
Distribución: Cinematográfica Sud-Americana (Alsina 1374)
Duración: 2.500 metros[1] (137 min. aprox.)
Género: "comedia dramática"[2]

Intérpretes: Sr. Vives (Luis Felipe), Irmah Vives (novia de Luis), Srta. Fernández (Raquel).

Argumento: "Luis Felipe, hijo de acomodada familia, derrochador empedernido, enloquecido por la vida del vicio, sin ninguna atención ni miramiento a los sanos consejos de su padre, después de su última calaverada falseando la firma de los suyos para hacerse con una suma de dinero, trata de huir a tierra extranjera para sustraerse de los deberes de la conscripción.
Su padre, hombre de honor y buen patriota, le exhorta constantemente al cumplimiento de su más elemental obligación. Luis Felipe ofrece presentarse a la oficina reclutadora y lejos de efectuarlo, aparece en la cubierta de un barco que iba a salir para la vecina República del Uruguay. En este momento, se presenta ante él el indispensable pesquisa policial que le detiene por infractor a la ley de conscripción militar. Se le destina por tiempo de dos años a la marina de guerra nacional.
En el apostadero de Martín García, este es el primer punto de culminación de la obra, jura la bandera entre centenares de reclutas; después de un tiempo se le traslada de barco yendo a servir a bordo del 'Rivadavia'. En este buque consigue distinguirse realizando actos de gran abnegación que le valen diversas recompensas, entre ellas la más importante, aquella en que el propio almirante por decreto del ministro del ramo asiste al acto solemne de imposición de la cruz que sólo se otorga por actos notoriamente relevantes. De este modo se va operando la regeneración del conscripto Luis Felipe hasta que cumplido el término de su compromiso

se le concede la licencia para el regreso a la vida civil en la que aparece el hombre completamente transformado. Así consigue también ser recibido y agasajado en la casa de su antigua novia cuya mano le es igualmente concedida en recompensa a su digno comportamiento y honrosos antecedentes militares.

Este es, en síntesis, el argumento de la película [...] cuyos pasajes adornan una serie de interesantes maniobras de la escuadra argentina; escenas de navegación y de alto bordo; costumbres de la vida de mar a bordo de los grandes acorazados; ejercicios de tiro y de reflectores en busca de barcos enemigos en plena y oscura noche; saludo de despedida a la 'Sarmiento' que gallardamente sale de Puerto Militar para su 16 viaje de instrucción, etc., acabando con lo que se puede llamar el gran canto a la bandera, todo ello de un efecto que conmueve y hace más latente el sentimiento de patriotismo [...] y el cuadro final donde flamea la bandera argentina es todo un poema que llega al alma"[3] (*Excelsior* n° 117, 17 mayo 1916, p. 3).

Locaciones: Prov. de Buenos Aires: Tigre, Martín García y Bahía Blanca. Capital Federal. Escenas en los acorazados "Rivadavia" y "Pueyrredón".

Comentario: *Por mi bandera* constituye un ejemplo de la dificultad de individualizar en el cine del período los diversos roles en la realización de una película. La mayoría de las fuentes consultadas aluden a un film "original de Alejandro Gómez y Méndez Caldeira"[4] o bien los definen como "autores de la nueva obra",[5] sin especificar si dicha autoría remite al argumento, la dirección o a la producción.

Por nuestra parte, optamos por atribuir el guion a Méndez Caldeira por su carácter de dramaturgo como así también la dirección artística de acuerdo a la información obtenida de *La Gaceta de Buenos Aires*.[6] En cambio, la producción, según un artículo de *La Razón*,[7] correspondió tanto a Alejandro Gómez como a Méndez Caldeira. En relación a la fotografía, *Excelsior*,[8] la única publicación que hace referencia al camarógrafo, señala: "la película fue sacada, en algunas partes, por el mismo don Alejandro [Gómez], que no le daba reparos en dar vuelta la manivela".

Alejandro F. Gómez fue uno de los pioneros del cine nacional; aproximadamente en 1906 filmó una serie de cortometrajes publicitarios en general de carácter cómico, y en 1907 constituyó la distribuidora Compañía Argentina de Películas. Esta empresa, denominada posteriormente Compañía Cinematográfica Argentina, pasó a formar parte durante 1915 de la Cinematográfica Sud-Americana, conformada en sociedad con Atilio Liberti y José Donati entre otros, asumiendo Gómez como gerente de la misma. La distribuidora Cinematográfica Sud-Americana comercializó *Por mi bandera* durante 1916 y 1917.

Este film, coprotagonizado por la cantante Irmah Vives, es la génesis de esa suerte de sub-género conformado por las películas sobre el servicio militar obligatorio.

Comparación con bibliografía específica: CIHCA (1958, p. 3) menciona que fue estrenado en 1910 e interpretado por Lola Membrives, Florencio Parravicini y Camila Quiroga. Couselo (1965a, p. 42; 1965b, p. 50) y Di Núbila (1998, p. 35) transcriben parte de estos datos inexactos.

Notas: 1. A diferencia de todas las publicidades, el programa del Smart Palace correspondiente al 7 de octubre de 1916 indica una extensión de 3.000 metros. **2.** Publicidad en *La Razón*, 8 jul. 1916. **3.** También se puede observar "una vista de Buenos Aires a vuelo de pájaro, desde la torre del Pasaje Güemes [...] un buen zafarrancho de incendio" (*Tribuna*, 15 mayo 1916, p. 5). **4.** Programa del cine Smart Palace 7 oct. 1916. **5.** *Excelsior* n° 117, 17 mayo 1916, p. 2. **6.** 15 mayo 1916, p. 8. **7.** "XXV años de cinematografía", en *La Razón*, 6 mar. 1930, 2° sección. **8.** N° 287, 10 sep. 1919, p. 1081.

20. ...Con los brazos abiertos

Estreno: miércoles 24 de mayo a la noche en el Teatro Politeama Argentino (Capital Federal)
Exhibición privada: s.d.
Año de producción: 1916
Producción: Patria Film (Propietario: Carlos A. Gutiérrez)
Dirección: [Venancio Serrano Clavero?][o Francisco Mayrhofer?]
Guion: Venancio Serrano Clavero
Fotografía y cámara: Francisco Mayrhofer
Laboratorios: [Patria Film?]
Estudios: Patria Film (Ecuador 930?)[1]
Distribución: Patria Film
Duración: 2.200 metros[2] (121 min. aprox.)
Género: comedia dramática

Intérpretes: Salvador Rosich (Eduardo de Alvear), Esperanza Palomero (Elena de Sotomayor), Augusto Zama (Fernando de Sotomayor), César Ratti (barón de Loussac?), María Blaya (alegoría de la República Argentina), Ada Cornaro, A. García.

Argumento: "Eduardo de Alvear, un distinguido argentino [porteño], en viaje de placer por el viejo mundo, recibe generosa y franca hospitalidad en España, en casa del marqués de Sotomayor.
Este y su hija Elena se interesan tan vivamente de la vida industrial e intelectual de la patria de su joven huésped, que este los incita y los convence de efectuar un viaje al Plata.
El viaje se realiza y el marqués de Sotomayor y su hija –siempre acompañados por Alvear, quien tiene esta vez ocasión de retribuir ampliamente la hospitalidad que recibiera en España– visitan nuestras grandes industrias y admiran todas nuestras bellezas, en Buenos Aires y Mar del Plata, donde un ave de rapiña, el barón de Loussac, prendado de la dote y hermosura de la española, más de lo primero, emprende de un modo indigno su conquista.
La situación se resuelve de vuelta en la capital, gracias a una audacia del barón y a un acto de caballerosidad y arrojo de Alvear.[3] Tiende este hecho a intensificar más el incipiente cariño que une a ambos jóvenes: idilio comenzado en la villa natal de Elena.
Se trasladan, por último, a Puente del Inca, donde bajo el Cristo que une las dos nacionalidades, recibe ese amor la consagración paterna" (*La Mañana*, 4 jul. 1916, p. 7).

"4 hermosos actos [...] La República Argentina ante la admiración extranjera. –Bellezas y riquezas. –La obra de Sarmiento y el ejército de San Martín. –Ejército y Armada. –La frase de Moreno. –Ganadería y cosechas. –La vida aristocrática de Mar del Plata. –El oro de Mendoza. –La majestad eterna de los Andes" (Publicidad en *La Razón,* 4 jul. 1916, p. 4).

"Hay escenas inconvenientemente repetidas, como las que se refieren a los amores de un casal de sirvientes, Goyo y Lolilla, y los aspavientos del señor Sotomayor ante lo que ve y oye de nuestro país son muy excesivos para que sean sinceros. Los detalles panorámicos son demasiado prolongados a veces. Pero salvando estos pequeños detalles, la obra quedaría completa; de todos modos, vale un elogio y es promesa segura de mayores éxitos cinematográficos argentinos" (*La Razón,* 29 mayo 1916, p. 9).

Locaciones: Prov. de Mendoza: viñedos, minas de oro, Puente del Inca y cordillera. Misiones: Cataratas del Iguazú. Prov. de Buenos: Mar del Plata y Puerto Militar. Capital Federal.

Comentario: Primera producción de Patria Film. Esta empresa fundada en 1916 por Carlos Gutiérrez fue una de las de mayor permanencia en el mercado cinematográfico nacional.
Debido a que en ese período en muchos casos no estaba claramente diferenciada la dirección fílmica del resto de los rubros técnicos, resulta difícil determinar quién asumió ese rol. Posiblemente el cameraman Francisco Mayrhofer ocupó el cargo de director o bien Venancio Serrano Clavero. Este guionista por ese entonces era poeta y autor teatral en general de obras con temática española; y al menos durante 1914 y 1915 ocupaba el cargo de redactor de intertítulos en la distribuidora Sociedad General Cinematográfica.
Este film, que constituyó la última participación en el cine nacional del actor español Salvador Rosich luego de su debut en *El fusilamiento de Dorrego* (Mario Gallo, 1910), fue interpretado, como en el caso de *L'América* (1916), por la compañía del Teatro Apolo. Parte del rodaje, correspondiente a las escenas filmadas en Mar del Plata y en la cordillera, se realizó entre los últimos días de enero y fines de la primera quincena de febrero de 1916.
...*Con los brazos abiertos,* estrenado en Chile entre 1916 y 1917, fue distribuido además en nuestro país durante 1917, 1918 y 1924.

Comparación con bibliografía específica: CIHCA (1958, p. 3) fecha la constitución de Patria Film en 1915, es decir un año antes de su fundación.[4]

Maranghello (2005, p. 29) menciona como fundadores de Patria Film, además de Gutiérrez, a Emilio Bertoni y Pablo Landó, y como primera realización de esta productora *Bajo el sol de la pampa* (1916). Sin embargo, Bertoni y Landó eran los propietarios de Pampa Film, la productora que financió *Bajo el sol de la pampa*. Por otro lado, este historiador aporta como información relevante que Serrano Clavero fue el director del film, aunque sin dar cuenta de la fuente.

Notas: 1. Esta dirección fue obtenida de una fuente publicada con posterioridad al rodaje (*La Razón,* 24 ago. 1916, p. 10). **2.** Publicidad en *Excelsior* n° 217, 8 mayo 1918, p. 576. **3.** "Tiene su nota dramática [el film] en el aventurero barón de Loussac, castigado por Alvear" (*Tribuna,* 4 jul. 1916, p. 5). **4.** Tanto *Excelsior* n° 217 (8 mayo 1918, p. 576) como *La Película* n° 53 (27 sep. 1917) indican que esta productora se creó en 1916.

21. Carlitos de Buenos Aires y la huelga de barrenderos

Estreno: domingo 28 de mayo en el Teatro Politeama Argentino (Capital Federal)
Exhibición privada: s.d.
Año de producción: 1916
Producción: Cooperativa Biográfica (Directores: Manuel A. Brugo y Raúl Mazzini)
Dirección y guion: [Cunill (Antonio Cunill Cabanellas)?][1]
Fotografía y cámara: Arturo Alexander
Distribución: Cooperativa Biográfica (Suipacha 750)
Duración: 8 partes
Género: comedia

Intérprete: Cunill (Carlitos).

Datos del argumento: "[...] trata de la intervención del popular Carlitos en la no menos popular huelga de barrenderos que hace muy poco tiempo dejó por varios días las calles de nuestra ciudad en un estado verdaderamente contrario a todas las reglas del aseo y de la higiene.
Puede figurarse el lector si el asunto se presta para desarrollar una serie de escenas cómicas entre el popular bufo cuyas ocurrencias no pueden ser más extravagantes y los humildes barrenderos (cuya necesidad ya hemos comprendido prácticamente) que defendían de la mejor manera posible su indiscutible derecho de obtener ese relativo bienestar que exigían y han debido concederles" (*Excelsior* n° 119, 31 mayo 1916, p. 2).

Comentario: Esta segunda producción de la Cooperativa Biográfica compartía con *Carlitos en Buenos Aires* (1916) un argumento que aludía a la inmediata realidad social de la época, en este caso a la huelga de barrenderos municipales llevada a cabo en mayo de 1916. El hecho, además de ser abordado por esta película al parecer con cierto tono de simpatía por el reclamo obrero, sirvió como base para la comedia teatral *La huelga de barrenderos* de Roberto Bueno, estrenada apenas unos días después del film.
Su filmación tuvo que haberse desarrollado en el transcurso de mayo, es decir cuando se desarrolló dicha huelga, porque se estrenó a fines de ese mes. Si bien no existe información sobre su realización técnica en las crónicas del estreno, un listado de películas publicado en *Excelsior*[2] se la atribuye al cameraman Arturo Alexander.

Carlitos de Buenos Aires y la huelga de barrenderos fue muchas veces programada junto con la primera película de la trilogía, logrando también una buena recepción por parte del público. La Cooperativa Biográfica, además de exhibirla después de su estreno con el título *Carlitos barrendero*, volvió a distribuirla en enero de 1919 junto con el resto de la serie de Cunill y con cortos de Chaplin y *Fatty* Arbuckle.

Comparación con bibliografía específica: Couselo (1996, p. 148) y Maranghello (2005, p. 29) atribuyen la dirección de esta obra a Julio Irigoyen y la interpretación a Carlos Torres Ríos. Este error se debe a que ambos confunden la serie producida por la Cooperativa Biográfica con otra película basada en una imitación de Chaplin filmada por Irigoyen que describiremos en el siguiente ítem.

Margaritt (1947, p. 514) y Di Núbila (1998, p. 35) sólo mencionan el título del film como *Carlitos y la huelga de barrenderos*, el cual, como en el caso de los historiadores anteriormente citados, no se corresponde exactamente con el de su estreno.

Notas: 1. Probablemente haya sido escrita y dirigida por este intérprete, como señalaban CIHCA (1958, p. 27) y Di Núbila (1998, p. 35) en relación a *Carlitos en Buenos Aires* (1916). **2.** N° 200, 1 ene. 1918, p. 48.

22. Carlitos y Tripín del Uruguay a la Argentina

Estreno: jueves 15 de junio a la noche en el Smart Palace (Capital Federal)
Exhibición privada: domingo 4 de junio en el Smart Palace
Año de producción: 1916[1]
Producción: Empresa Cinematográfica Julio Irigoyen
Dirección: Julio Irigoyen
Guion: s.d.
Fotografía y cámara: Julio Irigoyen
Laboratorios: Empresa Cinematográfica Julio Irigoyen
Estudios: azotea en Brasil 1328
Distribución: Empresa Cinematográfica Julio Irigoyen (Brasil 1328)
Duración: 20 partes / 5 actos[2]
Género: comedia

Intérpretes: Jesús Torre [Carlos Torres Ríos] (Carlitos), [?] ("Tripín").

Argumento: s.d.

Locaciones: Montevideo (Uruguay): Villa Dolores, El Prado, Parque Urbano y playa de deportes.

Comentario: Segunda producción de ficción de la Empresa Cinematográfica Julio Irigoyen, cuyo título remite a los apodos Carlitos y Tripitas con los que fueron rebautizados en nuestro país los cómicos del cine estadounidense Charles Chaplin y Roscoe *Fatty* Arbuckle.

Su imitación de Chaplin en *Carlitos y Tripín...* constituyó el debut como actor de Carlos [Jesús] Torres Ríos, luego fotógrafo y director de larga actuación en el cine nacional, quien adoptará el nombre Carlos a raíz del personaje de este film.

Esta película de bajo presupuesto fue filmada con una cámara Gaumont en la azotea de una casa en Brasil y Santiago del Estero, con decorados pedidos a diversos teatros del centro.[3] Se trató de una suerte de *exploitation* de la exitosa serie de la Cooperativa Biográfica iniciada con *Carlitos en Buenos Aires* (1916), cuyo estreno se realizó incluso en el mismo cine, el Smart Palace.

A su vez, desde el título se observa la intención de imponerla en el mercado de la vecina orilla, e incluso se la presentó en algunos medios de prensa, previamente a su estreno en Uruguay durante noviembre de 1916, como "la primera película confeccionada en la república hermana",[4] a pesar de que al parecer no tuvo financiamiento de capitales de esa nacionalidad.

Su duración fue modificada a lo largo de su exhibición comercial. Mientras que la copia proyectada en su función privada era de 24 partes, la correspondiente al estreno tenía una extensión de 20. Posteriormente, en septiembre de 1916, *La Película*, informa: "le han dado unos toques y han modificado escenas hasta dejarla graciosa".[5]

En el transcurso de ese año, el director Julio Irigoyen lanzó un noticiario de actualidades industriales denominado *Buenos Aires Film*, nombre con el cual luego bautizaría a su futura productora.

Comparación con bibliografía específica: Ducrós Hicken (1950, p. 28; 1955c), Maranghello (2005, p. 29), Couselo (1996, p. 148) y Peña (2012, p. 41) aportan una serie de datos erróneos sobre esta película. Por un lado, mencionan como productora a Buenos Aires Film, que no existía todavía en 1916;[6] por otro, indican que Carlos Torres Ríos protagonizó otras dos comedias, o bien otros dos cortometrajes titulados *Carlitos en Mar del Plata* y *Carlitos y la huelga de barrenderos*, cuando en realidad interpretó un solo film, el largometraje *Carlitos y Tripín...*; la trilogía sobre Chaplin fue realizada por la empresa Cooperativa Biográfica con la actuación de Cunill.

Por su parte, Ducrós Hicken (1950, p. 28), Margaritt (1947, p. 512) y Di Núbila (1998, p. 45) fechan el año de producción en 1918.

Notas: 1. Si bien no logramos obtener ningún dato sobre el rodaje, podemos presuponer que fue realizada durante 1916, luego de *Carlitos en Buenos Aires*, ya que la intención del productor era aprovechar el éxito de las películas centradas en la imitación de Chaplin. **2.** Mientras en las publicidades de la época la duración es citada "en partes", en un reportaje para *Imparcial Film* n° 237 (3 nov. 1923, p. 35) su director recuerda que tenía 5 actos. **3.** "Cuando las películas se hacían en la azotea", *Aquí Está*, 1946. **4.** *La Mañana*, 26 oct. 1916, p. 7. **5.** N° 2, 30 sep. 1916, p. 4. **6.** Esta productora fue creada recién en diciembre de 1918 (ver *La Película* n° 115, 5 dic. 1918 "Cinematografía Argentina").

23. Tito

Estreno: viernes 30 de junio en el Smart Palace (Capital Federal)
Exhibición privada: s.d.
Año de producción: [1915?/16?]
Producción: Filomeno Acuña[1]
Dirección: José Agustín Ferreyra
Guion: [José Agustín Ferreyra?]
Fotografía y cámara: Atilio Lipizzi
Laboratorios: [Filmgraf?]
Estudios: [Filmgraf?] (San José 1456)
Distribución: s.d.
Duración: 10 partes
Género: comedia

Intérprete: Filomeno Acuña ("Trompifai").[2]

Argumento: "Es la primera noche de salida de un jovencito a quien se le 'entrega la llave', acto que hace algún tiempo significaba reconocer, en principio, mayoría de edad, de padre a hijo. El hombrecito sale de su casa contento, compra un gran cigarro de hoja, va a distintos sitios de diversión, hasta que llega a un café con orquesta de señoritas, se sienta a una mesa ufano, chupando el habano que empieza a marearlo, y su mirada comienza a encontrarse con la mirada de una de las musicantas, quien, por otra parte, le hace ojitos, no a él, sino a su novio, que está sentado detrás del muchacho. Creyendo hallarse frente a la primera conquista, sigue pidiendo copas y adoptando las actitudes más variadas, con el consiguiente gasto económico.

A todo esto, la joven es vigilada de cerca por una persona enviada por su padre. Un oportuno golpe de teléfono pone sobre aviso al progenitor de la Dulcinea del donjuán novato, y aquel irrumpe en el establecimiento, convertido en un energúmeno y dispuesto a hacerse justicia por su propia mano en la persona del presunto seductor de su hija.

Se produce el 'bochinche' que cabe suponer. La batahola es descomunal, la chica llora, el padre atiza estacazos que es un gusto, el verdadero galán de la muchacha pone pies en polvorosa, interviene la policía, a nuestro héroe le falta dinero para abonar la consumición; golpeado, vejado, reducido a cero como hombre, es llevado a la comisaría, mientras su familia, desesperada, hace toda suerte de conjeturas. Así llegan las tres de la mañana, hasta que una comunicación telefónica de la seccional al hogar pone en claro la situación.

'Una noche de garufa' termina con la presentación del protagonista de la singular odisea en estado calamitoso, de regreso a su casa, de donde no debió salir por más llaves que le entregaran..." (Julián Rielar, "20 años de cine argentino a través del recuerdo de José Ferreyra", *Cine Argentino* n° 79, 9 nov. 1939, p. 23).

Comentario: Primera película dirigida por uno de los directores fundamentales del cine mudo argentino y de la primera década del sonoro, José Agustín Ferreyra, quien hasta ese momento se había desempeñado como pintor y como socio de un taller de pintura escenográfica para teatro junto al artista Atilio Malinverno.

Este film era presentado como el primero de una serie cómica "que ha de llegarse a popularizar por ser de nuestro ambiente y costumbres",[3] que al parecer continuaría con *La fuga de Raquel* (Ferreyra, 1916), cuyo título de rodaje era *Titto diplomático*.

Según la revista *Cine Argentino* se filmó "en la calle Santiago del Estero, entre Constitución y Pavón, en el fondo de la casa de un amigo y con luz de sol únicamente".[4] Sin embargo, parte de esta información es inexacta, ya que se rodó en San José 1456, entre Constitución y Pavón. Se trata de la ubicación de la "galería" de Atilio Lipizzi, pero no fue posible determinar si en el período de rodaje estos estudios ya se denominaban Filmgraf.

Tito tuvo una marcada influencia de la comedia cinematográfica italiana, especialmente del personaje cómico Robinet, como recuerda el fotógrafo Lipizzi.[5] Precisamente, la siguiente anécdota de filmación narrada por Ferreyra, más allá de dar cuenta de las dificultades de un rodaje en exteriores, permite vislumbrar una comicidad construida sobre el gag físico y la persecución: "Nos estábamos preparando para 'filmar' una escena de calle, en la cual, él [Filomeno Acuña] debía venir corriendo a otro personaje, con la obligación de detenerlo y provocar una pelea en plena Avenida de Mayo [...] A una orden convenida, el amigo Acuña, empezó a correr desesperadamente, dando feroces gritos al personaje indicado. Dos vigilantes, el público y cuanto curioso presenció la corrida, alarmados por los terribles gritos, echaron a correr tras ellos hasta detenerlos".[6]

Su título de exhibición, en las publicaciones de la época,[7] no parece haber sido *Una noche de garufa* como señala el periodista Rielar[8] ni tampoco *Una noche de garufa* o *Las aventuras de Tito* como menciona Couselo (1969, p.131), sino simplemente *Tito*. En cambio, *Una noche de garufa* era el título nacional de una película de Charles Chaplin estrenada en agosto de 1915.

Tampoco resulta demasiado evidente que haya sido realizada y estrenada en 1915 como sugiere su biógrafo principal, Jorge Couselo, ya que el propio Ferreyra no menciona en ningún reportaje el año de producción y de exhibición.

La única referencia que permitiría inferir que este director estaba realizando una película en 1915 es una declaración de Nelo Cosimi[9] en la que señala que en julio de ese año se presentó a la editora Ortiz Film y que debido a la ausencia de extras para una escena en una taberna de "bajo fondo", terminó interpretando un papel en un film de Ferreyra. Sin embargo, esa anécdota no pudo haber ocurrido en 1915, ya que Ortiz Film se constituyó recién en noviembre de 1916, y su primera producción, *El tango de la muerte*, se filmó a comienzos de 1917, precisamente la película de "bajo fondo" que recuerda Cosimi, en la cual debuta como actor. Con respecto a su estreno, la única fuente citada es un reportaje al fotógrafo del film, Atilio Lipizzi, en el que declara que se realizó en "el cine Colón que estaba en la Plaza Lorea. Se pasó en privado... y estuvo un solo día en la cartelera".[10] Como en ningún momento Lipizzi da cuenta de una fecha precisa, bien pudo haberse estrenado tanto en 1915 como en 1916. De hecho, la referencia más antigua de su exhibición que pudimos encontrar data del viernes 30 de junio de 1916 en el Smart Palace, siendo presentado en esa sala con categoría de estreno. No obstante, es errónea la afirmación de Lipizzi, transcripta por Couselo (1969, p. 28), acerca de que *Tito* no tuvo más de una exhibición pública, ya que fue presentado también el 1° de julio en el Smart.

Notas: 1. Decidimos atribuir, como Couselo (1969, p. 131), la producción a Acuña, porque es descripto en *Cine Argentino* n° 79 (9 nov. 1939, p. 22-23) como el "alma mater de la iniciativa". **2.** Ferreyra señala en *Imparcial Film* n° 176 (5 sep. 1922, p. 6) que Acuña fue el encargado de interpretar a este personaje. **3.** *La Mañana*, 30 jun. 1916, p. 5. **4.** N° 79, 9 nov. 1939, p. 22. **5.** *Cine Argentino* n° 20, 22 sep. 1938, p. 10. **6.** *Imparcial Film* n° 176, 5 sep. 1922, p. 6. **7.** *Tribuna*, 29 jun. 1916, p. 5; *La Mañana*, 30 jun. 1916, p. 5; *Excelsior* n° 200, 1° ene. 1918, p. 49. **8.** *Cine Argentino* n° 79, 9 nov. 1939, p. 22-23. **9.** *Imparcial Film* n° 251, 9 feb. 1924, p. 22. **10.** *Cine Argentino* n° 20, 22 sep. 1938, p. 10.

24. El general Ricardo López Jordán

Estreno: sábado 1° de julio a las 21:00 hs. en el Teatro de la Ópera (Rosario, prov. de Santa Fe)
Exhibición privada: -
Año de producción: [1915?]/16
Producción: s.d.
Dirección: Aquiles Sordelli
Guion: Dermidio T. González basado, entre otras fuentes, en el parte oficial del coronel Juan Ayala al general Luis María Campos
Fotografía y cámara: Filemón Gil
Laboratorios: Cinematográfica Rosarina
Estudios: Cinematográfica Rosarina[1]
Distribución: s.d.
Duración: 2.500 metros (137 min. aprox.) / 10 actos / 20 partes
Género: drama histórico

Intérpretes: Samuel Salva Molina (general Ricardo López Jordán), Berta Müller (Dolores Puig de López Jordán), F. S. Fonso (comandante José Gassana), [Ángel?] Beovidez, [Aquiles?] Sordelli (Pedro Romero), Alejandro Bernaldes, Bacigalupo, Arioso, y las Srtas. López, Orlandoni [u Orlandini?], Pierrot, Beard, Noguera, Ariño [u Oroño?].

Argumento: "Acto I– El general Ricardo López Jordán es uno de los caudillos más populares de Entre Ríos, jefe de un partido político muy numeroso y como tal declara la revolución a los gobiernos Nacional y Provincial en tres ocasiones distintas.
Acto II– El último levantamiento revolucionario lo encuentra en los márgenes del arroyo Alcaracito, en Entre Ríos, a principios de diciembre de 1876. El coronel Juan Ayala, jefe de las tropas nacionales, lo sorprende y lo derrota completamente. El general López Jordán, perseguido después de la sorpresa, es tomado prisionero en la estancia de 'Las Tunas', de aquella provincia.
Acto III– Por orden del Gobierno Nacional, López Jordán es traído a Rosario y encerrado en una celda de la Capitanía del Puerto, cuyo jefe era el comandante Gassana.
Acto IV– El general López Jordán recibía frecuentemente, en su prisión, las visitas de su familia, sus relaciones y su abogado defensor Dr. Nicanor González del Solar.
Acto V– La esposa abnegada del general López Jordán [Dolores Puig], exponiendo su vida, propone un día a su esposo una evasión arriesgada,

pero necesaria, para lo cual sería ayudado por su fiel asistente, el indio Pedro Romero.

Acto VI– Venciendo algunas dudas y no pocos temores, el general López Jordán acepta la evasión propuesta por su esposa y una noche, a fines de 1879, salió de la Capitanía disfrazado de mujer.

Acto VII– El general López Jordán perseguido por Gazzana, se interna en el laberinto de las islas, frente a Rosario, y después de varios días de peregrinación consigue burlar a sus carceleros, llegando al Estado Oriental, acompañado de su asistente Romero.

Acto VIII– En una breve y amorosa carta, dirigida a su esposa desde la República Oriental, le anuncia su liberación definitiva, que llena de gozo a toda la familia.

Acto IX– En 1889 el Gobierno Nacional, presidido por el Dr. Miguel Juárez Celman, da un decreto de amnistía e indultos para el general López Jordán, quien regresa a su patria.

Acto X– Establecido en Buenos Aires, viejo y achacoso, para entregarse a la tranquilidad del hogar, es asesinado el 22 de junio de 1889, por Aurelio Casas, en una de las calles de la populosa capital argentina" (*Crónica*, 28 jun. 1916, p. 3).

"Uno de los cuadros más interesantes constituye indudablemente la presentación de la tricolor bandera que usó el general Urquiza en Caseros, enarbolada después por López Jordán en sus campañas revolucionarias de Entre Ríos en los años 1870, 73 y 76" (*La Reacción*, 17 jun. 1916, p. 9).

Comentario: Esta película "impresionada (sic) con el concurso del escuadrón de seguridad, cuerpo de bomberos y subprefectura de policía de la ciudad de Rosario"[2] es el primer largometraje de ficción santafesino, y no *El último malón* (1918), como se indica usualmente. Los ensayos comenzaron a mediados de septiembre de 1915, pero el rodaje recién concluyó el 16 de junio de 1916.

Su argumentista, Dermidio T. González, fue un escritor, historiador y político de origen correntino fundador del radicalismo santafesino. Los actores eran, en su gran mayoría, aficionados.

Después del estreno, *El general Ricardo López Jordán* se proyectó el jueves 6 de julio en el Smart Palace (Rosario), y se anunció además su exhibición en Córdoba para el 17 de julio en las salas Select y Cine Plaza.[3] Esta última función, si efectivamente aconteció, contradeciría lo expresado por algunos familiares del director quienes afirmaron que el film se destruyó la noche de la proyección en el Smart Palace.[4]

Comparación con bibliografía específica: Paralieu (2000, p. 28) e Ielpi (2006) son los únicos autores que mencionan este film. Nuestra investigación permitió completar algunos datos faltantes, como su duración, la denominación del estudio cinematográfico y los nombres de varios de los intérpretes. Además, pudimos confirmar que el título de estreno no fue, como señala Ielpi (2006, p. 198), *La evasión del general López Jordán*, sino *El general Ricardo López Jordán*, [5] como indica Paralieu.

Notas: 1. Según *Crónica* (19 jun. 1916, p. 3) "la impresión y la revelación" se realizaron en estos talleres. **2.** *Excelsior* n° 127, 26 jul. 1916, p. 6. **3.** Ídem. **4.** Ielpi (2006, p. 200). **5.** Ver publicidad en *Crónica*, 30 jun. 1916; *La Reacción*, 30 jun. 1916, p. 10; *Excelsior* n° 127, 26 jul. 1916, p. 6.

25. La última langosta

Estreno: jueves 17 de agosto a las 21:00 hs. en el Teatro San Martín (Capital Federal)
Exhibición privada: -
Año de producción: 1916
Producción: Fray Mocho [o Fray Mocho Film?][1]
Jefe de producción: [Juan P. Calatayud?]
Dirección: [Juan P. Calatayud?]
Guion: Enrique L. Miller
Fotografía y cámara: Emilio Peruzzi y Mario Gallo
Laboratorios: Talleres Cinematográficos de Emilio Peruzzi
Música original y adaptada: Osmán Pérez Freire (Sinfonía *La última langosta*)
Muebles y tapices: casa J. Rillo y hno.
Carruajes y automóviles: Mirás Hnos. y Cía.
Estudios: Talleres Cinematográficos de Emilio Peruzzi (Cangallo 827)
Distribución: [Empresa Cinematográfica Americana?][2]
Duración: 4.000 metros (219 min. aprox.)
Género: drama

Intérpretes: Vina Velázquez (Margarita), Juan Vehil (Luciano), Rafael Octavio Smurro (Fortunato, chacarero), Antonio Izzo (Ramón), Sr. Serude [o Cerudes?], Di Carlo, Bruno Dettori, [José Olarra?].

Argumento: "Juan Vega, propietario de un ingenio azucarero [en Tucumán], es tío y ex tutor de Luciano Rosas, a quien recogió con su hermana Beatriz siendo los dos muy niños, y educó en un ambiente de grandes comodidades como a sus propios hijos Margarita y Carlos, la primera de edad aproximada a Luciano y el segundo a Beatriz.
Luciano ocupado por completo en fiestas y diversiones abandona sus estudios y acaba por dedicarse al juego, buscando al principio una distracción y al final el dinero necesario para sostener sus grandes gastos. Frecuenta hasta los garitos y en uno de ellos conoce a Ramón, un señorito pervertido, avezado en delitos, que ha estado ya en Tierra del Fuego. Paulatinamente Luciano va comprometiéndose en operaciones usurarias que terminan por apremiarlo y que de ser conocidas por su tío podrían acarrearle su ruina definitiva, pues su casamiento con Margarita en el que sueña como única salvación, sería irrealizable.
Aprovechando una invitación de D. Juan, Luciano va al ingenio, acompañado de sus amigos Eduardo Silva y Pablo Navarro, ingeniero agrónomo

uno y teniente del ejército el otro. Piensa hacer el amor a Margarita y plantear enseguida su casamiento; pero como entre tanto se acentúan las amenazas de los acreedores, aconsejado por Ramón resuelve robar a su tío. El ejecutor del delito será Ramón; y al efecto, simula que lo ha invitado a pasar unos días con él en el ingenio. Se lleva a cabo el hurto y Luciano hace recaer todas las sospechas en Eduardo, en quien empieza a ver un gran obstáculo para sus planes, pues vislumbra que Margarita lo quiere. Luego se descubre que el culpable es Ramón, lo detienen, pero este no compromete a Luciano y al ser trasladado a la capital de la provincia, huye.[3]

Durante la permanencia de los jóvenes en el ingenio, la langosta lo ha invadido casi todo y D. Juan ofrece un premio de un almohadón bordado por Margarita al que mate más langosta. Pablo vence.

Luciano y Ramón se encuentran después en Buenos Aires y se ponen de acuerdo para atentar contra la vida de Eduardo, quien está decidido a casarse con Margarita. El crimen fracasa.

La langosta continúa haciendo estragos y el gobierno nacional organiza una seria campaña contra ella. Eduardo y Pablo van al frente de una expedición que se dirige al Chaco. Allí se les reúnen Luciano y Ramón, este caracterizado como peón para no ser descubierto. Fraguan hacer volar con un explosivo el laboratorio donde trabaja Eduardo, quien se salva nuevamente no sin sufrir algunas heridas, que le producen pérdida de mucha sangre y el consiguiente desmayo.

Margarita, en sueños, ve a Eduardo en peligro, y después, para tranquilizarse, pide a su padre [que] la acompañe al Chaco, a donde llegan en el preciso momento de la explosión. Se entera Margarita de todo y busca a Ramón y a Luciano. Les increpa por su crimen y habla a su primo en tal forma que este medita espantado en su miserable situación. Su compañero, degenerado por completo, contesta a Margarita hasta ofenderla con los más soeces insultos, y Luciano, convertido en hombre bueno por la palabra de Margarita, quiere castigar rudamente a Ramón. Luchan los dos y caen a un abismo. Margarita guarda el secreto de la mala vida de Luciano y todos lloran su muerte. Eduardo se casará con Margarita y Beatriz con Carlos (*Argumento de "La última langosta"*, Bs. As., Juan P. Calatayud, 1916).

"Hermosos Panoramas –El Ejército –La Marina –Aviación –Sports –Vida en un Ingenio Azucarero –Escenas entre los indios –Lucha contra la langosta –Buenos Aires y Montevideo desde un aeroplano"[4] (Publicidad en *Fray Mocho* n° 222, 28 jul. 1916).

Comentario: Este film fue el resultado del "Primer Concurso Cinematográfico Nacional" de argumentos realizado por la revista *Fray Mocho*. Un jurado conformado por Martiniano Leguizamón, Arturo Giménez Pastor, Alberto Gerchunoff, Alfredo Duhau y Manuel Pasel, le otorgó el primer premio de 1.500 pesos al ingeniero mendocino Enrique Miller por su argumento *La última langosta*. Fue editado un folleto con una sinopsis del argumento, que probablemente se repartió en las diversas exhibiciones. También se publicó la partitura del film, que constaba de doce páginas.

Como ocurre en gran parte del cine de esos años, algunos de los roles no están claramente especificados, como es el caso Juan P. Calatayud, quien a pesar de ser descripto en una crónica de filmación como "el jefe de la expedición cinematográfica"[5] resulta muy difícil determinar si ocupó el cargo de productor y/o de director.

A pesar de que no obtuvimos ninguna información sobre el comienzo del rodaje, podemos estimar que fue iniciado posteriormente al 31 de enero de 1916, fecha de cierre del concurso de *Fray Mocho*. Para fines de julio todavía se estaba filmando, ya que en *Excelsior*[6] se hace referencia al accidente sufrido por uno de sus intérpretes, Antonio Izzo. Los interiores se realizaron en los estudios de Emilio Peruzzi en Cangallo 827.

La última langosta constituyó el debut en nuestro cine de la actriz argentina Vina Velázquez, quien ya había actuado en la cinematografía española en *El signo de la tribu* (José Codina, 1914).

El film se exhibió en 1918, con el título de *Vida argentina*. Se ocultó deliberadamente, en las críticas de las revistas especializadas, toda filiación con *La última langosta*, dando a entender que se trataba de una nueva producción nacional. También con este título se distribuyó en 1919 y 1928.

Comparación con bibliografía específica: Tanto CIHCA (1958, p. 28) como Maranghello (2005, p. 31) indican que fue producida por Cinematografía del Río de la Plata, lo cual es imposible porque para ese entonces esa empresa todavía no existía,[7] aunque luego en una publicidad intentará presentar el film como realizado en sus talleres.[8] En realidad, fue rodada en la "galería de filmación" de Emilio Peruzzi, que dicha productora adquirió posteriormente.

Por su parte, Di Núbila (1998, p. 28) menciona dentro del reparto a José Olarra, quien no pudo ser confirmado por nuestra investigación, y erróneamente a Calatayud como guionista.

Ningún historiador cita esta obra dentro de la filmografía de Mario Gallo como fotógrafo.

Notas: 1. La única fuente que da cuenta de la productora de esta obra es *Excelsior* n° 200 (1° ene. 1918, p. 48), donde aparece como "Fray Mocho". Probablemente, sea la misma empresa que luego sería mencionada con el nombre de "Fray Mocho Film" (*Excelsior* n° 259, 26 feb. 1919, p. 250). **2.** En una crítica de *Tribuna* (18 ago. 1916, p. 5) se menciona a esta empresa, sin especificar si se trata de una distribuidora o una productora. **3.** Probablemente corresponda a este instante de la trama "el episodio emocionante donde Izzo (Ramón) se lanza desde un tren en marcha al terraplén" (*La Película* n° 76, 7 mar. 1918, p. 22). **4.** Según *Crítica* (18 ago. 1916, p. 5) también "asistimos a una revista nacional en la que vemos la presencia del señor presidente de la República". **5.** *Fray Mocho* n° 222, 28 jul. 1916, p. 35. **6.** N° 128, 2 ago. 1916, p. 15. **7.** Las primeras referencias a la Cinematografía del Rio de la Plata en la prensa especializada datan de fines de septiembre y comienzos de octubre de 1916 (Ver *La Película* n° 2, 30 sep. 1916, p. 4 y n° 3, 7 oct. 1916, p. 3). **8.** *La Película* n° 19, 1° feb. 1917.

26. Resaca

Estreno: jueves 24 de agosto en el Real Cine (Capital Federal)
Exhibición privada: jueves 24 de agosto a la madrugada en el Real Cine
Año de producción: 1916
Producción: Sociedad Resaca (Productores: Gregoria Báez de Nenadovit, Alejandro Nenadovit, Atilio Lipizzi, Luis Pascarella y Alberto T. Weisbach)
Dirección: Alberto T. Weisbach
Guion: Alberto T. Weisbach (con colaboración de Luis Pascarella) basada en su obra teatral homónima
Intertítulos: José González Castillo
Fotografía y cámara: Atilio Lipizzi
Laboratorios: Filmgraf
Música: [?][1]
Estudios: Filmgraf (San José 1456)
Distribución: Alejandro Nenadovit (Tucumán 1335)
Duración: 3.500 metros (192 min. aprox.)
Género: drama

Intérpretes: Pedro Gialdroni ("Resaca"), Camila Quiroga (Beatriz), Luis Arata ("Pura Parada"), Rómulo Turolo (Don Guido), Aurelia Ferrer ("Pantaleona"), Olinda Bozán (Roñita), José Franco ("Grúa"), Eliseo Cordido (Faustino), Pedro Garza, Marcelo Ruggero, Alfredo Camiña, Maciel, Julio Andrada, Eva Franco.

Datos del argumento: "La obra de Weisbach, desarróllase en un ambiente de bajo fondo, reviviendo una página del arrabal porteño. Juega en la trama, el tradicional 'compadre' rey de toda dama que a su capricho se exponga; ese matón arrabalero que criado sin nociones de humanidad y afectos familiares pugna por imponer la razón de su coraje y su cuchillo a toda norma de ley social [...] Resaca posee como condiciones enervantes de su temperamento, un legado inconfundible de la bravura del gaucho, que a nada teme ni nada lo arredra [...] Quien por insidia o escasez de miras, niegue en Resaca condiciones de nobleza y bondad, exterioriza-das en determinados aspectos de su historia, habrá negado usando de falsía y expuesto un criterio de ocultación preconcebida. No nos expli-camos en otra forma, al menos que la miopía luzca de por medio, que no se reconozca huellas de un alma generosa, en aquella escena en que Resaca ama y siente a una mujer, por la cual comete todas sus fechorías, para que reconozcamos en su corazón la existencia de un tramo en el que no ha penetrado la dureza del encallecimiento, provocado fuera de duda, por la negligencia y desaprensión de aquellos a quienes les asiste el deber sagrado de velar por los que ajenos a toda protección social, lánzanse por derroteros punibles [...] Beatriz [una cantante de music hall del Paseo de Julio] es una de esas tristes y misérrimas flores del arroyo, casi marchitas por el cieno de un tablado tan infamante como su vergonzosa existencia [...] También la chispa del amor brota en su corazón sediento de ternezas y afectos desinteresados y sueña con regenerarse consagrándose con alma y cuerpo a Faustino, honrado obrero curtidor que corresponde al afecto de Beatriz [...] Otro personaje familiar en el ambiente de nuestro arrabal, es Pura Parada, infaltable y gracioso de toda reunión. Matón a medias, pues que no mata sino en hipótesis. Valiente entre los mandrias y cobardes y quizá más cobarde que todos ellos pues que su misma sombra lo asusta. Guacho como la generalidad de su laya negruzca (sic), apóyase en el prestigio y la fuerza de Resaca, que para el tilingo viene a ser, patrón, señor y juez, conjuntamente.

Don Guido [...] padre amante, conservador de las tradiciones honestas del hogar en que moró la santa compañera, la madre amante y la esposa intachable.

Pantaleona viene a ser en el drama, la bruja de la historia, uno de esos seres a quienes la sociedad proscribe como legado de una raza mestiza que encarna todos los vicios (sic), sabe de todos los horrores y vive de lo que puede [...] Roñita, si el decirlo no resulta paradójico, comparte con Pura Parada la vis cómica del asunto [...] Por último, hemos de recordar al Grúa, otro compadre que rivaliza con Resaca pero que resulta vencido por la superioridad del más fuerte" (*Excelsior* n° 132, 6 sep. 1916, p. 17-18).

Locaciones e intertítulos: "Presenta [...] hermosos paisajes sacados del Puerto, del Riachuelo, de Martín García y del Río de la Plata y chistosos títulos bien buscados"[2] (*La Mañana*, 25 ago. 1916, p. 9).

Comentario: En enero de 1916 se constituye una sociedad productora con el propósito de adaptar al cine el sainete de Weisbach, estrenado con gran repercusión en 1911, con la inclusión de nuevos personajes.[3]
Si bien encontramos escasos datos sobre su rodaje en los talleres Filmgraf, tuvo que haberse realizado entre el 16 de abril de 1916 –fecha en que se firmó el contrato– y comienzos de junio, cuando *Crítica*[4] da cuenta de que ya "ha sido impresionada".
Resaca marcó el debut cinematográfico de Pedro Gialdroni, un actor de cierta relevancia en el cine nacional entre 1916 y 1919, y principalmente de figuras de importancia para el teatro y el cine sonoro como Luis Arata y Marcelo Ruggero.

Este film se convirtió en uno de los más grandes éxitos de público del cine mudo argentino, y llegó a ser exhibido diariamente –algo inusual– en cinco o seis cines de la Capital Federal a la vez. La película tuvo un costo original de 15.000 pesos[5] y alcanzó a recaudar, según el productor Lipizzi,[6] 300.000.

El director y coproductor Alberto Weisbach entabló en 1916 una denuncia judicial contra Atilio Lipizzi con el objeto de impedir el tiraje y comercialización de nuevas copias por cuenta exclusiva de este último. La denuncia llevó al allanamiento de los talleres Filmgraf donde se encontraban los negativos. Lipizzi adquirió en mayo de 1918 la propiedad del film, previa disolución de la sociedad productora.

Resaca se distribuyó entre 1917 y 1925. Posteriormente, en 1932, Lipizzi inició la sincronización sonora de esta película, que quedó finalmente sin terminar.

En el exterior, se estrenó el 3 de noviembre de 1916 en Montevideo (Uruguay), y durante 1917 se anunció su exhibición en Chile.

Comparación con bibliografía específica: El conjunto de la bibliografía previa sólo menciona a Lipizzi como productor, sin dar cuenta de que se trató de una sociedad conformada por diversos inversores. Ninguno de los historiadores atribuye la dirección artística a Alberto Weisbach.[7]

Notas: 1. Recién para sus exhibiciones en el Teatro Urquiza de Montevideo (Uruguay), *La Película* n° 5 (26 oct. 1916, p. 4) menciona que "los espectáculos serán amenizados" por una orquesta típica de catorce músicos con bandoneones y guitarras enviados desde Buenos Aires. **2.** *Tribuna* (24 ago. 1916, p. 5) señala que las leyendas estaban conformadas "por dichos y refranes que hacían las delicias del público". **3.** Por ejemplo, según *La Película* n° 6 (2 nov. 1916), el coguionista Luis Pascarella introdujo el personaje cómico "Pura Parada", que tuvo una gran popularidad. **4.** 6 jun. 1916, p. 5. **5.** Según *La Película* n° 1 (23 sep. 1916, p. 2) de esa suma, 5.000 pesos corrieron por cuenta de Nenadovit, 2.000 pesos y la edición por intermedio de Lipizzi, y el resto a cargo de Pascarella. Por su parte, Weisbach aporta los derechos de la obra original y su adaptación cinematográfica. **6.** *Cine Argentino* n° 20, 22 sep. 1938, p. 10. **7.** *Crítica* (6 jun. 1916, "Teatros"), *Excelsior* n° 132 (6 sep. 1916) y *Última Hora* (6 nov. 1929, p. 4) mencionan como director a este dramaturgo.

27. El cóndor de los Andes

Estreno: martes 26 de septiembre a la noche en el Esmeralda y el Gaumont Theatre (Capital Federal)
Exhibición privada: s.d.
Año de producción: 1916
Producción: Buenos Aires Film (Propietario: Sr. Achard)
Dirección y guion: Eloy Buxó Canel
Fotografía y cámara: Federico Valle
Laboratorios: Porteño Photo Film
Estudios: Porteño Photo Film (Reconquista 452?)[1]
Distribución: Sociedad General Cinematográfica
Duración: 2.000 metros (110 min. aprox.)
Género: "comedia simbólica"[2]

Intérpretes: Berta Gangloff (Laura), Santos Casabal (Príncipe Gourloff), Luis Fernández (Claudio), Josefa Viera, Emilio Lola, Alberto Puértolas, Alfredo Zorrilla, [Manuela Martínez?],[3] Carlos Perelli, [José Olarra?].[4]

Datos del argumento: "El ansia de figuración en altas esferas sociales, por aquellos que han logrado una posición desahogada merced a una existencia de trabajo y economía; los desafueros de esas gentes que imbuidas de vanidad desatienden su modesta condición extraña a los salones del gran mundo, a sus exigencias y a sus atildamientos; la presencia de seres pervertidos que fingiéndose personalidades, solo buscan negociar con la buena fe e ignorancia de los 'debutantes' y por último la evidencia de que cada individuo, debe concretarse al medio social en que se ha formado progresivamente, convencido de que la figuración mundana, es una forma ficticia de satisfacciones inocuas, exentas de consistencia moral, todo esto, ha servido para que el señor Canel bordara una muy interesante comedia" (*Excelsior* n° 139, 25 oct. 1916, p. 17).

"Trata de un asunto social en el que se plantea el problema del esfuerzo individual por alcanzar dictados de corrección en trance de antiguas malandanzas ejecutadas por el protagonista de la historia" (*Excelsior* n° 133, 13 sep. 1916, p. 17).

Fotografía: "Tiene pasajes muy interesantes, artísticamente obtenidos, y bien enfocados. Ello sin embargo, no excluye determinada ingrata expresión (sic) que produce la vista de algunos cuadros de fotografía velada que aminoran el mérito del conjunto" (*Excelsior* n° 139, 25 oct. 1916, p. 17).

Locaciones e intertítulos: "Ve el espectador las diversas fases de la trilla, los escarpados caminos que desde Uspallata siguió el general San Martín para atravesar la cordillera. No falta el desfile de emocionantes escenas en los altos picos andinos. En Mendoza nos presenta las grandes bodegas; en Buenos Aires el hipódromo; en Mar del Plata su espléndido panorama [...] Las leyendas bien hechas, y en la mayoría de ellas están reproducidos los versos de nuestro poeta Olegario Andrade. Entre ellos figura el de:

El cóndor de los Andes batió el vuelo.

Lanzó ronco graznido.

Y fue a posar sus alas fatigadas,

Sobre el desierto nido" (*La Película* n° 88, 30 mayo 1918, p. 18).

Comentario: *El cóndor de los Andes,* escrito y dirigido por el periodista Buxó Canel, fue la única película financiada por la productora Buenos Aires Film, con un costo de 30.000 pesos. Esta empresa fundada aproximadamente en febrero de 1916 encargó la realización técnica a la editora de películas documentales Porteño Photo Film. Se trató del primer film de ficción fotografiado por una de las figuras fundamentales del cine mudo nacional, Federico Valle. Los exteriores en Mendoza y Mar del Plata se filmaron durante febrero. Luego de mencionarse que a mediados de marzo prosigue su rodaje, desaparece toda información hasta que en junio *Excelsior*[5] anuncia que ya está listo para ser estrenado.

Es importante destacar que la Buenos Aires Film, más allá de tener una denominación comercial similar, no tiene ninguna vinculación con la productora de *...Tierra argentina!* (1916) ni con la empresa de Julio Irigoyen, creada posteriormente.

Debido a que *El cóndor de los Andes* tuvo inicialmente muy poca convocatoria de público por su escasa publicidad, fue reestrenado el 2 de noviembre de 1916, después de una nueva exhibición privada realizada a mediados de octubre.

Esta película se distribuyó también entre 1917 y 1919 con el título *El cóndor de los Andes o Los pecados de mis hijos* por intermedio de la Empresa Cinematográfica Julio Irigoyen (Brasil 1328). Esta distribuidora la estrenó en Montevideo (Uruguay) en abril de 1918.

Comparación con bibliografía específica: Maranghello (2005, p. 32), luego de caracterizarlo como un drama, señala que fue dirigido por Emilio Lola e interpretado por Carlos Perelli. Esta información es posible que haya sido obtenida de un artículo publicado en *Cine Argentino* n° 55 (25 mayo 1939, p. 30), en el cual Perelli recuerda que "[Emilio] Lola compuso un argumento y dispuso la filmación de una película que se llamó *El cóndor de los Andes*". Sin embargo, la consulta de las publicaciones de la época contradice esta afirmación, ya que por ejemplo *Tribuna* (25 oct. 1916, p. 3), *Excelsior* n° 109 (15 mar. 1916, p. 11) y n° 139 (25 oct. 1916, p. 17) atribuyen la dirección y el guion a Buxó Canel, mientras que Lola sólo es citado como intérprete.

Por su parte, el investigador Levinson (2011, p. 30-31) incluye esta obra filmada parcialmente en Mendoza y Mar del Plata dentro de la producción realizada en el sur argentino.

Notas: 1. Un aviso de los talleres Valle publicado con posterioridad al rodaje (*Excelsior* n° 172, 20 jun. 1917) es la primera fuente que menciona esta dirección. **2.** Publicidad en *La Película* n° 53, 27 sep. 1917. **3.** *La Mañana* (16 feb. 1916, p. 10) incluye a esta actriz en el elenco que se trasladó a Mar del Plata para el rodaje, sin que hayamos podido confirmar su efectiva participación. **4.** En *Cine Argentino* n° 55 (25 mayo 1939, p. 30) se menciona la colaboración de este actor en el film, aunque sin especificar en qué consistió su labor. **5.** N° 120, 7 jun. 1916, p. 15.

28. Hasta después de muerta...

Estreno: viernes 13 de octubre a la noche en el Cinematógrafo Callao (Capital Federal) y en el Teatro Urquiza (Montevideo, Uruguay)
Exhibición privada: lunes 9 de octubre a las 16:00 hs. en el Teatro Argentino (Capital Federal)
Año de producción: 1916
Producción: Martínez y Gunche (Propietarios: Eduardo Martínez de la Pera y Ernesto Gunche)
Dirección y guion: Florencio Parravicini
Fotografía y cámara: Eduardo Martínez de la Pera y Ernesto Gunche
Virados en color
Laboratorios: Martínez y Gunche (Bogotá 2791, Flores)
Música original: [Ricardo González (vals para piano *Hasta después de muerta*)?][1]
Mobiliario: tienda San Juan
Estudios: Martínez y Gunche (Andrés Arguibel 2887, Palermo)
Distribución: Martínez y Gunche (Bartolomé Mitre 819)
Duración: 12 actos / 24 partes
Género: "comedia dramática"[2]

Intérpretes: Florencio Parravicini (Sofanor Garramuño), Silvia Parodi (Elvira Meró), Argentino Gómez (Luis Rodríguez), Orfilia Rico (doña Abundia de Palomeque), Enrique Serrano (gerente), María Fernanda Ladrón de Guevara (María Esther Ximénez), Mariano Galé (Dr. Ximénez), Teresa Pérez de Labarta (esposa de Ximénez), María Teresa Carbonell, Carmen Carbonell, Ramón A. Maran, Adolfo H. Fuentes, Humberto Zurlo, Lozoya, Aquiles Rivelli, Pedro Quartucci, [Adolfo Agrelo?].[3]

Argumento: "La obra consta de 24 partes. Las 12 primeras partes son francamente cómicas y las otras 12 intensamente dramáticas" (*Crítica*, 14 oct. 1916, p. 4).

"Sofanor Garramuño y Luis Rodríguez, ambos estudiantes de medicina, viven en la casa de pensión de doña Abundia de Palomeque, adonde va a hospedarse también Elvira Meró, cajera de una gran tienda, recientemente llegada de Rosario.
Un amor 'galopante' del gerente de la gran casa, nacido ante los encantos de la bella provincianita, lo impulsa desde el primer momento a las incoherencias y ridiculeces de una pasión a los cincuenta años.

La intervención de Luis en momentos en que el gerente pretendía hacer presión sobre la forastera muchacha, valiéndose de su posición superior, motiva una naciente simpatía que, luego –almas jóvenes ambas– se convierte en un amor intenso y apasionado.

Pero Luis no le es fiel, muy fiel. Frecuentando la casa de su profesor en la Universidad, doctor Ximénez, corteja a la hija de este, a la bellísima María Esther.

Elvira, sin embargo, lo ignora. Así, cuando un día –no sabemos si por maldad ingénita o por qué otro movimiento espiritual (el argumentista no lo explica)– Luis le pide 500 pesos, insinuándole [que] los sustraiga de la caja de la tienda; ella, apelando a este recurso, se los proporciona. Con tal dinero se propone hacer un regalo a María Esther.

Descubierta Elvira en el robo, es despedida de la tienda. En la pensión, sin embargo, por todo este sacrificio, no obtiene de Luis sino la culminación de su desgracia: Luis la seduce, para, a la mañana siguiente, descubrir la infortunada que su amigo la hizo ladrona para obsequiar a otra mujer. Y aquí comienza la 'vía crucis' de esta joven. Apela al suicidio, pero es salvada, momentáneamente, pues sucumbe más tarde al dar a luz al hijo de sus desgraciados amores con Luis" (*La Mañana*, 10 oct. 1916, p. 8).

Escena perdida (correspondiente a la muerte del personaje de Elvira): "Y hubo muchos ojos que se humedecieron sin quererlo, a despecho de la misma voluntad, ante el cuadro aquel, donde sólo aparece el cuarto del hospital vacío, la cama en esqueleto, blanca, silenciosa, elocuente, y sólo una palabra en la tela '¡Pax!'"[4] (*El Nacional*, citado en *La Prensa*, 17 oct. 1916, p. 24).

Fotografía y decorados: "La nitidez de la fotografía, la combinación de tonos de luz, la perspectiva, son impecables [...] La obra está puesta con mucha propiedad en el decorado y el mobiliario. Se ha huido del papel, para fiar el éxito en la madera. Se advierte la solidez de las puertas y de los muros, el relieve de los artesonados y la elegancia de los muebles; todo ello ofrece una sensación de realidad, como en esas películas norteamericanas en que los mismos espectadores se creen instalados en los salones y en los dormitorios" (*Última Hora*, citado en *La Prensa*, 17 oct. 1916, p. 24).

Comentario: Se trata del primer film producido por los realizadores Eduardo Martínez de la Pera y Ernesto Gunche a través de una nueva empresa, Martínez y Gunche, constituida en 1916 luego de la disolución de la sociedad que tenían con Humberto Cairo, coproductor de *Nobleza* *gaucha* (1915). Esta editora contaba con estudios propios ubicados en Andrés Arguibel 2887 (Palermo), y más adelante instaló sus laboratorios en Bogotá 2791 (Flores). La filmación de *Hasta después de muerta...* se inició a mediados de julio de 1916 y concluyó entre fines de agosto y comienzos de septiembre.

La dirección artística, según algunas fuentes,[5] corrió por cuenta de Florencio Parravicini, otras publicaciones de la época lo mencionan sólo como intérprete y guionista. Una información en *Tribuna*[6] permite dudar de su autoría ya que afirma: el "argumento se debe a la pluma de uno de nuestros más conocidos autores teatrales, y que, no obstante, insiste en permanecer de incógnito", cuando Parravicini nunca se destacó por ser un conocido dramaturgo, a pesar de haber escrito ya alguna obra por ese entonces.

Este film, que tenía presupuestado un costo de 50.000 pesos,[7] fue uno de los mayores éxitos comerciales y de crítica del cine mudo argentino. Su lanzamiento comercial implicó una importante campaña publicitaria en múltiples medios de prensa, que incluyó la proyección de "varias vistas tomadas de las escenas más importantes" en el hall del Teatro Argentino los días previos a su exhibición privada.[8] La función para la prensa contó con la presencia de periodistas uruguayos, ya que el estreno se realizó simultáneamente en Buenos Aires y en Montevideo.

Se distribuyó además entre 1917 y 1924, y luego en 1928 y 1931. En el exterior, se exhibió durante 1916 y 1917 en Uruguay y Chile.

Hasta después de muerta... es uno de los pocos films que se conservan del período mudo nacional. El Museo del Cine "Ducrós Hicken" posee una copia en 16mm, perteneciente a la colección Peña Rodríguez, que restauró con virajes en color y luego editó en dvd. Sin embargo, esta copia de 70 minutos no se corresponde con la de su estreno en 1916 como da a entender Insaurralde [en Félix-Didier y Peña (coord.), 2009, p. 49]; se trata en realidad de una versión modificada que circuló entre 1928 y 1931. Nuestra investigación logró determinar que en febrero de 1928 el distribuidor Carlos Anselmi adquirió los negativos de dos películas de Martínez y Gunche, *Hasta después de muerta...* y *Brenda* (1921), y fundó en mayo de ese año junto con el actor Argentino Gómez la empresa Sociedad Cinematográfica Argentina (Lavalle 754)[9] encargada de su comercialización. A este negativo[10] se le introdujeron modificaciones, como por ejemplo la inclusión de nuevas escenas tanto al comienzo como al final, que muestran al personaje de Luis Rodríguez (Argentino Gómez) y a su hijo visitando la tumba de Elvira doce años después de su muerte.[11] Es decir, la estructura de la narración a partir de un flashback no existía en la versión original, de ahí que optamos por transcribir el argumento tomado de una crítica de su primera exhibición para evidenciar precisamente su ausencia.

Esta versión "modernizada" de 10 actos, cuyo director y montajista desconocemos, se estrenó el 10 de mayo de 1928 en el Empire Theatre en una función a beneficio de la Casa del Teatro con la presencia del presidente Marcelo T. de Alvear y su esposa. Dicha proyección fue acompañada con una conferencia de Parravicini sobre la filmación de la película.[12]

Pero la historia de su exhibición se extiende por más tiempo. Con el cierre definitivo de la distribuidora Sociedad Cinematográfica Argentina en julio de 1931, todo su stock de películas pasa a manos de la productora y "alquiladora" S.A.C.H.A. Manzanera, empresa que vuelve a relanzar *Hasta después de muerta...* con una extensión de 8 actos. Tal vez esta versión más reducida, o bien la anterior, sea en realidad la copia que logró preservar el Museo del Cine, dicho sea de paso con una calidad fotográfica pésima, radicalmente diferente a la que mencionaban los comentarios elogiosos de la época, dado que la única copia en 35mm que existía, en el Fondo Nacional de las Artes, fue destruida.

Comparación con bibliografía específica: La ficha técnica de este film confeccionada por Insaurralde [en Félix-Didier y Peña (coord.), 2009, p. 53] contiene varios errores. En primer lugar, se menciona como fecha de estreno el 13 de agosto en Buenos Aires, cuando en realidad se exhibió comercialmente el 13 de octubre no sólo en Capital Federal sino también en Montevideo (Uruguay).[13] Luego se cita como productora a la Sociedad Cinematográfica Argentina, la cual no era más que una de las tantas distribuidoras del mismo, creada recién en 1928.

Además de Insaurralde, Maranghello (2005, p. 28) también da cuenta de una estructura narrativa en flashback como si perteneciera a la versión original del film, aunque recién se incorporó en 1928.

Notas: 1. Existe una partitura con el mismo título de la película, pero no podemos determinar si fue compuesta para el estreno del film, o si se editó posteriormente, debido al éxito de la película. **2.** Publicidad en *La Razón*, 18 oct. 1916, p. 10. **3.** Agrelo es citado en una fotografía del rodaje publicada en *Excelsior* n° 132 (6 sep. 1916, p. 7), aunque sin especificar si en carácter de intérprete o como parte del equipo de filmación. **4.** Estas imágenes están ausentes por ejemplo en la copia en dvd editada por el Museo del Cine "Ducrós Hicken". **5.** *La Nación*, 13 oct. 1916, p. 15; reportaje a Argentino Gómez en *Cine Argentino* n° 67, 19 ago. 1939, p. 22-23. **6.** 18 ago. 1916, p. 5. **7.** *Tribuna*, 17 jul. 1916, p. 5. **8.** *Tribuna*, 29 sep. 1916, p. 3. **9.** *Revista del Exhibidor* n° 59, 10 mayo 1928, p. 32. **10.** Si tomamos por cierta la extensión de 12 actos citada sólo en *Excelsior* n° 137 (11 oct. 1916, p. 21), el film para 1923 ya había sido reducido a 10 actos como indican las publicidades de la distribuidora Dasso y Cía. **11.** Las publicidades del film publicadas en *La Película* n° 614 (28 jun. 1928, p. 21) y en *Excelsior* n° 747 (5 jul. 1928) dan cuenta de esta novedad. **12.** *La Película* n° 607, 10 mayo 1928, p. 31. **13.** *Crítica*, 14 oct. 1916, "Teatros"; *La Película* n° 5, 26 oct. 1916, p. 2.

29. Gerundio

Estreno: jueves 19 de octubre a las 22:30 hs. en el Real Cine (Capital Federal)
Exhibición privada: días antes del 19 de octubre[1]
Año de producción: 1916
Producción: [Pampa Film?] (Propietarios: Emilio Bertoni y Pablo A. Landó) [o Talleres Cinematográficos de Emilio Peruzzi?]
Dirección: s.d.
Guion: Filiberto Mateldi
Fotografía y cámara: Emilio Peruzzi
Virados en color
Laboratorios: [Pampa Film?] [o Talleres Cinematográficos de Emilio Peruzzi?]
Estudios: [Pampa Film?] [o Talleres Cinematográficos de Emilio Peruzzi?] (Cangallo 827)
Distribución: Cinematografía del Río de la Plata (Cangallo 827)
Duración: 7 actos / 35 partes[2]
Género: comedia

Intérprete: Filiberto Mateldi.

Argumento: "Gerundio [...] es el nombre de un pintor bohemio a quien la vida se le hace cuesta arriba y que, a pesar de mover el pincel todo el santo día, no logra conseguir ni para los viles garbanzos. Alrededor de este asunto se teje una trama de mucha comicidad, en la que Gerundio, con su bohemia, va a dar a Montevideo, donde, después de muchas peripecias, entra en una casa de buena familia en calidad de profesor de pintura de la 'niña de casa', a quien le hace el amor y con quien sale casándose, logrando de esta manera ver resuelto el problema del puchero..." (*La Película* n° 5, 26 oct. 1916, p. 3).

Comentario: Esta obra fue presentada como una producción de la empresa Cinematografía del Río de la Plata. Sin embargo, durante el período de rodaje realizado entre junio y julio de 1916[3] no existe ninguna mención a esta productora ni a su propietario, Dose Obligado.
Es probable que *Gerundio* haya sido filmada, como señala *Excelsior*,[4] por la productora de *Bajo el sol de la pampa* (1916), Pampa Film, o bien por los talleres del fotógrafo del film, Emilio Peruzzi, que compartían el mismo domicilio comercial.

En cambio, sí fue distribuida por Cinematografía del Río de la Plata, empresa que adquirió en 1916 los estudios de Peruzzi, donde se habían filmado *Bajo el sol de la pampa* (1916), *La última langosta* (1916) y *Gerundio*, y contrató a su antiguo dueño como empleado. Sin embargo, Cinematografía del Río de la Plata posteriormente se publicitará como la productora de estos tres films.[5]

El autor y protagonista de *Gerundio*, Filiberto Mateldi, era un cómico teatral italiano y un conocido caricaturista de diversos medios de prensa como *Caras y Caretas*, *PBT*, *Crítica* y *Última Hora*. Este film fue el único de Mateldi en nuestro país, ya que regresó en 1916 a Italia para alistarse en el ejército durante la Primera Guerra Mundial.

En enero de 1919, *Gerundio* fue exhibida en Paraguay, y a partir de mayo volvió a ser distribuida en nuestro país junto con otros films nacionales por la empresa de Arsenio Vila y Cía.

Comparación con bibliografía específica: Los únicos historiadores que aportan alguna información sobre *Gerundio* son CIHCA (1958, p. 14 y 28), SICMA (1992, p. 25) y Di Núbila (1998, p. 16). Los dos primeros fechan su realización entre 1913 y 1915, y atribuyen la producción a Cinematografía del Río de la Plata. Por su parte, Di Núbila, afirma que se trató de una coproducción entre esta empresa y el cameraman Emilio Peruzzi.

Notas: 1. Además, antes del 7 de octubre se realizó una proyección en la Cinematografía del Río de la Plata para un público reducido. **2.** Publicidad en *La Película* n° 137, 8 mayo 1919. Un comentario del estreno en *Crítica* (20 oct. 1916, p. 4) menciona una extensión de 18 partes. **3.** Ver *Crítica*, 22 jun. 1916, "Teatros"; *Excelsior* n° 128, 2 ago. 1916, p. 6. **4.** N° 128 (2 ago. 1916, p. 6) y n° 127 (26 jul. 1916, "Alguien ha dicho..."). **5.** Publicidad en *La Película* n° 19 (1° feb. 1917). En un artículo posterior se cita como fecha de su fundación enero de 1916 (*La Película* n° 53, 27 sep. 1917, p. 52), cuando esta denominación comercial comienza a ser mencionada recién entre fines de septiembre e inicios de octubre de ese año (*La Película* n° 2, 30 sep. 1916, p. 4 y n° 3, 7 oct. 1916, p. 3).

30. La hija del matrero
[Título de rodaje: **El cuatrero**]

Estreno: miércoles 25 de octubre en el Palace Theatre (Capital Federal)
Exhibición privada: domingo 22 de octubre
Año de producción: 1915
Producción: Max Glücksmann
Dirección y guion: Eloy Buxó Canel
Fotografía y cámara: Eugenio Py
Laboratorios: Talleres Cinematográficos Max Glücksmann
Estudios: Talleres Cinematográficos Max Glücksmann (Barrio Belgrano?)
Música original: [Carlos Marchal?] ejecutada por la orquesta del Palace Theatre[1]
Distribución: Casa Lepage de Max Glücksmann
Duración: 20 partes
Género: drama

Intérpretes: s.d.

Argumento: "Entre estas leyendas [provincianas], *La hija del matrero*, oriunda de las Sierras de Córdoba, cuyos sencillos pobladores la refieren con religiosa unción, es la más humana, la más tierna, y acaso la más verídica de todas.
Se trata en ella el amor inmenso, santo y heroico de una huérfana por el padre adoptivo, su protector y amigo, un famoso rebelde de la montaña, enemigo de la sociedad y rival perenne de toda sujeción. Víctima el matrero de un daño hecho por una mujer complicada y perversa, la lucha de los dos amores, distintos e igualmente intensos, se desata, y la montañesa concluye un día con la ciudadana, huyendo luego otra vez lejos de la civilización con el objeto de su filial pasión" (*Excelsior* n° 139, 25 oct. 1916, p. 17).

Locaciones: Cosquín (Sierras de Córdoba).

Comentario: Esta película, dirigida en 1915 por el periodista Eloy Buxó Canel, según *La Película*[2] fue archivada durante bastante tiempo debido a su mala calidad artística. Es probable que se haya realizado en forma conjunta con *La flor del pago*, otra producción de bajo presupuesto de Glücksmann rodada el mismo año en las sierras cordobesas. Luego de su estreno en 1916, fue distribuida durante los primeros meses de 1917.

La hija del matrero seguramente se perdió en el incendio de los archivos de Max Glücksmann ocurrido en octubre de 1920.

Comparación con bibliografía específica: Margaritt (1947, p. 515), Ducrós Hicken (1955b) y Di Núbila (1998, p. 35) son los únicos investigadores que dan cuenta de la existencia de este film, aunque prácticamente sin agregar datos complementarios.

Notas: 1. Ducrós Hicken (1955b) señala, sin citar la fuente, que para la escena final de este film –al que titula *El Matrero*– Marchal "había compuesto un estilo criollo que la orquesta del Palace coreaba muy entonadamente". **2.** N° 5, 26 oct. 1916, p. 3.

31. El ovillo fatal

Estreno: sábado 28 de octubre a la noche en el Cinematógrafo Callao (Capital Federal)
Exhibición privada: martes 31 de octubre a las 14:00 hs. en el Cinematógrafo Callao[1]
Año de producción: 1916[2]
Producción: Porteño Photo Film (Propietario: Federico Valle) / [Asociación del Divino Rostro?]
Dirección: Federico Valle
Guion: s.d.[3]
Fotografía y cámara: Federico Valle
Laboratorios: Porteño Photo Film
Estudios: Porteño Photo Film (Reconquista 452)[4]
Distribución: Federico Valle y P. Levrero (Reconquista 452)
Duración: 8 actos
Género: drama policial

Intérpretes: Marta de Iceribo[5] (Felicitas), Inés García, Alfredo Berico Zorrilla (Marcelo?), Vina Velázquez.

Argumento: "En la escena inicial la todavía virginal protagonista está tejiendo en una terraza de la mansión de sus padres. De pronto se le cae el ovillo, que llega a una escalera y adquiere un impulso que lo lleva hasta una plazoleta que hay afuera, donde se detiene junto a los pies de un hombre, en los que golpea suavemente. El tipo mira el ovillo, lo recoge, dirige una mirada hacia la mansión, sus ojos brillan con súbita codicia y, luego de atusarse las delgadas guías del mostacho, empieza a enrollar el hilo de lana hasta que, siguiendo su trayectoria, llega frente a la muchacha" (Di Núbila, 1996, p. 117).

"Una niña de buena sociedad a quien engaña un truhán que con propósitos perversos le hace el amor y le propone una fuga del hogar paterno alegando que el padre de esta se negaba a dar su consentimiento para el enlace de ambos. El joven en cuestión se pone de acuerdo con un prestamista –un Salomón cualquiera (sic)– quien le presta dinero, el que según sus planes será devuelto por aquel, con sus correspondientes intereses, cuando reciba la dote de su 'esposa'...
Esto ocurrió en España, donde los tórtolos en cuestión fueron perseguidos por la policía y hermanos de ella, motivo por el cual deciden embarcarse en un vapor para esta ciudad, donde vienen perseguidos siempre

por los hermanos que quieren defender su honra. Esta fuga da lugar a una serie de escenas, donde los 'enamorados' lucen sus habilidades de pilotos, chauffeurs y otros sports, que dan a la obra cierto carácter policial de mucho efecto para el público. Ya en esta, el 'tórtolo' cansado, seguramente, de las amarguras de su presa, y obrando de acuerdo a sus instintos, corteja a otras mujeres, una de cuyas conquistas le ocasiona una paliza que le cuesta la vida.

A todo esto 'ella', Felicitas, que así se llama la protagonista, siente cierta simpatía, mezcla de amor y de agradecimiento, a un hombre que se le cruzó en el camino y le hizo ver la verdad de su vida y a quien hace confidente de su resolución de meterse en un convento para purgar todos sus pecados[6]... [...] Hay detalles en la obra que la hacen más 'movida' como diría la gente de teatro. Una fiesta social donde Felicitas a la sazón maestra de escuela –a lo que se dedica por humanos motivos educativos y de necesidad económica– que hace una manola del propio Chamberí con toda la picaresca intención de la gente de aquella tierra" (*La Película* n° 6, 2 nov. 1916, p. 3).

"*El ovillo fatal* [...] se aparta de cuanto se había hecho hasta hoy entre nosotros, pues explota la facilidad que presta el cinematógrafo para las escenas de gran movimiento y emocionante interés" (*Crítica*, 1 nov. 1916, p. 5).

Comentario: Primer film dirigido y producido por Federico Valle a través de su propia empresa Porteño Photo Film, dedicada a la filmación de actualidades documentales.

Este cineasta de origen italiano había iniciado su carrera cinematográfica en 1898 como vendedor de cámaras y proyectores en la sucursal francesa de la empresa Urban. Como cameraman filmó películas documentales en Europa, Oriente y África. En 1908, realizó un breve viaje a Argentina, a donde regresa en 1910 con el objeto de establecerse dadas las favorables perspectivas para la industria y comercialización de películas. Su actividad cinematográfica en el país se inició con la inauguración del Atlantic Cine en Mar del Plata, posteriormente denominado Palace Theatre de la Rambla. Paralelamente instaló un taller para la realización de los intertítulos en castellano de films extranjeros. Poco después construyó otro cine en esa ciudad balnearia, el Regina Palace.

Con respecto a *El ovillo fatal,* el historiador Domingo Di Núbila (1996, p. 117) señala que fue financiado por la sociedad de beneficencia del Divino Rostro con el objeto de recaudar fondos, información que no pudo ser corroborada por nuestra investigación.

Este film fue interpretado por actores aficionados, con la salvedad de Vina Velázquez. Su actriz protagónica era la esposa de un farmacéutico del barrio de La Boca. Alfredo Zorrilla sólo había interpretado un papel secundario en *El cóndor de los Andes* (1916). En septiembre de 1916, viajó a Francia y se convirtió con el tiempo en protagonista de varias películas de las marcas Pathé y Eclair.

El ovillo fatal fue abreviado a 7 actos para su *reprise* en 1917 y siguió comercializándose durante 1922, 1923 y 1928 con una duración nuevamente reducida a 6 actos. En el transcurso de 1917 se estrenó en Chile por intermedio de la distribuidora Chile Film.

Comparación con bibliografía específica: Ningún historiador da cuenta de que la primera productora de Valle se denominó Porteño Photo Film,[7] citándola usualmente como Cinematografía Valle, que se constituyó posteriormente.

Específicamente en relación a *El ovillo fatal*, Di Núbila (1996, p. 118) indica que Vina Velázquez, que interpretó un rol secundario,[8] fue la protagonista y que esta obra constituyó el debut de Valle en el largometraje de ficción, aunque *El cóndor de los Andes* (1916) había sido realizado con anterioridad. Esta última información también aparece en CIHCA (1958, p. 15) y en Maranghello (2005, p. 32).

Notas: 1. Si nos atenemos a este dato obtenido de *La Película* n° 6 (2 nov. 1916, p. 7) se trataría de uno de los pocos casos de una proyección privada para exhibidores realizada con posterioridad a su estreno. **2.** La única información relacionada con el rodaje se publicó en *La Película* n° 4 (19 oct. 1916, p. 5) dando cuenta de que Valle había terminado de filmarla. **3.** Maranghello (2005, p. 32) menciona a Manuel Carlés como guionista, sin citar la fuente. **4.** Una publicidad señala que este film fue "puesto en escena y filmado por Federico Valle en sus talleres de Reconquista 452" (*Excelsior* n° 172, 20 jun. 1917). **5.** Este era el nombre artístico de Matilde Caro. **6.** Di Núbila (1996, p. 117-118) señala que el personaje de Felicitas por instigación de su antiguo amante había ejercido la prostitución en la Isla Maciel, y que la decisión abrupta de que tome los hábitos estuvo determinada por la necesidad de ocultar el rostro de una nueva actriz que debió reemplazar a la intérprete principal luego de que su marido la obligara a renunciar al verla besándose en una escena con otro actor. **7.** *La Película* n° 6 (2 nov. 1916, p. 3) y *Excelsior* n° 133 (13 sep. 1916, p. 17) mencionan a esta empresa como la productora del film. **8.** Ver *La Película* n° 6, 2 nov. 1916, p. 3.

32. Carlitos entre las fieras

Estreno: domingo 12 de noviembre en el Crystal Palace (Capital Federal)
Exhibición privada: días antes del 1° de noviembre
Año de producción: 1916
Producción: Cooperativa Biográfica (Directores: Manuel A. Brugo y Raúl Mazzini)
Dirección y guion: [Cunill (Antonio Cunill Cabanellas)?]]¹
Fotografía y cámara: Arturo Alexander
Distribución: Cooperativa Biográfica (Suipacha 750)
Duración: 3 actos
Género: comedia

Intérprete: Cunill (Carlitos).

Argumento: s.d.

Comentario: Este film que clausura la serie *Carlitos en Buenos Aires* constituyó la última producción realizada por la Cooperativa Biográfica, la cual continuará dedicada exclusivamente a la distribución de películas y a la venta de artefactos cinematográficos hasta su quiebra en junio de 1926. Es probable que parte de su rodaje se desarrollara durante agosto de 1916, ya que la primera referencia sobre esta obra es el anuncio, a mediados de ese mes, de que la Cooperativa Biográfica proyectaba el estreno de otra cinta de Carlitos.²
Carlitos entre las fieras también se comercializó en 1919 por intermedio de esta distribuidora, con una leve variación en el título, *Carlitos entre fieras*, junto al resto de la trilogía.
En esa época hubo otros proyectos de filmación con diversos imitadores de Chaplin que finalmente no se concretaron, por ejemplo una película que iba a ser rodada en 1916 con actuación del compositor de tangos Nicolás Messuti, y otro en 1917 con producción de Atilio Lipizzi y protagónico del payaso español Charlot de gira por Buenos Aires.

Comparación con bibliografía específica: El único historiador que da cuenta de este film es Couselo (1996, p. 148), indicando solamente que fue interpretada por Cunill Cabanellas en 1916.
A su vez, este autor como así también Margaritt (1947, p. 514), Di Núbila (1998, p. 35) y Maranghello (2005, p. 29) hacen referencia a otra película titulada *Carlitos en Mar del Plata*. Las fuentes de la época donde se menciona esta obra son dos listados del cine nacional publicados en *La*

Película n° 55 (11 oct. 1917, p. 9) y *Excelsior* n° 200 (1° ene. 1918, p. 48). Mientras el primero cita este film pero no por ejemplo *Carlitos entre las fieras*, el segundo atribuye su realización a la Cooperativa Biográfica, lo cual no concuerda con la profusa información recopilada sobre la producción de esta empresa conformada únicamente por *Carlitos en Buenos Aires*, *Carlitos de Buenos Aires y la huelga de barrenderos* y *Carlitos entre las fieras*. Tampoco es posible que haya sido dirigida por Julio Irigoyen, como asevera Maranghello (2005, p. 29), porque su producción se limitó a *Carlitos y Tripín del Uruguay a la Argentina*.

Según nuestra opinión esta obra jamás fue realizada, siendo confundida con uno de los capítulos de la primera película de la trilogía de la Cooperativa Biográfica, *Carlitos en Buenos Aires*, justamente denominado *Carlitos en Mar del Plata*.

Notas: 1. Este actor posiblemente haya sido su autor y director, como dan cuenta CIHCA (1958, p. 27) y Di Núbila (1998, p. 35) en relación al primer film de la trilogía. **2.** *Excelsior* n° 130, 16 ago. 1916, p. 17.

33. El crimen de la calle Suipacha

Estreno: miércoles 15 de noviembre a la noche en el The American Palace (Capital Federal)
Exhibición privada: domingo 29 de octubre a las 10:00 hs. en el Select American Biograph (Capital Federal)
Año de producción: 1916
Producción: Costa, Nervi y Cía. (Levrero)[1]
Dirección y guion: Carlos J. Costa
Fotografía y cámara: s.d.
Distribución: s.d.
Duración: 2.000 metros (110 min. aprox.)
Género: drama policial

Intérpretes: Carlos J. Costa (jefe de los detectives), Levrero.

Datos del argumento: "Trata el asunto de esta obra policial, sobre un hecho verídico acaecido hace ya algunos años y del cual fueron protagonistas, personas de la alta sociedad porteña. La circunstancia de ser el señor Costa, uno de los elementos que mayor actuación tuvieron en el desarrollo de la pesquisa que tanto apasionó al pueblo de la República, prestaba a esta exhibición cinematográfica un especial interés.
La expectativa, sin embargo, fue defraudada por el hecho de no atenerse el relato cinematográfico, a la orientación y conclusiones que son del dominio público, especialmente a la categoría social de los protagonistas del drama y el desenlace del mismo. Además, la acción de la pesquisa, por la minuciosidad con que se desarrolla, resulta un tanto pesada y hace que ciertos efectos interesantes que priman en el asunto, no obtengan toda la eficacia que merecieran..." (*Excelsior* n° 140, 1° nov. 1916, p. 17).

"Algunos detalles de las investigaciones de ese crimen le han servido al señor Costa para hacer una serie de escenas imaginarias, como la del suicidio del principal autor del asesinato y la prisión de sus cómplices" (*La Prensa*, 16 nov. 1916, p. 13).

Comentario: Se trató de una producción de bajo presupuesto, un tanto amateur, con argumento y realización de Carlos J. Costa, un policía jubilado que había sido segundo jefe de Investigaciones de la Capital Federal. La única información que pudimos obtener sobre su rodaje es que ya se estaba filmando a mediados de septiembre de 1916.[2]

Esta película narraba con algunas alteraciones el caso del asesinato de Pastor Castillo, de fuerte resonancia en la prensa durante 1901 debido a que sus protagonistas pertenecían a la alta burguesía, y en el que tuvo activa participación Costa como integrante del cuerpo de investigaciones. Según su propio autor, el objetivo de ese film era ennoblecer a la policía ante su supuesto desprestigio en películas y obras del teatro nacional.[3]

El crimen de la calle Suipacha es la primera producción de ficción que expresa la interrelación del cine nacional con un caso resonante de la "crónica roja", de la que ya había dado cuenta el documental *La maffia en el Rosario* (Mario Gallo, 1916).

Según *La Película*[4] se exhibió en pocas oportunidades debido al rechazo de los exhibidores, con lo cual se frustró la filmación del argumento *Misterios del Buenos Aires rojo* que dependía de su éxito para la financiación.

Comparación con bibliografía específica: Solo Margaritt (1947, p. 515), Ducrós Hicken (1955c) y Di Núbila (1998, p. 35) citan este título. Ducrós Hicken señala que fue realizada antes de 1915, y Di Núbila incluye en el reparto a Florencio Parravicini.

Notas: 1. La participación de Levrero, empresario del cine Bahía de La Boca, en la financiación del film no surge de las crónicas de la época, sino de su obituario publicado en *La Película* n° 568 (11 ago. 1927, p. 15). **2.** *Excelsior* n° 133, 13 sep. 1916, p. 17. **3.** *La Película* n° 2, 30 sep. 1916, p. 4. **4.** N° 16, 11 ene. 1917, p. 1.

34. El evadido de Ushuaia

Estreno: miércoles 6 de diciembre a la noche en el Splendid Theatre (Capital Federal)
Exhibición privada: antes del 31 de octubre en el Smart Palace (Capital Federal)
Año de producción: 1916
Producción: Argentingraph (Propietario: Atilio Liberti)
Dirección: [Enzo D'Armesano?]
Guion: Enzo D'Armesano
Fotografía y cámara: [Pío Quadro?][1]
Distribución: Cinematográfica Sud-Americana (Alsina 1374)
Duración: 5 actos / 20 partes
Género: drama policial

Intérpretes: Luis A. Ramassotto (Julio), Emilia Saleny (Nélida), Rómulo Turolo, Francisco Romay (Enrique), Josephine de Rohan, la madre de Emilia Saleny, [Pepita Muñoz?].[2]

Argumento: "La primera parte [...] atrae por los espléndidos panoramas, los crepúsculos polares, las suaves puestas de sol de la lejana Tierra del Fuego, la vida de intensa labor y de regeneración que llevan los penados en el clásico presidio, los lugares desconocidos del extremo Sur de nuestra República" (*La Película* n° 14, 28 dic. 1916, p. 4).

"La joven Nélida tiene a su marido en el presidio, de donde logra evadirse trasladándose a Buenos Aires.
Nélida entretanto ha obtenido un puesto de cajera en casa del banquero Reinard. Julio, el evadido, es un bastardo, en su juventud fue mecánico, después chauffeur, más tarde aviador, y por último se dio a la vida de 'apache'. En el curso de su mala vida, al poco tiempo, Julio roba y comete un crimen; por tal motivo es enviado al presidio de Ushuaia. Luego se evade y vuelve a Buenos Aires donde se entera de la ocupación de Nélida. Comienza a perseguirla y formula un proyecto que pone inmediatamente en práctica; la víctima, es el banquero. Sabedor Julio de la confianza que goza Nélida en casa de este, solicita su cooperación para conseguir que el plan que tiene tramado le resulte, pero ella se niega a atender sus pretensiones. Julio, para conseguir su intento, en un momento propicio, rapta a la hija de Nélida y deja un papel en la cuna que dice: 'Tu hija está en mi poder, necesito adueñarme de la caja de caudales del banquero, si revelas a alguien este secreto, no la verás más.'

Nélida sostiene una lucha titánica entre el deber y su amor de madre; predomina este último, y entrega a Julio la llave de la caja. El banquero tiene un cuñado, Enrique, quien vive entregado a los placeres del vicio y del juego. Un día, Enrique entra en el estudio del banquero en el momento que este pone en manos de la cajera una fuerte suma; él ha perdido 10.000 pesos en el juego y pide a su cuñado le facilite igual cantidad; el banquero rechaza semejante petición. Enrique, irreflexivo, le amenaza y se retira enfurecido. La noche preséntase horrible, llueve, relampaguea; el banquero se despierta sobresaltado pensando en Enrique e instintivamente se dirige a su escritorio. Allí está Julio, el evadido, apoderándose del dinero. El banquero precipítase sobre el ladrón y ambos sostienen una fuerte lucha. Este último logra desasirse de su adversario, pero su contrincante nuevamente intenta detenerlo. De esta terrible lucha, el banquero queda estrangulado y el ladrón consigue escaparse por la misma ventana que entró.

Julio, en posesión del dinero, va a esconderse donde se encuentra la niñita; la policía comienza su trabajo indagatorio, dando por resultado el apresamiento de Enrique.

Nélida podría salvar al acusado, pero por temor a perder a su hija no dice nada e interrogada conjuntamente con los de la casa, permite que Enrique sea condenado.

Ante el juez que ha de decidir la suerte de Enrique se presenta una señora manifestando que este no quería demostrar su inocencia por no comprometer la honorabilidad de una dama.

El juicio es revisado con toda prolijidad y a medida que el tiempo transcurre, cambia la fisonomía del proceso.

Se encarga al detective Luis Onedi, que haga las pesquisas que crea oportunas e inmediatamente se traslada a casa del banquero en donde obtiene una impresión digital, que, confrontada con el prontuario de policía, demuestra ser la misma del evadido.

Julio es buscado incesantemente, y dándose cuenta del peligro que corre, intenta escaparse; en ese instante, llega el detective.

Hábil aviador, Julio, recordando tiempos pasados, dirígese al hangar, donde en otro tiempo estuviera ocupado, y llevando consigo la niñita emprende rápido vuelo. El detective, que ha venido persiguiéndolo, llega al hangar en automóvil, pero es demasiado tarde. Para no perder de vista a Julio decide en compañía del más experto aviador partir inmediatamente detrás del bandido. Julio se ve en la necesidad de hacer muchos virajes, para burlar a su perseguidor, y en una brusca trepidación, la niñita cae en las aguas del río Tigre.

Encontrándose Julio perdido, hace algunos disparos de revólver al detective, viéndose ambos obligados a aterrizar en un islote. Allí comienza la lucha cuerpo a cuerpo, que es terrible para ambos, pero al fin el detective logra apresar al bandido, el que es conducido a Buenos Aires.

El reo confiesa; Enrique es absuelto, y Nélida agobiada por tantos sufrimientos, busca refugio en un monasterio, donde viste el hábito de la corporación.

Julio es condenado a trabajos forzados, pero el reo no se resuelve a volver a su pasada existencia de presidiario; cuando va a ser transportado a bordo del vapor que lo llevará a Tierra del Fuego trata antes de salir del calabozo, de poner fin a su existencia, cortándose una arteria.

Llevado a la enfermería de la cárcel, es asistido por el médico quien pronostica que será imposible salvarlo.

Una hermana de la caridad se acerca a la cama del moribundo, quien agonizante y con los ojos llenos de lágrimas, le pide a Nélida que lo perdone, muriendo arrepentido de la vida de crímenes que había llevado" (Publicidad en *La Razón*, 5 dic. 1916, p. 2).

Comentario: El productor de *El evadido de Ushuaia*, Atilio Liberti, estaba dedicado a la distribución de películas como socio de la Sociedad Cinematográfica Sud-Americana –fusión de Compañía Cinematográfica Argentina y la Compañía Ítalo-Chilena de Valparaíso–, la cual se encargó de la comercialización de este film.

Su autor, y probable director, el marqués Enzo D'Armesano,[3] era un escritor italiano radicado en Argentina que se dedicó temporariamente a la redacción de argumentos cinematográficos, de los cuales sólo se filmó *El evadido de Ushuaia*. Posteriormente, en marzo de 1922 organizó un curso anual de cinematografía en la Escuela Industrial de la Nación que tenía como objetivo, entre otros aspectos, la formación de camarógrafos.

Con respecto al rodaje, las únicas fuentes obtenidas,[4] informan que para mediados de septiembre de 1916 ya se estaba filmando, y faltaba poco para su finalización.

El evadido de Ushuaia fue el primer film protagonizado por Luis Ramassotto, además guionista y director de activa participación en el cine nacional de fines de la década del 10.

Comparación con bibliografía específica: Tanto CIHCA (1958, p. 36), Di Núbila (1998, p. 46) como Maranghello (2005, p. 37) atribuyen, sin citar ninguna fuente, la dirección a Luis Ramassotto. Maranghello a su vez señala, en contradicción con las escenas del sur argentino descriptas en el argumento y con parte de las fotografías recuperadas,[5] que fue "filmada en Buenos Aires pese al título austral".

Por su parte, Levinson (2011, p. 29), además de citar a Ramassotto como director, informa que la editora de esta obra se denominaba Cóndor Film –en realidad esta empresa inició su producción posteriormente con *Problemas del corazón* (1917)[6]–, y que se estrenó el 27 de diciembre de 1916 en el cine Callao, cuando en realidad *El evadido*... se comenzó a exhibir el 6 de diciembre en el Splendid Theatre[7] a beneficio de la Sociedad Escuelas y Patronatos.

Notas: 1. Este dato fue deducido a partir del entrecruzamiento de diversas fuentes. Mientras que *La Película* n° 2 (30 sep. 1916, p. 4) informa que en *Problemas del corazón* (1917) actuará el "operador" de *El evadido de Ushuaia*, *La Película* n° 19 (1° feb. 1917, p. 3) da cuenta de que el fotógrafo de ese nuevo film será Pío Quadro. **2.** Maranghello (2005, p. 37) incluye a esta actriz en el reparto, información que no surge de nuestro relevamiento. **3.** La casi totalidad de las publicaciones lo señalan únicamente como guionista con la salvedad de *Excelsior* n° 136 (4 oct. 1916, p. 19) y n° 196 (5 dic. 1917, p. 1471) que lo mencionan también como director. **4.** *Excelsior* n° 133, 13 sep. 1916, p. 17; *La Película* n° 1, 23 sep. 1916, p. 5. **5.** Ver *La Película* n° 14, 28 dic. 1916, p. 4; *La Razón*, 5 dic. 1916, p. 2. **6.** Ver *Crítica*, 9 nov. 1916, "Teatros"; publicidad en *La Película* n° 16, 11 ene. 1917. **7.** Ver *La Película* n° 11, 7 dic. 1916, p. 6; cartelera en *Crítica*, 7 dic. 1916.

35. La fuga de Raquel
[Título de rodaje: **Titto diplomático**]

Estreno: [diciembre?][1]
Exhibición privada: miércoles 18 de octubre
Año de producción: 1916
Producción: América Buenos Aires Film (Propietario: Gumersindo F. Ortiz)
Dirección y guion: José Agustín Ferreyra
Fotografía y cámara: Atilio Lipizzi
Laboratorios: Filmgraf
Estudios: Filmgraf (San José 1456)
Distribución: [Ortiz Film?] (Cevallos 1471)
Duración: 800 metros (44 min. aprox.)
Género: comedia

Intérpretes: María Reino ("La Reina"), [?] (Titto).

Datos del argumento: "Esta es una película cómica nacional, cuyos protagonistas son Titto –una especie de Max Linder de Barracas– y La Reina, una mujer que da las doce antes de hora..." (*La Película* n° 1, 23 sep. 1916, p. 5).

Comentario: Gumersindo Ortiz crea en agosto de 1916 la productora América Buenos Aires Film, que pasa a denominarse a mediados de octubre Mar del Plata Film y luego a fines de noviembre, Ortiz Film.
Durante el período de rodaje de *La fuga de Raquel*, América Buenos Aires Film carecía de estudios propios, por lo cual debió encargar los trabajos de realización a los talleres Filmgraf de Atilio Lipizzi. Es probable que se filmara entre agosto y octubre, ya que en agosto se constituyó dicha productora y a mediados de octubre se exhibió por primera vez.
No hay referencias, en las crónicas de la época, sobre el director de esta película. Sin embargo, el periodista Julián Rielar,[2] según recuerdos de José Ferreyra, es el primero en atribuir *La fuga de Raquel* a este cineasta. Es muy probable que esto sea efectivamente así, si tenemos en cuenta que Ferreyra trabajó para Ortiz en *El tango de la muerte* (1917) y *Venganza gaucha* (1917-21), y que el título de rodaje de *La fuga de Raquel, Titto diplomático,* hace referencia a la primera obra de Ferreyra, *Tito*.
Esta comedia se comercializó en 1921 por intermedio de la distribuidora Ideal Film.

Comparación con bibliografía específica: De nuestra investigación surgen una serie de datos que permiten completar ciertos puntos ausentes sobre este film en la detallada biografía de Ferreyra escrita por Couselo (1969), como por ejemplo su duración, la breve referencia al argumento, la fecha de la exhibición privada, y el nombre de la productora durante el período de rodaje. A su vez, pudimos determinar que no se filmó en los sets instalados por Ortiz como sugiere hipotéticamente este autor sino en los estudios Filmgraf de Lipizzi.[3]

El resto de los historiadores no incluye esta película dentro de la filmografía de Ferreyra.

Notas: 1. A pesar de que había sido programado para el 8 de noviembre, su estreno se postergó. Posteriormente *Tribuna* (27 nov. 1916, p. 5) lo anunció para diciembre, sin que hayamos podido confirmar su exhibición en la cartelera de espectáculos. **2.** *Cine Argentino* n° 80, 16 nov. 1939, p. 26. **3.** Publicidad en *La Película* n° 9, 23 nov. 1916.

36. El gusto refinado

Estreno: [1916?/17?]
Año de producción: [1916?/17?]
Producción: Empresa editora Italo Fattori (Propietario: Italo Fattori) /
Auld y Cía.
Dirección: s.d.
Guion: s.d.
Fotografía y cámara: s.d.
Distribución: Empresa editora Italo Fattori
Duración: s.d.
Género: película publicitaria

Intérpretes: s.d.

Argumento: s.d.

Comentario: Posiblemente se trate de la primera obra de ficción realizada
por la editora de películas documentales y de ficción publicitaria Italo
Fattori, a pedido de la firma comercial Auld y Cía. Esta productora fue
creada en el transcurso de 1916, ya que una de sus propagandas gráficas
de 1922 informaba acerca de la reanudación de sus actividades – "que
con tanto éxito realizó durante cinco años consecutivos"–[1] luego de su
cierre en junio de 1921.
El gusto refinado es la segunda película citada en un listado cronológico de las producciones de esta empresa,[2] luego de *Establecimiento del
Marqués Polavieja*, aparentemente un documental sobre esta empresa
vitivinícola, y antes de otros films argumentales como *Las aventuras de
las señoritas Argas* (1917) y *La isla misteriosa* (1918).

Comparación con bibliografía específica: Esta obra no es mencionada
por la bibliografía previa.

Notas: 1. Este anuncio publicado en *La Película* n° 291 (20 abr. 1922)
contradice un comentario de *Excelsior* n° 342 (29 sep. 1920, p. 17) que
daba a entender que esta productora se había fundado en 1915 al señalar
que Fattori "empezó hace más de cinco años, y que su primera película
de propaganda comercial había sido *La señorita Argas*". **2.** Publicidad
en *La Película* n° 157, 25 sep. 1919.

37. La virtud del ahorro

Estreno: [1916?/17?]
Año de producción: [1916?/17?]
Producción: Empresa editora Italo Fattori (Propietario: Italo Fattori) /
Caja Nacional de Ahorro Postal
Dirección: s.d.
Guion: s.d.
Fotografía y cámara: s.d.
Distribución: Empresa editora Italo Fattori
Duración: s.d.
Género: película de *reclame*

Intérpretes: s.d.

Argumento: s.d.

Comentario: Podría tratarse de una película de ficción realizada por la
productora publicitaria creada en 1916 por Italo Fattori y financiada por
la Caja Nacional de Ahorro Postal.
La virtud del ahorro es mencionada en una lista cronológica de los films
realizados por esta editora[1] con posterioridad a su segunda producción, *El
gusto refinado*, y previo a *Las aventuras de las señoritas Argas,* estrenada
en noviembre de 1917.

Comparación con bibliografía específica: Ninguno de los textos consultados hace referencia a esta obra.

Notas: 1. Publicidad en *La Película* n° 157, 25 sep. 1919.

--- -

Divergencias con bibliografía específica: Di Núbila (1998, p. 35) incluye
en un listado de películas mudas nacionales a *La señorita Ciclón*, tratándose en realidad de la comedia italiana *La signorina Ciclone* (Augusto
Genina, 1916), producida por Medusa Film y distribuida en nuestro
país, según *Excelsior* n° 131 (23 ago. 1916, p. 39), por la Sociedad General
Cinematográfica durante 1916.

38. Problemas del corazón

Estreno: lunes 8 de enero a la noche en el Splendid Theatre (Capital Federal)
Exhibición privada: domingo 31 de diciembre de 1916 a las 10:00 hs. en el Splendid Theatre
Año de producción: 1916
Producción: Cóndor Film (Productor: Juan M. Tobio)
Dirección: Juan Cambieri
Guion: Juan M. Tobio
Fotografía y cámara: Pío Quadro
Laboratorios: Cóndor Film
Estudios: Cóndor Film (Sarmiento 1663)
Distribución: Samuel Lapsensohn (Sarmiento 1663)
Duración: 6 actos[1]
Género: "drama social" [2]

Intérpretes: Gemma Di Güelfo, Francisco Romay, Emilia Saleny, Augusto Melany, Silvio Furlay [o Furlai?] (tenor de ópera), Luis A. Ramassotto, Saturnino Cruz, Pía Rondonotti[3] (sirvienta), Josephine de Rohan, Aquiles Rivelli.

Argumento: s.d.

Comentario: Primera producción de Cóndor Film, creada en septiembre de 1916 por Juan M. Tobio. Con el propósito de realizar películas a gran escala, esta productora comenzó en octubre de ese año la instalación de laboratorios y de dos "galerías de filmación" en Sarmiento 1663, la primera en la planta baja con un techo de cristales esmerilados a través de los cuales pasaba la luz del sol, y la segunda de 37 metros x 30 en la planta alta; contaba con una batería que proveía de luz artificial para filmar de noche.
La filmación de *Problemas del corazón* se inició a fines de octubre de 1916 y concluyó durante la primera quincena diciembre. Su protagonista fue la bailarina de origen italiano Gemma Di Güelfo, quien ya había trabajado como actriz para la productora Cines de Roma.[4] El director Juan Cambieri y los intérpretes Emilia Saleny, Silvio Furlay y Josephine

de Rohan también tuvieron, según las publicaciones de la época, participación en el cine italiano.

Se trató de uno de los pocos films nacionales estrenados en Capital Federal en la temporada de verano, un período del año en el que por el calor y la falta de ventilación en los cines la cantidad de espectadores disminuía considerablemente. En julio de 1919 retornó a la exhibición comercial por intermedio de la distribuidora Buenos Aires Film de Julio Irigoyen.

Comparación con bibliografía específica: La información sobre este film es ínfima dentro de la bibliografía previa. Mientras Margaritt (1947, p. 515) y Di Núbila (1998, p. 35) sólo citan el título, CIHCA (1958, p. 35 y 36) menciona a Quadro como cameraman y a Saleny dentro del reparto.

Notas: 1. Publicidad en *Excelsior* n° 280, 23 jul. 1919. **2.** Publicidad en *La Película* n° 16, 11 ene. 1917. **3.** Esta actriz luego utilizará el nombre artístico de Lía Pearson. **4.** *Cine Universal* n° 48, 16 oct. 1920, p. 1.

39. La caperucita blanca

Estreno: s.d.
Exhibición privada: viernes 2 de febrero a las 10:00 hs. en el Cinematógrafo Callao (Capital Federal)
Año de producción: 1916[1]
Producción: Antonieta Capurro de Renauld
Dirección: Antonieta Capurro de Renauld
Guion: [Antonieta Capurro de Renauld?] sobre el cuento *Caperucita roja* de Charles Perrault
Fotografía: s.d.
Duración: [cortometraje?]
Género: infantil

Intérpretes: s.d.

Datos del argumento: "Es el desarrollo de un hermoso cuento moral de Perrault, modificado, buscando una moraleja más suave" (*El Diario*, 2 feb. 1917, p. 7).

Comentario: *La caperucita blanca* fue la segunda película filmada por una mujer en el cine nacional. Su directora, Antonieta Capurro de Renauld,[2] era una maestra de escuela que costeó en forma particular la realización de dos films: *La caperucita blanca* y el documental *La escuela para niños débiles del parque Lezama*.
Estas dos películas no estaban destinadas a la exhibición comercial, sino que "forman parte del material comprendido en el plan didáctico desarrollado por dicha señora en la escuela de niños débiles del parque Lezama, y que responden a una campaña de implantación de un cinematógrafo educador especial, ofrecido como medio de estudio y expansión de los niños de todas las escuelas de la República".[3]

Comparación con bibliografía específica: Ningún texto sobre cine mudo argentino hace referencia a este film.

Notas: 1. No fue posible determinar el período de rodaje, aunque sí podemos estimar que se realizó a partir de fines de mayo de ese año, fecha en que estaba pautada la probable filmación de obras infantiles por parte de Capurro de Renauld. **2.** Ver *La Razón*, 3 feb. 1917, p. 4. **3.** Ídem.

40. El triunfo de las almas

Estreno: martes 13 de marzo a la noche en el Splendid Theatre (Capital Federal)
Exhibición privada: viernes 16 de febrero a las 10:30 hs. en el Teatro Esmeralda (Capital Federal)
Año de producción: 1916/17
Producción: Patria Film (Propietario: Carlos A. Gutiérrez)
Dirección: s.d.
Guion: Agustín Fontanella
Fotografía y cámara: Francisco Mayrhofer
Laboratorios: Patria Film
Estudios: Patria Film (Ecuador 930)
Distribución: Héctor G. Quiroga (Corrientes 1680 1° piso / Representante de Patria Film)
Duración: 1.800 metros[1] (99 min. aprox.)
Género: drama

Intérpretes: Camila Quiroga (Nélida), Eliseo Gutiérrez (Augusto Miranda), Adolfo H. Fuentes (Juan Orellana), Celestino Petray (Genaro Piantestaca), Augusto Zama (Jacinto Álvarez).

Argumento: "Nélida, hija de Jacinto Álvarez, persona acomodada que ha sufrido serios quebrantos en su fortuna y que por un pago que no puede cubrir se halla a merced del vividor y usurero Orellana, va a dar un paseo en su yate, del que es comandante provisorio su jardinero Genaro Piantestaca.
Nélida traba amistosas relaciones con Augusto Miranda, estudiante de medicina que veranea en las islas, amistad que no tarda en convertirse en violento amor, sin darse cuenta ambos de que la más terrible tempestad se cierne sobre ellos, los celos de Orellana, quien pone en práctica un diabólico plan para deshacerse de Augusto que le incomodaba y casarse con Nélida. Pero sus planes fracasan, y viendo que la mujer que ama pronto va a ser de otro, la arroja al río en desesperada lucha y huye hacia la costa. Miranda, que desde lejos ha visto la escena, quiere salvarla y se arroja al agua, pero no puede resistir la violencia de la corriente y ambos perecen. A la mañana siguiente un viejo pescador encuentra en la costa los cadáveres de ambos enamorados unidos en 'estrecho abrazo de amor y muerte'" (*Excelsior* n° 155, 21 feb. 1917, p. 221).

Fotografía, locaciones e intertítulos: "Muy bien la fotografía, de una claridad y nitidez perfecta. Los hermosísimos paisajes del río Luján adquieren en la pantalla especial encanto [...] Algunas decoraciones como la cabaña del pescador, no muy en carácter. Muchos títulos en hermosos versos revelan el cuidado que ha puesto la Patria Film en *El triunfo de las almas*" (Ídem).

Comentario: Esta segunda película de Patria Film pudo alcanzar al parecer un mayor logro artístico que ...*Con los brazos abiertos* (1916), sustentado principalmente en la fotografía de Francisco Mayrhofer – "a la altura de las norteamericanas"–[2] y en la actuación de una intérprete de prestigio como Camila Quiroga. Dicha productora, en forma inusual para el cine nacional de la época, terminó suscribiendo un contrato con esta actriz por un año.

El guion escrito por el autor teatral Agustín Fontanella, según algunas crónicas,[3] tendió a un patrón más internacional al imitar el estilo de los films italianos, aunque con algunos aditamentos propios del cine norteamericano y francés. Su rodaje se realizó entre el 7 de diciembre de 1916 y los primeros días de enero.

Este film, que alcanzó 180 exhibiciones consecutivas a casi un mes y medio de su estreno,[4] volvió a comercializarse en 1918 y 1927. Con respecto a su exhibición en el exterior, *Excelsior*[5] anunció, en enero de 1919, su próximo estreno en Valparaíso y Santiago (Chile), en consonancia con la gira de la compañía teatral Quiroga-Rosich por ese país.

Comparación con bibliografía específica: Maranghello (2005, p. 29) menciona, de manera inexacta, que *El triunfo de las almas* se estrenó después de *Los habitantes de la leonera* (1917), producción de la misma empresa.

Notas: 1. Publicidad en *Excelsior* n° 217, 8 mayo 1918. **2.** *La Película* n° 24, 8 mar. 1917, p. 7. **3.** *La Película* n° 22, 22 feb. 1917, p. 2. **4.** *La Película* n° 31, 26 abr. 1917, p. 11. **5.** N° 252, 8 ene. 1919, p. 9.

41. El tango de la muerte

Estreno: lunes 9 de abril en el Real Cine (Capital Federal)
Exhibición privada: lunes 2 de abril a las 11:00 hs. en el Real Cine
Año de producción: 1917
Producción: Compañía Cinematográfica Argentina Ortiz Film (Propietario: Gumersindo F. Ortiz)
Dirección y guion: José A. Ferreyra
Fotografía y cámara: [Luis Ángel Scaglione?]
Laboratorios: Ortiz Film
Estudios: Ortiz Film (Cevallos 1479)
Distribución: Ortiz Film (Cevallos 1471)
Duración: 7 actos[1]
Género: "cine-drama de la vida bonaerense"[2]

Intérpretes: María Reino (Margot), Manuel Lamas (Renard), Margarita Piccini (Jeannette), Pascual Demarco (el malevo), Nelo Cosimi (El Pesao?),[3] Lamarca, Ángel Boyano y las actrices de reparto: M. Vanela, B. Sarti, S. Morales, J. Barcelo.

Argumento: "Una jovencita modista es seducida por un calavera, que la abandona un tiempo después. Rondando de aquí para allá cae en el vicio, en el bajo fondo y es presa de las garras de un malevo. Pasa un tiempo y Renard –que es el calavera– junto con su querida Jeannette y unos amigos en una noche de orgía van a parar al café 'Del gato rojo', donde Margot, que es la modistilla seducida, es obligada a ofrecer sus caricias. Allí es donde se encuentran Renard y Margot. Viene una pequeña explicación que oída por El Pesao, que es el que tiene sugestionada a Margot, provoca las iras de aquel contra Renard.

Después de una serie de incidencias, Margot, ya artista de teatro, es muerta [de un disparo] por El Pesao cuando debutaba en *El tango de la muerte* [...]

Como nota curiosa damos las definiciones que a Ferreyra se le han ocurrido para cada uno de sus personajes:

Margot –Muchacha sentimental. / ¿Por qué huiste del taller, / Donde fuiste hasta ayer / La obrerita más formal? / ¿Cuál fue tu pena o tu mal / El enigma o el misterio / Que te trajo al arrabal...?

Renard –Beber, amar y jugar... / De lo demás, ¿qué me importa? / Al fin la vida es tan corta / que es lo mejor olvidar. / Y olvido me da el dinero / Cuando me da lo que quiero; / Amar, beber y jugar...

Jeannette –Mundana. / La de los labios de grana, / La de los ojos de cielo, / Sigue tu loca jarana / De tu fantástico vuelo / Y no pienses en mañana / Alegre y triste mundana, / Si no quieres que se apaguen / Tus ojos color de cielo.

El Pesao –Hijo del viejo arrabal, / Flor que naciste en el fango / Sin otra ilusión que un tango / Ni otro amor que tu puñal" (*La Película* n° 28, 5 abr. 1917, p. 9).

Escenografía e intertítulos: "Los interiores, todos, deficientes. Hay momentos en que se ven ondular las paredes por efectos del viento al batirse contra las telas del decorado [...] Y para terminar queremos dejar de muestra la siguiente leyenda de una de las escenas [tal vez del final], que revela, como las demás, la ciencia literaria del autor del argumento. Hela aquí: 'El pasado no perdona: Margot, la azucena manchada es cegada para siempre por la brutalidad y la infamia de su pasado'" (*La Vanguardia*, 3 abr. 1917, p. 4).

Comentario: La productora Mar del Plata Film, editora de *La fuga de Raquel* (1916), pasa a denominarse Ortiz Film en noviembre de 1916. Su propietario, Gumersindo F. Ortiz, construyó sus propios estudios en Cevallos 1479, en los cuales se realizó *El tango de la muerte*. A pesar de haber adquirido los derechos de la obra *El faro*, de Alberto del Solar, la empresa cierra en noviembre de 1917 y deja inconcluso un tercer film, *Venganza gaucha*.

El tango de la muerte es el primer largometraje de uno de los directores más importantes del período mudo y de la primera década del sonoro, José A. Ferreyra, e inaugura el género del melodrama tanguero en la filmografía de este director.

La bibliografía previa[4] indica que la fotografía fue realizada por Luis Scaglione. Sin embargo, este cameraman filmó un documental en Tierra del Fuego[5] durante gran parte del tiempo del rodaje, realizado entre enero y fines de marzo de 1917.

Este film que marcó el debut cinematográfico de Nelo Cosimi y Ángel Boyano, dos actores de prolífica participación en el cine mudo argentino, se exhibió también durante 1918, 1921, 1923 y 1924. En el exterior, se estrenó en Montevideo (Uruguay) entre junio y julio de 1917.

Como curiosidad, podemos señalar que el 5 de agosto de 1922 se representó una obra teatral con un título homónimo en el Teatro San Martín escrita por el dramaturgo Alberto Novión, que incluía también la canción *El tango de la muerte*, pero que no tenía relación con el argumento del film.

Notas: 1. Publicidad en *Excelsior* n° 539, 9 jul. 1924, p. 26. **2.** Publicidad en *La Película* n° 27, 29 mar. 1917. **3.** De la sinopsis de *La Película* n° 28 (5 abr. 1917, p. 9) no surge tan claramente que Cosimi interprete a este personaje como indica Couselo (1969, p. 132); es probable que haya sido caracterizado por Demarco. **4.** CIHCA (1958, p. 17); Couselo (1969, p. 132); Maranghello (2005, p. 36). **5.** Ver *La Película* n° 19 (1 feb. 1917, p. 3) y n° 24 (8 mar. 1917, p. 7).

42. Santos Vega

Estreno: martes 17 de abril a la noche en el Splendid Theatre (Capital Federal)
Exhibición privada: viernes 13 de abril a las 10:30 hs. en el Splendid Theatre
Año de producción: 1916
Producción: Porteño Films [Propietarios: Fiaschi y Cía. (Luis Colombo,[1] entre otros)]
Dirección y guion: Carlos Raúl De Paoli
Intertítulos: Carlos Raúl De Paoli
Fotografía y cámara: Luis Ángel Scaglione y Atilio Lipizzi[2]
Laboratorios: Filmgraf
Música: cantos folklóricos
Estudios: Filmgraf (San José 1456)
Distribución: Porteño Films (Administrador: Benjamín Fernández / Lavalle 1161)
Duración: 3.000 metros (165 min. aprox.)
Género: drama gauchesco

Intérpretes: José J. Podestá (Santos Vega), Susana Vargas (Aurora?), Alcira Ghio, Ignacio Corsini (Carmona), José Rubens, Carmen Sánchez, María Guerra, [Carlos Perelli?].[3]

Datos del argumento: Características de la versión cinematográfica: "[...] el asunto de la película rememora un trozo de la tradición argentina, que felizmente ha desaparecido para gloria del progreso y las nuevas costumbres [...] El valor romántico, que es el eje central del tema, pone un velo sobre todo lo que tiene un aspecto brutal y pendenciero [...] Si bien a veces se echa mano al recurso de la pelea del gaucho contra las partidas de la policía, ello se debe a insalvables exigencias de las situaciones justificadas por la imposición de los sentimientos. Santos Vega es amado, y las envidias que esto provoca despiertan ansias de muerte contra el afortunado cantor. Y para esto, siempre está lista la policía, que obedece ciegamente a los intereses del 'patroncito', del analfabeto comisario o del juez de paz" (*La Vanguardia*, 14 abr. 1917, p. 2).

"Desarróllase la acción, altamente dramática y emocionante, en tres actos, un prólogo y un epílogo [...]. La escena es grandiosa y pasa la cinta con su variante multiplicidad de paisajes apropiados y tipos copiados al natural. Allí la tapera, la pulpería, los pingos, las carreras, los bailongos,

las payadas, el indispensable mate, la taba, la riña de gallos, las peleas entre gauchos y la 'polecía'; todo bajo un cielo puro y entre una vegetación silvestre, dominando en todo ello, lo hondamente sentimental por ser, Santos Vega, profundamente desgraciado a pesar de las arrogancias de su espíritu caballeresco y el indomable valor de su fiereza gaucha.
Muy bien todos los cuadros con sus amaneceres y crepúsculos y días de sol al aire libre [...] la indumentaria muy propia de la época y de las circunstancias. [...] En medio del drama ocurren escenas cómicas, graciosísimas, que excitan la hilaridad de los espectadores" (*La Película* n° 30, 19 abr. 1917, p. 8-9).

"La escena final, en la que el payador muere junto a la tumba de su inseparable amigo Carmona, es de una fuerza emotiva tal que conmueve aun al esperador más indiferente" (*Excelsior* n° 163, 18 abr. 1917, p. 463).

Intertítulos: "Ya que atropelló tan fiero / mucha fe se ha de tener / quien sin darse a conocer / contestó a mi truco: ¡quiero!
Sos muy bravo, gaucho alzao, / pero, tenelo por cierto / que has d'ir mansito al juzgao... / por esta... me caiga muerto.
Mal entraña, atravesao, / Maula y traidor el mestizo... / y ansí que la noche se hizo / entró a cumplir lo jurao...
¡Sos mi destino vos, vos sos el diablo!... / –¡Con vos quiero payar!... ¡Quién dijo miedo!... / –Nenguno me ha podido y vos tampoco, / –¡que naide ha de poder lo que yo puedo!...
Naide canta lo que canto... / que a mí naide se me allega, / y en donde está Santos Vega / en fija que sobra un santo.
¡Paisanos!... ¡A Santos Vega lo han podido!... –Rugió el cantor en un grito de agonía; –y el famoso payador ¡jamás vencido!... –ya no volvió a cantar desde aquel día..." (*La Película* n° 13, 21 dic. 1916, p. 4).

Comentario: El argumento de *Santos Vega*, escrito por el dramaturgo Carlos De Paoli, no se explicita como una adaptación de la novela de Eduardo Gutiérrez ni del poema de Rafael Obligado, aunque parece conjugar aspectos de ambas versiones.
El protagonista del film fue José J. Podestá, uno de los "fundadores" del teatro rioplatense, quien interpretó al personaje de Santos Vega en teatro desde 1901. Su filmación ya estaba bastante avanzada para comienzos de septiembre de 1916, aunque recién se anuncia su terminación a principios de diciembre.[4]
Santos Vega constituyó uno de los grandes éxitos del cine mudo nacional, ya que según su productora ("una agrupación de media docena de

jóvenes")[5] se realizaron desde su estreno hasta fines de agosto 350 exhibiciones solo en Capital Federal.[6] Pero a pesar de su éxito, fue el único film producido por Porteño Films que debió cerrar sus puertas en octubre de 1917 a raíz de un gran despilfarro financiero por parte sus propietarios. Entre los proyectos que habían planeado filmar estaba *Huetac*, una "leyenda india", escrito por Benjamín Fernández, el cual iba a contar con la actuación de uno de los hermanos Podestá.

Por otro lado, el film se vio envuelto en un litigio judicial por derechos de autor con la viuda del escritor Eduardo Gutiérrez, quien llegó a exigir su prohibición. Sin embargo, según *La Película*[7] como "*Santos Vega* no es la reproducción del argumento del drama y se desvía en su mayor parte del asunto principal y de los detalles de la obra escrita, se dejó sin efecto el asunto judicial".

Este film, del cual el dibujante Oñiverta (Alfredo de Treviño) realizó el afiche original, se distribuyó en 1918 con una duración reducida a 1.000 metros (55 min. aprox.). Luego se exhibió durante 1923, 1924, 1926 y 1927. No sólo fue proyectada con acompañamiento musical de "cantos criollos" en el período de estreno, por ejemplo el 20 de abril de 1917 en el American Palace,[8] sino que posteriormente el programa del Cine Familiar Brown (La Boca) anuncia para el 12 de abril de 1923 que "será amenizada por dos payadores".

Con respecto a su exhibición en el exterior, *Santos Vega* se estrenó en el Teatro Politeama de Montevideo (Uruguay) el 28 de julio de 1917. Es muy probable también que se haya distribuido en Brasil y Chile porque la publicidad hace referencia a la venta de derechos de exhibición a esos países.[9]

Comparación con bibliografía específica: CIHCA (1958, p. 17) menciona el nombre de la productora de *Santos Vega* como Porteña Film, confundiéndola con la editora de *El hijo del Riachuelo* (1921).

El conjunto de la bibliografía previa atribuye la fotografía exclusivamente a Luis Scaglione, sin dar cuenta de la colaboración de Atilio Lipizzi.

Notas: 1. Este productor sólo es mencionado por *La Vanguardia* (14 abr. 1917, p. 2). **2.** Si bien no es citado por ninguna publicación de la época, Lipizzi afirma en *Cine Argentino* n° 20 (22 sep. 1938, p. 10) que realizó los interiores. **3.** Este intérprete no surge de las fuentes de la época sino que es mencionado en *Cine Argentino* n° 20 (22 sep. 1938, p. 59). **4.** *La Película* n° 11, 7 dic. 1916, p. 6. **5.** *La Película* n° 60, 15 nov. 1917, p. 13. **6.** Publicidad en *Excelsior* n° 182, 29 ago. 1917. **7.** N° 33, 10 mayo 1917, p. 15. **8.** *Idea Nacional*, 20 abr. 1917, p. 6. **9.** *La Película* n° 46, 9 ago. 1917.

43. Los habitantes de la leonera

Estreno: lunes 7 de mayo a la noche en el Empire Theatre (Capital Federal)
Exhibición privada: viernes 5 de enero a las 14:00 hs. en el Cinematógrafo
Callao (Capital Federal)
Año de producción: 1916
Producción: Patria Film (Propietario: Carlos A. Gutiérrez)
Dirección: [Augusto Zama?] [o Carlos A. Gutiérrez?]
Guion: Agustín Fontanella
Fotografía y cámara: Francisco Mayrhofer
Laboratorios: Patria Film
Estudios: Patria Film (Ecuador 930)
Distribución: Héctor G. Quiroga (Corrientes 1680 1° piso. Representante
de Patria Film)
Duración: 2.200 metros[1] (121 min. aprox.)
Género: "cine-drama policial"[2]

Intérpretes: Camila Quiroga (Lucía), Enrique Muiño ("Chimango"),
Augusto Zama (Don José), Francisco Bastardi ("el gauchito León"), César
Ratti ("Güeso Chupao"), José Rubens (el Cafetero), Gonzalo Palomero
("el negro Campana"), Luis Fagioli ("Quindonga"), Diego Figueroa
("Tano Paparulo"), Concepción Sánchez ("La Lora"), Lucrecia Borda
("La Manca"), José Brieba (el Comisario), Juan Arriza ("el viejo Calavera"),
Pedro Otegui (oficial de policía), Alberto Palomero ("La Bella Mimi"),
Miguel Cairo (el sargento).

Datos del argumento: "Camila Quiroga [...] hace una gauchita realmente
encantadora que logra conmover en la nota dramática. La secundan,
entre otros, el señor Muiño que encarna un papel cómico en este film"
(*La Película* n° 33, 10 mayo 1917, p. 13).

Comentario: *Los habitantes de la leonera* es la tercera obra estrenada por
Patria Film, pero filmada previamente a *El triunfo de las almas*, es decir
antes de diciembre de 1916. Se trata de una película que se aparta de
la temática dominante en la producción de esta empresa, al abordar la
problemática del "bajo fondo" a través de un sainete con ribetes policiales.
Este argumento escrito por autor teatral Agustín Fontanella constituyó,
luego de *Juan Moreira* (1910), el segundo y último film protagonizado
por el actor Enrique Muiño en el cine mudo argentino.
Con respecto a la dirección, ninguna de las fuentes consultadas hace
referencia alguna. Sin embargo, es probable que el actor Augusto Zama

haya ocupado ese rol ya que es mencionado como "director artístico de la Patria Film",[3] o bien el propietario de esta empresa, Carlos Gutiérrez, como indica Maranghello (2005, p. 29).

En relación a la música, a pesar de que no hallamos ninguna mención en lo publicado sobre el estreno, en 1922 la empresa distribuidora de Carlos Anselmi a través de la publicidad recomendaba en las proyecciones "tocar música criolla".[4]

Si bien la comercialización de muchos films nacionales durante el período de estreno se reducía a unos pocas exhibiciones, en el caso de *Los habitantes de la leonera*, desde el 7 al 23 de mayo de 1917 se realizaron 48 funciones consecutivas.[5] Luego esta película se distribuyó durante 1918, 1922, 1923 y 1928, pero desde 1922 con el nuevo título de *Los habitantes de la leonera o Escenas arrabaleras* y con una extensión de 7 actos.

Comparación con bibliografía específica: Ninguno de los historiadores consultados menciona a Fontanella como guionista.

Notas: 1. Publicidad en *Excelsior* n° 217, 8 mayo 1918, p. 576. **2.** *Excelsior* n° 164, 25 abr. 1917, p. 488. **3.** *PBT* n° 661, 28 jul. 1917, p. 42. **4.** *La Película* n° 318, 26 oct. 1922. **5.** *La Película* n° 35, 24 mayo 1917, p. 17.

44. Una aventura de Appiani

Estreno: martes 8 de mayo en el Splendid Theatre (Capital Federal)
Exhibición privada: martes 8 de mayo a la mañana en el Splendid Theatre
Año de producción: 1917
Producción: Cinematografía del Río de la Plata (Productores: Carlos Dose Obligado y José M. Pallache) / Guido Appiani
Dirección y guion: Silvio Furlay [o Furlai?]
Fotografía y cámara: Emilio Peruzzi [y Julio Kemenyde?][1]
Laboratorios: Cinematografía del Río de la Plata
Estudios: Cinematografía del Río de la Plata (Victoria 1176)
Distribución: Cinematografía del Río de la Plata (Victoria 1176)
Duración: 1.000 metros[2] (55 min. aprox.)
Género: comedia

Intérpretes: Guido Appiani, Ida Negri, Silvio Furlay [o Furlai?].

Argumento: s.d.

Comentario: *Una aventura de Appiani*, filmada entre marzo y mayo de 1917, es la primera producción integral estrenada comercialmente por el sello Cinematografía del Río de la Plata (anteriormente, sólo había funcionado como distribuidora). Su propietario, Carlos Dose Obligado, de 19 años, era el estereotipo del "niño bien" de la época: "sportman", hombre de la noche y despilfarrador de la fortuna paterna, entre otras cosas en la producción de películas. Se había iniciado en el cine antes de la fundación de esta empresa como productor del documental *La travesía de los Andes en globo* (1916), acerca de la proeza de los aviadores Bradley y Zuloaga.
En 1916, Dose Obligado compró los talleres de Emilio Peruzzi en Cangallo 827 y contrató a su antiguo dueño como empleado. Sin embargo, Cinematografía del Río de la Plata sufrió algunas modificaciones durante 1917; por un lado se incorporó –por imposición de su padre– como socio José M. Pallache para corregir el bajo rendimiento económico de la empresa, y por otro se trasladaron sus talleres a la calle Victoria 1176, donde se amplió la "galería de pose" y se colocaron habitaciones especiales para filmar de noche. Los antiguos estudios de Cangallo 827 quedaron en manos de Mario Gallo desde enero de 1917, justamente el primero en ser mencionado como el probable realizador de películas protagonizadas por Guido Appiani e Ida Negri.

Estos intérpretes de origen italiano eran un matrimonio de humoristas muy populares que realizaban imitaciones paródicas, canciones satíricas y números de mímica y baile en teatros de varieté y en cines. Por ese entonces actuaban en el Teatro Esmeralda, que incluía funciones teatrales y cinematográficas, y fue, además, uno de los espacios de exhibición de este film.[3] En este sentido, no es casual que en *Una aventura de Appiani* su protagonista interprete a uno de los personajes más aplaudidos en sus funciones de varietés del Teatro Esmeralda.

Esta obra era parte de una serie de por lo menos tres películas planificada por la productora Cinematografía del Río de la Plata,[4] que iban a ser protagonizadas por este dueto cómico. Pero sólo se realizaron este film y *El terrible Pérez o El noveno, no desear la mujer del prójimo* (1917), el cual a pesar de que había sido filmado con anterioridad a *Una aventura de Appiani* fue estrenado posteriormente.

El director y guionista de ambas películas, Silvio Furlay, era presentado en las crónicas de la época como un ex-artista de la productora Cines de Roma y primer actor cómico en la compañía de operetas Caramba-Scognamiglio.[5]

Con respecto a su comercialización, luego de ser distribuido inicialmente por la Cinematografía del Río de la Plata, el propio Appiani quedó como único propietario del film desde mediados de julio de 1917, encargándose además de su exhibición durante 1918.

Comparación con bibliografía específica: Margaritt (1947, p. 514) y Di Núbila (1998, p. 35) son los únicos historiadores que citan este título, aunque sin otros datos complementarios.

Con respecto a su productora, Maranghello (2005, p. 31) señala que Cinematografía del Río de la Plata fue fundada por Dose Obligado y "los hermanos Arata –distribuidores– y el exhibidor Pardo". En realidad, Arata y Pardo no tenían nada que ver con esta empresa sino que habían conformado una sociedad para la producción de películas documentales. Tal vez el error radique en que este historiador confunde el documental *La travesía de los Andes en globo* (1916) de Dose Obligado con *La travesía de los Andes* (1919) de Arata y Pardo, creyendo que se trataba de una misma producción.

Notas: 1. Debido a que *La Película* n° 26 (22 mar. 1917, p. 7) anuncia su desvinculación de la Cinematografía del Río de la Plata, Kemenyde no pudo haber participado de la mayor parte del rodaje, aunque sí al comienzo. **2.** Mientras que tres publicidades indican este metraje (*La Película* n° 33, 10 mayo 1917; n° 34, 17 mayo 1917; n° 35, 24 mayo 1917), la única publicada en *Excelsior* (n° 167, 16 mayo 1917) da cuenta de 1.200 metros. **3.** En ese teatro, por ejemplo, se proyectó los días 9, 10, 12 y 13 de mayo. **4.** *La Película* n° 30 (19 abr. 1917, p. 11) hace referencia a una comedia escrita por Belisario Roldán para el actor Guido Appiani, tal vez el tercer film que pretendía producir dicha editora. **5.** *La Película* n° 9, 23 nov. 1916, p. 3.

45. El triunfo de un estudiante

Estreno: miércoles 9 de mayo en el Esmeralda (Capital Federal)
Exhibición privada: días antes del 18 de abril en el Gaumont Theatre (Capital Federal)[1]
Año de producción: 1916
Producción: T. [o M.?] Atwell y Ángel Pascual[2]
Dirección y guion: Ángel Pascual
Fotografía y cámara: Federico Valle
Laboratorios: Porteño Photo Film
Estudios: Porteño Photo Film (Reconquista 452?)[3]
Distribución: Chacabuco 724 1° piso
Duración: 1.000 metros (55 min. aprox.)
Género: comedia

Intérpretes: José Casamayor (estudiante), Beatriz Charteriz ("niña de familia"), Manuel Albadalejo (personaje cómico), Amalia Kraus, Carmen Sánchez, Julia Velasco, Sr. Carrillo.

Argumento: "Se trata de un idilio entre un estudiante y una niña de familia, a quienes ocurren una serie de percances, la oposición de los padres de la muchacha y otros que dan lugar a la acción de la nota cómica" (*La Película* n° 25, 15 mar. 1917, p. 6).

Comentario: El hecho de que *El triunfo de un estudiante* fuese realizado e interpretado por estudiantes universitarios, a excepción de los actores teatrales José Casamayor y Manuel Albadalejo, determinó que la Federación Universitaria y los centros estudiantiles de la Capital Federal auspiciaran su exhibición. De hecho, las publicidades[4] incitaban a los dueños de las salas a alquilarlo con el argumento de que estas organizaciones podían atraer a un público potencial de 32.000 estudiantes.
Esta película dirigida, según declaraciones de José Casamayor,[5] por Ángel Pascual, es probable que comenzara a rodarse entre fines de octubre e inicios de noviembre de 1916 y que haya concluido sobre finales de este último mes.
A diferencia de gran parte de los films mudos argentinos, sólo fue exhibida durante el año de su estreno.

Comparación con bibliografía específica: Maranghello (2005, p. 32) es el único autor que incluye esta obra en la filmografía de Valle. A su vez menciona que este cineasta comenzó a filmar y distribuir el noticiero *Film*

Revista desde 1916, cuando en realidad fue a partir del año siguiente.[6] Por su parte, Di Núbila (1998, p. 38), SICMA (1992, p. 33) y Peña (2012, p. 31) fechan la producción de dichas actualidades documentales a partir de 1920.

Notas: 1. Durante la primera quincena de marzo se había proyectado en el Real Cine, aunque sólo para los intérpretes y los allegados a la empresa. **2.** Mientras *La Película* n° 9 (23 nov. 1916, p. 3) y *Excelsior* n° 200 (1° ene. 1918, p. 49) citan como "capitalista" a Atwell, *La Película* n° 7 (9 nov. 1916, p. 6) describe a Pascual, además de guionista, como propietario del film. **3.** Un aviso publicado con posterioridad al rodaje (*Excelsior* n° 172, 20 jun. 1917) es la primera fuente que ubica en ese domicilio a los talleres Valle. **4.** *La Película* n° 32, 3 mayo 1917 y n° 33, 10 mayo 1917. **5.** *Cine Argentino* n° 17, 1 sep. 1938, p. 47. **6.** En *Excelsior* n° 166 (9 mayo 1917, p. 555) y en *La Película* n° 33 (10 mayo 1917) aparecen sendas publicidades del primer número de este semanario documental.

46. Buenos Aires tenebroso

Estreno: viernes 1° de junio a las 21:00 hs. en el Cinematógrafo Callao
(Capital Federal)
Exhibición privada: lunes 21 de mayo a la mañana en el Esmeralda
(Capital Federal)
Año de producción: 1917
Producción: Cinematografía del Río de la Plata (Productores: Carlos
Dose Obligado y José M. Pallache)
Dirección: Juan Glizé [y Vicente Marracino?]
Guion: Manuel Carlés
Fotografía y cámara: Emilio Peruzzi
Laboratorios: Cinematografía del Río de la Plata
Estudios: Cinematografía del Río de la Plata (Victoria 1176)
Distribución: Cinematografía del Río de la Plata (Victoria 1176)
Duración: 2.500 metros (137 min. aprox.)
Género: "cine-drama"[1]

Intérpretes: Pedro Gialdroni ("Calandria"), Vina Velázquez (Carmen),
Gemma Di Güelfo (María), César Urquiola (el malevo?), Antonio Izzo,
Julio Andrada (personaje cómico), Diego Figueroa, Tita Merello.

Argumento: "Carmen es una bella joven criolla, hija de un chacarero,
que un día atraída por las promesas de una dicha sin fin, abandona el
hogar y la tibieza de un amor, para correr tras el seductor profesional
[Calandria], que desde la ciudad lleva sus artes y sus prestigios al sano
ambiente campero.
Ya en la capital, dedicada a la mala vida, en su rápida decadencia ha
adquirido todos los vicios y todos los estigmas de la crápula y en medio
de estos se cruza en su destino una amiga desleal, María, que le roba su
amor [Calandria] –a su estilo– el único bien que en su vida deshonesta
purifica su alma. Incapaz de vengar, frente a frente, a su rival, recurre a
engendrar el odio y la venganza delatándola como autora de la prisión
de su amante [un malevo], a quien incita a asesinar a la amiga traidora,
lo que este hace, en medio de una danza sensual y trágica, hundiéndole
en su pecho angustioso su largo puñal, viendo así satisfechos y vengados
sus instintos criminales.
Sobreviene la tragedia del odio entre los dos rivales [Calandria y el malevo],
dando margen al duelo, en el que uno encuentra su castigo, llevando al
otro, al vengador, a las frías paredes de la celda. Entretanto, cada uno de
estos infortunados seres pagan el tributo de sus pecados en la expiación,

la degeneración, la idiotez, la miseria y el presidio"[2] (*Última Hora*, citado en *La Película* n° 36, 31 mayo 1917, p. 8).

"Episodios de la obra: 1.- El gato bajo el ombú; 2.- Arrancada a una flor la primera hoja; 3.- En la pendiente del vicio; 4.- La morfinómana; 5.- Un "bife" nuevo; 6.- El juego de mala ley; 7.- La casa de una adivina; 8.- El principio de una venganza; 9.- El cambalache del ruso; 10.- La politiquería malsana; 11.- La tragedia del odio; 12.- El duelo; 13.- La fiera sujeta; 14.- La degeneración; 15.- Fin de una mujer fatal; 16.- La tortura de un presidiario" (Publicidad en *Excelsior* n° 169, 30 mayo 1917).

Locaciones: Capital Federal: el Palacio de Justicia y el Pabellón de los Lagos.

Comentario: El guion de *Buenos Aires tenebroso* fue escrito por Manuel Carlés, futuro dirigente de la organización derechista Liga Patriótica Argentina, aunque según *Idea Nacional* durante la filmación "se cambiaron escenas y añadieron otras en forma que ha molestado al señor Carlés".[3] Con respecto a la dirección, *La Película*[4] es la única fuente de la época donde se informa que Glizé y Marracino "se han hecho cargo de la dirección artística de esta película que se filmará próximamente", mientras que la filmografía de Julio Andrada[5] menciona únicamente a Glizé. Sin embargo, es muy probable que se trate de una dirección conjunta ya que estos cineastas realizaron ese mismo año para la Cinematografía del Río de la Plata otra producción de índole policial, *Violeta o La reina del tango*. Su rodaje se inició durante la segunda quincena de marzo, o bien a comienzos del mes siguiente, y concluyó a fines de abril de 1917. *Buenos Aires tenebroso* es el único film de esta productora que logró cierto éxito de público, y, según el historiador Gustavo Cabrera (2006, p. 180), constituyó el inicio de la carrera cinematográfica de la célebre actriz Tita Merello.

Esta película, cuyo afiche fue confeccionado por el dibujante Oñiverta (Alfredo de Treviño), se estrenó en octubre de 1917 en Uruguay y continuó distribuyéndose en nuestro país por intermedio de la empresa de Arsenio Vila durante 1918, 1919 y 1920 con una duración de 7 actos o 35 partes.

Comparación con bibliografía específica: Por un lado, Di Núbila (1998, p. 27) consigna como directores no solo a Glizé y Marracino sino también a Manuel Carlés, quien en todas las publicaciones de la época es citado sólo como autor del argumento.[6] Por otro, Maranghello (2005, p. 31) atribuye el guion al escritor Manuel Gálvez. A su vez, SICMA (1992, p. 25) fecha el film en 1915.

Notas: 1. Publicidad en *La Película* n° 33, 10 mayo 1917, p. 14. **2.** "Calandria pagará en la prisión su pena y Carmen, idiotizada por la morfina, es encerrada en un manicomio para siempre" (*Excelsior* n° 169, 30 mayo 1917, p. 649). **3.** 20 mayo 1917, p. 7. **4.** N° 24, 8 mar. 1917, p. 7. **5.** *Última Hora*, 6 nov. 1929, p. 4. **6.** Ver *Idea Nacional*, 4 jun. 1917, p. 6; *La Película* n° 21, 15 feb. 1917, p. 3; *Excelsior* n° 200, 1° ene. 1918, p. 49.

47. Viviana

Estreno: viernes 22 de junio en el Cinematógrafo Callao (Capital Federal)
Exhibición privada: viernes 15 de junio a las 17:00 hs. en el Petit Palace
(Capital Federal)[1]
Año de producción: 1917
Productora: Platense Film (Propietario: Julio Balzari y Cía. Agente
Comercial: Héctor G. Quiroga)
Dirección: Alberto T. Weisbach
Guion: Claudio Miranda [seudónimo]
Fotografía y cámara: Francisco Mayrhofer
Virados en color
Laboratorios: Patria Film
Mobiliario: Gath y Chaves
Estudios: Patria Film (Ecuador 930)
Distribución: Platense Film (Representante: Héctor G. Quiroga. Corrientes
1680)
Duración: 2.200 metros[2] (160 min. aprox.)
Género: "foto-drama"[3]

Intérpretes: Camila Quiroga (Viviana), Eduardo Zucchi (Morin), Pedro
Garza (Enrique Charrel), Aurelia Ferrer (Ña Serapia), Julio Escarcela, Félix
Mesa, Rosa Bozán, Santos Casabal, Ángela Argüelles, Leticia Pizzano,
[Totón Podestá?].[4]

Argumento: "Viviana es una linda joven que se ganaba la vida sirviendo
de maniquí en una gran casa de modas de París. Un empleado de la casa
[Enrique Charrel] la solicita con mimos y halagos, hasta que la domina
y la arrastra a una vida aventurera. Ambos son enviados por la policía a
Buenos Aires, como sospechosos, y aquí se hacen pasar como hermanos.
Un tal Morin, joven francés que llega a la Argentina y tras larga odisea
de episodios camperos logra hacer fortuna asociándose con su patrón,
pulpero criollo [Herrera?], y ambos montan un gran establecimiento
mercantil en esta capital.
En esas circunstancias, admiten como empleado al titulado hermano de
Viviana. Por un azar fortuito se conocen Morin y Viviana, estableciéndose entre ambos un lazo afectuoso, que continúa estrechándose, hasta
apretarse fuertemente en un nudo indisoluble de cariño.
Surgen, como es natural, los escollos de lo pasado y se suceden escenas
de violentas pasiones en el alma de los protagonistas.

Morin pide la mano de Viviana al que pasa por ser su hermano, y este finge muy bien su papel buscando coyunturas para explotar esos amores, haciendo víctima inocente a su antigua querida. Esta no puede tolerar semejante infamia y se arroja por un precipicio para que la muerte acabe con su vida antes de engañar a Morin, a quien ama de todo corazón. El oportuno auxilio de Morin y de sus amigos salva a la suicida, y vuelve a la vida continuando la serie de persecuciones por parte del malvado compañero, y, al mismo tiempo, asediada de cariños y galanterías de Morin. Viviana no puede más con aquella vida de ficción llena de peligros y sobresaltos; confiesa su pasado al socio de Morin y este sabe luego toda la historia de la que era su ilusión más hermosa.

El desenlace se realiza de un modo inesperado. El socio de Morin encuentra a Viviana bajo la amenaza de muerte de su tirano que trata de estrangularla, y al defenderla, lucha con el traidor y lo mata. Al fin, se ve a Viviana con Morin juntos en un automóvil, solos, bajo un cielo espléndido y luminosísimo, dándose un beso de amor. Es la apoteosis del sentimiento humano, la mayor grandeza del alma, única felicidad de la tierra, la sublimidad" (*La Película* n° 39, 21 jun. 1917, p. 3).

Características de los personajes: "Herrera es el criollo buenazo, agradecido, de esos que guardan toda su vida un afecto. Morin el extranjero llegado a una tierra extraña y que valiéndose de su trabajo piensa abrirse camino en ella. Es valiente y generoso. Lo demuestra cuando salva la vida de Ramírez y cuando, sabiéndolo todo, acepta noblemente por esposa a Viviana [...] Y por fin ña Serapia, verdadero tipo de criolla ocurrente que sabe demostrar su valentía cuando la banda de Ramírez asalta el almacén" (*Excelsior* n° 172, 20 jun. 1917, p. 743).

Otros datos: "Puede asegurarse que es esta cinta de las aquí filmadas la que tiene una fotografía mejor [...] Se advierten en *Viviana* algunos defectos, escenas mal enfocadas, leyendas inútiles [...] inobservancia de los efectos que producen los colores" (*Idea Nacional*, 16 jun. 1917, p. 6).

Locaciones: "Es una película preciosa en cuanto se refiere a Buenos Aires, por haber copiado lo más pintoresco de nuestros lugares de recreo. El rosedal de Palermo, el Tigre, tomado por el objetivo durante las regatas de marzo último en la carrera de 'ocho largos' que fue tan renombrada, y otros detalles de no menor importancia, como la Avenida de Mayo con su visión nocturna llena de movimiento, de luz, animación y vida" (*La Película* n° 39, 21 jun. 1917, p. 3).

Comentario: El empresario y actor teatral Héctor G. Quiroga, por ese entonces distribuidor de las películas de Patria Film, gestiona en 1917 la constitución de la empresa Platense Film, y se convierte en representante comercial de la misma.

La primera producción de Platense Film, *Viviana*, fue dirigida por el autor teatral Alberto Weisbach y su realización técnica estuvo a cargo de los estudios Patria Film. Su rodaje se inició a fines de marzo y concluyó alrededor del 10 de mayo de 1917.

El supuesto autor del guion, Claudio Miranda, no era más que un seudónimo, que según las crónicas de la época ocultaba el nombre de un periodista de un importante diario,[5] un poeta conocido o bien un abogado, "sportman" y novelista.[6]

Para su estreno, la productora encargó un afiche en varios colores al dibujante Miracanto, premiado en el Salón Nacional de 1916. *Viviana* constituyó un éxito comercial, ya que a casi cuatro meses de su estreno logró ser exhibida en más de cien salas de Capital y alrededores.

En nuestro país fue distribuida, además, entre 1918 y 1921 y luego durante 1923 y 1925. En diciembre de 1917 se estrenó en Montevideo (Uruguay), y se anunció, a fines de ese año, la venta de una copia a Chile.[7]

Notas: 1. Se trató de una exhibición exclusiva para la prensa con la presencia de los actores. El 18 de junio a las 10:30 hs. en el Callao se realizó la proyección para los exhibidores. **2.** Publicidad en *Excelsior* n° 217, 8 mayo 1918, p. 576. **3.** Publicidad en *Excelsior* n° 172, 20 jun. 1917. **4.** CIHCA (1958, p. 35) menciona dentro del reparto a este actor, el cual no surge de nuestro relevamiento. **5.** *La Película* n° 36, 31 mayo 1917, p. 15. **6.** *Excelsior* n° 169, 30 mayo 1917, p. 651. **7.** *La Película* n° 60, 15 nov. 1917, p. 13.

48. La garra porteña
[Título de rodaje: **Favio o Chantaje social**]

Estreno: viernes 29 de junio en el Smart Palace (Capital Federal)
Exhibición privada: -
Año de producción: 1916/17
Productora: Cinematografía del Río de la Plata (Productores: Carlos Dose Obligado y José M. Pallache)
Dirección: [Juan Glizé? y Vicente Marracino?]
Guion: [Juan Glizé? y Vicente Marracino?]
Fotografía y cámara: Emilio Peruzzi y Julio Kemenyde [o Kemenydy?]
Laboratorios: Cinematografía del Río de la Plata
Estudios: Cinematografía del Río de la Plata (Cangallo 827 / Victoria 1176)
Distribución: Cinematografía del Río de la Plata (Victoria 1176)
Duración: 6 actos[1]
Género: "cine-drama policial"[2]

Intérpretes: Gabrielle Tanagra, Diego Figueroa, José Casamayor, Lily Lloyd, Tita Merello.[3]

Datos del argumento: "[...] el argumento de la obra adolece (sic) de fondo ideal y todos los personajes representados son repulsivos. Falta el protagonista de espíritu levantado, de alma grande, que suavice la rudeza de aquellos corazones interesados y haga vislumbrar al espectador la luz de la vida ideal a través de la materia y de los brutales instintos.
Existen dos tipos que no carecen de cierta simpatía, por su rol de víctimas: la hija del agente de negocios y la viuda rica, pero son figuras fuera de la realidad y no dejan tras de sí perfume de elevados sentimientos.
Los efectos emocionales han sido buscados en extremos inverosímiles. El secuestro en automóviles en marcha, el envenenamiento con estricnina, el desenlace con el suicidio del hombre de negocios criminosos que a última hora se vuelve filósofo moralista y no puede vivir sin honor... son brochazos sin arte.
Todo el film acusa un gran deseo de sus autores en imitar o crear asuntos policiales hundiendo la imaginación por la maraña de la vida interior de ciertos tipos porteños dudosos, para demostrar que, bajo la apariencia de la gran capital, culta, moderna, hermosa y opulenta, viven seres perversos, alimañas dañinas de las que es necesario preservarse" (*La Película* n° 41, 5 jul. 1917, p. 5-6).

Comentario: *La garra porteña* es una película que por sus características narrativas parecería remitir a los seriales de Gaumont como *Los
Vampiros* (Feuillade, 1915/16), o bien desde su título a los folletines
estadounidenses de Perla White como *La garra de hierro*.[4] La referencia
al cine norteamericano se expresa además a través de algunos de sus intérpretes, como Lily Lloyd, quien fue promocionada como una ex artista
de la productora Vitagraph.

Con respecto a los rubros artísticos, a pesar de que hay una ausencia
de datos específicos en las publicaciones consultadas, es posible establecer algunas hipótesis sobre la dirección artística y el guion. Juan
Glizé y Vicente Marracino pueden haberse encargado de estos aspectos
del film, ya que fueron los realizadores y argumentistas de *Violeta o La
reina del tango* (1917) y probablemente los directores de *Buenos Aires
tenebroso* (1917) (ver ficha 46), producidos también por Cinematografía
del Río de la Plata. Los tres films conforman una serie que posee algunas
características en común: la pertenencia al género policial, el "bajo fondo" como temática central y un mensaje moralizador contra el crimen.
La fotografía fue realizada en diferentes períodos del rodaje, desarrollado
aproximadamente entre comienzos de diciembre de 1916 y mediados de
abril de 1917, por Emilio Peruzzi y Julio Kemenyde, quienes ocuparon en
forma sucesiva el cargo de cameraman en dicha productora.

La garra porteña también se distribuyó durante 1918 y 1919, no ya por
Cinematografía del Río de la Plata, que había desaparecido, sino por la
empresa de Arsenio Vila (Brasil 1440) junto a otros films nacionales de
la extinta productora.

Comparación con bibliografía específica: La información sobre esta
película es sumamente escasa en los textos consultados. CIHCA (1958, p.
22) y Maranghello (2005, p. 32) sólo dan cuenta de Glizé como director, del
año de producción y de Cinematografía del Río de la Plata como editora.

Notas: 1. Publicidad en *La Película* n° 137, 8 mayo 1919. **2.** Publicidad en
La Película n° 40, 28 jun. 1917. **3.** Cabrera (2006, p. 180) incluye dentro
del reparto a esta actriz, información que no surge de nuestro relevamiento. **4.** *The iron claw* (George Seitz y Edward José, 1916).

49. La niña del bosque

Estreno: jueves 12 de julio por la tarde y noche en el Splendid Theatre (Capital Federal)
Exhibición privada: miércoles 4 de julio a las 11:00 hs. en el Teatro Esmeralda (Capital Federal)
Año de producción: 1917
Producción: Colón Film (Propietario y Dirección Técnica: Luis A. Scaglione. Dirección Artística: Emilia Saleny Ferrari)
Dirección y guion: Emilia Saleny Ferrari
Fotografía y cámara: Luis A. Scaglione
Laboratorios: Colón Film
Estudios: [Colón Film?](Córdoba 982?)[1]
Distribución: Colón Film (Cangallo 1636)
Duración: 12 partes
Género: drama infantil

Intérpretes: Tití Garimaldi (niña), la madre de Emilia Saleny (la anciana), Argentino Carminatti (el vagabundo), Emilia Saleny Ferrari (madre de la niña).

Argumento: "Trata el argumento de *La niña del bosque*, el sueño de una niña que, mientras estudia su lección en el jardín de su casa, se queda dormida. La ficción la coloca en pleno bosque, donde encuentra a una viejecita que la ampara y que prepara un líquido ponzoñoso para las víboras. Un vagabundo intenta hacer daño a las dos, y la niña, para vengarse, lo envenena, pero asustada de lo que ha hecho enloquece, corre y corre..." (*Excelsior* n° 177, 25 jul. 1917, p. 899).

"Trata de una historia fantástica de encantadora expresión infantil y expone, como final edificante de la misma, una moraleja bienhechora para los espíritus de la niñez" (*Excelsior* n° 175, 11 jul. 1917, p. 837 y 839).

Locaciones: alrededores de la localidad de Zárate (Prov. de Buenos Aires).

Comentario: Emilia Saleny, una de las primeras cineastas de nuestro país, era una actriz teatral que había tenido cierta participación en el cine italiano hasta la Primera Guerra Mundial.[2] En 1915 regresa a Argentina y se integra al ámbito teatral y a la naciente producción cinematográfica como intérprete de *L'América* (1916), *El evadido de Ushuaia* (1916) y *Problemas del corazón* (1917).

A fines de agosto de 1916 funda y dirige en Carlos Pellegrini 210 una de las primeras academias de actores de cine de Argentina, que ofrecía un curso rápido de 3 meses a un costo de 20 pesos por mes y garantizaba supuestamente el debut cinematográfico de sus alumnos. De hecho, *La niña del bosque* fue interpretada por tres discípulos de esta academia, entre ellos la niña de 11 años Tití Garimaldi, y por su directora, que tenía una breve aparición al comienzo y al final de la obra.

Esta primera producción de Colón Film, por ese entonces propiedad exclusiva de Luis Scaglione, inaugura comercialmente el género infantil dentro del cine argentino. La película, al estar destinada a este público, se estrenó no sólo en horario nocturno, como ocurría habitualmente, sino también en función vespertina.

La niña del bosque se comercializó también en nuestro país durante 1918 y en noviembre de ese año se presentó en el Edén Teatro Belvedere de Asunción (Paraguay).

Comparación con bibliografía específica: El conjunto de la bibliografía cita esta película como la primera dirigida por una mujer, cuando en realidad fue *Un romance argentino* (1915).

Por otra parte, Maranghello (2005, p. 34) afirma que Luis y Vicente Scaglione junto con Luis Colombo crearon Colón Film, información que se contradice con las fuentes consultadas sobre esta empresa,[3] ya que era propiedad exclusiva de Luis Scaglione.

Notas: 1. No fue posible determinar si Colón Film contaba con estudios propios. En 1918, *La Película* n° 86 (16 mayo 1918) hace referencia a sus instalaciones en Córdoba 982, sin que su descripción permita vislumbrar si además de un taller de revelado poseía una "galería de filmación". **2.** Según *La Película* n° 53 (27 sep. 1917, p. 55), actuó en los siguientes films: *La condesa Sara de Orchet* (Savoia Film); *La hermana linda* (Ambrosio Film); *Trágica leyenda* (Milano Film), *La pescadora*, *La red de oro* y *La novia del escultor* (San Remo Film). **3.** *La Película* n° 86, 16 mayo 1918, p. 18 y n° 87, 23 mayo 1918, p. 18.

50. Violeta o La reina del tango

Estreno: sábado 14 de julio en el Cinematógrafo Callao y el Smart Palace (Capital Federal)
Exhibición privada: domingo 18 de marzo en el Splendid Theatre (Capital Federal)
Año de producción: [1915?]/16/17
Producción: Cinematografía del Río de la Plata (Propietarios: Carlos Dose Obligado y José M. Pallache) / Deambrosio
Dirección y guion: Juan Glizé y Vicente Marracino
Intertítulos: Venancio Serrano Clavero[1]
Fotografía y cámara: Emilio Peruzzi [y Julio Kemenyde?]
Laboratorios: Cinematografía del Río de la Plata
Estudios: Cinematografía del Río de la Plata (Cangallo 827 y Victoria 1176)
Distribución: Cinematografía del Río de la Plata (Victoria 1176)
Duración: 6 actos
Género: "cine-drama de gran guignol"[2]

Intérpretes: María Elena Ortiz (Violeta), Rómulo Turolo, José Casamayor, Diego Figueroa.

Argumento: "Violeta, apodada 'la Reina del Tango' por sus sobresalientes cualidades de bailarina de esta danza, es una chica criolla, buena moza, robusta y bien repartida, que trabaja de camarera en uno de los tantos cafés suburbanos de la metrópoli. Su amante, accesorio infaltable de toda camarera, es un tipo de la más baja especie humana, altanero y bravucón, amigo del copetín, el burdel y la daga y más amigo aun de vivir de lo ajeno: es un L.C.[3] Se le apoda 'Mangudo', seguramente por sus irresistibles aficiones a meter la 'manga' [...] Violeta, en ese antro, es algo así como la reina de un país exótico, por su belleza exuberante que sobresale de la de sus compañeras, de forma que no es extraño que despierte la admiración y el apetito selvático de los moradores del figón, seres impulsivos y truhanes; y que despierte más que nada el de 'Muñeca', otro mancebo del corte de 'Mangudo', solamente que un algo más refinado que este, que se enamora de la fámula y la invita a beber en su compañía. Y en ese intercambio de miradas, suspiros y frases melosas, de la que es maestro 'Muñeca', la chica le concede un beso, además de que la sienta en las faldas, que ambas cosas se mancomunan en un solo impulso. Intempestivamente entra 'Mangudo' al café, que viene de la calle de efectuar un 'trabajito' –a su manera– y sorprende a su amante en consorcio demasiado íntimo con el extraño. La retira de un guantazo

y lo increpa duramente a 'Muñeca', que contesta con una sonrisita iró-
nica como diciéndole: ¿y qué, acaso ella no es 'libre'? Se arma la gresca.
'Mangudo' echa mano del puñal para atacarlo pero el otro más listo no
le da tiempo y le aplica un formidable puñetazo que lo derriba en tierra.
Huye 'Muñeca' para evitar la intervención policial y 'Mangudo' lo sigue con
deseos de venganza. En una calle tortuosa de La Boca, que por ahí según
parece está situado el café, le da alcance este y lo invita a pelear. Sacan
ambos sus dagas y después de unos segundos de lucha 'Muñeca' hiere a
su contrincante en la mano dejándolo imposibilitado para la lucha [...]
Ella se va con el más hombre y a quien ya quiere de veras y es instrumento ciego de sus ambiciones. 'Muñeca' que ve más lejos que el anterior
amante de la chica, apreciando debidamente sus buenas condiciones
de tanguista, hácela debutar como bailarina criolla en un teatro por
secciones y vive a sus expensas.

Consigue éxito la muchacha en la nueva profesión y con él un sinnúmero
de admiradores. Entre ellos hay uno llamado Julián Lavarello, hijo de
un millonario, que se enamora perdidamente de la artista. Enterado
'Muñeca' de esta conquista de su amante la induce a que no lo abandone
y más aun a que acepte las proposiciones del millonario de vivir en su
compañía. Sabedor el padre de Julián de la disipada vida que lleva su
hijo, trata de convencerlo de que renuncie a ella y siendo infructuosas
sus gestiones con él se dirige a la casa de la amante que lo recibe mal y
llega hasta expulsarlo de la casa.

Mientras tanto, el hijo sigue tan enamorado de ella, que decide casarse.
Un diario vespertino da la sensacional noticia y el viejo corre a la iglesia
para impedir tan disparatada boda, pero en el momento de llegar él, salen los novios casados. El viejo sufre un síncope de cuyas consecuencias
queda epiléptico (sic) y privado del habla.

En la lujosa mansión del hijo están instalados los esposos, el viejo y
'Muñeca', que se hace tomar de mucamo para idear y maniobrar de cerca,
en compañía de su cómplice, un siniestro plan contra los millonarios.

Con el fin de apoderarse de la fortuna, 'Muñeca' obliga a su amante a
hacerle escribir al esposo una carta, simulando que desea conocer la
literatura especial de los suicidas. Él accede por contentarla a su esposa,
que basta una insinuación de ella para hacer lo imposible. Esta carta
sirve, en el caso dado, para justificar la muerte del millonario, muerte
que la viene tramando 'Muñeca' desde hace tiempo. En un momento,
estudiado, por cierto, en que ella lo abraza al esposo para agradecer su
fineza, el mucamo arrebata el papel y huye, mientras que ella enseguida
estruja otro cualquiera de sobre la mesa y lo arroja al suelo, aparentando
no darle importancia al escrito, como que era por prurito de capricho.

El drama se desarrolla poco después. El esposo viene de la calle y ella lo recibe muy afectuosa con el té. El mucamo espera el momento propicio y puesto convenientemente detrás de los esposos que se prodigan caricias, vierte veneno en la taza del millonario y sirve con una amabilidad trágica a cada cual su contenido.

El viejo epiléptico que está situado frente a ellos ha presenciado toda la maniobra del mucamo y cae en una crisis atroz, viendo que no puede advertir ni salvar a su hijo. A poco este empieza a sentir los síntomas fatales y se desploma al suelo en medio de dolorosos espasmos de agonía. Ella retrocede espantada y sin querer se sitúa junto al sillón del viejo que ciego de ira y en un supremo esfuerzo que hace, tal vez el último, consigue tomarle el cuello a la desalmada y lo aprieta con toda la sed de venganza que ocultaba desde hacía tiempo su pobre humanidad misérrima. Caen, la una ahorcada y el otro exhausto del dolor y la cólera que hizo horrible crisis.

Mientras que el otro, el 'Muñeca', el 'maquereau' siniestro, el único y responsable asesino de esos tres seres, huye aterrorizado del teatro de sus hazañas a fin de no caer en las redes de la justicia" (*La Película* n° 43, 19 jul. 1917, p. 7).

Locaciones: Capital Federal: cabaret de la calle Sarmiento y el barrio de La Boca.

Comentario: Según las fuentes consultadas, *Violeta* ya había comenzado a filmarse con mucha anterioridad bajo la producción de Deambrosio,[4] quedando interrumpida. El rodaje, por intermedio de este productor, fue retomado por Cinematografía del Río de la Plata a mediados de octubre de 1916 y concluido en febrero de 1917. Dicha filmación se inició en los talleres que su propietario, Dose Obligado, tenía en Cangallo 827 y continuó en los estudios de Victoria 1176 instalados ya en sociedad con José M. Pallache. Sin embargo, no pudimos determinar si se tomaron en cuenta las imágenes del antiguo rodaje a cargo de Deambrosio o si la nueva filmación comprendió la totalidad del film.

Debido a que el fotógrafo Emilio Peruzzi se separó transitoriamente de dicha productora durante parte del período de filmación, es probable que el cameraman Julio Kemenyde haya intervenido también en el rodaje.

Con respecto al guion, a pesar de que las crónicas no explicitan el nombre de sus autores podemos inferir que fue escrito por los propios directores artísticos, Glizé y Marracino. En este sentido, *La Película*[5] informa que como "la Cinematografía del Río de la Plata necesitaba hacer una película [...] optó por aceptar el [argumento] de estos muchachos [Glizé y Marracino]" y que "se empezó a filmar la película" bajo su dirección. Si bien no especifica el título del film, la fecha de publicación de este artículo, comienzos de noviembre de 1916, coincide con la del rodaje de *Violeta*, el único que dicha productora realizaba en ese momento.[6]

Violeta o La reina del tango es el segundo film en un mismo año que aborda explícitamente la temática del tango en el cine argentino, y clausura, a su vez con su estreno, la trilogía policial sobre el "bajo fondo" de Cinematografía del Río de la Plata, iniciada con *Buenos Aires tenebroso* (1917) y *La garra porteña* (1917).

Luego de su estreno se distribuyó en 1918 y 1919 por intermedio de la empresa de Arsenio Vila (Brasil 1440).

Comparación con bibliografía específica: CIHCA (1958, p. 22), Di Núbila (1998, p. 47) y Maranghello (2005, p. 32) atribuyen la dirección a Juan Glizé, pero omiten la colaboración de Marracino tanto en esa labor[7] como en la redacción del guion. A su vez, en relación a la trama, Maranghello dice que "narró la trayectoria de una prostituta que lograba redimirse como cantante de tangos". En el resumen argumental se puede observar que la protagonista no sólo no es cantante, sino que tampoco el tango es vehículo de redención moral.

Notas: 1. Según *La Película* n° 26 (22 mar. 1917, p. 7) redactó "algunos" de los títulos. **2.** Publicidad en *La Película* n° 15, 4 ene. 1917. **3.** Esta sigla significaba en la jerga policial de la época "ladrón conocido". **4.** *La Película* n° 1, 23 sep. 1916, p. 5. **5.** N° 7, 9 nov. 1916, p. 6. **6.** Por otro lado, *Idea Nacional* (5 abr. 1917, p. 6) señala como redactores, además de Marracino, a un tal Garabino. **7.** Ver *Excelsior* n° 163, 18 abr. 1917, p. 463 y n° 200, 1° ene. 1918, p. 49.

51. Por la tradición o El gaucho Relámpago

Estreno: entre agosto y noviembre[1] "en un cine de la calle San Juan" (Capital Federal)[2]
Exhibición privada: s.d.
Año de producción: [1917?]
Producción: Juan Moreira Film (Productor: Carlos D. Nasca)
Dirección y guion: Carlos D. Nasca
Intertítulos: Carlos D. Nasca
Fotografía y cámara: Carlos D. Nasca[3] [y Eugenio Py?]
Laboratorios: [Talleres Cinematográficos Max Glücksmann?]
Estudios: [Talleres Cinematográficos Max Glücksmann?]
Distribución: [Casa Max Glücksmann?]
Duración: 2.500 metros (137 min. aprox.)
Género: drama campero

Intérprete: Carlos D. Nasca.

Datos del argumento: "[El gaucho Relámpago] ha sentido el deseo de eternizar su figura simbólica o por lo menos popularizarla aun más de lo que está, rompiendo el estrecho círculo de cierta actuación más o menos suburbana y más o menos conocida. [...] La película reproduce su vida aventurera, hermoseada por la fantasía creadora. [...] Escenas y personajes se desenvuelven dentro de un marco netamente campero" (*Excelsior* n° 178, 1° ago. 1917, p. 931).

Escenas: "Empezaba a oscurecer cuando llegué al juzgado el juez no estaba en ese momento, el cabo de guardia: (sic) me dijo:
Aunque yo no soy el juez
Soy el cabo Reboredo;
Puede decirme sin miedo
Qué es lo que quiere y quién es
Que es una cuestión resuelta
Cuente al juez no vengo en vano
Que ha de morir por mi mano:
Que se persigne a mi vuelta!..." (*La Verdad* ,13 dic. 1917, p. 3).

Comentario: El director, autor y protagonista del film, Carlos D. Nasca, era un payador conocido como "El gaucho Relámpago" en los escenarios nacionales y ciertos círculos tradicionalistas, quien tenía la particularidad de pasearse a caballo por las calles Buenos Aires vestido de gaucho.

Es probable que *Por la tradición* haya sido realizada en los talleres de Max Glücksmann, cuyo cameraman característico era Eugenio Py. En este sentido, el periódico *La Verdad* indica que en un folleto: "el mismo 'Gaucho relámpago' después de un breve y sospechoso saludo a la casa Max Glücksmann (lo que nos vuelve a hacer suponer que esta firma es la que ha hecho la cinta) pasa a contarnos el argumento de la obra".[4]

El interés de este cantor por el cine data de 1915, año en que se constituye la productora Cooperativa Artística Cómico Dramática Hispano Argentina bajo su dirección general y de Samuel Damboriana como director artístico. El objetivo de esta cooperativa era iniciar "los trabajos tendientes a la preparación de un 'film' cine-drama netamente criollo y tradicional",[5] que podría ser la génesis de *Por la tradición* o bien un proyecto anterior que quedó finalmente trunco.

Esta película fue distribuida también durante 1918, por ejemplo se exhibió el 5 de junio en el Teatro Roma de Avellaneda.

Comparación con bibliografía específica: Margaritt (1947, p. 515) y Di Núbila (1998, p. 36) son los únicos historiadores que mencionan esta obra, aunque sin datos complementarios. Mientras el primero cita solamente una parte del nombre original –*Por la tradición*–, el segundo confunde su extenso título con el de dos films: *Por la tradición* y *El gaucho Relámpago*. Probablemente esta equivocación se deba a que Di Núbila tomó como fuente un listado de films de *La Película* n° 55 (11 oct. 1917, p. 9) donde se publica esta información inexacta. Otras dos publicaciones, *La Verdad* (24 jul. 1917, p. 4) y *Excelsior* n° 200 (1° ene. 1918, p. 49), dan cuenta de su verdadero título.

A su vez, podría tratarse de una filmación a cargo de la Casa Glücksmann, inédita dentro de la bibliografía previa.

Notas: 1. Optamos por enmarcar su primera exhibición en este período, ya que *Excelsior* n° 178 (1° ago. 1917, p. 931) anuncia su estreno en breve, mientras que *La Película* n° 62 (29 nov. 1917, p. 12) indica que se estrenó "hace algún tiempo". **2.** Ver *La Película* n° 62, 29 nov. 1917, p. 12. **3.** *La Verdad* (13 dic. 1917, p. 3) señala que este payador "según la confesión que se hace en unos afiches en verso que se reparten por las calles, es director, actor y operador (!) todo al mismo tiempo". **4.** Ídem. **5.** *La Mañana*, 25 sep. 1915, p. 6.

52. ¡Federación o muerte! o Bajo la tiranía de Rosas

Estreno: martes 14 de agosto a la noche en el Cinematógrafo Callao (Capital Federal) y en el Teatro Urquiza (Montevideo, Uruguay)
Exhibición privada: lunes 13 de agosto a la mañana en el Cinematógrafo Callao
Año de producción: [1916?]/17
Producción: Thalia Film
Dirección y guion: Gustavo Caraballo
Fotografía y cámara: Atilio Lipizzi
Laboratorios: Filmgraf
Estudios: Filmgraf (San José 1456)
Distribución: Cinema Ítalo Argentino (Santiago del Estero 1319)[1]
Duración: 8 actos
Género: drama histórico

Intérpretes: Lea Conti (Clara), Ignacio Corsini (Leandro Osuna), Aurelia Ferrer ("La Negra" Candelaria), Sara Cominetti (Manuelita Rosas), José Brieba (Juan Manuel de Rosas), José Casali (Juan Lavalle), Eduardo Zucchi (Manuel Dorrego), Luis Fagioli, Antonio Podestá, Emma Cairo Berdó, Aquiles Rivelli, Domingo Spindola, Totón Podestá, José J. Podestá.[2]

Argumento: "El paisano Aurelio Gazcón, injustamente agredido por el capataz Velázquez, en la estancia de León Ortiz de Rozas, le da muerte de una puñalada y huye sobre la montura de su víctima. En circunstancias que llega a su rancho muere su mujer.

Huyendo de la justicia de los hombres se interna en la pampa con su hija Clara, refugiándose en una tapera que se halla escondida en la maraña. Un año después, los peones de la estancia Los Cerrillos celebran con una fiesta la llegada del patrón, don Juan Manuel de Rosas. Cuando el baile se halla en pleno auge, uno de los asistentes al mismo, conocido por el nombre de Mamerto, personaje sombrío y cruel, denuncia a Rosas que un cuatrero está carneando en sus dominios. Enfurecido el caudillo, y para no desmentir el título de 'el mejor gaucho de su tiempo', salta sobre su caballo y se dirige precipitadamente al lugar del abigeato.

Sorprendido Gazcón, a quien el hambre le había llevado hasta el robo, es conducido a rebencazos por Rosas hasta la empalizada donde se realiza el baile. No bien llegado allí, Rosas le hace colocar un cepo de campaña, ordenando a dos de sus peones que le suministren doscientos azotes. A pedido de la negra Candelaria, cuya popularidad en el pago corre pareja con la del patrón Rosas, dispone la suspensión del suplicio y exige a Gazcón que explique la causa de sus correrías. Al saber por la boca del paisano que ella es la muerte del capataz Velázquez, quien lo había intrigado con sus padres, obligándole a abandonar el Rincón de López, lo perdona, premiándolo con un puesto de ovejas y poniendo a Clara bajo el patrocinio de Candelaria.

En tales circunstancias, Leandro Osuna, uno de los buenos amigos del general Lavalle, traba relación con Clara y logra captarse su amor.

Algún tiempo después acontece el luctuoso suceso de Navarro, que viene a ahondar el odio entre federales y unitarios.

En 1829, Rosas asciende al gobierno, con la suma del poder público, comenzando a cernirse sobre el país la sombra de la tiranía.

Leandro Osuna por su condición de unitario es perseguido tenazmente por la Mazorca, entre cuyos secuaces figura Mamerto, perro de presa de Cuitiño.

Gracias a sus condiciones canallescas, Mamerto es designado sereno de la Federación, y en una de sus criminales correrías asesina vilmente a la madre de Leandro. Pero en circunstancias que vuelve al sitio de su asesinato para cebarse como los buitres con sus despojos, es sorprendido por el unitario, quien le da muerte con su propio puñal, vengándose tan justicieramente de su maldad y de su vileza.

Temiendo el castigo del tirano, Leandro huye a Montevideo, donde con otros patriotas organiza la revolución del sur.

Vuelto a Buenos Aires, es reducido a prisión y enviado a Santos Lugares, de donde logra evadirse, gracias a una hábil maniobra de la negra Candelaria. Unido por fin a Clara, embárcase subrepticiamente en la playa de Quilmes y abandona para siempre el suelo ensangrentado de la patria para realizar su sueño de felicidad" ("¡Federación o Muerte! Cine-Novela", *PBT* n° 668, 12 sep. 1917).

Características de algunos personajes: "Así se presenta don Juan Manuel de Rosas, terrible y justiciero, bromista y autoritario, en cuyo ánimo sólo tiene decisiva influencia la simpática Manuelita, su hija, que interviene a cada momento salvando vidas y ejerciendo de ángel bueno en medio de aquel infierno.

La silueta del general Lavalle, bien caracterizada en sus funciones militares, enérgico en sus ordenamientos contra el coronel Dorrego, a quien manda a fusilar y al firmar la sentencia de muerte exclama: 'La historia me juzgará'.

Se realiza el fusilamiento de Dorrego con todos los pormenores que cuentan las crónicas, muriendo el héroe valientemente [...] Sale a escena hasta don Benito, el loco federal, vestido de militar, achaparrado, que servía de bufón o hazmerreír del tirano Rosas" (*La Película* n° 47, 16 ago. 1917, p. 7).

Locaciones: Prov. de Buenos Aires: estancia *El Durazno* (propiedad de los Olivera) y playa de Quilmes. El Cerro de Montevideo (Uruguay).

Comentario: El argumento de *¡Federación o muerte!* fue escrito por el poeta y periodista Gustavo Caraballo. A diferencia de las fuentes de la época que lo mencionan sólo como autor, Caraballo se atribuye en un reportaje también la dirección artística, información que es confirmada por el propio fotógrafo del film, Atilio Lipizzi.[3]

Con respecto al rodaje, si bien una publicidad de los talleres Filmgraf anuncia que dicha obra está en filmación a fines de noviembre de 1916, este en realidad parece haberse iniciado en febrero de 1917 como da a entender *La Película*.[4] A finales de mayo todavía no se había concluido ya que se informa de la suspensión del rodaje de las últimas escenas.[5] *¡Federación o muerte!* fue la última obra de ficción realizada por los estudios Filmgraf de Atilio Lippizi.

Su argumento se publicó con fotografías del film en forma de "cinenovela" en el semanario *PBT*.[6] En la última entrega se anunció además su inminente edición como novela, la cual finalmente nunca se concretó. Su publicación en esa revista, iniciada durante el período de rodaje e interrumpida a un mes del estreno, constituyó una publicidad implícita de la película que buscó incitar al lector a concurrir al cine para conocer por anticipado el desarrollo de la trama y el ansiado final. También su promoción comprendió un afiche realizado por el dibujante Mario Zavattaro, cuyo motivo central se publicó en la tapa del número de *PBT* que inauguraba la edición de dicha obra literaria.

Este film que costó aproximadamente 17.000 pesos fue distribuido además entre 1919 y 1922, y llegó a recaudar, según Caraballo, alrededor de 200.000 pesos.[7]

Notas: 1. La dirección de esta sala se corresponde con la de la distribuidora de Atilio Lipizzi en 1919 por lo cual seguramente este productor se encargó también en el estreno de su comercialización. **2.** Estos tres últimos actores son citados únicamente por Caraballo en *Cine Argentino* n° 9 (7 jul. 1938, p. 7). **3.** Ídem y *Cine Argentino* n° 20, 22 sep. 1938, p. 10. **4.** N° 19, 1° feb. 1917, p. 3. **5.** *La Película* n° 36, 31 mayo 1917, p. 13. **6.** Ver *PBT* del n° 646 (14 abr. 1917) al n° 688 (12 sep. 1917). **7.** *Cine Argentino* n° 9, 7 jul. 1938, p. 7.

53. El conde Orsini

Estreno: miércoles 5 de septiembre en el Select (Capital Federal)
Exhibición privada: lunes 13 de agosto en el Teatro Esmeralda (Capital Federal)
Año de producción: 1916/17
Producción: Argentina Film (Propietarios: José Costa y Cía.)
Dirección y guion: Belisario Roldán
Fotografía y cámara: Francisco Mayrhofer
Laboratorios: Patria Film
Música original: Osmán Pérez Freire (tango para piano *Probá que te va a gustar*)
Estudios: Patria Film (Ecuador 930)
Distribución: Argentina Film (Tucumán 721)
Duración: 1.800 metros (99 min. aprox.)
Género: "cine-drama policial"[1]

Intérpretes: Pedro Gialdroni (Lauro Contreras / El conde Orsini), Angelina Pagano (María Luisa Pinarelli), Francisco Ducasse (detective Casanova), Inés Berutti (viuda Egliss), Lina Esteves (Sra. Pinarelli), Rómulo Turolo, Alberto Neccoly, Diego Figueroa, [José Gómez?].[2]

Argumento: "Aparece en la primera vista el puerto de Hamburgo. Frente al vapor 'Zeelandia', que llena sus bodegas de carga, se pasea un hombre ansioso por regresar a la Argentina, su patria. Es un pájaro de cuenta llamado Contreras, antiguo conocido de la policía bonaerense y sometido a la fiscalización policial hamburguesa, que lo vigila, sabiendo sus antecedentes delictuosos.

A un cargador le pide Contreras hacer sus veces; de ese modo se queda agazapado dentro del barco. Zarpa el 'Zeelandia' con rumbo a América. A bordo, busca el malevo algún camarote de primera clase, teniendo la suerte de entrar en uno en que hay un hombre dormido. Con la habilidad del perito 'descuidista', escamotea el dinero de los bolsillos del pasajero, y al querer sacarle sortijas de los dedos, nota que sus manos están heladas. Lo examina detenidamente y comprueba que está muerto aquel hombre. Con ese motivo, hace un registro general y encuentra en las valijas papeles que dicen la condición social del finado –es el conde Orsini–, de Roma, quien ha fallecido sin duda repentinamente, al tomar posesión de su camarote.

Contreras envuelve el cadáver en una sábana y lo arroja al mar. Con las ropas y documentos hallados, sustituye al verdadero conde, sin el menor

inconveniente [...] Entre la élite de primera regresa a Buenos Aires el
señor Pinarelli, rico fabricante de automóviles, acompañado de su esposa y su hija Luisa: esta se enamora del falso conde Orsini. El vapor,
navegando viento en popa, llega a Río de Janeiro; se ve claramente en
la tela la hermosa bahía de Botafogo y los alrededores pintorescos de
la capital brasileña. La familia Pinarelli acepta una invitación del falso
Orsini para visitar la ciudad y sus avenidas.

Durante ese paseo, aprovecha Contreras un momento de descuido de
Luisa y le roba el collar guardado en la valijita de mano.

La policía de Hamburgo, entretanto, comunica a la de Buenos Aires la
desaparición de aquella ciudad del sujeto de malos antecedentes llamado
Contreras, suponiéndolo a bordo del 'Zeelandia', con rumbo a Buenos
Aires. Esa noticia pone en movimiento la sección de investigaciones y
un pesquisa [Casanova] que, no obstante ser detective, es sensible a los
afectos más tiernos, esperan la llegada del 'Zeelandia' con doble motivo de
ansiedad: por venir en él Luisa Pinarelli, mujer que ama apasionadamente,
y con interés vivo en capturar a Contreras, pasajero del mismo vapor.

Ancla el 'Zeelandia' [a la noche] en el puerto de Buenos Aires [...] En la
documentación del barco no consta ningún Contreras, siendo inútiles
todas las pesquisas. Casanova ve a la familia Pinarelli, a quien saluda
y le presentan al conde Orsini, el cual no separa un instante su mirada
insinuante de la de Luisa. El pobre Casanova se marcha convencido de
dos cosas: de que Luisa lo desdeña y de que Conteras no ha llegado en
aquel vapor.

El apócrifo conde Orsini se instala regiamente en el Plaza Hotel y comienza su noviazgo con Luisa, pero al serle presentada una viuda, reconoce
el pícaro que en los millones de la viuda rica hay más H.P. (sic) que en
todos los automóviles de su presunto suegro Pinarelli.

La viuda, que se ve alhajada por los galanteos de un conde, se entusias-
ma, coquetea y hace rabiar de celos a Luisa. Invita a sus relaciones a
una fiesta en su estancia y allí se anuncia solemnemente el compromiso
matrimonial de la viuda con el conde Orsini. Luisa llora su decepción,
colocándose en brazos de su madre.

La casa Pinarelli sufre un desgraciado golpe de fortuna y está a punto
de cerrarse la fábrica. El detective Casanova, gran amigo del fabricante,
examina los libros y halla modo de salvar la situación. Para eso, deja su
destino policíaco y se pone al frente de la fábrica. Ordena las cosas y se
entiende con los acreedores, logrando plazos largos; triunfa en todo,
menos en el amor de Luisa, que no da su corazón enteramente.

El conde Orsini, que sabe las penurias de los Pinarelli, envía secretamente
a Luisa su collar perdido en Río de Janeiro. Este detalle hace pensar a la

familia, y a Casanova, que está presente, coincidiendo todos en la misma idea: ¿sería el conde Orsini el ladrón del collar?

Casanova va al archivo policial y hace un registro de libros, fotografías e impresiones digitales; de ese examen saca en consecuencia que Contreras y el conde Orsini son dos nombres distintos y un solo pillo verdadero.

La familia del verdadero conde Orsini envía un cablegrama a la embajada de Italia en Buenos Aires, preguntando por el deudo [...] El embajador se presenta a la policía para indagar el paradero de su compatriota y se le hace saber lo que ya Casanova había comunicado.

Se dan órdenes de prender al falso conde Orsini y allá va el mismo Casanova, con pesquisas a su servicio, para efectuar la detención de Contreras en el Plaza Hotel. Entran, preguntan a un camarero por el conde Orsini, y al ir a anunciarle la visita, Contreras, que tiene el oído muy fino y adivina el ardid policial, amordaza rápidamente al criado, lo despoja de sus ropas, se desfigura el rostro con patillas postizas, y, tomando la misma bandeja y servicio del camarero, sale y dice a los detectives que tengan la bondad de esperar un momento.

El engaño se descubre luego. Pero Contreras ha tenido tiempo de huir, refugiándose en una casa de antiguos camaradas. La policía le sigue la pista de cerca; Contreras se siente ya perdido y decide ampararse en la casa de Pinarelli. Su presencia ocasiona una escena de amargura. Luisa lo rechaza indignada y en ese momento aparece Casanova, revólver en mano, diciendo al bandido:

–¡Ríndete o mueres!

Luisa interviene entonces, movida por un sentimiento de grandeza de alma, e interponiéndose entre ambos, dice a Casanova:

–Te doy mi mano, a cambio de la libertad de este hombre.

Ante ese rasgo de generosidad, accede el enamorado ex detective, y Contreras márchase emocionado.

Transcurre algún tiempo. Cierta noche pasan por una calle aislada Pinarelli y Casanova, cuando son víctimas de un atraco inesperado. Ambos caen en poder de unos escrushantes, y aparece Contreras que los defiende. Al reconocer a Casanova, dícele:

–Me diste la libertad y yo te he salvado la vida. ¡Estamos en paz!

El señor Pinarelli, que ve en el ex novio de Luisa restos de honradez, le aconseja que deje su mala vida, al par que le ofrece trabajo en su fábrica. Contreras duda un momento, pero, luego, arrojando el cuchillo ensangrentado de las manos, lo deja clavado en un árbol, convirtiéndose en hombre laborioso y bueno.

No falta la nota cómica. En una breve escena se ve al embajador de Italia que da la noticia policial a la viuda millonaria, prometida esposa del apócrifo conde Orsini, sumiéndola en un dolor insondable; mas el diplomático, que ve un asunto conveniente, se ofrece de sustituto, para calmarla en su terrible desencanto. La viudita, que había soñado con ser condesa, accede a ser embajadora, sellando el pacto con la primera caricia, según costumbre cinematográfica; esta vez, con un beso lo más atenuado posible" (*La Película* n° 47, 16 ago. 1917, p. 3 y 5).

Comentario: José Costa, el productor del film, fue uno de los primeros exhibidores y distribuidores de Buenos Aires. En 1903, cuando no había en la Capital más que unos pocos cines, abrió uno en la calle 25 de Mayo y más adelante creó la distribuidora Empresa Mundial de Biógrafo. Costa financió el rodaje de *El conde Orsini* realizado en los estudios Patria Film[3] entre el 17 de noviembre de 1916 y fines de abril de 1917. En agosto de 1917 fundó la productora Argentina Film.

En la época de producción del film, Costa era propietario del Teatro Esmeralda y del Majestic Theatre, en los cuales combinaba números de varieté con exhibiciones cinematográficas. De hecho, dos integrantes del Teatro Esmeralda, como la tonadillera Inés Berutti y Alberto Neccoly, participaron del elenco de *El conde Orsini*.

En relación a la música, el compositor Pérez Freire escribió especialmente para el film el tango instrumental *Probá que te va a gustar*, cuya partitura fue editada por la imprenta Ortelli Hnos.

El conde Orsini constituyó un éxito importante ya que a un mes del estreno la distribuidora publicó una lista con 90 contratos de exhibición por parte de diferentes cines[4] y lanzó cinco copias al mercado.

Posteriormente, se comercializó durante 1918, 1919, 1921, 1922, 1924. En 1925 la distribuidora Ideal Film puso en venta el negativo del film. En el exterior, se estrenó el 19 de octubre de 1917 en Montevideo (Uruguay)[5] y en 1918 en Chile.

Comparación con bibliografía específica: Maranghello (2005, p. 29) atribuye la dirección de este film a Venancio Serrano Clavero, y en sintonía con el resto de los historiadores, menciona a Belisario Roldán sólo como guionista. Sin embargo, según las fuentes de la época[6] Serrano Clavero es señalado como director artístico en los días previos al rodaje, sin que vuelva a ser nombrado posteriormente. En cambio, la revista *Excelsior* cita a Roldán como realizador en dos artículos luego de su exhibición privada y repite esa información en 1918.[7] Por estas razones, optamos por atribuir a este dramaturgo dicha labor.

A su vez, Di Núbila (1998, p. 22) menciona a Max Glücksmann como productor.

Notas: 1. Publicidad en *La Película* n° 47, 16 ago. 1917. **2.** Gómez es citado sólo al comienzo de la filmación en *Crítica* (17 nov. 1916, p. 4), sin que hayamos podido confirmar su efectiva participación. **3.** Ver, por ejemplo, *La Película* n° 16, 11 ene. 1917, p. 6 y n° 27, 29 mar. 1917. **4.** *La Película* n° 54, 4 oct. 1917, p. 6. **5.** Según *La Película* n° 57 (25 oct. 1917, p. 13) Argentina Film también firmó contratos de distribución para el litoral de Brasil y Paraguay, sin que ninguna fuente haya confirmado esas exhibiciones. **6.** *La Película* n° 6, 2 nov. 1916, p. 6 y n° 8, 16 nov. 1916, p. 6. **7.** N° 180, 15 ago. 1917, p. 995; n° 181, 22 ago. 1917, p. 1029; n° 200, 1° ene. 1918, p. 49.

54. Flor de durazno

Estreno: viernes 28 de septiembre a la noche en el Teatro Coliseo (Capital Federal)[1]
Exhibición privada: martes 25 de septiembre a las 10:00 hs. en el Select (Capital Federal)
Año de producción: 1917
Producción: Asociación de Santa Filomena / Patria Film
Dirección: Francisco Defilippis Novoa
Guion: Francisco Defilippis Novoa sobre la novela homónima de Hugo Wast (Gustavo A. Martínez Zuviría)
Fotografía y cámara: Francisco Mayrhofer
Laboratorios: Patria Film
Música: Osmán Pérez Freire[2]
Estudios: Patria Film (Ecuador 930)
Distribución: Patria Film (Reconquista 331)
Duración: 3.000 metros (164 min. aprox.)
Género: drama

Intérpretes: Ilde Pirovano (Rina Castillo), Argentino Gómez (Miguel Benavídez), Carlos Gardel (Fabián), Diego Figueroa (Germán Castillo), Celestino Petray (el cura don Filemón Rochero), Rosa Bozán ("la bruja" Candela), Pascual Costa (Antonio), Aurelia Musto (doña Encarnación Benavídez), María Cambre (doña Francisca), Mariano Galé (don Salvador Gargan), Leopoldo Simari, Leticia Pizzano, los niños Raúl Ungaro y Eduardo Albarracín.[3]

Argumento: "Empieza la cinta con una poética alegoría [...] El árbol vestido de flores de durazno aparece blanco como un encanto de los ojos, y al pie del árbol florido está la protagonista, flor de carne, flor de pasión y de martirio, que besa las otras flores. Todo ríe en derredor, como si la naturaleza entonara un himno al amor y a la felicidad. Lentamente, el árbol va despojándose de su níveo ramaje hasta quedar seco, hecho un esqueleto, frío y desnudo, como la muerte. Al mismo tiempo, la joven enamorada va palideciendo, muriendo poco a poco, como flor marchita que va deshojándose y cae al suelo ajada por el dolor..." (*La Película* n° 54, 4 oct. 1917, p. 7).

Rina, la hija del chacarero Germán Castillo, despertaba la admiración de los veraneantes ricos, a quienes Germán íntimamente odiaba. Era una flor hermosa que, para encontrarle símil, hubo que buscarlo en la flor de durazno, humilde y bella, delicada y lozana.

Desde el día en que quedó sola en su casa, como dueña y señora de la hacienda, el cura del lugar, Filemón Rochero, pensó en su suerte y le dio por novio a su primo Fabián, con quien ella había crecido.

Pero una mañana la bruja Candela, que odiaba a Fabián, al leerle la mano le dice a la muchacha que nació para casarse con un rico.

Justamente cuando ella empieza a dudar de su cariño por Fabián, llega al pueblo Miguel Benavídez, el hijo de una familia de estancieros de quien estaba enamorada cuando era niña.

Cuando Fabián parte para cumplir con el servicio militar, Miguel aprovecha para seducir a Rina para luego abandonarla dejándola embarazada. Ella huye de su rancho y vaga por Buenos Aires; la caridad cristiana la salva de ese duro trance y la restituye al hogar paterno con su hijita. Allí se reencuentra con su padre Germán ya medio ciego y con Fabián, quien por consejo del cura se casa con Rina. De ese matrimonio surge la esperanza al quedar nuevamente embarazada, pero su hijo muere al nacer. Al ver regresar al pueblo a Miguel, Fabián lleno de rencor le lleva a la hija enferma para que se haga cargo su verdadero padre. Rina, muy débil de salud, al verlo partir con la niña corre hacia él pensando que va a matarla pero su corazón cede y fallece. Mientras tanto Fabián se encuentra con Miguel y su odio lo lleva a ahorcarlo con sus propias manos para luego huir. Queda junto al cadáver su infeliz hija.

Germán Castillo, el padre de Rina, que había salido a buscarla tropieza con su cadáver. La tragedia de su hogar pesa sobre sus hombros y termina por amparar a su nieta rubia de ojos azules que antes había despreciado. Se trasladan al cementerio y la niña reza: "Por mamá muerta, por papá muerto, por abuelito vivo: Padre Nuestro que estás en los cielos".[4]

Locaciones: Capital Federal; San Esteban, Los Cocos, Capilla del Monte, Dolores y otros puntos pintorescos de las sierras de Córdoba.

Comentario: Este film basado en la novela homónima del escritor Hugo Wast fue financiado por una organización de la Iglesia Católica, la Asociación de Santa Filomena, que dispuso de un capital de 100.000 pesos para la producción y la distribución del film con el objeto de recaudar fondos para dicha institución.[5] Además, la propia jerarquía eclesiástica, a través de los monseñores De Andrea y Duprat, aprobó la finalidad moral del film antes de su exhibición pública. Este hecho marca un cambio en la posición generalmente antagónica de sectores importantes de la iglesia frente al cine.

Flor de durazno, dirigida por el autor teatral Defilippis Novoa entre junio y mediados de julio de 1917, constituyó la única participación de Carlos Gardel en el cine mudo. Seguramente su popularidad como cantante de música folklórica, y su recurrente actuación en las funciones de varietés de cines importantes entre 1916 y 1917, incidieron para que fuera convocado como intérprete de un drama campero como *Flor de durazno*. También su participación durante esa época en diversos festivales de beneficencia organizados por instituciones católicas, puede haber sido otro condicionante. Sin embargo, su contratación, como la del resto de las figuras protagónicas, se dio tardíamente, luego de que los prestigiosos actores teatrales Camila Quiroga y Héctor G. Quiroga no aceptaran participar por compromisos laborales.

Con la intención de promocionar esta película, la productora Patria Film organizó un concurso y exposición de afiches con premios en efectivo. Un jurado de cierto prestigio,[6] aunque de dudosa imparcialidad, le otorgó el primer premio a la obra *Amargura* de Ferrucio Corbellani.

Flor de durazno tuvo un considerable éxito, ya que se exhibió, además de en otras salas, en un cine central como el Select por más de 20 días consecutivos, cuando lo usual era que una película nacional se proyectara en un mismo salón en una o dos oportunidades. Una de las causas importantes de su popularidad, fue que se trataba de la adaptación cinematográfica de una novela que se había constituido en un auténtico best-seller. El propio Hugo Wast estrenó durante 1921 una versión teatral de esta obra, mientras se seguían publicando nuevas ediciones y exhibiendo diversas copias. Seguramente la popularidad del film y de la novela, influyó en la composición de un vals homónimo por parte de Francisco Martino y en la publicación de su partitura.

A excepción de 1922 y 1927, se distribuyó todos los años entre 1918 y 1929. Durante 1926, uno de sus protagonistas, Argentino Gómez, incluyó recitados de poesía en los entreactos de las proyecciones de este film. En 1918 se anunció su inminente estreno en Uruguay y Chile.[7]

Es probable que la película haya circulado poco tiempo en su versión original. En 1919, por ejemplo, se informa que ha sido reformada. E incluso en una fecha tan tardía como 1929, la distribuidora American Film anunciaba que la película había sido "modernizada al ambiente y costumbres actuales ya sea en los títulos como en las escenas".[8]

El coleccionista Roberto Di Chiara (1996, p. 97-98) afirma que conserva en su archivo la versión muda en 35mm, aunque no hay registros de su exhibición pública.

Comparación con bibliografía específica: Ninguno de los textos consultados menciona que se trató del primer film nacional financiado por una congregación de la iglesia católica con respaldo institucional.

Notas: 1. Se exhibió en el marco de un festival a beneficio de la escuela-taller de la Asociación de Santa Filomena. **2.** Este compositor, según *La Prensa* (29 sep. 1917, p. 10), escribió una partitura con motivos nacionales, sin que se especifique si se trataba de temas originales o de un repertorio preexistente. **3.** Los nombres de los dos últimos intérpretes no surgen de nuestra investigación, sino que son citados en Peluso y Visconti [Comp.] (1998, p. 34). **4.** El resumen se realizó a partir del argumento de la novela publicado en *La Película* n° 45 (2 ago. 1917, p. 15), n° 46 (9 ago. 1917, p. 13 y 15) y n° 47 (16 ago. 1917, p. 15). **5.** *Excelsior* n° 167, 16 mayo 1917, p. 585. **6.** El jurado que concedió el premio principal de $ 500 estaba integrado por los dibujantes José María Cao y Manuel Mayol, el pintor Cesáreo de Quirós, el escultor Alberto Lagos y el propio escritor Gustavo Martínez Zuviría. Los afiches enviados al concurso fueron expuestos en el "Salón de humoristas". **7.** Ver *Excelsior* n° 202, 23 ene. 1918, p. 149; *La Película* n° 78, 21 mar. 1918. **8.** Publicidad en *Excelsior* n° 786, 4 abr. 1929.

55. El terrible Pérez o El noveno, no desear la mujer de tu prójimo
[Título de rodaje: **No desear la mujer ajena (o agena)**]

Estreno: jueves 25 de octubre en el Real Cine (Capital Federal)
Exhibición privada: -
Año de producción: 1917
Producción: Cinematografía del Río de la Plata (Propietarios: Carlos Dose Obligado y José M. Pallache)
Dirección y guion: Silvio Furlay [o Furlai?]
Fotografía y cámara: Julio Kemenyde [o Kemenydy?]
Laboratorios: Cinematografía del Río de la Plata
Estudios: Cinematografía del Río de la Plata (Victoria 1176)
Distribución: Empresa Cinematográfica de Arsenio Vila (Brasil 1440)
Duración: 3 actos / 15 partes
Género: comedia

Intérpretes: Ida Negri, Guido Appiani, Delia Rodríguez, Silvio Furlay [o Furlai?], Alberto Neccoly.

Argumento: "Guido Appiani representa uno de esos 'niños bien', 'afilado-res' empedernidos, que no pueden ver polleras sin sentirse combustibles inflamables, ardiendo en llamas de ideas pecaminosas. El buen Appiani, que se hace la ilusión de ser joven y bonito, debido a su gallardía y a sus trajes a la *dernier cri*, créese un don Juan Tenorio irresistible.
Aprovechando unos días de ocio va a pasar una temporadita en la quinta de un amigo que lo espera y recibe con los brazos abiertos, presentándolo cariñosamente a todo el personal de la casa.
El grupo de mujeres que forman parte del núcleo familiar, incluso la mucama, son todas conquistables, según el criterio del huésped, y [a] una por una va declarándoles su amor 'appianesco', recibiendo, en cambio, sendas bofetadas, desdenes y una buena 'coz' que le propina la sirvienta, en pago del atrevimiento de un abrazo frustrado.
Se alborota el gallinero. Sabe el dueño de casa las imprudencias de su amigo, lo cual no le hace maldita la gracia semejante proceder incorrecto. En reunión secreta traman un complot acordando hacer pagar caro los atrevimientos del galanteador. Una de las féminas simula ablandarse a las súplicas y ruegos del enamoradizo mancebo y ofrécele su corazón si se decide a envenenar a toda aquella familia, seres a quien ella dice odiar con toda su alma.

Appiani, duda un tanto al escuchar semejante barbaridad, pero al mirar aquellos ojos chispeantes de la mujer diabólica, accede al criminal propósito.

Recibe de su amada unos polvos misteriosos, que él supone deben ser de estricnina, y los echa en la botella de vino preparada para la hora de la comida.

Reúnense todos en derredor de la mesa y al llenarse las copas con el vino fatal para la primera libación, tiembla el envenenador, casi se delata a sí mismo, mas la serenidad de su ideal amante lo anima y deja que se envenenen todos y todas menos él y su cómplice; ambos permanecerán atónitos ante los síntomas alarmantes del horrible tósigo.

Levántase uno de los atacados, estira una pierna como agitada por un calambre especial, luego hace una mueca simiesca y se va a morir a las habitaciones interiores. Síguele una mujer presa de movimientos raros, parecidos a los del baile de San Vito, y así van desfilando todos los comensales fingiendo terribles mordeduras del corrosivo que les devora las entrañas...

El pobre criminal queda helado de espanto, siéntese morir de remordimiento y aseméjase a una estatua yaciente. En ese momento, ya solos y libres, se le acerca aquella especie de Lucrecia Borgia, brindándole su amor en premio de la heroica hazaña...

¡Bueno está Appiani para arrullos amorosos en estos instantes trágicos!... Rechaza espantado a su cómplice y sólo siente vivísimos deseos de... echar a correr, huyendo de aquella casa maldita, como alma que lleva el diablo.

Se escapa, huye despavorido, pero le sale al encuentro un fantasma ensabanado, luego otro y otro, tantos cuantos había envenenado, que venían del otro mundo a vengarse del crimen.

Appiani, presa su alma de angustiosas congojas, cae arrodillado, pídeles perdón, llora desesperado y arrepentido, cuando aquellos espectros, arrojando las sábanas, aparecen las víctimas buenos y sanos, vivitos y coleando, riéndose en las barbas del medio muerto de miedo, Appiani, el 'afilador' tenoriesco, *pour rire*.

El burlador burlado no sale de su asombro. Sabe, al fin, que aquellos polvos venenosos, no habían sido otra cosa que azúcar refinada...

En vista de la lección moral recibida con tanto susto, Guido Appiani jura y perjura ser bueno hasta... la primera ocasión que se le presente de tener a la vista una forma de mujer, así sea un palo de escobas vestido con polleras..." (*La Película* n° 58, 1 nov. 1917, p. 5 y 7).

Comentario: *El terrible Pérez* es la segunda y última película estrenada del dúo cómico Negri-Appiani, pero filmada, con anterioridad a *Una aventura de Appiani* (1917), entre el 28 de enero y el 24 de febrero de 1917. Una de las primeras exhibiciones se realizó en el Teatro Esmeralda, donde dichos artistas interpretaban sus números de varieté.

Esta película no fue distribuida durante el estreno por Cinematografía del Río de la Plata, que por ese entonces ya estaba en liquidación, sino por la Empresa Cinematográfica de Arsenio Vila, que también la comercializó en 1918 y 1919.

Comparación con bibliografía específica: Solo CIHCA (1958, p. 28) y Di Núbila (1998, p. 35) hacen referencia a este film, pero casi sin datos complementarios. CIHCA sólo menciona el nombre de la productora, y Di Núbila informa de la existencia de dos películas, *El terrible Pérez* y *No desear la mujer ajena*, cuando en realidad *No desear...* era su título de rodaje.[1]

Notas. 1. Ver *La Película* n° 45, 2 ago. 1917, p. 13 y n° 32, 3 mayo 1917, p. 13.

56. El Apóstol

Estreno: viernes 9 de noviembre a la noche en el Select (Capital Federal)
Exhibición privada: s.d.
Año de producción: 1917
Producción: Talleres Cinematográficos Federico Valle (Propietario: Federico Valle) / Guillermo Franchini
Dirección artística: [Juan Vergez?][1]
Dibujos: Diógenes Taborda (bocetos) y Quirino Cristiani (Colaboradores: Manuel Costa, Vicente Cáceres y Carlos Espejo)
Guion: Alfredo de Laferrere (con colaboración de José Bustamante y Ballivián)
Fotografía y cámara: Arnold Etchebehere y Andrés Ducaud[2]
Laboratorios: Talleres Cinematográficos Federico Valle
Escenografía: Andrés Ducaud
Música: [3]
Estudios: Talleres Cinematográficos Federico Valle (Reconquista 452)
Distribución: Talleres Cinematográficos Federico Valle
Duración: 1.700 metros (93 min. aprox.)
Género: sátira política de animación

Personajes: Hipólito Yrigoyen, Marcelino Ugarte, José Camilo Crotto, San Pedro.

Argumento: "Su protagonista es nada menos que Yrigoyen, quien da a la obra carácter político por su lado festivo y risible, porque todo tiene en el mundo su nota cómica.
Aparece el jefe de Estado, Yrigoyen, dormido encima de una catrera y sueña que sube al cielo vestido y calzado. Llega a la mansión celeste y habla con San Pedro pidiendo ser introducido a la cámara del Sancta-Santorum.
Ante los poderes divinos quéjase Yrigoyen de los sucesos y de los hombres de la tierra. Las cosas de Buenos Aires son amargamente criticadas por el prócer y pide que caiga fuego del cielo sobre esta metrópoli como en tiempos bíblicos arrojó Dios pez ardiente derretida sobre Sodoma y Gomorra.
El capítulo de cargos sobre Buenos Aires es largo y decisivo. Los discursos –latas de los diputados del Congreso–, la anarquía reinante de la Municipalidad, los apuros financieros del gobierno que no solamente carece de numerario activo, sino que debe a todo el mundo millonadas en pagarés renovables a perpetuidad. Ante ese estado caótico solicita Yrigoyen el fuego purificador y se realiza el hecho admirablemente.

El público ve arder el palacio del Congreso de los diputados, la Casa de Gobierno, otros edificios y, por fin, todo Buenos Aires queda devorado por las llamas.

Pero todo eso es un sueño cándido del Presidente de la República.

El epílogo, o sea el incendio, ha sido la filmación de maquettes artísticas e ingeniosas reproduciendo en miniatura los edificios más visibles y suntuosos de esta Capital, y fueron quemados mientras el objetivo tomaba los efectos para convertirlos en ilusión cinematográfica que tanto imita a la realidad [...] No sólo son móviles los dibujos de esta cinta, sino también su argumento. Sus autores han dejado margen ancho para introducir en dicha producción ingeniosa actualidades nuevas y sucesivas, tal y como se vayan desarrollando en la escena política porteña realmente con el objeto de traducirlas cómicamente en la tela. De este modo los sueños de Yrigoyen van a prolongarse mucho y hay que esperar sorpresas hilarantes" (*La Película* n° 60, 15 nov. 1917, p. 3).

Comentario: *El Apóstol* constituye el primer largometraje de animación, no sólo de la historia del cine argentino sino de la cinematografía mundial. Este film, financiado por el propietario del cine Select, Guillermo Franchini, contenía alrededor de 58.000 dibujos, realizados principalmente por Quirino Cristiani y Diógenes Taborda a través de la técnica de filmación cuadro por cuadro sobre figuras articuladas en diversas posiciones. A su vez, en el epílogo de esta película se incluyó una maqueta de 350 m² de la ciudad de Buenos Aires, construida por Andrés Ducaud, con "16 manzanas con todos sus edificios [640 casas], paseos, plazas, etc., y el puerto contiene más de 80 buques de diferentes tipos".[4] A pesar de que no fue posible determinar el inicio de esta filmación que demandó "varios meses de trabajo constante",[5] sí podemos afirmar que todavía se estaba realizando a comienzos de octubre porque *La Verdad* informa que Taborda "está ultimando una serie de dibujos a base de significativos políticos del país".[6]

Desde su estreno, el film se proyectó con exclusividad en el aristocrático cine Select a 2 pesos la entrada, lo cual constituía una modalidad inusual de exhibición para el cine argentino. Las películas nacionales generalmente se proyectaban alternadamente en diversas salas, incluso durante una misma semana.

Durante los dos primeros meses de exhibición se realizaron 110 proyecciones consecutivas en el cine Select. Según el semanario *PBT*,[7] durante las primeras 70 exhibiciones "fue vista por 25.786 personas, produciendo un ingreso de 43.952 pesos"; esto significó un éxito importante si tenemos en cuenta que durante diciembre y enero disminuía notablemente la asistencia al cine debido al calor.

Sus espacios de exhibición, el Select de Capital Federal y el Regina de Mar del Plata, permiten inferir que *El Apóstol* estaba dirigido a un público de clase alta, mayormente anti-yrigoyenista.

Debido a su éxito, en 1918 surgió una marca de cigarrillos con el nombre del film, cuya publicidad era una caricatura de "la última cena" con Yrigoyen en el lugar de Cristo rodeado de diversos políticos.

El Apóstol se distribuyó además en 1918, 1919, 1921, 1926, 1927 y 1928. En ese período su duración sufrió algunas modificaciones, ya que en enero de 1919 Cinematográfica Rosarina y Baires Film comercializaron una versión de 4 actos mientras que a partir de 1926 comenzó a circular una copia de 5 actos.

Comparación con bibliografía específica: Si bien la mayor parte de la información fue obtenida de la biografía sobre Valle escrita por Di Núbila (1996), nuestra investigación permitió determinar la participación de Etchebehere[8] y Ducaud como cameraman, y la supuesta dirección artística de Vergez.

Notas: 1. D. Taborda en *La Película* n° 53 (27 sep. 1917, p. 41) define a Vergez como el "metteur en scéne" de la obra. **2.** Ducaud es descripto como "el operatour", una forma característica en la época de denominar al cameraman (Ídem). **3.** Para su exhibición en el Cine Moderno de Rosario, *Crónica* (2 mar. 1918, "Cinematógrafos") informa que tendrá "acompañamiento por la orquesta con música escrita ex profeso". **4.** Publicidad en *La Película* n° 70, 24 ene. 1918, p. 10. **5.** *PBT* n° 680, 5 dic. 1917, p. 22. **6.** 6 oct. 1917, p. 8. **7.** N° 683, 26 dic. 1917, p. 70. **8.** *PBT* n° 680, 5 dic. 1917, p. 22.

57. El capataz Valderrama o Carmen la gitana

Estreno: lunes 12 de noviembre a la noche en el Splendid Theatre y el Empire Theatre (Capital Federal)
Exhibición privada: -[1]
Año de producción: 1917
Producción: Jack Film (Productores: José María Pallache y Emilio Peruzzi) / Cinematografía del Río de la Plata (Propietarios: Carlos Dose Obligado y José M. Pallache)
Dirección: José M. Pallache[2]
Guion: Belisario Roldán basado en su obra teatral *Luz de hoguera*
Fotografía y cámara: Emilio Peruzzi
Virados en color
Laboratorios: [Cairo Film?]
Estudios: Cinematografía del Río de la Plata (Victoria 1176) y Cairo Film (Lavalle 641?)[3]
Distribución: Jack Film (Maipú 62)
Duración: 8 actos
Género: "cine-drama"[4]

Intérpretes: Pablo Podestá (el capataz Valderrama), Rosario Guerrero (Carmen, la gitana), Silvia Parodi (esposa del patrón), Félix Rico, Augusto Zama, [Olinda Bozán?], [Antonio Izzo?], [Humberto Peruzzi?].[5]

Argumento: "Hay un dique en construcción y no lejos de las obras está situada la cabaña del ingeniero director, Carlos, técnico italiano que se casó con una muchacha gloria de los salones porteños y que por apuros de la suerte ha debido partir con su marido hacia el lejano territorio, donde el matrimonio reside con su hija Martita. Un hermano de la joven esposa de regreso de Europa, se ha apresurado a abandonar Buenos Aires para visitar a sus únicos e inmediatos parientes.

Conversando, recién llegado, con su hermana, sabe de esta que vive feliz y que sólo tiene una inquietud. Desde hace unos días, todas las mañanas aparece al pie de la ventana de su dormitorio un ramo de flores que una mano desconocida deposita allí.

Llega al cabo de varias incidencias a recibir órdenes del director, Valderrama, capataz primero de las obras. En los ojos de ese hombre, de quien se cuentan hechos de coraje indomable, lee el hermano de Marta una revelación: él es quien deposita los ramos en la ventana...

–¡Y por consiguiente me ama!– prorrumpe atemorizada Marta.

En la escena siguiente, el hermano providencial quiere comprobar su sospecha y aprovecha para ello la oportunidad de que Valderrama vuelve por haberse olvidado una libreta. Cruzan los dos frases hirientes y salen desafiados hacia afuera. Luego sabemos que no ocurrió nada [...] En un momento hábil, Valderrama pregunta violentamente a la esposa de Carlos:
–¿Quiere usted escucharme un momento?...
–¡No, ni ahora ni nunca! ¡Retírese usted!
En venganza, al final de la jornada [...] Valderrama provoca con su actitud equívoca una huelga de los obreros del dique, sobre los que ejerce gran dominio. Estos obreros que hace dos meses no cobran sus jornales van a la disparada a la casa del director en que suponen que hay plata para ejecutar un asalto [...] Con esto termina el acto, afirmando Valderrama a un amigo campero que había ido a visitarlo por casualidad:
–¿Los ves? Creen que van a reivindicar sus derechos... ¡No! ¡No! Son los ejecutores de mi voluntad! ¡Ahora, ahora ella será mía! ¡Préstame tu caballo!... [...] Entra Valderrama capitaneando sus huestes proletarias 'ebrias pero hambrientas' y hace un aparte con Marta en la piecita de al lado exigiéndole que ceda en lo que los lectores ya pueden figurarse, dándole para reflexionar media hora de tiempo. Marta se retira a su piecita a pedirle consejos a la virgen de los desamparados y Valderrama, que estaba vichando por aquella ventanita de las flores, salta, entra en escena, se enternece, lo arregla todo, echa a rebencazos a los obreros que ya volvían a entrar, le pide perdón al ingeniero y le dice a Marta que aquella pasión que alimentaba es ahora una lucecita espiritual" ("Luz de Hoguera", *Crítica*, 17 abr. 1915, "Teatros").[6]

Locaciones: Prov. de Buenos Aires: Morón y Berazategui.

Comentario: Se trata del único film producido por la empresa Jack Film, fundada en agosto de 1917, luego del cierre de la Cinematografía del Río de la Plata, por uno de sus socios José M. Pallache y por el fotógrafo Emilio Peruzzi. En realidad su rodaje, desarrollado entre el 12 de julio y mediados de septiembre de 1917,[7] se inició en los estudios de Cinematografía del Río de la Plata en Victoria 1176, y continuó en los talleres de Humberto Cairo, alquilados por la Jack Film. Esta empresa sobrevivirá unos años dedicándose sólo a la distribución de este film hasta que finalmente en marzo de 1919 puso en venta el negativo.
Con respecto a su argumento, Belisario Roldán realizó algunas modificaciones en relación a la obra teatral *Luz de hoguera* (1915), como por ejemplo la inclusión del personaje de la gitana Carmen, a la que alude el título. La bailarina española Rosario Guerrero fue contratada por

Cinematografía del Río de la Plata para interpretarlo por una suma de
$8.000.[8] Por su parte, la intérprete Silvia Parodi se incorporó a esta pro-
ducción una vez iniciado el rodaje, en reemplazo de Gemma Di Güelfo.
El capataz Valderrama se estrenó en diciembre de 1917 en Montevideo
(Uruguay), y continuó exhibiéndose en Argentina durante 1918, 1920,
1921, 1923[9] y 1924. En este último año, su duración fue reducida a 7 actos
por la distribuidora Argentine Foreign Film.

Comparación con bibliografía específica: SICMA (1992, p. 25) consig-
na como años de filmación 1915 y 1916 y atribuye la producción solo a
Cinematografía del Río de la Plata.
Por su parte, Di Núbila (1998, p. 28) menciona como intérprete a Felipe
Farah, quien en su propia biografía fílmica publicada por *Última Hora*
(11 nov. 1929, p. 4) no hace referencia a esta obra.

Notas: 1. La productora ofreció entradas gratis en las salas de estreno a
los exhibidores que solicitasen visionarlo. **2.** A pesar de que B. Roldán es
mencionado como director antes del rodaje y en una crítica de *Excelsior*
n° 194 (21 nov. 1917, p. 1417), *La Película* n° 44 (26 jul. 1917, p. 15) y n° 48
(23 ago. 1917, p. 15) señalan a Pallache como "metteur en scéne" durante
la etapa de filmación. **3.** Esta dirección fue obtenida de una publicidad
(*La Película* n° 105, 26 sep. 1918) publicada en 1918. **4.** Publicidad en *La
Película* n° 60, 15 nov. 1917, p. 12. **5.** Bozán e Izzo son citados por CIHCA
(1958, p. 26 y 31) y Di Núbila (1998, p. 28), quien a su vez incluye en el
reparto al hijo del fotógrafo Peruzzi. Nuestro relevamiento no pudo
confirmar estos datos. **6.** Este resumen corresponde al argumento de
la obra teatral, por lo cual no guarda total exactitud con su adaptación
cinematográfica. **7.** Ver *La Película* n° 42, 12 jul. 1917, p. 15 y n° 52, 20
sep. 1917, p. 13. **8.** *La Película* n° 37, 7 jun. 1917, p. 9. **9.** En este año, el
distribuidor Carlos Anselmi lanzó al mercado una copia del film con
nuevos intertítulos, redactados por el dramaturgo José González Castillo.

58. El ladrón
[Título de rodaje: **Ladrón**]

Estreno: jueves 15 de noviembre a la noche en el Teatro Coliseo (Capital Federal)
Exhibición privada: domingo 11 de noviembre en el Teatro Esmeralda (Capital Federal)
Año de producción: 1916/17
Producción: Belisario Roldán / Finagraph[1] / Argentina Film (Productor: José Costa y Cía.) / Cinematografía del Río de la Plata
Dirección: Belisario Roldán
Guion: Belisario Roldán basado en su obra teatral *El señor Corregidor*
Intertítulos: Belisario Roldán
Fotografía y cámara: Julio Kemenyde [o Kemenydy?] y otros
Laboratorios: Cinematografía del Río de la Plata [y Argentina Film?]
Estudios: Cinematografía del Río de la Plata (Cangallo 827 y Victoria 1176) / jardín de la casa de Belisario Roldán
Distribución: Argentina Film (Tucumán 721)
Duración: 1 prólogo y 5 actos[2]
Género: "cine-drama"[3]

Intérpretes: Carlos Bouhier (Carlos Mendieta), Félix Rico (Manuel Mendieta), Rómulo Turolo (don Pedro Mendieta), Lina Esteves, Mary Beduel [o Baduel?], María Luisa Notar, Alberto Neccoly, Lily Lloyd.

Argumento: Hace más de veinte años una mendiga pedía limosna junto a su hijo hambriento de corta edad. Ante la insensibilidad de los transeúntes, la madre angustiada, dejó al niño en un banco de la plaza San Martín con una nota en su pecho, y se alejó hacia el río. El papel decía así: "La madre de esta criatura acaba de suicidarse. ¡Piedad para el niño abandonado!".
La policía encontró casi al mismo tiempo el cadáver de la mujer y a su hijo temblando de frío, el cual fue conducido a la Casa de Expósitos.
Después de que los diarios consignaran la tragedia, don Pedro Mendieta, un hombre acaudalado que vivía en una mansión en el Tigre, conmovido por la noticia propuso a su cónyuge la adopción de la criatura. De esta manera, ese niño llamado Carlitos se encontró de pronto viviendo en un palacio, rodeado de juguetes y del cariño de sus nuevos padres.
Dos años después, la señora Mendieta, estéril hasta entonces, dio a luz a un hijo al que bautizaron con el nombre de Manuel. Decidieron, sin

embargo, guardar el secreto del origen de Carlitos y tratar a ambos como iguales.

Pasados veinte años, a pesar de haber sido educados de la misma manera los caracteres de Carlos y Manuel eran diferentes. Mientras el primero parecía haber heredado la austeridad de costumbres de su padre adoptivo y sólo se sentía a gusto en su casa, Manuel era un tanto libertino, dejándose llevar por el juego, las mujeres y el champagne.

A la residencia del Tigre fue a vivir temporariamente Elena, la sobrina de don Mendieta, quien a pesar de intuir que Carlos estaba secretamente enamorado de ella, sólo tenía ojos para Manuel, con el cual realizaba románticas travesías en bote por el río Luján. Pero Elena, pronto, sufrirá una decepción al descubrir una carta de una tal Jeannette dirigida a Manuel, a raíz de la cual Carlos buscará consolarla justificando el desliz por la escasa edad de su hermano.

Una tarde, don Pedro Mendieta, al comprobar nuevamente que seguían desapareciendo sumas de dinero de su escritorio, llamó a su esposa y luego de explicarle el caso llegaron a la conclusión de que el ladrón era uno de sus hijos, ya que eran los únicos que poseían la llave de ese escritorio. Al recordar el origen social de uno de ellos, convinieron en que la herencia moral que pesaba sobre Carlos lo declaraba culpable. No obstante, resolvieron no decir nada y seguir observando. Sin embargo, Carlos notaba un cambio en el comportamiento de sus padres, sintiéndose hostilizado por ellos.

Cuando en un determinado momento, don Pedro Mendieta cayó enfermo, los médicos diagnosticaron que poco podrían hacer ya que sufría una "dolencia moral". Entonces este mandó a llamar a un viejo amigo de la infancia, Gregorio Antúnez, para desahogar el dolor que lo consumía. Carlos, escondido detrás de una cortina, escuchó absorto que no era hijo del hombre que tenía por padre... y que el ladrón que había en la casa no era él como había pretendido convencerse a sí mismo su padre, sino Manuel.

–¡Soy el padre de un perdido, de un ladrón! ¡Odio a Carlos! ¡Su honradez me resulta un vejamen! ¡Yo necesitaba que él hubiera sido el culpable!

Carlos, luego de escuchar estas palabras con un sollozo contenido, fue en busca de su hermano acusándolo de ladrón y diciéndole, mientras le dejaba una carta para su progenitor, que tenía una deuda que pagar, salvar la vida de quien creía su padre. La carta que Manuel entregó decía: "¡Padre, perdón! ¡Me castigo a mí mismo alejándome para siempre!".

Don Pedro abrazó llorando a Manuel y le pidió perdón por haber dudado de él. Así el sacrificio del otro hijo no había sido estéril, la vida de su padre se había salvado.

Mientras, solo y sin rumbo, Carlos logró ser contratado como empleado en un comercio. Manuel, imposibilitado de revelarle la verdad a su
padre debido a su frágil salud, desahogó su conciencia atormentada en
Elena. Su novia indignada declaró roto el romance y fue en busca de su
verdadero amor, Carlos, encontrándolo mientras cruzaba la misma plaza
donde había sido abandonado de niño.

Una vez casados, el amigo de su padre, Gregorio Antúnez, quien nunca
creyó en la culpabilidad de Carlos, prestó ayuda material y le consiguió
un empleo mejor en la fábrica en que trabajaba.

Entre tanto Manuel, lleno de remordimientos, se decidió a contar la
verdad, demostrando en sus palabras un firme propósito de redención
que conmovió a su padre, llorando dulcemente al verlo partir hacia la
estancia para redimirse en el trabajo.

Carlos y Elena regresaron al hogar común, dando a luz a un hijo del cual
don Pedro Mendieta fue el más amoroso de los abuelos.[4]

Intertítulos: "Dice uno, refiriéndose a la romántica Elena, a la cual se
ve deslizándose en un bote por un pintoresco riacho del Tigre: A veces,
para soñar, / la barca y el pensamiento / gustaba dejar andar / a los
caprichos del viento...
Y dice el otro, aludiendo a la pareja de enamorados que pasan bogando
al amor de la luna:
Los remos, como alas de un ave cansada, / pasan hilvanando su me-
lancolía; / bajo la radiante bóveda estrellada / las brisas orquestan su
gran sinfonía; / y en tanto que Elena sonríe con una / serena sonrisa de
mujer amada, / allá a la distancia, bajo la enramada, / vestida de blanco,
se baña la luna..." ("El Ladrón. Cuento cinematográfico", en *PBT* n° 657,
30 jun. 1917).

Locaciones: Capital Federal: Plaza San Martín, Casa de Expósitos,[5] y
diversas mansiones. Prov. de Buenos Aires: Tigre.

Comentario: El rodaje de *El ladrón* fue realizado inicialmente entre
fines de diciembre de 1916 y marzo de 1917 por Cinematografía del Río
de la Plata con financiación del dramaturgo Belisario Roldán.[6] Luego
de una exhibición privada no muy satisfactoria, a mediados de marzo,
Roldán continuó la filmación en un estudio que ya había improvisado
con anterioridad en los jardines de su casa, donde había hecho interiores suntuosos, con tapices y muebles por un valor de $ 50.000.[7] El 6 de
julio en el Select se realizó una segunda función privada, que produjo
nuevas modificaciones, incorporadas a la versión definitiva estrenada

en noviembre de 1917, en el marco de un festival de beneficencia de la Sociedad Escuelas y Patronatos.

A pesar de que es publicitada como la segunda película de Argentina Film, esta productora sólo pudo haber financiado el último tramo del rodaje o bien la adquirió una vez terminada, ya que no existe mención a esta empresa ni a su propietario en los comentarios sobre *El ladrón* antes de septiembre de 1917.

A través de una información de la revista *La Película*[8] pudimos constatar que Julio Kemenyde fue el fotógrafo del film. Pero es importante destacar que este cameraman sólo pudo participar de la primera parte de su rodaje a cargo de Cinematografía del Río de la Plata, porque se desvinculó de esta empresa en marzo de 1917 para trasladarse a Chile, y regresó recién en diciembre de ese año.

En relación a su argumento, como ocurrió con *El capataz Valderrama* (1917), Belisario Roldán vuelve a llevar al cine una de sus obras teatrales incorporando algunas modificaciones, en este caso adaptando al presente la trama histórica de *El señor Corregidor* (1917).

Después de su estreno en Montevideo (Uruguay) a fines de 1917, *El ladrón* se exhibió en nuestro país durante 1918, 1919 y 1924.

Comparación con bibliografía específica: Maranghello (2005, p. 29) menciona en forma inexacta que esta película fue dirigida por Juan Glizé y Vicente Marracino.[9] Por su parte, CIHCA (1958, p. 28) atribuye la producción sólo a Cinematografía Río de la Plata, sin hacer referencia al financiamiento de Roldán, Finagraph y Argentina Film.

Notas: 1. En la sección cinematográfica de *PBT* n° 657 (30 jun. 1917) y n° 659 (14 jul. 1917) se cita a esta productora, sin que vuelva a ser mencionada en el resto de las fuentes. **2.** Publicidad en *Excelsior* n° 201, 16 ene. 1918, p. 125. **3.** Publicidad en *La Película* n° 42, 12 jul. 1917. **4.** Este resumen se redactó tomando como referencia el "cuento cinematográfico" *El ladrón*, publicado en *PBT* n° 656 (23 jun. 1917) y n° 657 (30 jun. 1917). **5.** Se tomaron escenas en sus jardines "donde aparecen jugando más de mil niños" (*La Razón*, 3 mar. 1917, p. 7). **6.** Un comentario en *La Película* n° 14 (28 dic. 1916, p. 4) indica que Roldán es el "capitalista" del film. **7.** *La Película* n° 27, 29 mar. 1917, p. 7. **8.** N° 63, 6 dic. 1917, p. 13. **9.** El conjunto de las fuentes consultadas atribuyen a Roldán la dirección artística del film (Ver *La Razón*, 3 mar. 1917, "Sociales"; *La Película* n° 28, 5 abr. 1917, p. 9; *Excelsior* n° 175, 11 jul. 1917, p. 837 y n° 193, 14 nov. 1917, p. 1389).

59. Las aventuras de las señoritas Argas
[o **Aventuras de la señorita Argas**][1]

Estreno: viernes 16 de noviembre en el Teatro de la Princesa (Capital Federal)
Año de producción: [1916?/17?]
Producción: Empresa editora Italo Fattori (Propietario: Italo Fattori) / Argas
Dirección y guion: José A. Ferreyra
Fotografía y cámara: [Luis Ángel Scaglione?]
Distribución: Empresa editora Italo Fattori
Duración: s.d.
Género: película comercial

Intérpretes: s.d.

Argumento: s.d.

Comentario: Esta producción de la Italo Fattori filmada por encargo de la empresa de lámparas Argas es la primera ficción de carácter publicitario dirigida y escrita por José A. Ferreyra, cuya autoría se atribuye este cineasta en un reportaje publicado en *Imparcial Film*.[2]
Si bien no fue posible determinar con exactitud el período de rodaje, podemos estimar que se realizó entre 1916 y 1917, ya que por un lado su productora se fundó en 1916, y por otro, según consta en un listado de la producción de Italo Fattori,[3] fue filmada antes que *La isla misteriosa*, estrenada en enero 1918. La fotografía es probable que haya estado a cargo de Luis Scaglione porque este cameraman ocupará ese rol en la siguiente producción de Italo Fattori, *La isla misteriosa*, dirigida también por José Ferreyra.

Comparación con bibliografía específica: Se trata de una obra que no fue citada por la bibliografía previa.

Notas: 1. Mientras el primer título corresponde a una publicidad de la empresa productora publicado en *La Película* n° 157 (25 sep. 1919), el segundo fue obtenido de la cartelera de espectáculos de *La Razón* (16 nov. 1917). **2.** N° 176, 5 sep. 1922, p. 5. **3.** Publicidad en *La Película* n° 157, 25 sep. 1919.

-- -

Divergencias con bibliografía específica: Di Núbila (1998, p. 35) menciona en una lista de estrenos nacionales hasta 1921, el título *El tesoro viviente*, que era en realidad un proyecto de la productora Martínez y Gunche, que jamás se terminó de concretar. Según las fuentes consultadas, se trató de un argumento cómico dramático que esta empresa anunció que comenzaría a filmar, o bien que estrenaría próximamente, en reiteradas oportunidades, entre enero de 1917 y enero de 1918,[1] fecha en que desaparece definitivamente toda información sobre esta obra.

Notas: 1. Ver *Tribuna*, 12 ene. 1917, "Por los Cines"; *La Película* n° 53, 27 sep. 1917, p. 40; *Tribuna*, 6 oct. 1917, "Cinematógrafos"; publicidad en *Excelsior* n° 201, 16 ene. 1918.

1918

60. La isla misteriosa

Estreno: sábado 12 de enero en el Crystal Palace (Capital Federal)
Exhibición privada: sábado 12 de enero en el Crystal Palace
Año de producción: [1916?/17?]
Producción: Empresa editora Italo Fattori (Propietario: Italo Fattori) /
Compañía Ítalo-Argentina de Electricidad
Dirección y guion: José A. Ferreyra
Fotografía y cámara: Luis Ángel Scaglione
Distribución: Empresa editora Italo Fattori (Sáenz Peña 973)
Duración: 20 partes
Género: "película de aventuras"[1]

Intérpretes: Mimí D'Orleans, Ángel Boyano (extra).

Argumento: s.d.

Comentario: *La isla misteriosa*, financiada por la Compañía Ítalo-Argentina de Electricidad, es la segunda película publicitaria de ficción dirigida por José A. Ferreyra para la productora Italo Fattori. Su protagonista, Mimí D'Orleans, era una cantante italiana que actuaba en las funciones de varietés del Teatro Casino y del Edén Cosmopolita.

Comparación con bibliografía específica: Couselo (1969, p. 131) es el primer historiador que, a pesar de no catalogarlo como un film publicitario, aporta datos significativos sobre esta obra. Por un lado, indica que el "probable productor y argumentista fue Italo Fattori", a quien nuestra investigación pudo confirmar sólo como "editor",[2] ya que el propio Ferreyra se adjudica en un reportaje la autoría del argumento.[3] Por otro, da cuenta de "que se habría estrenado con bastante retraso en el Crystal Palace" luego de ser supuestamente producida en 1916. En este sentido, si bien logramos obtener la fecha de estreno, no pudimos determinar con exactitud el período de producción, que podría comprender desde la constitución de dicha empresa en 1916 hasta su exhibición en enero de 1918.

Notas: 1. *La Película* n° 66, 27 dic. 1917. **2.** Publicidad en *La Película* n° 67, 3 ene. 1918. **3.** *Imparcial Film* n° 176, 5 sep. 1922.

61. ¿Hasta dónde...?

Estreno: sábado 9 de marzo a la noche en el Teatro Odeón (Mar del Plata, prov. de Buenos Aires)
Exhibición privada: martes 26 de febrero a la mañana en el Select (Capital Federal)
Año de producción: 1917/18
Producción: Platense Film S. A. (Director Comercial: Héctor G. Quiroga / Directorio: Félix Mo (Presidente), De Michelli, Candriani, Rosasco, Fasce, Julio Balzari, Peretti, Alberto Víctor Bruneta (Secretario), Paranti / Socio: Paul Capellani)
Dirección: Paul Capellani
Asistente de dirección: [Marcel H. Morhange?][1]
Guion: Paul Capellani sobre la obra teatral *Treinta años o La vida de un jugador* de Víctor Ducance y Dinaux
Fotografía y cámara: Georges Benoît
Virados en color
Laboratorios: Platense Film S. A.
Estudios: Platense Film S. A. (Boedo 51)
Distribución: Platense Film S. A. (Bartolomé Mitre 1658)
Duración: 7 actos
Género: "cine-drama"[2]

Intérpretes: Paul Capellani, Camila Quiroga, Héctor G. Quiroga, Livia Zapata, Mariano Galé, Aurelia Ferrer, Julio Escarcela, Celia Podestá, Leopoldo Simari, María Cambre, Eliseo Gutiérrez, Pepita González, José Rubens, Santos Casabal, Guillermo Battaglia, la niña Jaqueline Morhange, Aquiles Rivelli, Beryl Morhange, Fausto Guerrero, José Prado, [Eliseo?] San Juan, Ramírez, Calderón, Olivares.

Datos del argumento: "El argumento es a base de un sueño, y por eso mismo no se le puede exigir al personaje central más exactitud en los episodios, y en muchos detalles, pues a nadie soñando se le puede impedir que ejecute los más extraños caprichos"[3] (*El Nacional*, 27 feb. 1918, p. 3).

"El prólogo fue el primer triunfo. En cuadros sucesivos fueron pasando en la pantalla visiones arrancadas a la realidad palpitante del vivir porteño. Las carreras en el hipódromo con su movimiento vertiginoso en días de gran ansiedad febril, siendo vencedor el caballo 'Botafogo'; la ruleta, elegancia refinada de la sociedad viciosa, vana, superficial; el poker y otros entretenimientos propios de los apasionados por el juego en una u otra forma.

En contraposición del vicio aparecieron escenas de trabajo: rodeos de hacienda, la trilla de mieses doradas por el sol de las pampas, actividades humanas que neutralizan en gran parte los estragos de los ilusos, ciegos por la pasión del oro, fiándolo todo al azar de una carta, de una cifra o de un caballo [...] El desarrollo de la cinta inspirada en la conocida obra *Treinta años o la vida de un jugador*, acusa la tendencia indeclinable del jugador a arruinarse y caer en la deshonra y la perdición, arrastrando tras de sí, a los suyos, como si no pudiera detenerse en la pendiente del vicio hasta llegar al fondo del abismo, por leyes misteriosas y fatalistas [...] Sus actitudes [Camila Quiroga] son modelo de expresión, especialmente en los atormentados estados de su alma en los momentos culminantes del drama familiar, y cuando tiene que ahogar recuerdos de amores pasados, para reconcentrar su atención en el presente, sorteando ingeniosamente las mil dificultades de la vida que el azar la hiere, haciéndola víctima de la desgracia y mártir de las malas andanzas del esposo jugador empedernido [...] El pensamiento fundamental de esta película es un ataque a fondo contra el juego en todas sus fases conocidas, corrosivo de todas las clases sociales" (*La Película* n° 75, 28 feb. 1918, p. 3).

Fotografía: "La proyección es larga, quizá peca por extensión de metraje [...] Así se ven crepúsculos deliciosos, vespertinos y matutinos, el sol próximo a su ocaso y semejante a un globo de fuego ilumina la inmensa bóveda celeste con sus postreros fulgores que colorean de rojizas tintas los campos [...] A él [Georges Benoît] se le deben los prodigiosos efectos fotográficos, las maravillosas medias tintas, los espléndidos claro-oscuros y relieves de siluetas en las sombras de la noche y en las lejanías del horizonte iluminado por la luz difusa del alba en amaneceres indecisos" (Ídem).

Locaciones: Palermo (Capital Federal), cercanías del Dique San Roque (Córdoba), entre otras.

Comentario: Luego del éxito de *Viviana* (1917), Héctor Quiroga decidió renunciar como distribuidor de las películas de Patria Film y convirtió, en julio de 1917, en sociedad anónima a su empresa Platense Film, con un capital de medio millón de pesos.

Con el objetivo de constituir la productora más importante de Sudamérica, trajo a nuestro país en septiembre de ese año a tres figuras prominentes del cine francés, que por ese entonces intervenían en la industria norteamericana: Paul Capellani, Georges Benoît y Marcel H. Morhange. Capellani era un prestigioso actor teatral de la Comedia Francesa que había interpretado importantes producciones francesas y estadounidenses. Georges Benoît se había desempeñado como fotógrafo de la productora europea Gaumont y luego, en Estados Unidos, participó en films como *Regeneración* (1915) y *Carmen* (1915), de Raoul Walsh. Marcel Morhange era promocionado en algunos medios de prensa[4] como fotógrafo de la productoras Vitagraph, World y Fox, y director artístico de las últimas dos películas de Max Linder en Essanay.

Estos tres extranjeros se encargaron de organizar, entre mediados de septiembre y comienzos de octubre de 1917, la instalación –con un moderno equipamiento traído de Estados Unidos– de laboratorios y de dos "galerías de filmación" en Boedo 51, con un novedoso juego de cortinas que permitía direccionar la luz solar.

Este proyecto ambicioso de Platense Film S. A. comprendía originariamente la realización de una serie de películas bajo la dirección e interpretación de Capellani, con el propósito de instaurar en nuestro país un cine de calidad que permitiese a la vez la apertura hacia el mercado estadounidense y europeo a través de la popularidad de su protagonista. Sin embargo, *¿Hasta dónde...?*, rodada entre el 19 de octubre de 1917 y fines de enero de 1918, fue la única película de esta productora. El film tuvo muy buena repercusión en la crítica, pero la taquilla no cubrió las altas expectativas de la productora, que se vio obligada a interrumpir su proyecto.

En agosto de 1918, Platense S. A. cerró sus puertas como productora, para dedicarse sólo a la distribución.

A mediados de abril de 1918, Capellani regresó a Estados Unidos llevando copias del film para su distribución en ese país y en Europa. Georges Benoît permaneció en nuestro país hasta 1919, donde realizó dos películas. Marcel Morhange se convirtió en gerente de la distribuidora New York Film Exchange en Argentina.

¿Hasta dónde...? se distribuyó además durante 1919 y 1920, y luego entre 1923 y 1924 fue comercializada por Cinematografía Argentina Federico Valle. En el exterior, a comienzos de 1919 se estrenó en Estados Unidos con el título *Dollars and destiny* por intermedio de la Inter-Ocean Film Corporation.[5] Durante ese año es probable que se exhibiera en Chile y, en 1920, en España, en coincidencia con las giras teatrales de la compañía de Camila Quiroga.

Notas: 1. Si bien Morhange es mencionado en el equipo de filmación que se trasladó en diciembre a Córdoba para rodar exteriores, ninguna fuente explicita su labor; pudo haberse encargado de la asistencia de dirección, la jefatura de producción o bien de la dirección técnica junto con Benoît. **2.** Publicidad en *La Razón*, 20 abr. 1918, p. 9. **3.** Sobre el final el espectador descubría el aspecto onírico de la trama. **4.** *La Película* nº 48, 23 ago. 1917, p. 13 y 15. **5.** Es probable que esta empresa se haya encargado, además, de su comercialización en Perú, Bolivia, Ecuador, Paraguay, México, Puerto Rico, Santo Domingo, Venezuela, España y Portugal, como anunciaban, según *Crítica* (14 jul. 1919, p. 2), diversas revistas norteamericanas.

62. La república de jauja o ¡Abajo la careta!

Estreno: lunes 18 de marzo en el Splendid Theatre, Esmeralda, Cinematógrafo Callao y Petit Palace (Capital Federal)
Exhibición privada: lunes 18 de marzo a la mañana en el Splendid Theatre
Año de producción: [1917?]/18
Producción: Graphic-Film [Ducaud y Cía.: Andrés Ducaud (Director Técnico), Egbert J. S. Carlile (Director Gerente), Nicolás Wellenstein (Subgerente administrador)]
Realización: Andrés Ducaud
Dibujos: Pelele (Pedro Ángel Zavalla), Ramón Columba, Diógenes Taborda, entre otros 15 dibujantes
Guion: s.d.
Intertítulos: Oñiverta (Alfredo de Treviño)
Distribución: [Graphic-Film?]
Duración: 1.300 metros (71 min. aprox.)
Género: sátira política de animación

Personajes: Hipólito Yrigoyen, Lisandro de la Torre, el intendente Arturo Gramajo, entre otros 48 políticos de la época.

Argumento: "Pasan por la tela un variado número de personalidades reconocidas en el mundo político; siguen su curso los que aspiran al sillón presidencial, y los medios que usan para hilvanar intrigas y comprometer con estos manipuleos insanos la dignidad de los más apreciados por el pueblo.
Después la derrota y enemistad de unos, y el triunfo glorioso del electo [Hipólito Yrigoyen].
Vese a los gobernantes de tiempos extintos jugar con la conciencia popular, comprar boletas al mejor postor y ensalzar su misión con la prescindencia de las multitudes.
Luego pasa la política sana con su campeón que busca los hombres honestos que compondrán el ministerio.
Y más adelante el epílogo de ambos contrincantes; desenlaces, artimañas de Júpiter, y subterfugios de Lucifer" (*Excelsior* n° 210, 20 mar. 1918, p. 361).

"La idea esencial del asunto es una sátira contra el régimen antiguo, descubriendo los misterios y entretelones de la alta política y poniendo de relieve los gatuperios de la politiquería menuda[1] [...] Sucede en este film un caso digno de mención: el vicio de la amplitud, de la frondosidad, de la superabundancia de tipos en acción. Se ha querido abarcar demasiado campo visual y abruma al espectador tal extensión ideal, puesto que algo significan y algo dicen las figuras animadas en tela luminosa y no hay imaginación, por poderosa que sea, capaz de englobar en el pensamiento la síntesis de un tema vastísimo como es el planteado en *La república de jauja o Abajo la careta*" (*La Película* n° 78, 21 mar. 1918, p. 12).

"62.000 dibujos animados. La bella política y la politiquería. Entretelones hilarantes-Revelación de misterios. 48 políticos actúan en las principales escenas- Un impresionante desfile de 40 cuadras de la Diagonal Norte con todo su movimiento y tráfico construidas especialmente para este film por el arquitecto Ducaud que construyó y filmó el incendio de *El Apóstol*" (Publicidad en *Excelsior* n° 209, 13 mar. 1918).

Comentario: El éxito de *El Apóstol* (1917) incidió seguramente en la realización de *La república de jauja*, el segundo largometraje de animación de la historia del cine argentino. Sin embargo, esta nueva sátira adoptará una posición política contraria, ya que centrará su cuestionamiento en la oposición y elogiará al radicalismo yrigoyenista, algunos de cuyos sectores probablemente colaboraron en su financiamiento.
En relación al período de realización, a pesar de que los primeros datos sobre su filmación son de comienzos de febrero de 1918, es muy posible que se haya iniciado con anterioridad debido a la complejidad de la confección de un film de animación en esa época.
La república de jauja, que también se exhibió con el título de *Murga política* por ejemplo el 19 de marzo de 1918 en el Teatro Casino, fue reestrenada el 16 de abril de 1918 en el Empire Theatre con la totalidad de sus intertítulos reformados en verso por el poeta Oñiverta (Alfredo de Treviño),[2] lo cual permite entrever una tibia repercusión inicial. Posteriormente, se comercializó en enero de 1919 junto con *El Apóstol* por intermedio de Cinematográfica Rosarina y Baires Film.
La productora Graphic-Film, constituida en febrero de 1918, que decía contar con 4.000 metros de film en dibujos animados, desapareció rápidamente tras dejar algunas deudas producto de diversos pedidos de créditos.

Comparación con bibliografía específica: Sólo Couselo (2008, p. 32) y Maranghello (2005, p. 33) mencionan a Ducaud como realizador del film, aunque sin dar cuenta de ninguno de los dibujantes que intervinieron. Ambos atribuyen a Federico Valle algún tipo de participación, Couselo indica que pudo haber sido el patrocinador el film y Maranghello sostiene que fue el productor. Cabe destacar que no solo las fuentes consultadas informan de una producción exclusiva de Graphic-Film, conformada por Ducaud, Carlile y Wellenstein,[3] sino que también se preocupan por desmentir que la empresa Valle "haya intervenido en absoluto en su preparación, dirección y filmage (sic)".[4]

Notas: 1. Según *Idea Nacional* (20 mar. 1918, p. 6) "las proyecciones son una viva sátira de la vida y milagros de los políticos socialistas". **2.** *La Película* n° 82, 18 abr. 1918, p. 19. **3.** *Excelsior* n° 210, 20 mar. 1918, p. 361. **4.** *Excelsior* n° 211, 27 mar. 1918, p. 392.

63. La mejor justicia

Estreno: miércoles 3 de abril a la noche en el Select y el Splendid Theatre (Capital Federal)[1]
Exhibición privada: sábado 29 de diciembre de 1917 a las 10:30 hs. en el Splendid Theatre[2]
Año de producción: 1917
Producción: Austral Film (Propietarios: Jorge M. Piacentini y Francisco Pérez Vargas)
Dirección: William Jansen
Guion: Jorge Whise [o Whistt?]
Fotografía y cámara: Emilio Peruzzi
Laboratorios: Austral Film
Estudios: Austral Film (Trelles 2651/71)
Distribución: Austral Film (San Martín 424)
Duración: 1.500 metros[3] (82 min. aprox.)
Género: drama

Intérpretes: Carlos Flert [o Fleriot?] (Hugo Flert), Denise Roseclaire (Silvia), Diego Figueroa (Robertson), James Devesa (Ramírez), Elsa Oredo (Lila), Félix Márquez, Gina Laura Roberti, El "negro" Raúl (botones del salón de juego), Jesús Miguel, Ángel Boyano (extra).

Argumento: "Un joven de condición modesta pero que actúa en un ambiente de gran mundo, llega a enamorarse de una mujer frívola y ligera [Lila] cuyas ambiciones residen en el lucro que pueden brindarle sus caricias cotizadas al mejor postor.
Moralmente desilusionado, el joven en cuestión llamado [Hugo] Flert, busca en el juego alivio para su dolor y oportunidad para conseguir la fortuna que supone en el tapete verde. Ni uno ni otra llegan pero en forma de providencia se le presenta la ocasión de trabar amistad en el club,[4] con un acaudalado estanciero [Robertson]. Este gratamente impresionado y agradecido a la intervención de Flert en el descubrimiento de una trampa de juego [a través de un espejo] que unos profesionales intentaban en su contra le ofrece el puesto de administrador de su estancia.
A ella se dirigen ambos y en ella habita una joven bonita y noble que es hermana del estanciero [Silvia].
Flert, que es joven y humano, sensible por lo tanto a los encantos de aquella flor primaveral, se enamora de ella... y ella naturalmente corresponde a los galanteos del apuesto administrador.

Entra ahora en escena el espíritu del mal, con la persona del capataz de
la estancia [Ramírez], joven también y excesivamente ambicioso, que ve
en la hermana del patrón la sucesora de las riquezas que posee la familia.
Compenetrado el capataz de la relación que media entre ambos amantes
y viendo en ello el peligro de las esperanzas que alimenta, decide jugar el
todo por el todo, y, en tal disposición provoca un encuentro con la joven
para requerirla de amores y forzarla a aceptar sus innobles pasiones.
La joven valiente y animosa, resiste la acometida del audaz y hallándose
en pleno bosque sin protección alguna, grita en demanda de socorro, un
socorro que sólo puede venir del acaso [...] Y Flert que pasa a caballo
por las cercanías del lugar en que se desarrolla la brutal escena, acude
a los gritos de auxilio proferidos por su amada.
Dándose cuenta el capataz de la presencia de Flert, abandona a la joven
y emprende veloz carrera con el objeto de sustraerse a sus justas iras.
Pero el administrador que es hombre decidido no titubea en perseguir
al cobarde librándose entre ambos y un compinche del capataz que lo
secunda en su tentativa, una lucha a tiros de revólver que provoca la
muerte del último.
Loco de temor, el capataz se dirige a través de los campos en una hui-
da que no reconoce oriente. Flert lo persigue. El primero se encuentra
ante la casa que le sirve de habitación y penetra en ella con la intención
de atrincherarse. Flert, con sus fornidos hombros, violenta la puerta y
penetra en el recinto. [...] Toda la virilidad, el empuje material, la fuerza
arrolladora de los nervios y los músculos del hombre se empeñan en
esta terrible acometida de dos pechos que chocan sin piedad en pos de
la superioridad [...] Flert de un golpe maestro remata a su adversario,
dejándolo postrado y exhausto...
Y luego viene a manera de epílogo, el premio al vencedor; la unión entre
Flert y la joven que involucran ideales de dos seres dichosos llamados al
seno de la felicidad" (*Excelsior* n° 211, 27 mar. 1918, p. 391-392).

Locaciones: Prov. de Buenos Aires: el Tigre y la estancia de Susana Torres
de Castex. Capital Federal: Rosedal de Palermo.

Comentario: La productora Austral Film, fundada en septiembre de
1917 por Jorge M. Piacentini y Francisco Pérez Vargas, contaba con talleres y un "teatro de pose" de 200 metros cuadrados en Trelles 2651/71
(La Paternal). En ese estudio se realizó *La mejor justicia* entre fines de
octubre y comienzos de diciembre de 1917. Aunque tenía proyectado
filmar el argumento *El alma de Buenos Aires*, de Luis Villalobos, esta fue
la única película realizada por esta empresa. A fines de mayo de 1918

vendió sus estudios a la productora Ariel, de más trayectoria en el cine mudo nacional.

El director, William Jansen, fue promocionado como ex director técnico y artístico de la empresa Fox Film Corporation, incluso en los propios títulos de presentación del film. Sin embargo, esto fue puesto en duda por algunas revistas, que lo describían sólo como "carpintero escenógrafo"[5] de dicha productora norteamericana. Este cineasta estadounidense, que había arribado a nuestro país proveniente de Chile, trabajó primero como ayudante de cámara del fotógrafo Mario Gallo, y luego fue contratado por Austral Film con un importante sueldo. Después de realizar esta película continuó su carrera en Brasil.

La mejor justicia, la "primera película argentina de técnica norteamericana",[6] refleja, a través de la publicidad y de su director, la influencia del cine estadounidense sobre la producción de ese período.

Se trató de la única película interpretada por Carlos Flert en nuestro país, un actor teatral que había formado parte de la compañía española Guerrero-Mendoza. A su vez, este film constituyó el debut en el cine nacional de Gina Laura Roberti, una actriz secundaria de cierta relevancia en la cinematografía italiana, y del actor argentino James Devesa, que por ese entonces era el "director artístico" de una academia cinematográfica de dudosa reputación, Foto Film (Corrientes 1943).

Según una crónica del rodaje,[7] realizó un "cameo" un personaje característico de la noche porteña, el "negro" Raúl, interpretando en tono de comicidad al portero de un salón de juego.

La mejor justicia tuvo también distribución en el exterior, por ejemplo se estrenó, por intermedio de la empresa Oliver y Del Cerro, el 23 de abril de 1918 en el cine Trianón de Montevideo (Uruguay).

Comparación con bibliografía específica: Los únicos historiadores que mencionan esta obra son Di Núbila (1998, p. 36) y Maranghello (2001, p. 67). Di Núbila se limita a citar el título, sin aportar otros datos complementarios, y Maranghello atribuye la dirección a Roberto Guidi.[8]

Notas: 1. Parte de la recaudación obtenida en el estreno era a beneficio de la Asociación del Divino Rostro. **2.** Se realizó otra proyección privada el domingo 31 de marzo de 1918 en la misma sala. **3.** A diferencia de las publicidades de 1917 (*Excelsior* n° 195, 28 nov. 1917; n° 197, 12 dic. 1917; n° 199, 26 dic. 1917), una nota de *Excelsior* n° 200 (1° ene. 1918, p. 94) referida a su exhibición privada da cuenta de una extensión de 1.800 metros. **4.** *La Película* n° 62 (29 nov. 1917, p. 13) describe la escenografía de la siguiente forma: "el aspecto del club era tan verosímil, que estuvimos tentados a pedir un mazo de poker y unos cigarros de hoja. La perspectiva era excelente. El salón de unos quince metros de largo, se complementaba con otro situado al fondo, en el cual se jugaba una partida de billar, con su mesa verdadera, taquero, etc.; observándose por las ventanas, el aspecto de Buenos Aires por encima. El salón principal, alfombrado de rojo, ocupado por cuatro mesas grandes de juego, sillones, sofás, espejos, cuadros y cuanto atributo de club pueda concebirse, estaba construido por un alto zócalo de madera oscura, sobria, de un aspecto general de confort y elegancia perfecto". **5.** *La Película* n° 67, 3 ene. 1918, p. 13. **6.** Publicidad en *Excelsior* n° 217, 8 mayo 1918. **7.** *La Película* n° 62, 29 nov. 1917, p. 13. **8.** Las publicidades oficiales del film en *La Película* n° 62 (29 nov. 1917), y en *Excelsior* n° 197 (12 dic. 1917) y n° 200 (1° ene. 1918) señalan a William Jansen como director.

64. El último malón

Estreno: jueves 4 de abril en el Palace Theatre (Rosario, prov. de Santa Fe)
Exhibición privada: martes 19 de marzo a las 10.30 hs. en el Palace
Theatre (Rosario, prov. de Santa Fe)
Año de producción: [1917?]/18
Producción: Greca Film
Dirección y guion: Alcides Greca
Fotografía y cámara: s.d.
Virados en color
Laboratorios: Cinematográfica Rosarina
Estudios: Cinematográfica Rosarina[1]
Duración: 3.000 metros (164 min. aprox.)
Género: drama

Intérpretes: Mariano López, Salvador López, Rosa Volpe, e indígenas
sobrevivientes de la rebelión mocoví.

Datos del argumento: "El acontecimiento, que sirve de base a la acción,
tuvo lugar en época cercana –por el año 1904– en el norte santafesino. Es
el levantamiento de los indios mocovíes, que habitan en las proximidades
del pueblo de San Javier, terruño del autor.
El prólogo de la vista presenta diversos cuadros de la vida de aquellas
regiones, tomadas con un arte que conquista la atención del espectador
y la mantiene latente en todos sus episodios. Las costumbres campestres
han sido retratadas con verdadera maestría [...] La trama es sencilla,
como nacida de una base positiva. Salvador López, indio joven y audaz,
interpreta la situación miserable de su raza y organiza el movimiento.
Reunidos los notables de la tribu moscovíe, lo eligen jefe. La conspira-
ción empieza; Salvador conquista todas las voluntades, y llega hasta el
corazón de Rosa, mujer del cacique Bernardo –su hermano [...] Hay tan
sólo pequeños detalles defectuosos, debido a las dificultades con que el
operador luchara para obtener impresiones a largas distancias" (*Crónica*
de Rosario, citado en *La Película* n° 95, 18 jul. 1918, p. 17 y 19).

Locaciones: San Javier (Prov. de Santa Fe).

Comentario: *El último malón*, escrito y dirigido por el literato y político
radical Alcides Greca, es el primer film nacional que aborda la problemática indígena, a través de la rebelión de las tribus mocovíes en el chaco
santafesino en 1904.

Esta producción ficcional rosarina, con ribetes documentales, es una de las pocas obras conservadas del período mudo. Según Couselo (2008, p. 35), el cineasta Fernando Birri exhumó, a mediados de la década del '50, una copia deteriorada de 35mm, y la proyectó en el Instituto de Cinematografía de la Universidad del Litoral. Posteriormente, en 1968 el técnico Fernando Vigévano realizó una reducción a 16mm.

Sin embargo, como bien señala Héctor Kohen[2] la copia de 16mm preservada por el Museo del Cine tiene un prólogo que no puede corresponderse con la versión original, ya que en él vemos a su director junto al "Exmo. Gobernador del Chaco Sr. Fernando Centeno", quien en el año de producción del film no ejercía ese cargo. Este investigador estima que esa secuencia inicial debió ser incluida entre 1924 y 1925, luego de la asunción de Centeno como gobernador en junio de 1923 y en el contexto de la brutal represión que ordenó contra el pueblo toba de Napalpí en julio de 1924.

La descripción del prólogo original transcripta más arriba del diario *Crónica* de Rosario no hace más que avalar la presunción de Kohen, como así también la reseña del periódico *La Capital* (18 dic. 1917) citada por Alejandra Rodríguez (2011, p. 170), en el mismo sentido argumentativo.

Notas. 1. *PBT* n° 687 (23 ene. 1918, p. 6) y *Crónica* (19 mar. 1918, p. 3) son las únicas fuentes que mencionan que en estos talleres, propiedad de Juan Lluch, se realizó el film. **2.** En Félix-Didier y Peña (coord.), 2009, p. 13 y 14.

65. Máscara-Dura
[o **Las aventuras de Máscara Dura**][1]

Estreno: jueves 18 de abril a la tarde y noche en el Cinematógrafo Callao (Capital Federal)
Exhibición privada: s.d.
Año de producción: 1917/18
Producción: Patria Film (Propietario: Carlos Gutiérrez) [y revista *PBT*?] (Director: Emilio Dupuy de Lome)
Dibujos y realización: Romeo Borgini
Guion: Emilio Dupuy de Lome basado en la historieta *Aventuras policiales de Máscara-Dura* dibujada por Soldati
Laboratorios: Patria Film
Estudios: Patria Film (Ecuador 930)
Distribución: Patria Film (Reconquista 331)
Duración: 500 metros (27 min. aprox.)
Género: comedia infantil de animación

Personajes: Máscara-Dura, el detective London, Lulú, Don Gaboto, el almacenero catalán "El Noi", el vigilante Inocencio, el viejo ruso Jacobo, el perro de London, la mucama de Lulú, un oficial de la 13, el carrero Emeterio Hermoso, un ciclista, el policía Navarro, el mozo Alcalá, la Viudita, secuaces de Máscara-Dura.[2]

Argumento: Primer Episodio: En el almacén de El Noi, luego de planificar el robo de un piano de la casa de Lulú, Máscara-Dura y su banda escapan sin pagar la cuenta y son perseguidos, entre otros, por el almacenero y un policía de la comisaría 13ª.
En el camino los perseguidores se encuentran con el perro del detective irlandés London que los conduce a la casa del policía. Este, utilizando diversos disfraces, sigue las huellas de Máscara-Dura, hasta encontrar en un buzón la carta dejada por el ladrón, en cuyo interior se encontraba el plano de un robo.
Máscara-Dura y sus secuaces van a cometer el atraco disfrazados de artistas con la excusa de hacer una película, engañando así al policía de la esquina. El célebre ladrón logra ingresar a la casa de Lulú ataviado con un traje de caballero de clase alta, reduce a la mucama y comienza los preparativos para bajar el piano por el balcón. Mientras tanto, informado del robo, London detiene al resto de la banda; Máscara-Dura escapa con el piano y lo vende en la casa de empeño del ruso Jacobo.

Segundo Episodio: Un mes después, London recibe una carta de Máscara-Dura en la que le anuncia que cometerá un atraco en el Teatro Colón. London llama entonces a la boletería para preguntar si al día siguiente habría función de la ópera *Mefistófeles*.

En el café "Do-re-mi-fa", el ladrón, disfrazado de tenor, se hace contratar junto a su banda por empresarios del Colón como comparsas de la obra. Pero al descubrir que está siendo vigilado por London y su perro, intercambia la ropa con la de su amigo, el mozo Alcalá; así vestido de camarero, manda a sus secuaces armar una gresca para poder escabullirse. El detective irlandés detiene a Alcalá pues, debido a sus ropajes de tenor, lo confunde con el famoso criminal y lo traslada a la seccional. Mientras que los de la banda de Máscara-Dura vestidos de diablos ensayan en el teatro como extras de la obra, en la seccional London descubre avergonzado que detuvo a un inocente, y se dirige al Colón vestido de frac para despistar a los atracadores.

En el transcurso de la función, Máscara-Dura corta la luz y roba el valioso collar de la cantante principal. Junto con sus secuaces, logra huir por la azotea luego de conformar una soga atando las colas de sus disfraces de diablos. Una vez en la calle, se cambian los disfraces para despistar al perro de London, que los vigila, pero este termina persiguiéndolos junto a su dueño hasta una fonda. Allí London intercambia su atuendo con el propietario, a fin de sorprender al célebre ladrón; este acaba por descubrir el engaño y coloca a su vez un muñeco con su indumentaria, tras lo cual huye nuevamente.

Tercer Episodio: Vestido de "hombre decente", Máscara-Dura camina por la calle Florida coqueteando con una viuda elegante, a la que acompaña hasta la puerta de su casa. Allí le declara su amor pero, al ver que la viuda lleva un anillo de brillantes, Máscara-Dura comienza a pergeñar un nuevo atraco. Aparenta despedirse, y se esconde para observar dónde lo guarda. Pero al retirarse del lugar es seguido por el perro del detective, que guía a su amo hasta la guarida de los ladrones. Entonces, London, luego de informarse del plan, llama a la viuda para prevenirla, y le aconseja que esconda la joya en otro lugar. De esa forma, pese a haber logrado ingresar a la casa de la viuda, Máscara-Dura tiene que irse con las manos vacías. Sin embargo, como no se ha dado por vencido, Máscara-Dura le hace llegar a la viuda una carta en la que le pide una cita amorosa. Esta se presenta al encuentro con el anillo; en el momento de concretar al fin el robo, Máscara-Dura es apresado por el detective, disfrazado de viuda.[3]

Comentario: Se trata del primer film de "dibujos animados" realizado por el caricaturista Romeo Borgini, quien había publicado en diversos medios de prensa como *Crítica*. Su productora, Patria Film, para comienzos de julio de 1917 estaba ultimando los preparativos de la filmación,[4] que concluyó recién en los primeros días de febrero de 1918.

Máscara-Dura era el personaje central de una historieta cómica de mucho éxito que aparecía en la revista *PBT* durante 1917, la cual llegó a agotar los primeros ejemplares y obligó a la editorial a reimprimir gran parte de las viñetas.

Originalmente se había pensado realizar una serie de episodios, en entregas quincenales,[5] copiando en cierta medida la modalidad de publicación de la historieta.

Luego de su exhibición durante 1918, volvió a ser distribuida en 1924 por la empresa Selección Nacional.

Comparación con bibliografía específica: El único historiador que hace referencia a este film es Maranghello (2005, p. 30), aunque citándolo con el título de la historieta original, *Aventuras policiales de Máscara Dura*.

Notas: 1. Si bien las publicidades del film en *Excelsior* n° 224 (8 mayo 1918) y *La Película* n° 90 (13 jun. 1918) citan el título como *Máscara-Dura*, la cartelera cinematográfica de *Idea Nacional* (18 abr. 1918) y un artículo en *La Película* n° 105 (26 sep. 1918) lo mencionan como *Las aventuras de Máscara Dura* **2.** Estos nombres fueron transcriptos de la historieta original, por lo cual algunos de ellos pueden no coincidir con los del film. **3.** El resumen se realizó a partir de la historieta original publicada en *PBT* desde el n° 645 hasta el 668. Sin embargo, es probable que su adaptación no se ajustara estrictamente a esta trama ya que, por ejemplo, de las dos fotos obtenidas del film, sólo una guarda relación con el cómic. **4.** *PBT* n° 658, 9 jul. 1917, p. 22. **5.** *Idea Nacional*, 17 jun. 1917, p. 7.

66. Los inconscientes

Estreno: miércoles 1° de mayo a la noche en el Splendid Theatre (Capital Federal)
Exhibición privada: jueves 11 de abril a las 10:30 hs. en el Select (Capital Federal)[1]
Año de producción: 1918
Producción: Marchesi Film (Director Propietario: Aquiles Marchesi / Administrador: Benjamín Fernández)
Dirección: Alberto Traversa
Guion: Benjamín Fernández sobre un argumento de Luis A. Ramassotto
Intertítulos: Venancio Serrano Clavero
Fotografía y cámara: Francisco Mayrhofer (Patria Film)
Laboratorios: [Patria Film?]
Mobiliario: A. Torre y Cía.
Estudios: Austral Film (Trelles 2651/71)
Distribución: Marchesi Film (Talcahuano 417 2° piso)
Duración: 2.200 metros (120 min. aprox.)
Género: "cine drama"[2]

Intérpretes: Gemma Di Güelfo (Ofelia), Luis Ramassotto (Bruno / Román Nerone), Ernesto Cappa (Marcel Roseau), Diego Figueroa (doctor Del Campo), Aquiles Marchesi (Jorge Iraola), Clara Bertarelli (esposa de Bruno), Aquiles Rivelli (abuelo), Julio Andrada (el asesino de Bruno), Denise Roseclaire, Nelo Cosimi, Elena Avendaño, Vera Gradiska, Annetta Reynaud, Jenny Nin Lucy (mendiga), Félix Márquez, James Devesa, Sra. Mohutoné, Alberto Sardá, Benjamín Fernández, Carmen Morel, Yole Piacentini, Perla Roveres, Leticia Pizzano, Lidia Trinelli, la niña Pagliano, P. Alvear, [Corona Carrara?].[3]

Argumento: "Bruno es un obrero entregado al vicio de la bebida. Su mujer y sus hijos son víctimas de los furores alcohólicos de este degenerado. En una trifulca de taberna, es herido Bruno de una feroz puñalada. Lo llevan a la Asistencia Pública siendo llamado para curarlo el doctor Del Campo que concurre con su íntimo amigo el rico pintor Marcel Roseau. Días después el doctor Del Campo y Marcel visitan a la familia de Bruno y constatan los estragos que ha hecho en los hijos la herencia fatal del alcoholismo.
El pintor adopta a uno de los hijos de Bruno sosteniendo la teoría de que la herencia no llegará a esta criatura si se la aparta del vicio, de la contaminación del malevaje. El doctor Del Campo no cree en esas bellezas

retóricas hijas del romanticismo de Marcel y sentencia lo que la ciencia a tiempo predijo: que borrachos serán los hijos de los hijos...

Tal es el prólogo.

Pasan muchos años. Estamos en París. El hijo del alcoholista Bruno es todo un mozo; se llama Román Nerone y nos lo presentan en casa de Marcel, su padre putativo, que le ha enseñado el noble arte de la pintura. Marcel hace jurar a Román que jamás, en su vida, bebería alcohol para no despertar el instinto hereditario, según los cánones del doctor Del Campo.

Marcel recibe la visita de un joven de alta sociedad argentina que va a París en tren de placer; trae una carta de presentación del doctor Del Campo. Se llama Jorge Iraola, y desde el primer momento se hace amigo de Román que le sirve de 'cicerone' en sus paseos por la 'Villa Lumiere'.

Marcel, achacoso por la vejez, muere y Román nuevamente jura, ante el lecho de muerte, que jamás beberá alcohol.

Solo, en París, heredero de la fortuna del pintor, decide trasladarse a Buenos Aires para radicarse y vivir en su patria.

Tan pronto como llega a la Argentina va al encuentro de su amigo Jorge y los dos realizan grandes excursiones por los alrededores de Buenos Aires. Román no ha podido verse aún con el doctor Del Campo, pues este se fue a Chile como delegado argentino al congreso científico.

El joven pintor se entera [de] que la Comisión de Bellas Artes prepara un concurso pictórico y decide concurrir. En una de sus excursiones por el Tigre, que hace con Jorge, sorprende a través del balcón a una niña de gran belleza, que toca al piano una melodía *Claro de Luna*. Verla y concebir el tema del cuadro que presentará a la exposición, es todo uno. Saca su libreta de dibujo y toma un apunte. Esta niña es Ofelia, hija del doctor Del Campo.

La exposición se realiza y saca el primer premio Román.

En fin: Ofelia se enamora de Román y este de la musa de su cuadro y después de un corto idilio se casan.

Pasados los transportes del primer momento, Román llevado por Jorge concurre a los 'cabarets' y en una fiesta que da una *demimondaine* toma la primera borrachera. El declive fatal se inicia; el pulcro Román se vuelve soez, su mujer huye de su casa refugiándose en casa de su padre.

Román solo, sin ningún amigo, pierde todo el patrimonio y toda su dignidad de hombre, hasta que en una de sus noches de borrachera lo llevan al manicomio en un ataque de 'delirium tremens'.

Durante este tiempo el padre de Ofelia ha sido nombrado director del manicomio y se instala allí con su hija en un pabellón aparte.

Román, loco rematado, ¡la herencia fatal! percibe los sonidos de una música que le recuerda días venturosos: es Ofelia que recordando también el tiempo ido, toca en el piano aquel *Claro de Luna* evocador.

El loco entra sin ser oído, en la habitación de Ofelia y allí tomándola por el cuello la estrangula.

Román muere cuando los guardias del asilo quieren reducirlo" (*La Película* n° 82, 18 abr. 1918, p. 17-18).

Comentario: La productora de esta película, propiedad de Aquiles Marchesi, había sido fundada primero con el nombre de América Film en noviembre de 1917, adquiriendo a partir de enero de 1918 la denominación comercial de Marchesi Film. *Los inconscientes*, su única producción, fue realizada bajo los auspicios de la Liga Argentina contra el Alcoholismo y estrenada con el patrocinio de la sociedad de beneficencia Escuelas y Patronatos.

Su filmación, desarrollada entre el 16 de enero y comienzos de abril de 1918, a pesar de ser encargada a la productora Patria Film no se efectuó en sus estudios, sino en los de Austral Film en La Paternal.

La Marchesi Film, si bien tenía proyectado filmar el serial gauchesco de Luis Ramassotto *Los buitres*, debió concluir su actividad a raíz de múltiples deudas y pedidos de quiebra.

Los inconscientes constituyó el debut cinematográfico en Argentina tanto del director y actor italiano Alberto Traversa[4] como de la intérprete itálica Annetta Reynaud. En cambio, se trató de la última producción nacional protagonizada por la bailarina italiana Gemma Di Güelfo antes de continuar su carrera cinematográfica en Brasil, donde falleció en 1920. Este film, influenciado por la temática moralizante sobre "el vicio" de *¿Hasta dónde...?* (1918), se exhibió además esporádicamente en 1921 y 1923.

Notas: 1. Según *Excelsior* n° 215 (24 abr. 1918, p. 511) el film, luego de esta proyección, sufrió una reducción en su duración. **2.** Publicidad en *La Película* n° 84, 2 mayo 1918. **3.** A pesar de que su fotografía se publicó en un aviso publicitario del film (*La Película* n° 71, 31 ene. 1918, p. 6), fue reemplazada por la de otra intérprete en la publicidad siguiente, sin que luego vuelva a ser mencionada. **4.** Antes de la llegada a nuestro país en diciembre de 1917, este cineasta había dirigido *L'ultimo cavaliere* (1915), *Farulli si arruola* (1916), *Il predone dell' aria* (1916), *Il soldato d'Italia* (1916) y co-realizado *Crociata degli innocenti* (1917).

67. A toda hora

Estreno: [entre mayo y noviembre?]
Exhibición privada: -
Año de producción: [1918?]
Producción: Italo Fattori y Cía. / Edison
Dirección: Italo Fattori
Guion: s.d.
Fotografía y cámara: s.d.
Laboratorios: Italo Fattori y Cía.
Estudios: Italo Fattori y Cía. (Tucumán 692?)[1]
Distribución: [Italo Fattori y Cía.?]
Duración: s.d.
Género: film publicitario

Intérpretes: Julio Andrada, Enrique Pariggi (Eduardo), Ángel Boyano (extra).

Argumento: s.d.

Comentario: Se trata de un film de *reclame* de los productos de la firma Edison, realizado por la misma productora de *La isla misteriosa* (1918), cuya denominación comercial desde 1918 pasó a ser Italo Fattori y Cía. A pesar de que ninguna de las fuentes de la época hace referencia a su director, las filmografías de los actores Boyano y Pariggi[2] coinciden en atribuir esa labor a Fattori.
Si efectivamente tuvo estreno comercial, es probable que se proyectara entre mayo y noviembre de 1918 porque en la biografía fílmica del actor Julio Andrada[3] es mencionado después de *Los inconscientes* estrenado el 1° de mayo, mientras que en un listado cronológico de las películas de la Italo Fattori[4] es citado antes de *Perseverancia*, exhibido en noviembre.

Comparación con bibliografía específica: Esta obra no es citada en ningún texto sobre cine mudo argentino.

Notas: 1. Este domicilio fue obtenido de una publicidad de los talleres Italo Fattori (*Cine Universal* n° 49, 30 oct. 1920), publicada con posterioridad al posible año de producción del film, 1918. **2.** *Última Hora*, 15 nov. 1929, p. 4. **3.** *Cine Universal* n° 14, 26 jul. 1919, p. 23. **4.** Publicidad en *La Película* n° 157, 25 sep. 1919.

68. El día de la boina

Estreno: [entre el 2 y el 9 de mayo?]
Exhibición privada: s.d.
Año de producción: [1918?]
Producción: Drake-Film (Propietarios: Emilio Peruzzi y Romeo Borgini)
Dibujos: Romeo Borgini
Guion: s.d.
Fotografía y cámara: Emilio Peruzzi
Laboratorios: Drake-Film
Estudios: Drake-Film (San Martín 522)
Distribución: [Drake-Film?] (San Martín 522)
Duración: 300 metros (16 min. aprox.)
Género: sátira política de animación

Personajes: s.d.

Argumento: s.d.

Comentario: Luego de realizar para Patria Film *Máscara-Dura* (1918), el dibujante Romeo Borgini funda junto a Emilio Peruzzi su propia productora, Drake-Film, aproximadamente en abril de 1918, ya que es la fecha en que aparece por primera vez el logo de la empresa promocionando su primera obra, *El día de la boina*. Si bien no podemos asegurar que se haya efectivamente realizado, cabe cierta posibilidad, dada su promoción en revistas gremiales[1] y su breve duración que facilitaba la ardua confección de dibujos animados en esa época.

A pesar de que hemos consultado diversas carteleras sin resultado, citamos en forma tentativa como período de estreno el comprendido entre el 2 y el 9 de mayo de 1918 porque coincide con la publicación de la primera y última publicidad de Drake-Film que anunciaban su presentación.

Este cortometraje de dibujos animados es descripto como un "asunto político" que desde su título alude al partido radical, inscribiéndose en la temática inaugurada por *El Apóstol* (1917). Sin embargo, ya tres años antes, Borgini había intentado llevar a cabo una sátira política para la cual había preparado 1.000 caricaturas, pero dicho proyecto fue visto con desinterés por el gremio cinematográfico.[2]

Drake-Film, además de *El día de la boina*, anunció que estaba preparando otra película de animación denominada *El presupuesto*, que al parecer finalmente no realizó.

Comparación con bibliografía específica: Ninguno de los textos consultados menciona esta obra.

Notas: 1. Publicidad en *La Película* n° 84, 2 mayo 1918 y n° 85, 9 mayo 1918. **2.** *PBT* n° 692, 27 feb. 1918, p. 46.

69. Sin dejar rastros...

Estreno: martes 7 de mayo a la noche en el Select (Capital Federal)
Exhibición privada: martes 7 de mayo a las 10:30 hs. en el Select
Año de producción: [1917?/18?]
Producción: Ud-Film / Della Valle y Fauvety
Dibujos y realización: Quirino Cristiani (con colaboración de Manuel Costa)
Guion: José J. Bayoni
Distribución: Ud-Film (Galería Güemes Escritorio 402)
Duración: 3 actos
Género: sátira política de animación

Personajes: el embajador alemán en Argentina Karl Graf von Luxburg, el presidente Hipólito Yrigoyen, el ministro de Relaciones Exteriores Honorio Pueyrredón.

Argumento: s.d.

Comentario: A pesar de que no existen datos sobre la producción de esta obra de Quirino Cristiani, tuvo que haberse realizado una vez concluido *El Apóstol*, en octubre de 1917, y con anterioridad a los primeros días de mayo de 1918, fecha de su exhibición.
Sin dejar rastros... satiriza la figura del embajador alemán en nuestro país durante la Primera Guerra Mundial, conde de Luxburg, quien en cables secretos dados a conocer por los servicios de información ingleses calificaba al ministro de Relaciones Exteriores argentino Pueyrredón de "asno aliadófilo", e instaba a "hundir sin dejar rastros" a los barcos argentinos sospechosos de romper el bloqueo comercial impuesto por Alemania a los países aliados.
Esta única producción de Ud-Film que tenía como propósito atacar la política equidistante del gobierno de Yrigoyen en ese conflicto bélico, fue financiado, según Bendazzi (2008, p. 64), por el presidente de la tienda Gath & Chávez, Della Valle y Fauvety, simpatizante de la causa aliada.
La Municipalidad de Buenos Aires prohibió su exhibición durante la semana siguiente a su estreno por "considerarla contraproducente con la neutralidad que sostiene la Argentina ante el conflicto europeo".[1] Sin embargo, dicha prohibición fue levantada alrededor del 13 de junio, ya que por esa fecha se vuelve a promocionar su distribución a cargo de Zenith Pictures.

Probablemente debido a su temática coyuntural, esta "humorada có-mica de gran actualidad",[2] según las fuentes consultadas, no volvió a ser comercializada en los años siguientes.

Comparación con bibliografía específica: Bendazzi (2008, p. 65) en su libro sobre Quirino Cristiani aporta algunos datos inexactos. Por un lado, cita como sala de estreno el Select Lavalle, cuando en realidad se proyectó en el Select (Suipacha 482). Por otro, indica que se exhibió un solo día, pero estuvo en cartel antes de su prohibición por ejemplo los días 8 y 9 de mayo en el Select, y 14 y 15 en el Empire Theatre, y volvió a ingresar al circuito de comercialización alrededor del 19 de junio. Finalmente, este autor junto con Peña (2012, p. 34) definen a la obra como un largometraje, aunque su extensión de 3 actos indicaría que se trata de un mediometraje.

Notas: 1. *La Película* n° 86, 16 mayo 1918, p. 18. **2.** Publicidad en *La Razón*, 7 mayo 1918, p. 9.

70. Paseo trágico

Estreno: domingo 2 de junio en el Crystal Palace (Capital Federal)
Exhibición privada: s.d.
Año de producción: 1917
Producción: Academia Saleny
Dirección y guion: Emilia Saleny de Ferrari
Fotografía y cámara: Luis Ángel Scaglione
Laboratorios: Colón Film
Estudios: [Colón Film?] (Córdoba 982?)[1]
Distribución: Academia Saleny
Duración: 400 metros (22 min. aprox.)
Género: "episodio dramático de gran guiñol"[2]

Intérpretes: Emilia Saleny de Ferrari (Mimí), Argentino Carminatti (Jorge), Eduardo Di Pietro ("Pepe"), Margarita D'Albano, Silvio Pollano, Amelia Juves, Olivio Giaccaglia, Elisa Oliveira, Aliso [o Ailzo?] Ballesteros, Matilde Baquero, Jorge Bianchi, Tota Barbieri, Félix Márquez, Amelia Codecá, Victoriano Nanni, Aurora Revirón, Fernando Pilús, Esther Rizzoli, Gelasio Conde, Delfino Battezzati, Attilio Grassano, Vittorio Sardí, [Julia Neri?], [Mazzaro? o Marzare?].[3]

Argumento: s.d.

Comentario: Segunda película estrenada de la cineasta Emilia Saleny, aunque filmada con posterioridad a *Delfina*, en noviembre de 1917. Se trató de una producción financiada por su propia academia cinematográfica e interpretada íntegramente por sus alumnos.
Paseo trágico constituyó la última realización técnica a cargo de Colón Film hasta su refundación en 1922, dado que un incendio destruyó sus dependencias en mayo de 1918.
Este cortometraje se distribuyó de una forma no convencional debido a que "la Academia Saleny [dispuso] ofrecerlo gratuitamente [a otros cines] como obra de difusión y propaganda de los elementos de enseñanza que distinguen al establecimiento".[4]

Comparación con bibliografía específica: Maranghello (2005, p. 35), el único historiador que menciona este título, señala que *Paseo trágico* era el nombre alternativo del film *El pañuelo de Clarita*, dirigido por Saleny en 1918. Una carta del actor Argentino Carminatti con su filmografía, publicada en *Última Hora* (31 oct. 1929, p. 4), constituye una prueba de que se trata de dos películas diferentes.

Notas: 1. Este domicilio fue obtenido de una publicación de 1918 (*La Película* n° 86, 16 mayo 1918, p. 18). A su vez, dicha fuente no especifica si estas instalaciones, además de un laboratorio, contaban con una "galería de filmación". **2.** *La Verdad*, 8 nov. 1917, p. 6. **3.** Estos dos últimos intérpretes son mencionados en *La Verdad* (8 nov. 1917, p. 6) y en *PBT* n° 677 (14 nov. 1917, p. 18) durante el período de rodaje, sin que vuelvan a ser citados posteriormente. **4.** *Excelsior* n° 221, 5 jun. 1918, p. 685.

71. Las pesadillas de Diana

Estreno: domingo 9 de junio a la tarde en el Crystal Palace (Capital Federal)
Exhibición privada: -
Año de producción: 1916/17
Producción: Patria Film (Propietario: Carlos A. Gutiérrez)
Dirección y guion: José Luis Murature[1]
Fotografía y cámara: Francisco A. Mayrhofer
Laboratorios: Patria Film
Estudios: Patria Film (Ecuador 930)
Distribución: Patria Film (Reconquista 331 3° Piso)
Duración: 1.000 metros (55 min. aprox.)
Género: "comedia policial"[2]

Intérpretes: Vina Velázquez (Diana), Augusto Zama (el marido?), Juan L. Dasso (galán), César Urquiola (galán), Susana De Roche, Henry Stanley.

Argumento: "La protagonista es una mujer bonita, casada con un hombre de negocios, más dado a los números que a las caricias y ella se fastidia con un hombre tan problemático.
Para distraerse admite flirteos de un insistente admirador, al cual le concede favores iniciándose un amor ilícito que, por fortuna no pasa a extremos sensibles por la codicia del adorador, el cual sólo busca explotarla, ya que el esposo es rico y guarda en la caja de caudales una fortuna. Un tercero en discordia, empleado de confianza del esposo y enamorado también de Diana, interviene cautelosamente en los asuntos y hace frustrar todos los planes del flirt, salvando a la mujer de los conflictos aglomerados en escenas donde se suceden hechos misteriosos más propios de novela que reales.
Diana se libra de sus amores funestos por medios ignorados como si un ángel invisible velara por ella, sabiendo por último que su bienhechor es el joven empleado de la casa, a quien le entrega agradecida su corazón. A todo esto el esposo ignorante de todo, sigue sus prácticas de negocios y matemáticas, pero impensadamente encuentra a los amantes en un abrazo prolongado, dándose un beso interminable y el hombre sintiéndose herido en el alma, desenfunda el revólver y hiere al que le roba el cariño de su esposa.
Pero el herido se salva y el marido muere del disgusto viéndose tan malparado. Acaba la obra con una escena en Palermo. Diana y su amante número dos, celebran su libertad de acción con un beso cinematográfico, de esos que hacen poner los dientes largos a los espectadores y ruborizan

a las espectadoras [...] La figura de Vina Velázquez aparece luciendo varios trajes lujosos, descotada casi siempre, mostrando sus brazos torneados, su opulentísimo seno y sus magnas espaldas" (*La Película* n° 90, 13 jun. 1918, p. 18).

Locaciones: Capital Federal: salón del Plaza Hotel (escena de un gran baile) y Palermo.

Comentario: El autor y director artístico de *Las pesadillas de Diana*, José Luis Murature, fue periodista, político y ministro de Relaciones Exteriores de los gobiernos conservadores de Roque Sáenz Peña y de Victorino de Plaza.

A pesar de que su filmación se realizó entre fines de octubre de 1916 y los últimos días de enero de 1917 y su estreno estaba programado para junio de ese año, la empresa productora debió postergarlo hasta obtener la autorización del propio Murature. A su vez, resulta llamativo que las crónicas del estreno en 1918 no hagan ninguna mención a su participación en esta obra, y en cambio atribuyan la autoría del guion a la actriz protagónica.[3] La causa tal vez radique en las consecuencias negativas que podría tener para un político de la alta burguesía ser el autor de una trama "licenciosa" justamente en un contexto de moralización del cine propugnado por sectores conservadores de esa clase social.

Las pesadillas de Diana volvió a distribuirse desde comienzos de 1924 junto a otras películas nacionales por intermedio de la empresa Corbicier y Cía.

Comparación con bibliografía específica: La información sobre esta obra es sumamente escasa dentro de la bibliografía previa. Mientras CIHCA (1958, p. 38) sólo señala que Vina Velázquez fue su intérprete, Margaritt (1947, p. 515) y Di Núbila (1998, p. 36) citan el título del film sin más datos.

Notas: 1. *Excelsior* n° 176 (18 jul. 1917, p. 869) es la única fuente que lo menciona también como director. **2.** Publicidad en *La Película* n° 380, 3 ene. 1924. **3.** *La Película* n° 90, 13 jun. 1918, p. 18.

72. En la sierra

Estreno: martes 20 de agosto a la noche en el Teatro Coliseo (Capital Federal)
Exhibición privada: miércoles 7 de agosto a las 15:00 hs. en el Teatro San Martín (Capital Federal)
Año de producción: 1917/18
Producción: Martínez y Gunche (Director: Flaminio Pedrazza)
Dirección: Eduardo Martínez de la Pera y Ernesto Gunche
Guion: Flaminio Pedrazza según un argumento de E. M. S. Danero basado en un cuento de Juana Manuela Gorriti
Fotografía y cámara: Eduardo Martínez de la Pera y Ernesto Gunche
Laboratorios: Martínez y Gunche (Bogotá 2791, Flores)
Estudios: Martínez y Gunche (Andrés Arguibel 2887)
Distribución: Martínez y Gunche (Sarmiento 412)
Duración: [2.000 metros?][1] (110 min. aprox.)
Género: drama

Intérpretes: Morena Álvarez (Arcelia), Carlos Rohmer (Guillermo), Jenny Nin Lucy (Grizel), Saúl Larguía (Authall [o Antal?]), Eduardo Scott (campesino), José María Urbieta (Juan Manuel), Leticia Pizzano, Estelita Martínez de la Pera[2] (Bebé, hija de Arcelia).

Argumento: "Iníciase la obra con un amanecer serrano en que los rebaños con sus cabreros de cerril y venerable catadura marchan hacia los prados, ora perdiéndose de vista y reapareciendo tras un peñascal. Todo es apacible bajo ese sol acariciador, todo tiene en sí la pureza de los campos y el regocijo que infunde en el espíritu el rudo trabajo de la tierra. Guillermo marcha alegre, entusiasta, entonando canciones serranas, hacia lo alto de la montaña. Y, su partida hacia la labor es tanto más grata cuanto que ha sido despedido por la dulce Grizel, su pequeña prometida. La vida de la sierra transcurre así monótona y dichosa. Entre Grizel y Guillermo ha nacido un amor puro y confiado. Tiénenlo a gran dicha los moradores del contorno, y hasta el holgazán de Juan Manuel siente, al contemplar este tierno idilio, el renacimiento de su valentía aunque su novia Azucena no tarda mucho en hacerle comprender que los besos a las mozas buenos son para darlos cuando se tienen los labios resecos de sed y cansancio.
Interrumpe esta paz la llegada de una alegre caravana de gente de la ciudad. Son caballeros enclenques y repulidos que cortejan a una dama un tanto casquivana [una cantante de fama], aunque lo suficientemente

mesurada para no cargar con el primero que en demanda de su amor llegue. Hembra de insano atractivo, procaz bajo su rectitud de gran señora, despierta en Guillermo una sorda pasión, pasión de humilde, pasión de aquellas que sin poderse exteriorizar convierten al hombre en un ser inconsciente y sumiso.

La víspera de la Concepción[3] la cabalgata formada por Arcelia y sus zánganos adoradores sorprende el íntimo coloquio de Grizel y Guillermo. Queda el zafio pastor alucinado ante la hembra que tan a deshora trájole la tentación. Y, allí, por un puñado de flores, por una nimiedad el hombre de la sierra y el hombre de la ciudad [Authal] aceptan el original reto de la dama de ir esa noche por unas flores, peligrosamente al efecto, ubicadas sobre un abismo.

En tanto los hombres ciegos de pasión trepan por los peñascos en la búsqueda de la flor demandada por Arcelia, en el llano los mozos y zagalas festejan la fiesta de la Concepción. En la aldea todos bailan, todos ríen, todos cantan. Solo Grizel esta triste, acobardada por un terrible presentimiento. Cada latido de su corazón es un sobresalto. Algo que no tiene explicación, porque ocurre en lo profundo de nuestra subconsciencia, dícenle de una horrible desgracia...

...En lo alto del peñasco los dos hombres, implacables, luchan por coger la flor fatal; e, impelidos fatalmente por lo desconocido, atraídos irremisiblemente por el negro abismo que está en los pies, caen aún abrazados en la lucha, rebotando de roca en roca...

El amanecer sombrío, trágico, evidencia a los ojos de Grizel el drama que durante la noche presintiera. La flor maldita, que el muerto estruja todavía en su yerta mano, dícele de la triste realidad, del amor perdido para siempre antes que el abismo tragara a su Guillermo. Y, la locura, es el consuelo que Dios da a aquella pobre novia derrotada.

Pasaron años. Un día la pobre loca en sus correrías por los campos apercíbese del retorno de la culpable.[4] Obsesionada marcha en su busca, algo hipnótico y que ha estado largos años bullendo en su pobre cerebro la impulsa a la casa de Arcelia... Ya está en el amplio vestíbulo; sus pies quedos como víboras se arrastran por los alfombrados; en la sala una voz, odiada, entona una romanza en el piano; allí está la enemiga, la rival...

...Y con espantosa desviación se aproxima la loca. Sus manos se crispan, se hunden en la blanca garganta de la cantante, que se va poco a poco enfriando... Y, recién larga la presa, cuando aparece el marido de Arcelia al que repite el: '¡Chito! Calla, calla', que la llevó a esa estrangulación"[5] (E. M. S. Danero, *Cine Universal* n° 3, 12 abr. 1919, p. 38).

"Las intercalaciones de los cuadros cómicos que provocan la hilaridad están bien buscados. El haragán [Juan Manuel], por ejemplo, hace reír, como asimismo el viejo don Andrés, cuando guiña el ojo al notar que se besa la parejita de tórtolos Guillermo y Grizel" (*La Película* n° 99, 15 ago. 1918, p. 7).

Fotografía: "Los efectos de luz, los paisajes adecuados a ese drama intenso [...] los enfoques a la manera de la técnica norteamericana, los simbolismos fotográficos como agoreros del porvenir de los protagonistas –una tempestad que se avecina– todo ello es de una placidez emotiva que no hemos hallado en otra película" (Ídem).

Locaciones: Capilla del Monte (Sierras de Córdoba).

Comentario: El rodaje de *En la sierra* posiblemente se inició antes de septiembre de 1917 porque a fines de ese mes la revista *La Película*[6] informa que se está terminando. Sin embargo, debió interrumpirse, para reanudarse a mediados de febrero y ser concluido en julio de 1918.
Después de su estreno en el Teatro Coliseo a beneficio del Círculo de la Prensa, esta segunda obra de la productora Martínez y Gunche permaneció muy poco tiempo en cartel en 1918, porque sus directores fueron incluidos en las listas de "germanófilos" confeccionadas en nuestro país por las embajadas de los países aliados en el marco de la primera guerra, lo que derivó en un boicot comercial del film.
Sin embargo, volvió a ser estrenado el jueves 3 de abril de 1919 en el Splendid Theatre, con escenas modificadas y con cambios en todos los intertítulos. Con el objeto de incentivar su contratación por parte de los exhibidores, su nueva distribuidora Pedrazza y Cía., organizó un concurso con un premio en libras esterlinas para aquellos espectadores que acertaran "el nombre de la flor que se abre en esta obra".[7]
Una de sus protagonistas fue la "Mary Pickford criolla", Jenny Nin Lucy, el seudónimo de una joven actriz de 16 años que ya había debutado con un papel secundario en *Los inconscientes* (1918).
Esta adaptación de un cuento de Manuela Gorriti que transcurría en los Alpes no fue el único proyecto de Martínez y Gunche basado en textos de esta escritora. Para el año siguiente habían pautado la filmación de la novela *El guante negro* que iba a tener una extensión de 1.500 metros y para la cual habían realizado una serie de dibujos escenográficos de los interiores que reconstruirían el período rosista de la obra.
En la sierra se distribuyó también entre 1920 y 1924, y luego en 1928 con el título de *Una tragedia en la sierra*. En 1919 se estrenó en Paraguay y se

anunció su proyección en Uruguay,[8] aunque recién pudimos corroborar su efectiva exhibición en 1921.

Durante estas exhibiciones el film fue nuevamente alterado ya que mientras que la distribuidora Selección Nacional la promociona en 1923 y 1924 con una duración de 7 actos, en 1928 es anunciado por la Sociedad Cinematográfica Argentina con 6 actos.

Comparación con bibliografía específica: CIHCA (1958, p. 13) menciona en forma inexacta a *En la sierra* como la última producción de los estudios Martínez y Gunche, y que los talleres de filmación estaban ubicados en Arguibel 2850, cuando su dirección exacta era 2887.

Notas: 1. Este metraje es sólo aproximado porque fue obtenido previamente a la filmación de exteriores en Córdoba. **2.** Se trata de la hija del director de 2 años de edad. **3.** En este festejo "los enamorados acostumbran llevar flores a las ventanas de sus novias" (*La Razón*, 8 ago. 1918, p. 5). **4.** Según *La Razón* (8 ago. 1918, p. 5), después de cuatro años "Arcelia ha vuelto a la mansión, casada con uno de los adoradores de antaño, madre de una encantadora niña". **5.** Podría tratarse del argumento basado en el relato de Gorriti sobre el cual Pedrazza redactó el guion original. **6.** N° 53, 27 sep. 1917, p. 40. **7.** *Excelsior* n° 272, 28 mayo 1919, p. 627. **8.** *Excelsior* n° 279, 16 jul. 1919, p. 829.

73. Mambrú se fue a la guerra...

Estreno: jueves 5 de septiembre en el Gran Biógrafo Lavalle (Capital Federal)
Exhibición privada: viernes 26 de julio a las 10:30 hs. en el Real Cine (Capital Federal)
Año de producción: 1918
Producción: Drake-Film (Propietarios: Emilio Peruzzi y Romeo Borgini)
Dibujos: Romeo Borgini
Guion: [Romeo Borgini?]
Intertítulos: José González Castillo
Fotografía y cámara: Emilio Peruzzi
Laboratorios: Drake-Film
Estudios: Drake-Film (San Martín 522)
Distribución: Empresa Cinematográfica de Arsenio Vila (Brasil 1440)
Duración: 4 actos / 20 partes
Género: sátira política de dibujos animados

Personajes: Mambrú, El káiser alemán Guillermo II, el mariscal Paul von Hindenburg, el emperador austrohúngaro Francisco José I, el presidente francés Raymond Poincaré, el embajador alemán en Argentina Karl Graf von Luxburg, el presidente estadounidense Woodrow Wilson, San Pedro, los reyes de Bélgica, Bulgaria, Italia e Inglaterra.

Argumento: "Mambrú es un corresponsal macanístico que va a la guerra armado de todas las armas de escritorio y fototipia para informar al mundo de todo lo que ocurre por los campos de batalla de ambos beligerantes en lucha bárbara.
Como si la pantalla fuese un magazine ilustrado, van apareciendo todas las figuras más notables de la conflagración. El káiser, ordenando en nombre de Dios, su compadre, que no quede títere con cabeza. El kromprintz [un acorazado] hecho un arco de violín, moviéndose mecánicamente como un esqueleto viviente. Hindenburg, en persona voluminosa y en efigie claveteada. Francisco José, tal y como era en vida funcionando de instrumento kaiseriano. El rey de Bulgaria ostentando sus descomunales narices, y otros ases de los imperios centrales caricaturizados con gracia por el dibujante.
Algo muy notable es el cañón 42, que en alegoría artística de gran mérito dispara cañonazos por medio de una combinación ingeniosa de hombres y piolitas, de gracioso efecto a la vista.

La segunda parte está dedicada a presentar tipos de la parte aliada. Sale Poincaré y exclama: '¡A mí, con la piolita!'. Desfilan luego los reyes de Bélgica, de Inglaterra, de Italia, cada uno con su banderita nacional, caracterizados y caricaturizados perfectamente. Aparecen Wilson y otros personajes, hasta Luxburg 'sin dejar rastros'. No faltan alusiones a los gases asfixiantes, a la navegación aérea y submarina, a todo lo concerniente a la guerra, cuyos efectos suben hasta los cielos, donde se ve a San Pedro sentado a las puertas de la gloria fumando en pipa tranquilamente mirando como se desloma la humanidad.

Las rotulaciones están escritas en versos festivos" (*La Película* n° 97, 1° ago. 1918, p. 13 y 17).

Comentario: Estos "comentarios caricaturescos de la actual contienda europea"[1] parecen ser el reverso ideológico de *Sin dejar rastros...* (1918), ya que dan la impresión de satirizar por igual las posiciones de los dos bandos beligerantes, mientras que el film de Cristiani asumía una postura pro-aliada. *Mambrú...* se realizó entre mediados de mayo y mediados de julio de 1918.

Se trató de la última producción de Drake-Film, a pesar de que Romeo Borgini intentó relanzar dicha empresa a comienzos de 1920. Su copropietario, Emilio Peruzzi, se radicó entre 1918 y 1920 en Montevideo (Uruguay), donde se dedicó a la confección de intertítulos, a la filmación de documentales y a la distribución. Luego viajó a Italia, y en 1923 se reincorporó al cine nacional como cameraman de *Guiñol porteño* (1923). *Mambrú se fue a la guerra...* volvió a ser comercializada en mayo de 1919 por la distribuidora de Arsenio Vila y Cía.

Comparación con bibliografía específica: Este film no es citado en los textos consultados.

Notas: 1. Publicidad en *La Película* n° 93, 4 jul. 1918.

74. En un día de gloria...

Estreno: lunes 9 de septiembre a la noche en el Empire Theatre (Capital Federal)
Exhibición privada: martes 3 de septiembre a la mañana en el Empire Theatre
Año de producción: 1918
Producción: Pampa Film S. A. (Director Gerente: Emilio Bertoni)
Dirección: Alberto Traversa
Guion: José Mazzanti
Fotografía y cámara: Mario Gallo
Laboratorios: Talleres Cinematográficos de Mario Gallo
Estudios: Talleres Cinematográficos de Mario Gallo (Cangallo 827)
Distribución: Pampa Film S. A. (Cangallo 827)
Duración: [1.800 metros?][1] (99 min. aprox.)
Género: drama histórico

Intérpretes: Jenny Nin Lucy (Clara Allende, hija del matrimonio Allende), James Devesa (James Florencio), Saúl Larguía, Pascual Negri (coronel Allende), Yole Piacentini (Elena de Allende, su esposa), Saúl Rodríguez (Guillermo Doria), María Rodríguez, Samuel Groldin (usurero).

Datos del argumento: "[La obra] se desenvuelve dentro de nuestro ambiente, integrando a ella hermosos paisajes de la capital, y del interior de la república [...] Están magistralmente intercaladas en el argumento vistas tomadas de la parada militar; el monumento al general San Martín y lo que es más asombroso al prócer Bartolomé Mitre lo vemos en persona; esta gran figura del pueblo argentino se nos presenta y saluda a la cámara fotográfica. Es en esta parte a donde corresponde el título: 'En un día de gloria...', porque en ese día, es cuando trágicamente se desenvuelve la base fundamental de la misma [...] La señorita Lucy, en el último acto, no está todo lo trágica que aquella parte requiere. Es cuando da a lugar la lucha entre los dos hombres, cuerpo a cuerpo; Lucy no aparenta estar asustada [...] Pues una lucha entre dos hombres, que uno de ellos es su amante, el ruido de una detonación, la muerte de uno de los adversarios, etc., etc., es objeto para que una joven se horrorice o se desmaye" (*Excelsior* n° 235, 11 sep. 1918, p. 1069).

"Devesa tiene un simpático papel que hace resaltar más su figura de muchacho bonito. Es el 'bueno' de la película, es decir, el personaje que encarna el espíritu del bien, lo que Larguía encarna el del 'mal'. [...]

La señorita Piacentini ha hecho una fiel interpretación [...] Es digna de mención en la vehemencia de ciertos gestos que emociona ya por su frialdad ante la tragedia, ya por su ardiente pasión ante el ser amado. Tampoco es fácil la interpretación de ese carácter de mujer que no quiere a su marido" (*La Película* n° 102, 5 sep. 1918, p. 9).

Locaciones: estancia en San Justo (Prov. de Buenos Aires), entre otras.

Comentario: La antigua Pampa Film, productora de *Bajo el sol de la pampa* (1916), se convierte en sociedad anónima en abril de 1918 con un capital inicial de $100.000, bajo la dirección de Emilio Bertoni. Esta empresa compartía la misma dirección comercial que los talleres del cineasta Mario Gallo, en Cangallo 827, en los cuales se rodó *En un día de gloria*... Estos estudios, que contaban con luz artificial para filmar de noche, fueron instalados en las antiguas dependencias de Cinematografía del Río de la Plata, que Gallo había adquirido en enero de 1917.[2] A pesar de que la primera información sobre el rodaje surge a mediados de junio de 1918,[3] es probable que se haya iniciado con anterioridad. Dicha filmación concluyó aproximadamente a fines de agosto.

En un día de gloria..., además de constituir la segunda película en Argentina del cineasta italiano Alberto Traversa, marcó el retorno a la ficción, después de *La última langosta* (1916), de uno de los pioneros del cine en nuestro país, Mario Gallo. De hecho, en este film que aludía a un episodio de la Guerra del Paraguay se incluyen antiguas imágenes documentales de Bartolomé Mitre acompañado de Guillermo Udaondo y del ex presidente José E. Uriburu registradas por este cameraman.

La empresa Pampa Film S.A., luego de intentar resurgir en 1921 y de proyectar el rodaje de *Vida de fortín*, termina por disolverse en 1923. En abril de ese año pone en venta los negativos de *En un día de gloria*... y de *Bajo el sol de la pampa*, los cuales son adquiridos primero por el empresario Arturo Copperi y luego por el distribuidor Wilson de Terra Program. El director de dicha productora, Emilio Bertoni, se suicida en 1927 a causa de una grave crisis económica.

En un día de gloria... además fue comercializada en 1919 por intermedio de Pampa Film S.A.

Notas: 1. Si bien *La Película* n° 102 (5 sep. 1918, p. 20) es la única fuente de la época que da cuenta del metraje, una publicidad en *Excelsior* n° 259 (26 feb. 1919) indica una extensión de 2.500 metros (137 min. aprox.). **2.** *La Película* n° 16, 11 ene. 1917, p. 6. **3.** *La Película* n° 91, 20 jun. 1918, p. 19.

75. Una noche de gala en el Colón o La Carmen criolla

Estreno: martes 24 de septiembre a la noche en el Select (Capital Federal)
Exhibición privada: s.d.
Año de producción: 1918
Producción: Talleres Cinematográficos Federico Valle (Propietario: Federico Valle)
Realización: Andrés Ducaud
Dibujos y muñecos (bocetos): Diógenes Taborda
Guion: [s.d.] versión paródica del libreto de la ópera *Carmen* de Ludovic Halévy y Henri Meilhac
Escenografía (maqueta): Andrés Ducaud
Laboratorios: Talleres Cinematográficos Federico Valle
Estudios: Talleres Cinematográficos Federico Valle (Reconquista 452)
Distribución: Talleres Cinematográficos Federico Valle (Reconquista 452)
Duración: 60 min. aprox.
Género: sátira política de animación

Personajes: el presidente Hipólito Yrigoyen (Carmen / dibujo) y sus ministros. Muñecos: el diputado socialista Alfredo Palacios, Benito Villanueva, Julio Roca (h), Carlos Saavedra Lamas, Guerrico Williams, El "payo" Benjamín Roqué, El "negro" Raúl.[1]

Datos del argumento: "La escena pasa en el Teatro Colón en una noche de gala. La situación del público es simbólica; todos son muñecos admirablemente hechos. Los de la platea son radicales, los conservadores están en los palcos, y los socialistas en el paraíso. Para eso se ha hecho una gran 'maquette' del Teatro Colón, interior y exterior. La película empieza en la función de gala donde representan en escena *Carmen* [en dibujos animados] siendo protagonistas el presidente Yrigoyen y sus ministros. A medida que se desarrolla la representación y según las incidencias de esta se arman escándalos entre los ocupantes de la sala, concluyendo los socialistas con tirarles a los radicales, trastos, sillas, sombreros, etc.[2] El final es el incendio del teatro en forma magistral" (*La Película* n° 79, 28 mar. 1918, p. 19).

Comentario: Este novedoso film que combinaba muñecos y dibujos animados diseñados ambos a partir de bocetos del caricaturista Diógenes Taborda asumía una posición anti-yrigoyenista como en el caso de *El Apóstol* (1917), e incluso fue proyectado en la misma sala "aristocrática", el Select, durante más de 20 exhibiciones consecutivas. La información más antigua de su rodaje data de comienzos de febrero de 1918, aunque posiblemente se haya iniciado con anterioridad. En cambio, la fecha de terminación no pudo ser determinada con exactitud.

El 14 de abril de 1926 se produce un incendio devastador que destruye prácticamente la totalidad del archivo de la Cinematografía Valle, entre los negativos consumidos por las llamas es muy factible que haya estado el de *Una noche de gala en el Colón*.

Notas: 1. La información sobre estos últimos siete personajes fue obtenida de Di Núbila (1996, p. 76). **2.** En un momento, según Di Núbila (1996, p. 77-78), "irrumpían los presos de Villa Devoto [muñecos], que habían sido invitados a participar de la aristocrática velada" como sátira a una medida a favor de ellos por parte de Yrigoyen.

76. Perseverancia

Estreno: [después del 26 de noviembre?]
Exhibición privada: martes 26 de noviembre en el Real Cine (Capital Federal)
Año de producción: 1918
Producción: Italo Fattori y Cía. / Ginebra Llave
Dirección: Juan Glizé
Guion: s.d.
Fotografía y cámara: s.d.
Laboratorios: Italo Fattori y Cía.
Estudios: Italo Fattori y Cía. (Tucumán 692?)[1]
Distribución: [Italo Fattori y Cía.?]
Duración: 4 actos
Género: película publicitaria

Intérpretes: alumnos de la academia cinematográfica Berlitz.

Argumento: s.d.

Comentario: *Perseverancia* es otro de los films de propaganda comercial filmados por la Italo Fattori y Cía. Por ese entonces, la empresa tenía como anexo la academia Berlitz en Carlos Pellegrini 555, a cargo de la actriz Clara Bertarelli y del director Juan Glizé.[2] Dicha "escuela de cinematografía" ofrecía cursos rápidos de actuación en un mes y garantizaba trabajo inmediato a sus alumnos. En este sentido, *Perseverancia* funcionó como doble vehículo de propaganda, tanto de Ginebra Llave como de la propia academia ya que fue interpretado por sus propios alumnos.
Es posible que el film haya sido comercializado en forma gratuita entre los exhibidores como ocurría con algunas películas publicitarias de la época.

Comparación con bibliografía específica: Di Núbila (1998, p. 35) es el único historiador que cita este título, aunque sin ningún dato complementario.

Notas: 1. Debido a que esta dirección comercial se obtuvo de una publicidad (*Cine Universal* n° 49, 30 oct. 1920) publicada con posterioridad al rodaje, es factible que durante la filmación los talleres de Italo Fattori tuviesen otra ubicación. **2.** Publicidad en *La Película* n° 94, 11 jul. 1918.

77. Amor de primavera

Estreno: [1918?/1919?]
Año de producción: [1918?/1919?]
Producción: s.d.
Dirección: [Juan Glizé?]
Guion: s.d.
Fotografía y cámara: s.d.
Laboratorios: s.d.
Estudios: s.d.
Distribución: s.d.
Duración: s.d.
Género: s.d.

Intérpretes: Tita Merello, [Antonio Izzo?].

Argumento: s.d.

Comentario: La actriz Tita Merello menciona a esta obra, presumible-
mente realizada en 1918 o 1919, como su tercera y última participación
en el cine mudo nacional junto al actor Antonio Izzo. Atribuye la dirección a Juan Glizé bajo supervisión de Julio Irigoyen y la producción a
Cinematografía del Río de la Plata.[1] Sin embargo, estas declaraciones
no coinciden con las fuentes de la época. Por un lado, si bien Glizé era
un director característico de la Cinematografía del Río de la Plata, esta
empresa ya había desaparecido del mercado en 1918. Por otro, de la
información recopilada sobre esta productora no surge ninguna vinculación con el cineasta Julio Irigoyen, como así tampoco la filmación de
una obra con este título ni otro similar.
Es posible que dicha actriz haya confundido y entremezclado datos de
producciones diversas. De hecho, la única referencia al argumento de
Amor de primavera, "típico folletín con triángulo amoroso de por medio",[2]
bien podría corresponder al de *Buenos Aires tenebroso* (1917), interpretado
por Tita Merello también junto a Antonio Izzo bajo la dirección de Juan
Glizé y la producción de Cinematografía del Río de la Plata.

Notas. 1. Cabrera (2006, p. 181). **2.** Cabrera (2006, p. 111).

1919

78. El secreto de la felicidad

Estreno: [antes de abril?]
Año de producción: [1918?/19?]
Producción: Italo Fattori y Cía. / Banco A. Sud-Americano
Dirección: [Juan Glizé?]
Guion: s.d.
Fotografía y cámara: s.d.
Laboratorios: Italo Fattori y Cía.
Estudios: Italo Fattori y Cía. (Tucumán 692?)[1]
Distribución: [Italo Fattori y Cía.?] (Tucumán 833)
Duración: s.d.
Género: film publicitario

Intérpretes: José Plá, Antonio Vignola.

Argumento: s.d.

Comentario: Este film financiado por la firma Banco A. Sud-Americano es posible que se produjera o exhibiera durante 1919, ya que es citado por un lado en un listado de películas publicitarias de Italo Fattori y Cía.,[2] después de *Perseverancia* (1918, ver ficha 76) y de un documental institucional, y por otro en la filmografía del actor José Plá[3] con anterioridad a *En buena ley*, estrenado en abril de 1919.
A su vez, es factible que haya sido filmado por Juan Glizé, el director artístico no sólo de *Perseverancia* sino de otras producciones de esa editora.[4]

Comparación con bibliografía específica: No es mencionado por ningún autor.

Notas: 1. Este domicilio fue transcripto de una publicidad (*Cine Universal* n° 49, 30 oct. 1920) publicada con posterioridad al posible período de filmación. **2.** Publicidad en *La Película* n° 157, 25 sep. 1919. **3.** *La Montaña*, 11 jul. 1921, p. 5. **4.** Ver *La Película* n° 105, 26 sep. 1918, p. 57.

79. El festín de los caranchos

Estreno: -
Exhibición privada: entre el 27 de marzo y el 1° de abril en el Crystal Palace (Capital Federal)
Año de producción: 1918
Producción: Alianza Film (Propietarios: Eugenio de Wulf, César Forti y Juan de Fraia)
Dirección y guion: Luis A. Ramassotto
Fotografía y cámara: Carlos R. Aymasso y Pío Quadro[1]
Laboratorios: Martínez y Gunche (Bogotá 2791, Flores)
Estudios: Martínez y Gunche (A. Arguibel 2887) / [F.I.F.A.?] (Rioja 2068?)
Distribución: -
Duración: 2.400 metros (132 min. aprox.)
Género: "cine-drama social"[2]

Intérpretes: Luis A. Ramassotto (el viejo pescador), Ada Falcón, Saúl Larguía ("niño bien" de la ciudad), Molly Bell, Adhelma Falcón (personaje enfermizo), José Casamayor, Enriqueta Aymasso, Denise Rosemonde, Nelo Cosimi, Fela Nelson, Inés Castellano, Alberto [o Ernesto?] Cappa, Tina [o Dine?] Landi, Jorge Heredia, Alberto Plaussy.[3]

Argumento: "*El festín de los caranchos* se titula la película, cuyo argumento, intensamente dramático, gira alrededor de un viejo pescador que vive alejado de todo lo que significa civilización [en Necochea]. Mozos de la ciudad –caranchos ellos– han dejado una huella de dolor en su alma, y guarda, como perenne recuerdo, a una niña que dice de la tragedia de otros días. Y ella, pura, simple, como la naturaleza salvaje en la que se ha criado cae también en el 'festín de los caranchos'. Pero el viejo pescador venga la afrenta, castigando en aquella juventud civilizada el crimen realizado contra la inocencia" (*Imparcial Film* n° 8, 5 ene. 1919, p. 9).

"Nelo Cosimi aparecerá en un corto papel, pero intenso y emocionante. Tiene que sostener una lucha con el protagonista que es un bárbaro [...] y consigue un efecto de realidad que impresiona" (*La Película* n° 121, 15 ene. 1919, p. 12).

Locaciones: Prov. de Buenos Aires: Necochea, Río Quequén, Punta Negra e Isla Sarandí.

Comentario: El actor Luis Ramassotto, luego de la desaparición de Marchesi Film, logró convencer a un grupo de inversores conformado por Eugenio de Wulf, César Forti y Juan de Fraia para financiar el rodaje de un guion escrito por él. De esta forma, se constituyó en septiembre de 1918 la Compañía Cinematográfica Argentina Alianza Film, que había adoptado originariamente el nombre de Victoria Film.

Esta productora tenía en Cerrito 393 1° Piso, donde funcionaban sus oficinas comerciales, una academia cinematográfica a cargo del actor y director Silvio Furlay, en la que se dictaban "cursos rápidos" individuales y grupales de actuación. Sin embargo, carecía de "galerías de filmación" propias por lo cual debió alquilar los estudios de Martínez y Gunche para rodar los interiores de *El festín de los caranchos*, aunque es probable que se utilizaran también los talleres F.I.F.A., propiedad de uno de los fotógrafos, Pío Quadro. El rodaje en exteriores (Necochea) se inició a mediados de octubre de 1918, mientras que los interiores se concluyeron a fines de diciembre.

Este film, el único realizado por esta editora, no pudo ser estrenado por problemas técnicos durante la filmación, ya que al parecer cuando se intentó revelarlas gran parte de las escenas no poseían la nitidez necesaria y otras permanecieron veladas.[4] Este importante contratiempo, sumado a un costo de filmación de más de $20.000, que excedió con creces el presupuesto aproximado de $4.000,[5] determinó la disolución de Alianza Film. En el camino quedaron diversos proyectos cinematográficos sin realizar como por ejemplo *La chusma, Los bárbaros, El buitre* y *Caramurú. El festín de los caranchos* marcó el frustrante debut cinematográfico en el cine nacional de la cantante de tango Ada Falcón, por ese entonces una adolescente tonadillera apodada *La joyita argentina* que actuaba en funciones de varietés, y de la bailarina Molly Bell, seudónimo de Margarita Gilbert, una supuesta artista de la productora francesa Gaumont.

Comparación con bibliografía específica: Di Núbila (1998, p. 35) la incluye en una lista de películas estrenadas hasta 1921, mientras que Maranghello (2005, p. 37) no hace referencia al fracaso de su exhibición comercial.

Notas: 1. A diferencia de la mayoría de las fuentes que citan a Aymasso como "operador", *La Película* n° 118 (26 dic. 1918, p. 13) atribuye a Quadro la fotografía de una escena. Su participación tiende a corroborarse al informar *Excelsior* n° 264 (2 abr. 1919, p. 397) que la película fue rodada con dos cámaras. **2.** Publicidad en *La Película* n° 114, 28 nov. 1918, p. 12. **3.** Este intérprete sólo es mencionado por *Cine Argentino* n° 37 (19 ene. 1939, p. 36). **4.** Los comentarios en *Excelsior* n° 263 (26 mar. 1919, p. 375) y n° 301 (17 dic. 1919, 1410) dan cuenta de estos problemas. **5.** *La Película* n° 131, 27 mar. 1919, p. 17.

80. En buena ley

Estreno: miércoles 16 de abril a la noche en el Select y el Splendid Theatre (Capital Federal)
Exhibición privada: domingo 6 de abril a las 10:00 hs. en el Empire Theatre (Capital Federal)
Año de producción: 1918/19
Producción: Gallo Film (Productor: Mario Gallo)
Dirección: Alberto Traversa
Asistente de dirección: James Devesa[1]
Guion: José Mazzanti
Fotografía y cámara: Mario Gallo
Laboratorios: Talleres Cinematográficos de Mario Gallo
Estudios: Talleres Cinematográficos de Mario Gallo (Cangallo 827)
Distribución: Gallo Film (Administrador: Julio Alsina / Cangallo 910)
Duración: 10 actos[2]
Género: "comedia dramática"[3]

Intérpretes: Pedro Gialdroni (Fausto Leiva), Silvia Parodi (Evangelina Varangot), Olinda Bozán (Marieta Mezzogiorno), Juan Fernández (Fermín Lucero, alias "Sabandija"), Mario Recchiedei (Luciano Varangot), A. Maiani (Don Pedro Varangot), Nelo Cosimi (Argüello, alias "Venteveo"), Julio George (Inocencio Osuna, alias "Malcristiano"), Diego Figueroa (Páez), Julio Andrada (Mamúa), F. Brasigliano (Pascual Mezzogiorno), Annetta Reynaud (Zenobia, esposa de Mezzogiorno), Ernesto Cappa (Dr. Paz), José Capone, José Plá.

Argumento: "Don Pedro Varangot, estanciero acaudalado, reside habitualmente en el campo, dedicado con afán casi exclusivo a la vigilancia de sus intereses y al cuidado de su hija Evangelina, ya moza.
El otro hijo, Luciano, vive entretanto en Buenos Aires. Desaprensivo y poco amigo del trabajo, se dedica, más que al estudio, a las diversiones y al holgorio.
Una carta en la que el doctor Paz, su cuñado, lo pone al tanto de la vida desordenada de Luciano, alarma a Don Pedro y lo resuelve a trasladarse a la ciudad, en momentos en que, precisamente, las faenas de la estancia reclaman más urgentemente su presencia allí.
Al ponerse en viaje deja encomendados sus intereses a la vigilancia de su mayordomo –Fausto Leiva– hombre sano de espíritu y de cuerpo, en quien tiene depositada plena confianza.

Fausto, criado en fraternal camaradería con los hijos de Don Pedro, ama a Evangelina, y es correspondido. No obstante, y a pesar del cariño casi paternal que siente por él Don Pedro, su altivez no le permite o él, por lo menos así lo supone, abrigar muchas esperanzas en el éxito de su amor, dada su situación de subordinado en la casa.

Ya en Buenos Aires, desesperado de poder sacar de su hijo un hombre útil, Don Pedro resuelve cortar por lo sano, y obliga al pródigo a trasladarse con él al campo. El remedio, no obstante, no resulta de mucha eficacia, pues la vida de Luciano no cambia en la estancia sino en apariencias. A falta de cabarets, hay allí pulperías, y el vicio es fácil en cualquier parte para el que se empeña en él...

Entretanto, y paralelamente, otra acción se desarrolla. Tiene esta por escenario la pulpería de Don Pascual Mezzogiorno, y por protagonistas a este, su hija Marieta y a un paisano, tipo característico de nuestra campaña, llamado Fermín Lucero, aunque más conocido por *Sabandija*, merced a su falta de honradez y de escrúpulos. *Sabandija*, reparte su tiempo entre dos tareas, para él igualmente importantes: cortejar a Marieta y 'cerdear' animales... ajenos, por supuesto [...] Mezzogiorno, lo mismo que su mujer, no se muestran, desde luego, halagados con la predilección que Marieta no oculta por el mozo; pero hombre práctico, sabe disimularlo cuando conviene a sus intereses... *Sabandija*, en obsequio a los bellos ojos de Marieta, no suele, en efecto, mostrarse muy exigente en el peso más o menos exacto ni en la cotización más o menos baja de la cerda... Porque Mezzogiorno 'acopia' frutos del país y ya se sabe lo que esto significa para un pulpero un poco ducho.

Otros personajes más, y de toda catadura, frecuentan la pulpería: el viejo Mamúa, reencarnación, por sus mañas, del popular *Vizcacha*; el resero Páez, de escasos escrúpulos; el Pardo Argüello (*Venteveo*); Inocencio Osuna (*Malcristiano*); y el mismo comisario del pago.

Luciano pronto se adapta a este ambiente, convirtiendo la pulpería en nuevo campo de acción. Se juega, se bebe... ¿Qué más necesita él para sentirse cómodo?... No se preocupa mucho por el dinero. Cuando escasea, ya se arregla para hallarlo aunque tenga para ello que liquidar a espaldas de su padre algunas cabezas de ganado...

Fausto, al enterarse de esto, no oculta su desagrado, y como la irregularidad se repite, se ve al fin obligado, para salvar su propia responsabilidad, a poner a Don Pedro al tanto de lo que ocurre, provocando con ello un incidente con Luciano, aunque sin mayor importancia.

Y esa misma noche, mientras Don Pedro se pone en camino para asistir a una feria ganadera, su hijo acude a la pulpería, a una cita de 'honor'...: se trata de una interesante partida de 'monte'.

Durante esta, una suerte realmente extraña parece acompañarlo, al extremo de que el dinero de todos no tarda en acumularse en sus manos; y cuando, de vuelta de la estación, hasta la que ha acompañado a Don Pedro, llega Fausto a la pulpería, la partida ha terminado ya, y se bebe a cuenta del ganador. Y he aquí que un fútil pretexto sirve a Luciano para continuar el incidente de la tarde, y lo hace en tal forma que obliga a Fausto a la violencia. La intervención de los demás parroquianos evita, sin embargo, consecuencias más graves, y Fausto se retira.

Hombre sereno, comprende no obstante, que tarde o temprano el choque se renovará, y en forma más violenta; y, esa misma noche, al acudir a una cita con Evangelina, comunica a esta su propósito de alejarse de la estancia, ya que si no le es posible convivir con Luciano, tampoco puede exigir el alejamiento de este. 'Hasta por ti misma es preferible que me vaya –dícele– ya que aquí nunca podría, honestamente, hacerme un porvenir que me permita aspirar a ti'...

Y he aquí que en el mismo instante de la cita, el drama se produce: Luciano al salir de la pulpería, borracho, es muerto de un tiro. La policía al llegar al lugar del crimen, recoge, con el cadáver, el arma que ha utilizado el asesino, y constata que el muerto ha sido robado [...] Los incidentes entre la víctima y Fausto parecen, en efecto, orientar a la policía. Y las sospechas cobran visos de realidad, cuando Fausto reconoce como suyo el revólver hallado en el lugar del crimen. Él puede probar la coartada con el solo hecho de su cita con Evangelina; pero no lo hace: no es hidalgo comprometer el honor de una mujer [...] Y he ahí por qué al ser detenido, preventivamente, no sólo acepta sin protestar el hecho, sino que halla el medio de tranquilizar a Evangelina... 'No te alarmes ni hables –le dice– ya me soltarán, sabes como yo que soy inocente'.

Y ella en esa convicción y deseando en su filial piedad evitar a su padre la nueva amargura de una sospecha en su honor, calla.

Y recién cuando la justicia sanciona la iniquidad, comprende cuánto ha hecho mal. Pero es tarde [...] En vano, arrepentida de su silencio, acude en consulta del doctor Paz, su tío, a quien entera de todo. 'Hija mía, dícele él, para reabrir el proceso sería necesario dar previamente con el verdadero culpable. Los jueces quieren pruebas, no palabras. Tu misma declaración, tan tardía, no serviría sino para hacerte sospechosa de parcialidad en favor de él' [...] Y pasa un año. En la cárcel, durante él, no ha habido para Fausto otra novedad que la de haber conquistado un amigo: *Sabandija*. Este, hallado –¡al fin!– en *infraganti* mientras 'cerdeaba' por la policía del pago, purga resignado sus raterías [...] Un día, al fin, una circunstancia inesperada favorece a Fausto, que logra fugar. Y vuelve al pago. Fuera de la ley, como está, se ve obligado a salvar constantemente obstáculos y a vivir a salto de mata.

Pero algún tiempo después, la ayuda de *Sabandija*, que saldadas sus cuentas con la justicia, ha recuperado la libertad, le resulta útil.

Con él y con Marieta que, harta de la oposición paterna, aprovecha la circunstancia para levantar el vuelo, se traslada a Buenos Aires en busca de Evangelina, que allí reside desde la muerte de Luciano.

Por consejo del doctor Paz, sin embargo, pronto vuelve nuevamente al pago, resuelto a dar con él o los criminales. Y así lo hace. La pesquisa es ardua y azarosa, pero tiene al fin éxito.[4] Y se entrega él mismo a la policía. No tiene ya por qué huir.

Reabierta la causa, el fallo es naturalmente modificado, y esta vez se hace justicia...

Y cuando Fausto, liquidadas sus cuentas con la ley, se presenta limpio de culpas a Evangelina y su padre, este –comprendiendo toda la injusticia de que fuera víctima y la hidalguía con que callara, cuando pudo, con solo hablar, salvarse– se la entrega... –¿A qué oponerse, si al fin se aman?... Sobre todo, él se la ganó ¡EN BUENA LEY!"[5] (*Cine Universal* n° 3, 12 abr. 1919, p. 15-16).

Fotografía: "Los estudios de siluetas en algunas partes son artísticos; como detalle digno de mención es la filtración de luz a través de la persiana, cuando Justo Leiva oye la revelación del viejo Mamúa en la pulpería de Mezzogiorno" (*La Película* n° 133, 10 abr. 1919, p. 9).

Montaje: "La multiplicidad de las escenas, rápidas, casi relampagueantes, como lo exige la actual evolución de cinematógrafo, las contra-escenas, los títulos expresivos y sintéticos, son otros tantos factores concurrentes al éxito" (*La Razón*, citado en *La Película* n° 136, 1° mayo 1919, p. 24).

Locaciones: alredededores de la localidad de San Martín y estancia de Lomas (Prov. de Buenos Aires). [Montevideo?] (Uruguay).

Comentario: Mario Gallo, propietario de sus propios estudios cinematográficos en Cangallo 827, constituye alrededor de septiembre de 1918 Gallo Film, productora de *En buena ley*. Sus talleres, en los cuales se había filmado *En un día de gloria...* (1918), estaban dedicados principalmente a la realización de documentales publicitarios y a la confección de intertítulos para films extranjeros.

Entre septiembre de 1918 y marzo de 1919, Alberto Traversa ocupó el cargo de director artístico de los talleres de Mario Gallo. El rodaje de *En buena ley* se inició en estos estudios a comienzos de octubre de 1918 y concluyó a mediados de febrero de 1919. En diciembre de 1918, el equipo de filmación debió trasladarse a Montevideo porque una de las intérpretes, Olinda Bozán, estaba de gira con la compañía teatral Vittone-Pomar. El papel protagónico femenino iba a ser interpretado por Italia Capodarte, quien llegó a filmar gran parte de las escenas. En la etapa final del rodaje, fue convocada la actriz Silvia Parodi en su reemplazo, y se volvieron a realizar diversas escenas.

En relación a su publicidad, Gallo Film por un lado encargó al dibujante de la revista *Caras y Caretas*, Zavattaro, la confección del afiche original, y por otro editó un original folleto con el reparto y el argumento junto con pequeños trozos de celuloide de algunas escenas que distribuyó también en el extranjero.

En 1920, *En buena ley* fue reestrenado a precios populares con 5 copias nuevas, y luego se distribuyó entre 1925 y 1929. Con respecto a su exhibición en el exterior, en mayo de 1919 la Compañía Ítalo-Chilena adquirió una copia para distribuir en Chile y en agosto de ese año, según Mario Gallo,[6] el negativo del film fue vendido en 100.000 francos a una empresa italiana. A su vez se informa que en abril de 1920 se entregaron dos copias a la distribuidora César Díaz de La Coruña para ser exhibidas en España y Portugal.

Comparación con bibliografía específica: Ningún texto sobre el cine del período da cuenta de la constitución de Gallo Film y de *En buena ley* como la primera realización de esta productora. SICMA (1992, p. 32-33) atribuye en forma errónea su producción a la empresa Quiroga-Benoît Film.

Notas: 1. Devesa, quien había sido contratado para interpretar a un personaje finalmente suprimido del guion, terminó por ocupar dicho cargo durante octubre, sin que hayamos podido determinar si participó del resto del rodaje. **2.** Publicidad en *Excelsior* n° 605, 14 oct. 1925. **3.** Publicidad en *Excelsior* n° 266, 16 abr. 1919. **4.** Es muy factible que los asesinos sean *Venteveo* y *Malcristiano* porque son definidos como "un par de bandidos, gauchos vagabundos, proscriptos, de cuya fechoría gira la trama de la película" (*Excelsior* n° 265, 9 abr. 1919, p. 429). **5.** Este resumen también se publicó con ligeras variaciones en *Imparcial Film* n° 13 (20 mar. 1919, p. 4), por lo cual es probable que fuese redactado y distribuido en la prensa por Gallo Film. **6.** *La Película* n° 151, 14 ago. 1919, p. 25. Sin embargo, *Excelsior* n° 283 (13 ago. 1919, p. 957) indica que todavía faltaba la firma del contrato, por lo que dicha información puede no ser totalmente cierta.

81. Campo ajuera
[Título de rodaje: **El pueblo de las rosas muertas / El pueblo muerto**]

Estreno: martes 29 de abril en el Palace Theatre (Capital Federal)
Exhibición privada: domingo 20 de abril a la mañana en el Palace Theatre
Año de producción: 1919
Producción: Ferreyra Film (Propietarios: José A. Ferreyra, Nelo Cosimi,
Yolanda de Maintenon, Lidia Liss, entre otros)
Dirección y guion: José A. Ferreyra
Fotografía y cámara: Pío Quadro y Gabriel Lapeyriere
Virados en color
Laboratorios: F.I.F.A.
Estudios: F.I.F.A. (Rioja 2068?)
Distribución: Ferreyra Film / F.I.F.A. (Escritorio: Caseros 3239)
Duración: 1.700 metros (93 min. aprox.)
Género: drama campero

Intérpretes: Nelo Cosimi (Juancho), Yolanda de Maintenon (Raquel)
Lidia Liss (Mari-Juana), Eduardo Leal Pizano (Teodoro), Diego Figueroa
(don Martín), Ángel Boyano.

Argumento: "Una mujer mundana [Raquel], hastiada de su vida noc-
támbula en Buenos Aires, siéntese cansada, algo enferma y en compañía
de un prójimo algo ricacho y aristócrata, márchase al Bajo Paraná para
disfrutar algún tiempo los aires puros campestres.
La misteriosa pareja habita una lujosa casa [en 'el pueblo de las rosas
muertas'] y recorren juntos los alrededores en busca de entretenimientos para distraer su aburrimiento. En uno de esos paseos los sorprende
un grupo de cuatreros aterrándolos con amenazas de muerte salvados
al azar por un joven paisano [Juancho] que providencialmente aparece
en el crítico momento de mayor peligro.
El aristócrata [Teodoro] huye como alma que lleva el diablo y la damisela
queda desmayada en brazos de su salvador. De ese hecho surgen todos
los episodios que enlazan la trama del enredijo.
La dama porteña se divierte enamorando al héroe campesino, pagándole
con arrullos, besos y caricias femeniles la proeza inolvidable. No es más
que un medio de matar el tiempo con un flirteo accidental.
El cándido mozo, embebido por su conquista, olvida la novia campesina
[Mari-Juana, hija del padrino que lo crió], enamorados desde niños y
fieles siempre a su mutuo cariño verdadero. En esta situación ambigua,
ocurre un accidente que revela al gaucho la verdad de que sólo es un

juguete de la mujer casquivana, un muñeco risible, y ese convencimiento le produce completa desilusión. Indignado por la farsa quiere vengarse matándola, y ya la tiene entre sus nervudos brazos próxima a la estrangulación, cuando divisa por una ventana que su antigua novia se aleja triste y desesperada del aquel paraje para olvidar al ingrato novio en el que cifraba su vida feliz.

El bravo mozo abandona su presa con desprecio, corre presuroso a arrojarse a los pies de su padrino y pide perdón a su amada volviendo la dicha interrumpida por los amoríos de la mujer de vida alegre. [...] desbordándose la ovación estrepitosa [del público] al final de la obra, cuando aparece la apoteosis del triunfo del amor puro y sentido, con el grupo de los enamorados perdiéndose en lontananza entre luces difusas crepusculares" (*La Película* n° 135, 24 abr. 1919, p. 19).

Locaciones: San Martín (Prov. de Buenos Aires).

Comentario: Ferreyra Film, fundada en enero de 1919, era una suerte de cooperativa integrada por "aficionados a la escena muda cansados de peregrinar por los estudios solicitando un modesto 'bolo'".[1] Su primera producción tuvo una inversión de apenas 5.000 pesos, un costo muy inferior a las producciones de la época, que solían ser de 15.000 a 40.000 pesos.

Ferreyra Film encargó la labor fotográfica de *Campo ajuera* a los talleres F.I.F.A. de Pío Quadro y Gabriel Lapeyriere, constituidos en octubre de 1918 y dedicados principalmente a la producción de documentales. La filmación se realizó entre enero y marzo de 1919. Mientras que la revista *La Película*[2] indica que su rodaje demandó 8 jornadas, según *Excelsior*[3] se concretó en 20 días de trabajo. Los exteriores de esta película, cuyo argumento transcurría hipotéticamente en el Bajo Paraná (Prov. de Entre Ríos), fueron filmados en la localidad bonaerense de San Martín.[4]

Este film, influenciado por el western estadounidense, marcó el inicio de una larga colaboración entre la actriz de origen español Lidia Liss y el director José Ferreyra.

Luego de ser estrenado con buenas críticas, fue distribuido desde fines de mayo de 1919 por la empresa Mundial Film.[5] También se exhibió entre 1927 y 1929 con una duración de 6 actos.

Comparación con bibliografía específica: Couselo (1969, p. 132) señala en forma inexacta que fue distribuida por Mundial Film durante su estreno y que los exteriores se filmaron en el Bajo Paraná. Por otro lado, este historiador confunde a Yolanda de Maintenon con la actriz Yolanda

Labardén, cuyo debut cinematográfico, según sus propias declaraciones en *La Montaña* (6 jun. 1923, p. 5), se concretó en 1921.

Notas: 1. *La Película* n° 136, 1° mayo 1919, p. 23. **2.** N° 129, 13 mar. 1919, p. 17. **3.** N° 268, 30 abr. 1919, p. 504. **4.** "Lidia Liss: lo que ella dice...", *Fray Mocho* n° 484, 2 ago. 1921. **5.** Publicidad en *La Película* n° 139, 22 mayo 1919, p. 12.

82. Delfina

Estreno: [25 de mayo?]
Exhibición privada: s.d.
Año de producción: 1916/17
Producción: Cinematografía del Río de la Plata (Propietarios: Carlos Dose Obligado y José M. Pallache)
Dirección: Emilia Saleny
Guion: Emilia Saleny sobre la novela homónima de Manuel T. Podestá
Fotografía y cámara: Emilio Peruzzi y Julio Kemenyde [o Kemenydy?]
Laboratorios: Cinematografía del Río de la Plata
Estudios: Cinematografía del Río de la Plata (Cangallo 827 y Victoria 1176)
Distribución: Empresa Cinematográfica de Arsenio Vila & Cía. (Brasil 1440)
Duración: 6 actos / 30 partes
Género: drama

Intérpretes: Emilia Saleny (Delfina?), Sres. Ferrari, Eduardo Di Pietro, Gardini [o Gaudines?] y Zambelli [o Buffarelli?] y las Srtas. Castellaro [o Castellaso?],[1] [Clara?] Bertarelli y Russian.

Argumento: Delfina, una modesta institutriz de un niño de familia aristocrática, es cortejada por el primo de su pupilo, Cristián Moran. Pero ese amor reciproco se verá asediado por los celos enfermizos de Julia, la prima de Cristián, y los prejuicios sociales de su madre, Eleonora de Moran. Frente a esos condicionamientos, el joven aristócrata decide esperar hasta regresar de un viaje a una estancia para formalizar su relación sentimental y comunicarla a su madre. Sin embargo, regresa antes de tiempo, aquejado de fiebre tifoidea. A raíz de su estado delicado, la familia, por instigación de Julia, decide enviar al niño Emilio a la ciudad, provocando el despido de la institutriz. Sin poder ver a su amado, Delfina, desconsolada, debe regresar a la casa de su padre, donde por los diarios se entera de la muerte de Cristián. Delfina, para paliar su pena, se dedica por entero a su profesión de maestra y al cuidado de su anciano padre. Un año después, recibe una carta de Eleonora del Morán, quien se muestra mortificada por haber impedido el último deseo de su hijo, despedirse de su amada, y le ruega, además de su perdón, que regrese a la mansión de campo para honrar juntas la memoria del ausente. En ese lugar, Delfina decide fundar en honor de Cristián una escuela para niños pobres. Cuando va a visitar su tumba, se encuentra con Julia, ahora casada por conveniencia, quien se muestra arrepentida de su egoísmo y maldad.[2]

Comentario: Se trata de la primera película dirigida por Emilia Saleny e interpretada por catorce alumnos de su academia cinematográfica entre diciembre de 1916 y mediados de abril de 1917, pero exhibida comercialmente con posterioridad a *La niña del bosque* (1917). Si bien no pudimos obtener datos sobre la labor fotográfica, cabe destacar que, durante el período de rodaje, Emilio Peruzzi y Julio Kemenyde ocuparon el puesto de cameraman en la productora del film.

Aunque su estreno había sido anunciado por Cinematografía del Río de la Plata, este se fue postergando frente a otras de sus producciones y luego por el proceso de disolución de dicha editora. En agosto de 1917 se informa que será comercializada por la empresa Saleny Film, sin que finalmente se estrenara durante ese año. Recién fue promocionada su exhibición para la conmemoración de la Revolución de Mayo en 1919, cuando fue distribuida por Arsenio Vila & Cía. junto a otros films de la extinta Cinematografía del Río de la Plata.[3] En nuestra investigación tomamos como referencia esa fecha de estreno, aunque cabe la posibilidad que se haya exhibido con anterioridad.

Delfina estaba basada en una novela de Manuel Podestá, editada en 1917 por la colección Biblioteca La Nación.

Comparación con bibliografía específica: CIHCA (1958, p. 28) es el único texto que aporta algún dato sobre este film, atribuyéndolo a la productora Cinematografía del Río de la Plata. Sin embargo, no lo incluye dentro de la filmografía de la cineasta Emilia Saleny.

Notas: 1. Los apellidos entre corchetes corresponden a *Tribuna* (12 abr. 1917, p. 3) mientras que los citados inicialmente se transcribieron de *La Razón* (27 dic. 1916, p. 5). En el caso del apellido Castellaro, podría tratarse de un error de imprenta y remitir en realidad a la actriz Inés Castellano. **2.** Este resumen fue realizado a partir de la novela original, por lo cual puede que no se corresponda en su totalidad con la trama del film. **3.** Publicidad en *La Película* n° 137, 8 mayo 1919.

83. Ironías del destino

Estreno: lunes 2 de junio a la noche en el Smart Palace (Capital Federal)[1]
Exhibición privada: domingo 18 de mayo en el Palace Theatre (Capital Federal)
Año de producción: 1917/18/19
Producción: Lux-Film (Productor: Carlos Morando y Cía.)
Dirección: Carlos Morando y Pablo Podestá
Guion: Carlos Morando
Fotografía y cámara: Arturo Alexander / Lebrero / [Alberto J. Biasotti?]
Laboratorios: Bulo y Alexander / Ariel
Escenografía: Aquiles Ansaldo[2]
Estudios: Bulo y Alexander (Junín 1243) y Ariel (Trelles 2651/71)
Distribución: Lux-Film (Lavalle 812)
Duración: 8 actos
Género: drama

Intérpretes: Pablo Podestá (Orfeo), Margarita Celestini (Luz), Enrique Arellano (el tío Damián, hermano de doña Gertrudis), Francisco Bastardi (Augusto Méndez, hijo de doña Gertrudis), Srta. La Blanca [Luisa Salas] (Fátima), Totón Podestá (Roberto, hijo de Orfeo), Santos Casabal (mayordomo de la estancia), Carlos Perelli (mayordomo de la casa de doña Gertrudis), José Costanzó (médico de la familia Méndez), Arturo de Nava (mucamo de la familia Méndez), Carmen Jordán (doña Gertrudis Méndez), María Cambre (Mariquita, ama de llaves del tío Damián), Elsa Conti (Elena), Juanita Baldrich (niñera de la pequeña Luz), Luisa Socato (mucama de doña Gertrudis), Rosa Santillán (mucama de Elena), una tribu de cien gitanos húngaros liderados por el cacique Esteban Jorge Traiko, y el personal médico, practicantes y enfermeros de la Asistencia Pública.

Argumento: "Luz, la hija de una acomodada familia, que es perdida y va a parar al seno de una tribu gitana húngara donde el jefe Orfeo llega a quererla y a adorarla como hija propia. La rivalidad que nace cuando grande, entre ella y Fátima, la danzarina de la tribu. El hecho casual [un accidente de caballo] que la pone frente al estanciero Augusto, su hermano; el amor que nace entre ellos a despecho de los lazos que los unen y que no conocen. La separación irremediable [a raíz de la posición social de él], al mismo tiempo que Fátima, huye, y una vez en Buenos Aires se entrega a un nuevo género de vida, y se transforma en la querida de un viejo calavera [Damián, tío de Augusto].

El secuestro que este ejecuta con Luz, en ocasión de haberse presentado la joven en su casa en tren de adivinar la buenaventura. El encuentro con Fátima, que creyéndose burlada [cegada por el odio y los celos] la hiere de muerte, y por último, el desenlace fatal por el cual se encuentran en tal triste trance y se reconocen la madre, su hija Luz y su hijo Augusto, y la escena de la llegada de Orfeo que muere junto con la joven, constituyen, como apuntamos, un asunto interesante y simpático [...] Ha prestado su concurso la Asistencia Pública, dando lugar a una presentación de la ambulancia y en la forma con que se socorre a un herido" (*Excelsior* n° 273, 4 jun. 1919, p. 655).

Locaciones: Prov. de Buenos Aires: San Vicente, Ingeniero Budge, estancia de Felipe Leveratto y Río Matanza. Capital Federal: dependencias de la Asistencia Pública.

Comentario: La productora Lux-Film fue fundada en septiembre de 1917 por Carlos Morando junto con otros inversores. Esta empresa carecía de equipamiento técnico, talleres y laboratorios, por lo cual encargó la labor fotográfica de su única película a diversos estudios de filmación. El rodaje de *Ironías del destino* fue realizado, entre fines de septiembre de 1917 y marzo de 1918, por los talleres Bulo y Alexander. Estos estudios, creados en enero de 1917 por Arturo Alexander y Alfredo Bulo, estaban dedicados a la producción cinematográfica y fotográfica. Sin embargo, esta sociedad se disolvió en marzo de 1918, lo que determinó la suspensión del rodaje. Posteriormente, los trabajos de filmación estuvieron a cargo del cameraman Lebrero, y a partir de marzo 1919 continuaron en los estudios Ariel hasta su finalización en el mes de abril.

También se modificó la composición del elenco, incluso en personajes de cierta importancia dentro de la trama. Seguramente el alejamiento de Julio Escarcela y Blanca Podestá, entre otros,[3] mencionados en la primera etapa del rodaje, demandó cambios en el guion, o la re-filmación de escenas. Tal vez las particularidades de esta filmación hayan sido la causa de cierta contradicción acerca de la dirección artística en las fuentes consultadas. Mientras que a Carlos Morando se le atribuye ese rol principalmente en las críticas de estreno,[4] Pablo Podestá es citado como director entre septiembre de 1917 y abril de 1918, incluso en las propias publicidades de Lux-Film.[5]

Luego de su estreno, la productora de *Ironías del destino* no produjo nuevas películas, sólo se dedicó a distribuir esta obra hasta su quiebra a fines de 1921. Su propietario, Carlos Morando, formó parte, en 1920, de la comisión organizadora de una nueva productora junto con el autor teatral José J. Berutti y el director del Museo de Historia Natural, Carlos Ameghino, proyecto que finalmente no prosperó.

Ironías del destino constituyó la última intervención en el cine nacional de uno de los más importantes actores del teatro argentino, Pablo Podestá. Este film se exhibió en Rosario en mayo de 1920 y durante 1922 en Uruguay, donde fue declarada no apta para menores.

Comparación con bibliografía específica: Maranghello (2005, p. 38) es el autor que aporta más información sobre esta película, como por ejemplo su año de estreno y el nombre del productor y de la editora, aunque atribuye al actor Podestá la exclusividad de la dirección artística. En este sentido, Couselo (1965a, p. 42) también señala que *Ironías del destino* fue "dirigida probablemente por el mismo Pablo Podestá".

Notas: 1. Se exhibió en un festival a beneficio de la Asistencia Pública. **2.** Este escenógrafo del Teatro Colón es mencionado como el encargado de realizar los decorados del film durante la primera etapa del rodaje (*PBT* n° 677, 14 nov. 1917, p. 19). **3.** La lista incluye también a Livia Zapata, Olinda Bozán, Eva Franco, Pedro Quartucci, Guillermo Battaglia, Fausto Guerrero y la escuela de baile del maestro Vitulli, sin que vuelvan a ser citados posteriormente. **4.** Ver *Excelsior* n° 272, 28 mayo 1919, p. 627; n° 273, 4 jun. 1919, p. 655; n° 279, 16 jul. 1919, p. 829. Una crónica del rodaje (*La Película* n° 60, 15 nov. 1917, p. 13) también lo menciona como director. **5.** Ver publicidad en *La Película* n° 53, 27 sep. 1917; *PBT* n° 683, 26 dic. 1917, "El Año Cinematográfico"; publicidad en *Excelsior* n° 200, 1° ene. 1918; *Excelsior* n° 213, 10 abr. 1918, p. 449.

4. Juan Sin Ropa

Estreno: martes 3 de junio en el Grand Splendid Theatre y el Palace Theatre (Capital Federal)
Exhibición privada: martes 7 de enero a las 14:00 hs. en el Palace Theatre (Capital Federal)
Estreno (Chile): segunda quincena de febrero de 1919 en Valparaíso[1]
Exhibición privada (Chile): miércoles 22 de enero en Valparaíso
Año de producción: 1918
Producción: Quiroga-Benoît Film [Propietarios: Héctor G. Quiroga (Director Gerente) y Georges Benoît (Director Técnico)]
Dirección: Georges Benoît
Guion: José González Castillo, inspirado en el personaje Juan Sin Ropa del poema *Santos Vega* de Rafael Obligado
Fotografía y cámara: Georges Benoît
Virados en color
Laboratorios: Quiroga-Benoît Film
Estudios: Quiroga-Benoît Film (Boedo 51)
Distribución: Quiroga-Benoît Film (Boedo 51)
Duración: 6 actos
Género: drama

Intérpretes: Camila Quiroga (Elena, hija de Alvarado), Héctor G. Quiroga (Juan Ponce, símbolo del trabajo), Julio Escarcela (Aldunate, rico estanciero), José de Ángel (Alvarado, dueño del frigorífico), Alfredo Carrizo ("El Clinudo", obrero rebelde), Carlos Bouhier (Oscar, hermano de Elena), Santos Casabal (Benítez, su amigo), Haydee Passera (hijita de Aldunate), José Rubens (don Pietro Bonomi, chacarero), María Rando (María, su hija), Ángel Cuartucci ("El Tuerto", amigo de "El Clinudo"), Livia Zapata, Margarita Lawson.

Argumento: "El tipo clásicamente denominado en un poema célebre, de donde es aquel verso: 'Juan Sin Ropa' se llamaba, es en el film un tal Ponce, mozo campesino que encuentra ocupación en un frigorífico, progresa en su oficio y llega a ser 'leader' de los obreros, participando activamente en un movimiento huelguístico, como aquellos de que fuera recientemente teatro Buenos Aires. Peligrosamente comprometido, se salva, trepando en el auto, a toda carrera, que conduce a una joven, precisamente a la hija del dueño del frigorífico [Elena] que descubre aptitudes en él, y adivina que puede ser un hombre útil.[2]

Decidido a luchar en otra forma, Ponce regresa a la campaña, entrégase a las faenas agrícolas y se convierte en un colono de prestigio; entonces se le presenta la oportunidad de combatir a los 'agiotistas', que lucran con el comercio de cereales, elevando desmesuradamente los precios.[3] La joven aquella que causó impresión en el mozo, se ha casado con un cerealista, hacendado autoritario y despótico [Aldunate] que convierte para su esposa en un calvario el matrimonio. Habrá de luchar en contra de este, defendiendo a los colonos explotados, y, aun en contra del politiquero de la región. Y, por fin, evitará si no la muerte por asesinato de su enemigo, el despojo estimulado por el hermano de su protectora [Oscar], llevado a la práctica en complicidad con dos rateros. Viuda la joven, 'Juan Sin Ropa' podrá realizar su anhelo de dicha, el mismo de la dama como justo premio a su voluntad y honradez" (*La Mañana*, 8 ene. 1919, p. 12).

Escenas: "Junto a la gradual ascensión del campesino moderno, se admiran las diversas faenas camperas [...] La doma de potros, la yerra de hacienda, las piaras de cerdos, las manadas de ovejas, los arreos de novillos, las caballadas, etc. formarán siempre el fondo natural de los cuadros criollos argentinos [...] no se prescinde del churrasco, del juego de la taba, de los payadores, del bailongo y del mate clásico [...] Se ven cuadros instructivos del trabajo en sus varias formas, llamando la atención las labores interiores de un frigorífico, las operaciones de la Bolsa de granos; no faltan las vistas de tangos en cabarets de los bajos fondos, y el baile con su espléndida fiesta en una recepción familiar de gran lujo y rica 'mise en scéne'" (*La Película* n° 120, 9 ene. 1919, p. 11).

Fotografía: "Enfoque seguro; virajes a contraluz; efectos sorprendentes y escenas en que los personajes son plásticos. Hay una puesta de sol que es todo un poema. Benoît ha interpretado en varias esfumaciones vespertinas, a la intensa poesía pampeana" (*Excelsior* n° 276, 25 jun. 1919, p. 735).

Comentario: Quiroga-Benoît Film, productora de *Juan Sin Ropa*, fue constituida por el empresario y actor teatral Héctor Quiroga y el fotógrafo Georges Benoît en julio de 1918. Sus propietarios adquirieron los estudios y laboratorios en Boedo 51 de la empresa Platense Film S. A., de la que ambos formaron parte. El 17 de julio de 1918 se inició el rodaje de exteriores y luego de algunas interrupciones, producto de los compromisos teatrales de algunos intérpretes, fue concluido a comienzos de diciembre.

Juan Sin Ropa tuvo argumento del dramaturgo José González Castillo,[4] por ese entonces también jefe de publicidad de la Casa Max Glücksmann y redactor de intertítulos. Fue interpretado por gran parte de la compañía Quiroga-Rosich del Teatro Liceo, de la cual el productor Héctor Quiroga era empresario.

Seguramente por la conjunción entre la novedosa técnica norteamericana y una temática de índole popular de profunda actualidad, se convirtió en uno de los grandes éxitos de público del cine mudo nacional. Durante el año de su estreno se exhibió 800 veces consecutivas sólo en Capital Federal.[5]

Sin embargo, a pesar de que Quiroga-Benoît Film había trazado un plan de producción de seis películas anuales, dicha sociedad se disolvió en agosto de 1919. De esta forma quedó trunco el proyecto de filmar otro guion de González Castillo titulado *Pampa y ciudad* bajo la dirección de Benoît, quien luego de realizar *La boheme* (1919)[6] regresó a Estados Unidos.

Finalmente, Héctor Quiroga vendió en noviembre de 1920 las instalaciones de dicha empresa a Cinematografía Argentina Federico Valle, y el film al distribuidor Carlos Anselmi, para retirarse definitivamente de la producción cinematográfica. Su nuevo propietario lo comercializó a partir de abril de 1921 con el título de *Juan Sin Ropa o Nobleza criolla* y con la incorporación de escenas complementarias, con lo cual extendió su duración de 6 a 8 actos.

Posteriormente, en marzo de 1927, American Film la distribuyó con el título alternativo de *La lucha por la vida*, y con la inclusión de una escena de "la gran carrera en el Hipódromo Argentino, premio 'Carlos Pellegrini'".[7] También se comercializó con una selección de música nacional para ser ejecutada por la orquesta durante la proyección.

Juan Sin Ropa se exhibió en nuestro país entre 1920 y 1923, y luego durante 1927, 1928, 1931 y 1932. Mientras que en el exterior –siempre en el marco de diversas giras teatrales del matrimonio Quiroga– fue proyectada ante los reyes de España el 29 enero de 1921 en el Palacio Real de Madrid y muy posiblemente en París, Milán,[8] México y Cuba. A su vez, es probable que se haya exhibido en Estados Unidos ya que el director Georges Benoît regresó a ese país con una copia del film, como así también en Uruguay a fines de mayo de 1921 como anunció la revista *Excelsior*.[9]

La versión más extensa en dvd que pudimos visualizar posee una duración de alrededor de 25 minutos, sin intertítulos. Los datos sobre el argumento y las fotos encontradas en el transcurso de nuestra investigación permitirían reconstruir parte de las escenas perdidas.

Por otro lado, cabría preguntarse cuánto de ese montaje innovador característico de la copia incompleta corresponde al film original y cuánto a las sucesivas versiones modificadas

Comparación con bibliografía específica: Di Núbila (1998, p. 24) fecha su rodaje en 1920 y atribuye la dirección artística a Héctor Quiroga, pero las publicidades oficiales en *La Película* n° 140 (29 mayo 1919, p. 12-13) y en *Excelsior* n° 272 (28 mayo 1919) citan a Georges Benoît en ese rubro. Couselo (1992, p. 29), SICMA (1992, p. 31) y Di Núbila (1998, p. 24) afirman que su trama alude a la lucha obrera durante la Semana Trágica, cuando su rodaje se concretó, como señala Kohen (2005, p. 45), con anterioridad a este hecho.

Notas: 1. El estreno y su exhibición privada coinciden con la gira de la compañía Quiroga-Rosich por ese país. **2.** A esta escena corresponde el intertítulo: "Trabaje, venza y luego sea bueno. Usted puede ser un hombre útil" (*Imparcial Film* n° 20, 5 jun. 1919, p. 8). **3.** Para ello [Ponce] "rico ya, viene a la Capital Federal en representación de los colonos de la comarca a negociar una inmensa cantidad de trigo, causando oscilaciones en la misma Bolsa de granos con espanto de los acaparadores que negocian con el hambre del pueblo" (*La Película* n° 120, 9 ene. 1919, p. 11). **4.** La imagen cinematográfica de este autor es incluida en la presentación del film. **5.** Publicidad en *La Película* n° 198, 8 jul. 1920. **6.** Este cineasta también tomó "vistas" entre marzo y abril de 1919 de la cordillera mendocina y del puerto de Chile, posiblemente para algún documental o bien para el proyecto *Pampa y ciudad.* **7.** Publicidad en *La Película* n° 547 (17 mar. 1927, p. 55). En 1921, también se había agregado al film una escena de una carrera de turf. Sin embargo, resulta difícil determinar si se trata de las mismas imágenes. **8.** El propio Quiroga llevó a Europa tres copias del film con intertítulos en francés, español e italiano. **9.** N° 375, 18 mayo 1921, p. 23.

85. El rosal de las ruinas

Estreno: jueves 5 de junio en el Splendid Theatre (Capital Federal)
Exhibición privada: domingo 11 de agosto de 1918 a las 10:00 hs. (Capital Federal)
Año de producción: 1918/19
Producción: Argentina Film (Propietario: José Costa / Gerente: Julio Llauró)
Dirección: Julio Llauró
Guion: Belisario Roldán sobre su obra teatral homónima
Intertítulos: Belisario Roldán
Fotografía y cámara: Julio Kemenyde [o Kemenydy?]
Laboratorios: Argentina Film
Estudios: Argentina Film (Tucumán 721)
Distribución: Argentina Film (Tucumán 721)
Duración: 6 actos[1]
Género: drama histórico

Intérpretes: Fela Nelson (Leonor), Mario Recchiedei (capitán Carlos de Álvarez), José Casamayor, José Demarchi (capitán Cárdenas), [Alberto Neccoly?], [Manuel González?].[2]

Argumento: Carlos de Álvarez y su esposa Leonor reciben en su estancia en Entre Ríos la visita del hermano de Leonor y de su amigo Manuel. Este último termina seduciendo a Leonor. Los amantes son sorprendidos por el marido, quien deja malherido a Manuel y luego abandona a su mujer. A raíz de esta decepción amorosa, Carlos, junto con el capataz de su estancia, participa de la guerra en el bando de López Jordán, donde es nombrado capitán. En el frente, conoce a la nieta de un pulpero, Mariluisa, de la cual se enamora. Pero, en ese momento, va a su encuentro Leonor pidiendo arrepentida la reconciliación, y al descubrir el interés de su esposo por esa mujer le revela a esta su verdadero estado civil.
Como consecuencia, Mariluisa se recluye en un convento pero no logra olvidar a Carlos. A ese convento llega Leonor moribunda luego de vagar, doliente y desesperada, por el campo. Llega a tiempo para impedir que Mariluisa tome los votos monásticos y la convence de que contraiga matrimonio con su marido una vez que ella muera. Finalmente, Leonor fallece arrepentida de sus "pecados" mientras que Carlos y Mariluisa se reencuentran.[3]

Intertítulos: "Ha introducido el autor una innovación en el género. Consiste ella en avivar la importancia de los letreros, todos los cuales han sido hechos en versos especiales, que vienen a resultar una especie de comentario lírico del asunto" (*La Nación*, 23 oct. 1916, p. 10).

Comentario: La adaptación cinematográfica de la exitosa obra del dramaturgo Belisario Roldán era un proyecto que tenía el propio autor ya en octubre de 1916, el año del estreno teatral. Primero iba a realizarlo José Costa, futuro propietario de Argentina Film, y luego, en 1917, una productora de muy fugaz existencia, Mayrhofer Film.

Finalmente, en agosto de 1917, se apropia de dicho proyecto Argentina Film con el propósito de filmarlo en sus propios estudios y laboratorios que estaba instalando en Tucumán 721.

El rodaje se llevó a cabo entre fines de enero e inicios de junio de 1918. Sin embargo, después de una exhibición privada en el mes de agosto, aparentemente no muy satisfactoria, se postergó su estreno. Durante 1919 dos publicidades[4] anunciaron nuevamente que la película estaba en proceso de filmación. El fotógrafo Kemenyde, que participó de la primera etapa del rodaje, no pudo haber intervenido en la segunda, ya que se había trasladado a fines de 1918 a Uruguay.

El rosal de las ruinas, estrenada en el marco de un festival de beneficencia, constituyó un fracaso comercial, teniendo en cuenta el gasto de producción que demandó la reconstrucción histórica de la Argentina de 1870 y un rodaje que se convirtió en interminable. La crítica tampoco fue muy benévola. Se trató de la última producción financiada por Argentina Film, cuya disolución ya se anunciaba en octubre de 1918,[5] mucho antes del estreno de esta obra. Entre los proyectos de esta productora, figuraban la adaptación de las obras teatrales *Rozas*, de Belisario Roldán, y *Los muertos*, de Florencio Sánchez, esta última finalmente realizada por Patria Film. *El rosal de las ruinas* fue exhibida además en 1921 y 1924.

Notas: 1. Publicidad en *Excelsior* n° 539, 9 jul. 1924, p. 25. **2.** Los dos últimos intérpretes son citados al inicio del rodaje en *La Película* n° 71 (31 ene. 1918, p. 13), sin que fuese posible determinar si finalmente intervinieron en el film. **3.** El resumen fue realizado a partir de las críticas de la obra teatral, por lo cual puede diferir, en algunos aspectos, de la versión fílmica. **4.** *Excelsior* n° 251 (1° ene. 1919) y n° 260 (5 mar. 1919). **5.** *La Película* n° 106, 3 oct. 1918, p. 17.

86. Cómo se casó Duarte
[Título de rodaje: **Las aventuras de Duarte / Cómo me casé**]

Estreno: antes del 19 de junio[1]
Exhibición privada: domingo 2 de septiembre de 1917 a la mañana en el Teatro Esmeralda (Capital Federal)
Año de producción: 1917
Producción: Cóndor Film (Productores: Juan M. Tobio, López y Sánchez)
Dirección: Juan Cambieri
Guion: s.d.
Fotografía y cámara: Pío Quadro
Laboratorios: Cóndor Film [y Buenos Aires Film?]
Estudios: Cóndor Film (Sarmiento 1663)
Distribución: Buenos Aires Film (Brasil 1328 y Tucumán 833)
Duración: 800 metros (44 min. aprox.)
Género: comedia

Intérpretes: José Duarte (Duarte), Lydia Bottini (novia de Duarte), [Saturnino Cruz?].[2]

Datos del argumento: "[...] su argumento gira alrededor de una serie de cosas que le ocurren a un individuo, muy comunes en este ambiente porteño, que acosado por el deber imperativo con el estómago, hace cosas atroces, que han de determinar –así se espera– la nota cómica del film" (*La Película* n° 46, 9 ago. 1917, p. 13).

"[...] le han adjudicado [a Lydia Bottini] el papel de novia y luego esposa de Duarte, con el que debiera formar una pareja especial, feos los dos, hasta la exageración, para producir el fenómeno inquietante de tener doce hijos, en doce meses...
Es un contraste chocante la simpática y delicada figura de la Bottini interpretando el papel de enamorada de un fenómeno humano, como es Duarte, y salta a la vista la disparidad de ambas figuras discordantes, cuando él alarga el hocico de hipopótamo para dar un beso morrudo a la novia, que lo recibe, la niña, con marcada negligencia" (*La Película* n° 50, 6 sep. 1917, p. 5).

Comentario: *Cómo se casó Duarte* fue realizado en 1917 por la productora de *Problemas del corazón* (1917), Cóndor Film. Los trabajos de filmación comenzaron a fines de abril de ese año, mientras que a principios de agosto se anunció el final del rodaje.

El cineasta Juan Cambieri, dirigió sólo una parte del film, porque si bien en mayo estaba todavía relacionado con Cóndor Film, durante julio ya se había trasladado a San Pablo (Brasil) para encargarse de la fotografía de *Tiradentes* (Aliano Filmes, 1917).[3]

A pesar de haberse realizado la exhibición privada, el estreno debió suspenderse por la falta de nitidez de su imagen[4] hasta que en 1919 fue adquirida por la distribuidora Buenos Aires Film.

Esta película, también programada en algunos cines con el título de *El casamiento de Duarte*, iba a ser la primera de una serie de obras cómicas protagonizadas por el parodista español José Duarte, intérprete característico en las funciones de variedades de los cines y teatros Majestic y Empire Theatre.

Pero Cóndor Film cerrará finalmente sus puertas en julio de 1918, luego de haber dejado inconclusas dos películas. La primera, rodada durante noviembre 1917 bajo la dirección del catalán Martín Dedeu, estaba ambientada insólitamente en la antigua Roma; la segunda, *La pena irreparable*, iniciada en junio de 1918, tenía argumento del escritor y autor teatral César Viale.

Cómo se casó... fue distribuida durante 1919 únicamente, junto con las películas *Problemas del corazón* (1917) y *El cóndor de los Andes* (1916) por la empresa Buenos Aires Film de Julio Irigoyen.

Comparación con bibliografía específica: Sólo hacen referencia a esta obra Margaritt (1947, p. 514) y Di Núbila (1998, p. 35), aunque con un título similar al de rodaje, *Aventura* [o *Aventuras*] *de Duarte*, y sin otros datos complementarios.

Notas: 1. Según *La Película* n° 143 (19 jun. 1919, p. 21) para esa fecha ya se exhibía en algunos cines. **2.** A pesar de que *La Película* n° 21 (15 feb. 1917, p. 6) informa que este actor iba a formar parte del elenco, no pudimos confirmar su efectiva participación. **3.** Ricardo Mendes [en Ramos (Coord), 1987, p. 504]. **4.** Según *La Película* n° 50 (6 sep. 1917, p. 5 y 13) "los rótulos no pueden leerse; la cara de los artistas de ambos sexos se esfuman, se pierden en lejanías antiartísticas" y "es tan oscura la fotografía que por más que hemos ido provistos de un telescopio no hemos logrado ver nada".

87. La boheme

Estreno: viernes 20 de junio en el Empire Theatre (La Plata, prov. de Buenos Aires)
Exhibición privada: jueves 17 de julio a las 10:00 hs. en el Teatro Esmeralda (Capital Federal)[1]
Año de producción: 1919
Producción: Lyric-Film (Productores: Italo Fattori y Gresti)
Dirección: [Georges Benoît?]
Guion: [s.d.] versión reducida del libreto operístico de Giuseppe Giacosa y Luigi Illica basado en la novela *Escenas de la vida bohemia* de Henry Murger
Fotografía y cámara: Georges Benoît
Laboratorios: [Quiroga-Benoît Film?] [Italo Fattori y Cía.?]
Música: extractos de la ópera *La boheme* compuesta por Giacomo Puccini
Estudios: Quiroga-Benoît Film (Boedo 51)
Distribución: Italo Fattori y Cía. (Tucumán 833)
Duración: 4 actos
Género: "visión lírico-cinematográfica"[2]

Intérpretes: la soprano Juana Viviana (Mimí?), el tenor P. Navia[3] (Rodolfo?), la mezzo soprano Olga Signorile, el barítono F. Federici.

Datos del film: "El jueves último [se] presentó [...] la película 'Boheme', visión lírico-cinematográfica de la ópera de igual título, reducida en lo posible para dar la mayor sensación de realidad descartando lo secundario de la obra para poner de relieve las escenas culminantes.
Comenzó la película presentándose en la escena muda los artistas líricos de ambos sexos, bien fotografiados. El primer acto fue representado y cantado con acierto. La música acompañaba la voz de los cantantes, atentos al ritmo del movimiento de sus propias imágenes, ajustando las notas a sus naturales gestos de vocalización y accionado, que en muchos casos, era de efecto notable.
El segundo acto resultó más completo y mejor combinado" (*La Película* n° 148, 24 jul. 1919, p. 20).

"Hay demasiados segundos planos, lo que afecta al conjunto, diluyéndose la atención del público. La aparición de las partes principales no es tampoco eficaz, desapareciendo el efecto de sincronía entre los momentos [en] que los artistas modulan las notas y los que, junto a la platea, cantan" (*Excelsior* n° 285, 27 ago. 1919, p. 1023).

Comentario: Se trató de la última película realizada por el cineasta francés Georges Benoît en Argentina. Su productora, Lyric-Film, fundada por Italo Fattori y Gresti a fines de marzo de 1919, encargó los trabajos de filmación realizados durante el mes de abril a la editora de *Juan Sin Ropa* (1919), Quiroga-Benoît Film. Pero, al término del rodaje el nombre comercial de dicha productora cambió por el de Fattori y Cía.,[4] aparentemente por desavenencias entre sus propietarios que determinaron también la postergación de su estreno.

Es probable que *La boheme* haya sido el primer film nacional de cierta duración íntegramente sincronizado en vivo, con acompañamiento de orquesta y canto. Una modalidad que continuó durante la década del 20 principalmente en el melodrama tanguero, aunque limitada a la inclusión de unos pocos números musicales durante cada proyección, y que se potenció en los años previos a la aparición del cine sonoro argentino. Este tipo de "películas líricas" estaban destinadas a un público que no podía –o por lo menos no siempre podía– pagar el precio de importantes espectáculos operísticos o bien que no tenía la posibilidad de presenciarlos, como es el caso de aquellos habitantes que vivían alejados de los grandes centros urbanos. Sin embargo, este género al parecer no resultó un negocio rentable para sus productores ya que debían hacerse cargo del gasto extra de los cantantes líricos de cada función.[5]

Durante julio de 1920, *La boheme* se reestrenó con acompañamiento de un cuadro de diez voces dirigido por Cav. Cesari.

Comparación con bibliografía específica: Di Núbila (1998, p. 36) es el único autor que cita este título, pero sin aportar ninguna información sobre el mismo.

El conjunto de la bibliografía menciona a Georges Benoît sólo como fotógrafo de *¿Hasta dónde...?* (1918), y como director y cameraman de *Juan Sin Ropa* (1919).[6]

Notas: 1. Esta proyección correspondió a su estreno en Capital Federal, el día 19 de agosto en el Esmeralda. **2.** Publicidad en *Excelsior* n° 265, 9 abr. 1919. **3.** Este tenor actuaba por ese entonces en el Teatro Colón. **4.** De hecho Lyric-Film compartía en Tucumán 833 las mismas oficinas comerciales que Fattori y Cía. **5.** *Imparcial Film* n° 28, 25 ago. 1919, p. 24. **6.** *Excelsior* n° 268 (30 abr. 1919, p. 509) y n° 271 (21 mayo 1919, p. 599) señalan que "la filmación" de *La boheme* "estuvo a cargo" de este cineasta, lo que podría indicar que no solo Benoît participó como cameraman sino también, probablemente, como director artístico.

88. Los muertos

Estreno: lunes 23 de junio a la noche en el Palace Theatre y el Grand Splendid Theatre (Capital Federal)
Exhibición privada: antes del 2 de abril en el Select (Capital Federal)[1]
Año de producción: 1918
Producción: Patria Film (Productores: Carlos A. Gutiérrez [y Santiago Profumo?])[2]
Dirección: Francisco Defilippis Novoa
Guion: Francisco Defilippis Novoa sobre la obra teatral homónima de Florencio Sánchez
Fotografía y cámara: Francisco Mayrhofer
Laboratorios: Patria Film
Estudios: Patria Film (Ecuador 930)
Distribución: Patria Film (Ecuador 930)
Duración: 7 actos[3]
Género: drama

Intérpretes: Félix Blanco (Lisandro Fuentes), María Esther Podestá de Pomar (Amelia, su esposa), Argentino Gómez (Julián?), Enriqueta Álvarez, el niño Carlos Gutiérrez (Lalo), Esperanza Palomero.

Datos del argumento: Transcribimos a continuación extractos de un análisis escrito previamente al rodaje por el director y adaptador Defilippis Novoa sobre la obra original que permite vislumbrar las características de esta versión fílmica:
"Hay en toda la obra un sino que persigue los pasos de Lisandro, una fuerza misteriosa que corta las alas de su voluntad, que lo hace perverso, sin serlo, que lo hace perdido, teniendo clara, limpia la concepción del bien. Toda la obra es una eterna protesta contra la esclavitud a que nos condena el misterio que llevamos dentro. Lo demás, el drama es secundario: es la vida material y corriente, es la eterna lucha contra la miseria, es todo lo vulgar, hasta el momento en que aparece el amor de Amelia por su amante; amor que más pudo haber dado a cualquier hombre, sin ser Julián, porque el amor en la mujer de Lisandro no es más que el deseo de brindar el cariño que rebosa su pecho, y que la fatalidad hizo [que] despreciara el marido, inconscientemente; es el deseo de no morir sin haber amado intensamente; es el ansia de ofrecer la bondad que lleva la mujer dentro de sí. Cuando a ese punto llega el drama, su valor se sublimiza.
Pero a través de eso, y por sobre eso, perdura la trágica visión de Lisandro.

Yo he visto a Lisandro fuera del vicio, perfectamente honesto, pero igualmente vencido, muerto, después de haber muerto a cuantos le rodeaban y le dieron su cariño; igualmente que el Lisandro de Sánchez, mata a cuantos le quisieron, a cuantos de él dependieron.

Lisandro es el eterno vencido de todas las sociedades y de todos los tiempos. Su mal está en él, en su interior, en lo profundo de su célula. Y, palpándolo, no puede vencerlo. De ahí la fatalidad trágica, que hace del hombre un autómata, realmente materia muerta" (*La Película* n° 72, 7 febr. 1918, p. 13).

Comentario: Se trató de la primera versión cinematográfica de una obra teatral de Florencio Sánchez, dirigida y adaptada por otro dramaturgo de cierto prestigio en su época, Defilippis Novoa. El crítico teatral Joaquín de Vedia fue el encargado de redactar la secuencia introductoria del film, que resumía la vida y obra de Florencio Sánchez.

El rodaje de *Los muertos* se realizó entre julio y noviembre de 1918. A partir de su primera proyección privada, el film sufrió una suerte de boicot por parte de algunos exhibidores que se negaron a proyectarla por el supuesto contenido inmoral del drama. En respuesta, la productora Patria Film convocó a diversos intelectuales y propietarios de salas cinematográficas para defender la calidad artística y "moral" del film.[4]

Después de su problemática exhibición comercial durante 1919, *Los muertos* se distribuyó en 1920 y 1921, y entre 1923 y 1927. En Montevideo (Uruguay) se estrenó el 7 de noviembre de 1919 en el Teatro 18 de Julio y continuó comercializándose durante 1920.

Comparación con bibliografía específica: Si bien CIHCA (1958, p. 16) es el único texto que atribuye al cameraman Mayrhofer la fotografía del film, cita en forma inexacta 1920 como año de estreno.

Por su parte, Di Núbila (1998, p. 28) señala que fue realizado en los estudios Patria Film de la calle Jean Jaurés, pero las fuentes de la época indican que esos talleres estaban ubicados en Ecuador 930.[5]

Notas: 1. Se proyectó además el 9 de abril a las 17:00 hs. en Patria Film y el 30 a la mañana en el Empire Theatre. **2.** Es probable que Profumo haya sido coproductor o bien empleado de Patria Film, ya que se encargó de gestionar el estreno en Montevideo y de redactar un artículo sobre el film publicado por esa editora. **3.** Publicidad en *Excelsior* n° 488, 18 jul. 1923, p. 24. **4.** Se publicaron opiniones favorables del director teatral Joaquín de Vedia, del dramaturgo Julio F. Escobar, del director de la Asistencia Pública Luis Castiarena, y del exhibidor y distribuidor Max Glücksmann. **5.** *La Película* n° 105, 26 sep. 1918, p. 56; publicidad en *Excelsior* n° 259, 26 feb. 1919.

89. Cavallería rusticana

Estreno: sábado 26 de julio en el Empire Theatre (Capital Federal)
Exhibición privada: domingo 6 de julio a las 00:30 hs. en el Empire Theatre
Año de producción: 1919
Producción: Gallo Film (Productor: Mario Gallo)
Dirección: Mario Gallo
Guion: [s.d.] basado en el libreto de la ópera homónima escrito por Giovanni Targioni-Tozzetti y Guido Menasci adaptado de un relato de Giovanni Verga
Fotografía y cámara: Mario Gallo
Laboratorios: Talleres Cinematográficos de Mario Gallo
Música: adaptada de la ópera homónima compuesta por Pietro Mascagni
Estudios: Talleres Cinematográficos de Mario Gallo (Cangallo 827)
Distribución: Gallo Film (Cangallo 827)
Duración: s.d.
Género: "sincronía"[1]

Intérpretes: el tenor Di Giorgi (Turiddu), el barítono Frexas (Alfio),[2] y Sras. Bosseti y Granits.

Datos del argumento: "La célebre *Siciliana*, el 'racconto' de Santuzza, como otras conocidas romanzas de *Cavallería* fueron muy aplaudidas por los concurrentes" (*Imparcial Film* n° 26, 5 ago. 1919, p. 18).

Características de la exhibición: "La película se exhibirá cantando los intérpretes tras la pantalla, quien tenga escenario, o en un palco ocultos quien no lo tenga. Y si el cine no tiene ni palcos ni escenario, los artistas cantarán en la casilla del operador.
Tendremos así una novedad en los contratos de programación. El exhibidor pagará tantos pesos teniendo la casa filmadora que remitirle las cintas y los intérpretes inclusive. Será cosa de alquilar balcones cuando la película se exhiba en dos o tres cines a la vez. Los 'líricos' andarán como trompos de una parte para otra" (*Excelsior* n° 273, 4 jun. 1919, p. 657).

"El señor Mario Gallo ha tenido que vencer serias dificultades para hacer este film, dado que a la pericia del operador debía unirse un completo conocimiento musical de la obra, condiciones ambas reunidas por Gallo que es un excelente músico. Y se explican estas dificultades, dado que un aumento en la velocidad al tomar la película, como la inutilización de pocos cuadros la haría totalmente inservible desde que los movimientos de las bocas de los intérpretes no coincidirían con la de los cantantes. Todas estas dificultades de orden técnico han sido salvadas con suma habilidad, hasta el punto que la ilusión de que las figuras cantan es completa" (*Imparcial Film* n° 26, 5 ago. 1919, p. 18).

Comentario: Este film proyectado en sincronía con la música de la orquesta y cantado en vivo por sus propios intérpretes, fue la segunda y última obra de carácter no publicitario financiada por Gallo Film. Sin embargo, su producción se inició bajo el nombre de Vox-Film, editora constituida en abril de 1919 por el propio Mario Gallo, quien había anunciado además la filmación de otra película lírica, *Boheme*. El rodaje de *Cavallería rusticana* se inició en abril y concluyó a comienzos de junio de 1919.

Gallo Film tenía proyectado realizar otras dos "sincronías". Por un lado, la adaptación de *Tosca* de Puccini con cantantes del Teatro Colón, cuyo rodaje estaba programado para la segunda quincena de julio de 1919.[3] Por otro, un argumento de González Castillo titulado *El perro del cabaret* con Luis Arata y Pancho Aranaz que contenía canciones y dichos criollos para entonar en vivo durante la proyección.

Notas: 1. Publicidad en *La Película* n° 148, 24 jul. 1919, p. 22. **2.** Los personajes interpretados por estos dos cantantes fueron deducidos de acuerdo con la distribución de los roles en la ópera original, determinada por el registro vocal de cada intérprete. **3.** *La Película* n° 147, 17 jul. 1919, p. 18.

90. El mentir de los demás

Estreno: martes 9 de septiembre en el Splendid Theatre (Capital Federal)
Exhibición privada: domingo 29 de junio a las 10:00 hs. en el Palace Theatre (Capital Federal)
Año de producción: 1918/19
Producción: Compañía Cinematográfica Ariel [Propietarios: Roberto Guidi (Director Artístico), Alberto J. Biasotti (Director Técnico), Mario V. Ponisio (Administrador)]
Dirección: Roberto Guidi
Guion: Eduardo J. Watson [Roberto Guidi?]
Fotografía y cámara: Alberto J. Biasotti
Virados en color
Laboratorios: Ariel
Música original y adaptada: F. Scolati Almeyda[1]
Estudios: Ariel (Trelles 2651/71)
Distribución: Ariel (Maipú 286 1° Piso)
Duración: 6 actos
Género: "comedia dramática"[2]

Intérpretes: Lía Pearson (Aurora Martín, hija de Don Elías), Carlos Walk[3] (Álvaro Miranda, médico porteño), Elena Rivera (Sara Miranda, su hermana), Marcelino Buyán (Santiago Rutler), Milagros de la Vega (Petronila Pérez y Gómez, una chismosa), Eloy Álvarez (Romerito, cronista social), Alcides Gavatelli (don Elías, rentista de provincias), Artemio Alvarado (Casimiro, un tonto del pueblo); niñas del pueblo: Marta Vivian (Elvira), Corona Carrara (María Angélica), Edith Brulé (Matilde), Lea Teddy (Julieta), Ondina Loreley (Susana); Aliso [o Ailzo?] Ballesteros (Mariano, criado de don Elías), E. Oliveira (Lucía, "la chica que canta"), Livio Violi (don Joaquín, su padre), Adela García (doña Luz, su madre), María Piñero de Lezama (doña Ramona, vecina del pueblo), José Plá (Rodríguez, director del periódico), Alan Moore (un matón), José Capone (un ebrio), Domingo Noriega (sargento de policía), Jack Gold (un agente), Ana Palazzo (Lolita), Manuel Saros (Pepito), Eliseo Revirón ("Un pibe"), Felipe Farah (extra?), concurrentes al club, a la tertulia, el gato Nico.

Argumento: "La acción se desarrolla en 'uno de esos pueblos que tienen una plaza, un club, un periódico, un hotel enfrente de la estación, y unos cuantos habitantes que, en tales lugares, durante los ratos de ocio, se dedican a hablar mal los unos de los otros'" (*Imparcial Film* n° 30, 5 sep. 1919, p. 20).

"Aurora es una de esas niñas que, criadas algo lejos del 'mundanal ruido', se pasan las horas soñando en su 'príncipe azul', porque Aurora, sabe que existe Buenos Aires, la gran ciudad, con paseos hermosísimos, teatros, tiendas...

Pero el 'príncipe' no llega, y ella, sentimental, desconfía de la venida de su prometido; por eso, con su ingenuo egoísmo femenino, escucha, sonriendo ambiguamente, las palabras apasionadas de uno de los caciques del pueblo, Santiago Rutler, comisario provinciano, individuo rudo y autoritario, para quien no existe la ley cuando ella se opone a su capricho o a su interés.

Y, probablemente, Aurora hubiera llegado a ser una obesa y sencillota provinciana, con un pasado soso y sin recuerdos, si de pronto, no hubiese entrado en escena Álvaro Miranda.

Álvaro Miranda ha llegado a los dominios feudales de Rutler para ejercer, a mansalva, su carrera, porque Álvaro es médico... Joven, varonil, elegante y 'dotor', es el ideal en persona de una provincianita como Aurora. El proceder de Álvaro y Aurora, más o menos malignamente aderezado por las hablillas de una solterona y de algunas niñas del pueblo, aviva los celos que han empezado a despertarse en el comisario Rutler.[4]

Si Álvaro Miranda se entromete sin querer en el corazón de Aurora, tiene en su familia otro sujeto más peligroso aun: su hermana Sara, una preciosa porteña que, con su gracejo y desenvoltura, ha producido una catástrofe sentimental entre los tenorios del pueblo...

Todos los jóvenes, 'en edad de merecer', han pasado por las horcas caudinas de sus bromas. Algunos, como el distinguido Romerito [cronista social y 'mal poeta'], y Casimiro, el encanto de sus papás, no pierden las esperanzas de conquistar a la encantadora doncella.

El nombramiento de intendente recaído en el padre de Aurora, da motivo a una tertulia donde conocemos a unos cuantos personajes más del pueblo y donde tenemos ocasión de volver a encontrar a nuestros conocidos.

Allí, en la tertulia solemne, una niña prodigio perpetró una canción que encantó a su mamá y dio cólicos a los otros concurrentes; allí la solterona murmuró de media humanidad; allí Casimiro, el inefable Casimiro, sudando el quilo, consiguió, por fin, espetar a Sara, su consabida declaración, y allí, después de pronunciar sus frases incendiarias, ¡oh azares de la ciega fortuna! vio cómo la ingrata de Sara, se marchó del bracete con ese aguafiestas de Romerito...

Poco tiempo después, la solterona, la incorregible chismosa vuelve a bisbisar sus venenosas palabras al oído del comisario. La atmósfera se carga y la tempestad estalla.

Pero como en todos los asuntos para dejar contento al público y a los protagonistas todo termina de una manera armoniosa y hábilmente manejada por el autor" (*Las Noticias*, 11 sep. 1919, p. 3).

Intertítulos: "[...] hay fina ironía en sus títulos que, a decir verdad, son los mejores que he visto. Prueba al canto donde otros hubiesen puesto sencillamente: 'Aquella tarde', aparece lo siguiente: 'al caer la tarde, cuando ha llegado la hora de 'dar unas vueltas por la manzana' o de abrir el balcón y ponerse a tocar en el piano el vals de moda o 'aquella canción tan linda que le gusta a él'" (*Cine Universal* n° 13, 19 jul. 1919, p. 3).

"Su única finalidad, y así lo expresa una de sus leyendas, es la de proporcionar unos momentos de solaz y agradable esparcimiento a los benévolos espectadores" (*Cine Universal* n° 20, 13 sep. 1919, p. 29).

Fotografía: "Tiene esta obra, además de su buen argumento, unas fotografías verdaderamente maravillosas, fotografías de naturaleza, que descubren a los ojos del público, mil cosas de tierra adentro [...] Resulta, desde luego, encantador el paisaje de valle o de montaña, de los trigales, de las viñas fabulosas, de todo eso que aquí, dentro de la tierra misma, parecía cosa de magia o de leyenda" (*Las Noticias*, 11 sep. 1919, p. 3).

"Enfoca [el fotógrafo] de repente (y sin que venga a cuento) la cabeza de un actor y lo deja en la oscuridad de la nariz para arriba, plagia [a la técnica norteamericana] con tan mala fortuna que produce risa" (*La Película* n° 145, 3 jul. 1919, p. 21).

Comentario: Ariel fue creada por Roberto Guidi, Alberto J. Biasotti y Mario V. Ponisio a fines de mayo de 1918, luego de adquirir los talleres y laboratorios de Austral Film, productora de *La mejor justicia* (1918), en Trelles 2671 (Flores). En estos estudios, se inició el rodaje de *El mentir de los demás* a fines de diciembre de 1918 con la filmación de algunos detalles aislados, y concluyó los últimos días de abril de 1919.
Esta editora, con el propósito de resaltar la importancia del argumento sobre la preponderancia de las "estrellas", organizó durante 1918 y 1919 dos concursos de guiones con premios en efectivo y publicó un folleto escrito por Guidi, que contenía un modelo y una serie de pautas para la redacción de los mismos.
Resulta muy llamativo que el director del film, a pesar de su fuerte interés por el guion cinematográfico, no haya, aparentemente, escrito ninguno. Sin embargo, es muy probable que el nombre del argumentista de gran parte de las películas de Guidi, Eduardo J. Watson, sea en realidad un

seudónimo del director. La revista *Excelsior*,[5] por ejemplo, le atribuirá la autoría del guion de *Escándalo a media noche* (1923), publicitado oficialmente también bajo el nombre de Watson.

No es casual entonces que *El mentir de los demás* haya sido valorizado, entre otros factores, por las características de su argumento, una comedia de costumbres sobre la clase media provinciana que se apartaba de las temáticas características del cine mudo nacional. De ahí que uno de los eslóganes publicitarios haya sido: "Ni Gauchos. Ni pulperías. Ni cadáveres. Ni cabarets. Ni cosa semejante hay en: *El mentir de los demás*".[6]

Por otra parte, el director de este film interpretado por actores prácticamente noveles intentó llevar a la práctica un tipo de actuación específicamente cinematográfica que había sido ya teorizada por él, determinada por la predominancia de lo gestual y el movimiento, que la diferenciaba del registro teatral.

El mentir de los demás marcó el debut cinematográfico de Milagros de la Vega, quien se convertirá en una de las actrices más importantes del teatro nacional, y de un "galán" característico del período mudo, Felipe Farah.[7] Su protagonista, Lía Pearson, seudónimo de Pía Rondonotti, adoptará posteriormente el nombre de Olga Casares Pearson.

Para su estreno, la productora Ariel encargó al artista Dino Mazza el afiche del film. Luego se distribuyó durante 1920, 1923 y 1924.

Comparación con bibliografía específica: La mayoría de los textos consultados fechan la constitución de Ariel en 1919, cuando en realidad se fundó en mayo de 1918.[8] A su vez, Maranghello (2005, p. 35) señala que sus propietarios "trabajaron en las instalaciones de Boedo 51, que les compraron a los Quiroga". Los talleres de Ariel por ese entonces estaban ubicados en Trelles 2651/71,[9] mientras que el productor que le compró a Héctor Quiroga esas instalaciones fue Federico Valle. Recién en 1927 la editora Ariel, después de ser refundada por Alberto Biasotti, se instaló en Boedo 51.[10]

SICMA (1992, p. 31) indica erróneamente que se trató de una adaptación de un libro de Manuel Gálvez.

Notas: 1. Según *Las Noticias* (9 sep. 1919, p. 3) este músico "además de las variaciones sobre los trozos musicales conocidos, ha agregado algunas otras composiciones originales sobre temas populares sudamericanos". **2.** Publicidad en *Excelsior* n° 268, 30 abr. 1919. **3.** Este actor utilizó luego el nombre de Ángel Walk. **4.** De acuerdo a *La Película* n° 145 (3 jul. 1919, p. 21) este personaje "parece escapado de un manicomio. A veces es ingenuo, de repente se torna en borracho consuetudinario que maltrata a su esposa, y a continuación la emprende a tiros con el médico que toma el pulso a su señora y casi de inmediato lo vemos convertido en esposo cariñoso y culto caballero". **5.** N° 506, 21 nov. 1923, p. 17. **6.** Publicidad en *Excelsior* n° 280, 23 jul. 1919. **7.** *Última Hora*, 11 nov. 1929, p. 4. **8.** Ver *La Película* n° 88, 30 mayo 1918, p. 19 y n° 89, 6 jun. 1918, p. 18. **9.** Publicidad en *La Película* n° 105 (26 sep. 1918) y en *Excelsior* n° 259 (26 feb. 1919). **10.** Publicidad en *Revista del Exhibidor* n° 30 (20 jul. 1927) y en *Excelsior* n° 698 (29 jul. 1927).

91. El pañuelo de Clarita
[Título de rodaje: **Clarita**]

Estreno: domingo 9 de noviembre a la tarde en el Crystal Palace (Capital Federal)
Exhibición privada: jueves 30 de octubre a la mañana en el Crystal Palace
Año de producción: 1918/[19?]
Producción: Bautista Amé
Dirección: Emilia Saleny
Guion: Bautista Amé
Fotografía y cámara: Luis Ángel Scaglione
Distribución: Unión-Film (Paraná 343)
Duración: 4 actos
Género: "comedia de costumbres"[1]

Intérpretes: Aurora Revirón (Clarita), Argentino Carminatti, Emilia Saleny, Eduardo Di Pietro, Bautista Amé, Olivio Giaccaglia, Luis Suárez, Antonia Giribini, José Capone, Julia Neri, Vicente Palumbo, Amelia Juves, Gelasio Conde, Carmen Maceiras, Jorge Bianchi, Victoria Pieri de Saleny, Alfredo Perrino, Rosita Soria, Pablo Siri, María Carreras, Marcelino Buyán, Ada Peretti, Antonio Vignola, Amelia Codecá, Francisco Ferrandis, Eliseo Revirón, Pedro Mángano, Miguel Pelletieri, Emilio Marrazo, Vittorio Sardí, Luis Salvetti.

Argumento: "Clarita, niña de corta edad, encuentra un pobre hombre hambriento, al que le da un peso moneda nacional y lo consuela con palabras cariñosas. La escena ocurre en un paseo y al volver la niñita corriendo hacia su casa, pierde el pañuelo bordado con su nombre, recogido y guardado con amor por el infeliz pordiosero.
La trama se complica en episodios ligados para hacer jugar la casualidad, de modo que Clarita sea secuestrada por una pandilla de ladrones profesionales en busca de un buen rescate y que el protagonista resulta el salvador de la niña, viniendo a ser 'El pañuelo de Clarita' talismán prodigioso de este cine-drama. Los padres de Clarita son parientes ricos del desdichado joven carpintero en su pueblo, viudo, padre de dos hijos, mendigo en Buenos Aires, convertido en ladrón por la miseria extrema y por último personaje decente, reintegrado a su familia para recomenzar la vida del trabajo honrado" (*La Película* n° 164, 13 nov. 1919, p. 21).

Comentario: Este film dirigido por la cineasta Emilia Saleny fue escrito e interpretado por discípulos de su academia de actuación. Si bien en algunos casos es promocionada como una producción de Unión-Film,[2] es importante destacar que esta editora recién se constituyó una vez concluida su filmación. La información más antigua sobre el rodaje data de fines de octubre de 1918, cuando se anuncia su inminente finalización. Sin embargo, recién a comienzos de febrero de 1919 la revista *La Película*[3] confirma que el film se encuentra listo para su estreno.

El pañuelo de Clarita fue fotografiada por Luis Scaglione, el mismo cameraman de *La niña del bosque* (1917) y *Paseo trágico* (1918), también de Saleny. Sin embargo, su filmación no pudo estar a cargo de los estudios Colón Film, ya que fueron destruidos por un incendio en mayo de 1918.[4] Esta obra, destinada al público infantil y familiar, fue conservada por el coleccionista Roberto Di Chiara y por la familia de su productor, Bautista Amé.

Comparación con bibliografía específica: Maranghello (2005, p. 35) señala que este film tenía como título alternativo *Paseo trágico*. Sin embargo, la filmografía del actor Argentino Carminatti (*Última Hora*, 31 oct. 1929, p. 4) da cuenta de que se trató de dos películas diferentes.

Notas: 1. Publicidad en *Excelsior* n° 297, 19 nov. 1919. **2.** *La Película* n° 163, 6 nov. 1919, p. 18. **3.** N° 124, 6 feb. 1919, p. 17. **4.** Ver *La Película* n° 86 (16 mayo 1918, "Cinematografía Argentina"). A su vez, *Excelsior* n° 259 (26 feb. 1919, p. 250) publica un listado de productoras desaparecidas, donde se incluye a Colón Film.

92. De vuelta al pago

Estreno: jueves 27 de noviembre a la noche en el Empire Theatre (Capital Federal)
Exhibición privada: domingo 16 de noviembre a la mañana en el Empire Theatre
Año de producción: 1919
Producción: Sud América Film (Propietarios: José A. Ferreyra, Pío Quadro, Gabriel Lapeyriere y Nelo Cosimi) / Mundial Film (Propietario: Alejandro F. Gómez)[1]
Dirección y guion: José A. Ferreyra
Fotografía y cámara: Pío Quadro y Gabriel Lapeyriere
Laboratorios: F.I.F.A.
Estudios: F.I.F.A. (Rioja 2068?)
Distribución: Mundial Film (Montevideo 17)
Duración: s.d.
Género: drama campero

Intérpretes: Nelo Cosimi, Lidia Liss, Carmen Jiménez (Luisa), Modesto Insa (Carlés), Elena Guido, Ángel Boyano ("villano"), Saúl Larguía, Vicente Bonetti, Luis Lefebre.

Datos del argumento: "[...] luego de pasado el primer acto, aburridor por efecto de las presentaciones de actores y de la abundancia de leyendas de una discutible sensatez, el espectador entra en el asunto que esta hábilmente desarrollado [...] Un hombre sale de su pago dejando a una novia; regresa y encuentra a su novia casada con otro hombre, que es un pésimo sujeto [...] Se producen en esa cinta tres episodios de amor. Dos de ellos, por los tipos y ambiente, están perfectamente relacionados; pero el tercero, el de ese muchacho porteño que va al campo a corregirse de sus travesuras, se encuentra fuera de lugar en la fábula de la película" (*La Película* n° 165, 20 nov. 1919, p. 10).

"Carmen Jiménez [...] reflejó un tipo de muchacha ingenua, matizándolo con notas espirituales, sobre todo en aquellas que hubo de sostener con el actor Modesto Insa [enamorado de ella].
Elena Guido, nos dio la sensación de la mujer castigada por una vida llena de sufrimientos, transparentándose del fondo de su alma, a pesar de todo, la bondad innata de su alma" (*Cine Universal* n° 25, 29 nov. 1919, p. 10).

"Si nos empeñamos en que nuestros paisanos vistan de *cow-boys*, masquen cigarros de hoja como ellos, usen como ellos winchester y compadreen como ellos, no habremos hecho sino una muy pobre parodia de un género que agrada –no nos cansaremos de decirlo– porque, fuera del aspecto pintoresco, es la expresión fiel de un ambiente particular" (Narciso Robledal, *Caras y Caretas* n° 1106, 13 dic. 1919, "Teatro del Silencio").

Comentario: El 29 de abril de 1919 Ferreyra Film y los talleres F.I.F.A. se fusionaron, para conformar en septiembre la productora Sud América Film,[2] la cual se disolverá una vez estrenada su única película, *De vuelta al pago*. Aunque en varias oportunidades se anunció el comienzo del rodaje, la primera información sobre su efectiva realización surge a mediados de septiembre de 1919, anticipando además su inminente conclusión.[3] Como en el caso de *Campo ajuera* (1919), se puede observar en este film la influencia del western, adoptando incluso algunos de sus intérpretes en las fotos obtenidas una vestimenta similar a la del mítico actor William S. Hart.

De vuelta al pago, obra que señaló el debut cinematográfico de una de las actrices características del primer cine de Ferreyra, Elena Guido, volvió a distribuirse a fines de 1924.

Comparación con bibliografía específica: Couselo (1969, p. 133) atribuye en forma errónea la fotografía a Luis Scaglione, la producción a Ferreyra Film y la distribución a Sud América Film. Por su parte, Maranghello (2005, p. 36) también señala a Scaglione como fotógrafo.[4]

Notas: 1. Según *Cine Universal* n° 25 (29 nov. 1919, p. 10) y *Excelsior* n° 296 (12 nov. 1919, p. 1289) la distribuidora de esta película, Mundial Film, también financió su producción. **2.** *Excelsior* n° 286, 3 sep. 1919, p. 1051. **3.** *La Película* n° 156, 18 sep. 1919, p. 15. **4.** *Cine Universal* n° 17 (23 ago. 1919) y n° 25 (29 nov. 1919) mencionan a Quadro y Lapeyriere como encargados de la labor fotográfica.

93. La cubierta del amor

Estreno: s.d.
Exhibición privada: domingo 7 de diciembre a las 10:30 hs. en el Teatro Esmeralda (Capital Federal)
Año de producción: [1919?]
Producción: [Gallo Film?] / Lamborn y Cía.
Dirección: Diego Figueroa
Guion: s.d.
Fotografía y cámara: Vicente Scaglione
Laboratorios: [Talleres Cinematográficos de Mario Gallo?]
Estudios: [Talleres Cinematográficos de Mario Gallo?] (Cangallo 827)
Distribución: [Gallo Film?]
Duración: s.d.
Género: película publicitaria

Intérpretes: s.d.

Argumento: s.d.

Comentario: Se trata de un film de ficción publicitario encargado por la casa Lamborn y Cía. Es posible que haya sido producida por Gallo Film, ya que una información de la época indica que esta productora, dedicada por ese entonces a la propaganda comercial, se aprestaba en octubre de 1919 a filmar una película dirigida por Diego Figueroa, el realizador a cargo de este film.[1]

Comparación con bibliografía específica: Nunca fue citado por ninguno de los historiadores consultados.

Notas: 1. *Cine Universal* n° 22, 11 oct. 1919, p. 6.

94. Los cisnes encantados

Estreno: martes 16 de diciembre a las 16:30 hs. en el Grand Splendid Theatre (Capital Federal)
Exhibición privada: lunes 15 de diciembre (Capital Federal)[1]
Año de producción: 1919
Producción: Sociedad Escuelas y Patronatos / Patria Film
Dirección: María Constanza Bunge Guerrico de Zavalía
Guion: Ángel de Estrada (h) sobre su pantomima teatral homónima basada en el cuento *Los cisnes salvajes* de Hans Christian Andersen
Intertítulos: Ángel de Estrada (h)
Fotografía y cámara: Francisco Defilippis Novoa (Director Técnico) (Patria Film)
Laboratorios: Patria Film
Estudios: improvisados al aire libre
Duración: 6 actos[2]
Género: fantástico

Intérpretes: Esther Cullen Paunero (princesa Elsa), María Grondona Sáenz Valiente (hada Maleagra), María Teresa Peralta Ramos (el Príncipe Feliz), Virginia Meana Tomkinson (rey Melchor), Fernanda de la Torre (la reina Dora), Ana María Bidau (Morgana, el hada buena), María Julia Vallée (chambelán), Inés Zavalía Bunge (el enano), Magdalena Fernández Madero (la reina de los Elfos), Carlota Gallego Alston (Rayo de Sol), Dolores Ortega Aberg (Claro de Luna), Marta Fernández Moreno (La Aurora), María Cristina Bosch Gramajo (La Brisa), Julia Elena Quesada Zapiola (el Elfo picaresco), Martín Cullen Paunero (príncipe), Benito Zavalía (el verdugo), Domingo Cullen Paunero (príncipe), Eduardo Alcorta (jefe de cazadores), Carlos María de Achaval (jefe de los soldados), Idoyaga Molina (el embajador), Rodolfo Zavalía Bunge (un paje), Sara Frederking, María Aberg Cobo, Elena Lorenza Ramos Mejía, Susana Funes Lastra, María Teresa Frías Ayerza, María Teresa Funes Lastra, María Casilda Zavalía, María Sofía Brown Menéndez, Zoraida Zavalía, Carmen Prins Llobet, Lía Berro Madero, María Cristina Prins Llobet, Julieta Berro Madero, Esther Martha Beazley, Susana Gómez Aguirre, Adela Beazley, Angélica Gómez Aguirre, Martha Cambaceres, Matilde Juárez Celman, Martha Viale, Elena Madrid Páez, Matilde Seeber Madero, María Elvira Madrid Páez, Matilde Ponce de León, Adela Grondona Sáenz Valiente, Celia Clara Grondona Chaves, Graciela Calderón, Josefina Grondona Chaves, Martha Peralta Ramos, Elisa Zorrilla, Rosario Gowland Grondona, María Teresa Devoto, Carola Marini Cigorraga, Carmen Raymundo Roberts, Nelly Marini

Cigorraga, Celina Raymundo Roberts, Adela Vidal del Carril, Ernestina
Lanús, María Salas del Carril, María Gertrudis Lanús, Susana Kelsey
Beazley, Esther Hoyg, Susana Bunge, Estela Campos Urdinarrain, Dora
Pardo, Martha Campos Urdinarrain, Julia Elena Arata, Raquel Blaye, Lía
Calderón, Sara Estela Barrenechea, Noemí Lanús Novaro, María Teresa
de la Torre, Clara de la Torre, María Amalia Bonorino, Graciela Beatriz
Oliden, Herminia Barrenechea, Susana Oliden, María Teresa Viñas, Julia
Elena Nelson Hunter, Susana Viñas, Luz Delia Posse, Hercilia Rocha,
María Isabel R. Fernández.

Datos del argumento: "Reyes y príncipes, pajes y gnomos, damas de la
corte y gente del pueblo, todos ellos en el difícil juego escénico que han
tenido que desarrollar, dan una perfecta visión de fantasía, en la que
diminutos personajes, moviéndose con el garbo de grandes hombres de
Estado, dan la real sensación de un país de enanos que traslada al espectador maduro en años a la edad esa en que el cerebro sólo se alimenta
de los famosos cuentos de Gulliver y de los editados por la biblioteca
Calleja" (*Cine Universal* n° 27, 27 dic. 1919, p. 18).

"*Los cisnes encantados* [tiene] todo el encanto poético de los infantiles
cuentos de hadas. Vemos desfilar una princesa buena, a quien un hada,
más buena aún que ella, la protege de otra hada mala, la cual obedece
a los celos de cierta reina, más mala aún que el hada" (*Imparcial Film*
n° 41, 5 ene. 1920).

Locaciones: Prov. de Buenos Aires: chacra de Alfonso Ayerza, estancia
de Vicente Chas y el Talar de Pacheco. Capital Federal: quinta *Loreley* de
la familia Green (Belgrano), Palermo y Recoleta.

Comentario: *Los cisnes encantados* era la adaptación de una pantomima
escrita por Ángel de Estrada (h) que había sido representada durante
octubre de 1919 en el Teatro Coliseo a beneficio de la Sociedad Escuelas
y Patronatos.
Este film, interpretado por más de 200 niños de la alta burguesía y filmado al parecer íntegramente en escenarios naturales, se realizó entre los
primeros días de noviembre y comienzos de diciembre de 1919.
Los cisnes encantados, una de las pocas obras dirigidas por una mujer en
el cine mudo nacional, se estrenó en una fiesta de beneficencia en favor
de las "colonias de niños débiles" de la Sociedad Escuelas y Patronatos,
y volvió a exhibirse el 30 de noviembre de 1921 en el Grand Splendid
Theatre y el 1° de febrero de 1922 en el Teatro Ideal de La Plata. Recién

en 1924 tuvo una distribución comercial por intermedio de Argentine Foreign Film (Salta 161).

Comparación con bibliografía específica: Maranghello (2005, p. 30) señala que se trató de un film de Defilippis Novoa. Sin embargo, las fuentes consultadas resultan contradictorias con respecto a la dirección. Si bien algunas revistas cinematográficas señalan a Defilippis Novoa como director,[3] en la sección "Sociales" de diversos periódicos se menciona en ese rol a Bunge Guerrico de Zavalía.[4] Optamos por atribuir a esta cineasta la dirección artística del film, en consonancia con la prensa diaria, ya que este tipo de publicaciones realiza una cobertura más detallada de las producciones artísticas de las sociedades de beneficencia. Un comentario de *Excelsior*[5] tiende a confirmar esta presunción, al indicar que "bajo la dirección de Guerrico de Zavalía [los niños] interpretaron nuevamente la pantomima" y que "fue dirigido, en su parte técnica, por Defilippis Novoa". Es decir, esta publicación distingue por un lado la dirección de actores, y por otro la dirección técnica, caracterizada por la labor fotográfica o bien por su supervisión.

Notas: 1. Se proyectó para las "damas" de la comisión de Escuelas y Patronatos. **2.** Publicidad en *La Película* n° 408, 17 jul. 1924, p. 32. **3.** Ver *Cine Universal* n° 27, 27 dic. 1919, p. 18; *Excelsior* n° 299, 3 dic. 1919, p. 1361. **4.** Ver, por ejemplo, *La Prensa* (16 dic. 1919, p. 12), *La Argentina* (16 dic. 1919, p. 2) y *La Unión* (17 dic. 1919, p. 8). **5.** N° 301, 17 dic. 1919, p. 1410.

95. Luchas en la vida

Estreno: [viernes 19 diciembre en el Teatro-Cine Presidente Roca (Capital Federal)?]
Exhibición privada: [martes 16 de septiembre en el Empire Theatre (Capital Federal)?][1]
Año de producción: 1918/19
Producción: Unión-Film (Propietarios: Argentino Carminatti, Olivio Giaccaglia, Marcelino Buyán, Eduardo Di Pietro y Agustín Ruiz de Gauna)
Dirección: [Emilia Saleny?]
Guion: s.d.
Fotografía y cámara: Carlos R. Aymasso
Laboratorios: Argentina Film
Estudios: [Argentina Film?] (Tucumán 721)
Distribución: [Unión-Film?] (Paraná 343)
Duración: 6 actos
Género: drama

Intérpretes: Eduardo Di Pietro (Pedro Nerval, el ciego), Tota Barbieri (Nelda, su hija), Olivio Giaccaglia (Jack, el violinista), Argentino Carminatti (Mario Lafort), Marcelino Buyán (Janus Lafort, hermano de Mario), Iris de Turias (Violet Lafort), Lola Arce (esposa de Pedro Nerval), Pedro Mángano (doctor Remersón), Agustín Ruiz de Gauna (secretario del doctor), Luis Suárez, Silvio Pollano, V. Loguers, Antonio Vignola, Bautista Amé, Gelasio Conde, C. L. Catoggio, la niña Elda Carminatti, el niño Tito Ramos, [Aurora Revirón?].[2]

Argumento: "Pedro [Nerval] es un obrero que trabaja y vive modestamente con su mujer. Cierto día, hallándose en la fábrica de explosivos donde trabaja, sorprende a un pacifista (sic) que hace volar la fábrica y en la lucha sufre las consecuencias de la explosión perdiendo la vista. Su mujer, aterrada por ese hecho, fallece dejando al obrero con su hija Nelda, quien sirve de lazarillo al pobre ciego.
En busca de un sobrino, padre e hija emprenden viaje a América. Jack, que es el sobrino a quien buscan, ha sido víctima de las redes de un aventurero, cuyo ascendiente sobre él llega a hacer que vaya a robar. Después de interesantes escenas, Pedro, el ciego, consigue recuperar la vista mediante una operación delicada. Al volver sus ojos hacia el cirujano que lo ha curado, reconoce en él al pacifista a quien debe sus desgracias, pero en un impulso generoso lo perdona" (*Imparcial Film* n° 39, 15 dic. 1920, p. 4).

"Hay una escena que es el interior del Hospital Durand, cedido por su director para la filmación.

La semana pasada tuvo lugar la impresión de uno de los cuadros más dramáticos de la película. Representa la explosión y derrumbe de una fábrica. Se tomó la ficción en las obras hidráulicas de La Boca. Uno de los personajes, interpretado por Di Pietro, simula que es arrastrado por la pared de la fábrica, y tan verídica fue la escena, que casi se desmayó por el peso de los ladrillos" (*Excelsior* n° 274, 11 jun. 1919, p. 683).

"La técnica puesta en ejecución en *Luchas en la vida* tiene mucho de escuela italiana, que, como no dejará de saberse, reclama de los intérpretes un mayor esfuerzo expresivo dado que los encuadres son más largos" (*Cine Universal* n° 25, 29 nov. 1919, p. 22).

Locaciones: La Boca y Hospital Carlos G. Durand (Capital Federal); Montevideo (Uruguay).

Comentario: *Luchas en la vida* fue producida e interpretada por alumnos de la academia cinematográfica de Emilia Saleny, quienes constituyeron a comienzos de 1919 la cooperativa Unión-Film. La única fuente que da cuenta de su director es la biografía fílmica del actor Argentino Carminatti publicada en 1929,[3] la cual atribuye ese rol a Saleny.

Con respecto al rodaje, la primera información data de fines de diciembre de 1918, y recién a finales de agosto de 1919 se anuncia que esta obra ya está terminada.[4] Es probable que los interiores se hayan realizado en los estudios de Argentina Film, ya que en febrero de 1919 *Excelsior*[5] informa que su propietario alquiló parte de las instalaciones al camarógrafo de *Luchas en la vida* por seis meses.

Si bien su estreno fue publicitado para el mes de diciembre de 1919, recién pudimos confirmar su exhibición con el título original el 2 de octubre de 1920 en el Select Lavalle y Metropol. Sin embargo, es importante destacar que la cartelera cinematográfica del 19 de diciembre de 1919 anuncia en la sala Presidente Roca un film titulado *Lucha por la vida*, pudiendo tratarse tanto de un error tipográfico como de otra película.

Esta obra, la única realizada por Unión-Film, se volvió a exhibir esporádicamente en 1921, 1922, 1923 y 1925.

Notas: 1. Mientras que *La Película* n° 156 (18 sep. 1919, p. 15) indica esta fecha, *Excelsior* n° 289 (24 sep. 1919, p. 1133) menciona el martes 23 de septiembre al mediodía como día de su proyección privada. Se realizó una segunda exhibición el 19 de noviembre a la mañana en el Empire Theatre, luego de la cual se suprimieron algunas escenas. **2.** *Excelsior* n°

298 (26 nov. 1919, p. 1337) cita dentro del reparto a "la Ravirón", apellido que podría remitir a la niña Aurora Revirón, protagonista de *El pañuelo de Clarita* (1919). **3.** *Última Hora*, 31 oct. 1929, p. 4. **4.** *Excelsior* n° 285, 27 ago. 1919, p. 1023. **5.** N° 256, 5 feb. 1919, p. 113.

96. Blanco y negro

Estreno: lunes 22 de diciembre a la noche en el Grand Splendid Theatre (Capital Federal)
Exhibición privada: -
Año de producción: 1919
Producción: Brigada 19° de señoras de la Liga Patriótica Argentina (Presidenta: Ernestina B. de Mosquera) y Cantinas Maternales (Presidenta: Julia Acevedo de Martínez de Hoz) / Patria Film
Dirección: Elena Sansinena de Elizalde, Victoria Ocampo de Estrada y Adelia Acevedo
Asesor técnico: Francisco Defilippis Novoa
Guion: Elena Sansinena de Elizalde basado en la obra teatral *Le voleur* de Henri Bernstein
Fotografía y cámara: s.d.
Virados en color
Laboratorios: Patria Film
Estudios: Patria Film (Ecuador 930)
Distribución: Casa Max Glücksmann (Bartolomé Mitre y Callao)
Duración: s.d.
Género: drama policial

Intérpretes: Mercedes Anchorena [o de Anchorena Cobo?] (Mercedes Acuña), José Alfredo Martínez de Hoz (Alfredo Acuña), Magdalena Madero de Tornquist (Malene Méndez), Vicente Madero (Vicente Méndez), Elena Gramajo (Elena Olmos), Federico Madero (Federico Méndez), Victoria Ocampo de Estrada, José Gálvez (Pepe Barreda), Guillermo Madero (Assalon), Lía Sansinena de Gálvez, María M. Bengolea de Sánchez Elía, María Angélica de Victorica Roca; y en escenas de baile y paseo en yate: Sara Mezquita de Madero, Mercedes Quintana de Santamarina, Carmen De Bary Brinkmann, Mercedes Dose, Adela Peña, María Luisa Salas, Marcela Torres Dugan y Clara Anchorena Cobo.

Datos del argumento: "Hermosa producción nacional de argumento dramático en el cual el pecado y la virtud, el amor idílico y el desmedido amor al lujo, se entrelazan y chocan en una serie de interesantes escenas que se desarrollan en un ambiente aristocrático" (Publicidad en *Imparcial Film* n° 74, 14 sep. 1920).

"La interesante trama, de corte policial, [...] mantiene al público en constante interés, que se manifiesta con mayor intensidad en las escenas del robo, la galante confesión del falso ladrón, inmolándose por amor, y la persecución automovilística en el instante trágico de la pasada del tren..." (*La Nación*, 23 dic. 1919, p. 6).

Fotografía: "Los paisajes e interiores, como las escenas de té y baile, perfectas [...] Del punto de vista técnico podríamos hacer ciertas observaciones al director de la película, que no ha tenido en cuenta detalles fundamentales sobre luz y el color, resultando algunos trozos de la cinta con deficiencias que él ha debido calcular, para evitar los manchones multicolores que a ratos se reflejan en las caras" ("El arte y nuestra sociedad", en *Imparcial Film* n° 40, 25 dic. 1919).

Locaciones: "Atrayentes panoramas complementan eficazmente las interesantes escenas, destacándose especialmente la excursión por el pintoresco Luján, la hermosa quinta de Leloir en San Isidro, el jardín de D. Carlos Dose [en Av. Alvear] y *Los ombúes* de la familia Tornquist en Belgrano, donde se desarrolla buena parte de la pieza" (*La Nación*, 23 dic. 1919, p. 6).

Comentario: *Blanco y negro* fue el primer film exclusivamente de ficción financiado por integrantes de la Liga Patriótica Argentina, una organización derechista creada con el propósito de reprimir la insurrección popular de enero de 1919.
En su filmación, realizada entre mediados de noviembre y comienzos de diciembre de 1919, participaron dos mujeres de las clases dominantes que tendrán gran incidencia en la elite cultural de las décadas del '20 y '30. Por un lado, su directora y guionista, Elena Sansinena de Elizalde, será una de las principales impulsoras de la asociación Amigos del Arte en 1924, dedicada a la difusión de diversas expresiones artísticas; por otro, Victoria Ocampo, codirectora e intérprete, quien se convertirá en la influyente editora de la revista literaria *Sur*, creada por ella en 1931.
El resto del elenco, una suerte de compendio de los apellidos característicos de la oligarquía terrateniente, según *Excelsior*[1] se desenvolvió con "grandes lagunas de interpretación" dado el carácter neófito de los actores. Después del estreno, *Blanco y negro* tuvo una segunda exhibición durante la noche del 29 de diciembre en el Select también a beneficio de la brigada 19° de la Liga Patriótica y de las Cantinas Maternales. Recién fue distribuida comercialmente en el transcurso de la segunda quincena de septiembre de 1920 por intermedio de Max Glücksmann.

Comparación con bibliografía específica: CIHCA (1958, p. 27), Couselo (1992, p. 26), García Oliveri (1997, p. 28) y Di Núbila (1998, p. 47) mencionan a Defilippis Novoa como director del film, cuando según *La Unión* (27 dic. 1919, p. 6) este dramaturgo ocupó el cargo de asesor técnico.

Por su parte, Peña (2012, p. 22) cita como año de producción o de estreno 1920, y señala como probable directora a Sansinena de Elizalde. Con respecto a este último ítem, si bien una publicidad de *Imparcial Film* n° 74 (14 sep. 1920) y *El Diario* (23 dic. 1919, p. 8) confirman esa presunción, optamos por incluir como directores artísticos también a Victoria Ocampo y Adelia Acevedo tomando como referencia la información publicada por *La Unión* (26 nov. 1919, p. 8 y 2 dic. 1919, p. 8) y *La Prensa* (4 dic. 1919, p. 9).

Notas: 1. N° 302, 24 dic. 1919, p. 1435.

Divergencias con bibliografía específica: Couselo (1965b, p. 49) y Alejandra Portela [Kriger y Portela, 1997, p. 83) incluyen dentro de la filmografía de Mario Gallo, la obra *Tosca*. Portela fecha esa producción en 1919, mientras que Couselo establece el interrogante sobre su año de rodaje. Por su parte, Di Núbila (1998, p. 36) también señala que se filmó una adaptación de *Tosca*, aunque sin dar cuenta del director ni del año exacto de producción.

En el período abordado por nuestra investigación (1914-1932), la única fuente que pudimos obtener[1] sobre *Tosca* señala que "Gallo Film prepara sus trabajos para filmar la ópera de Puccini [...] sincronía que será interpretada por los cantantes del Teatro Colón", desapareciendo luego toda información sobre este proyecto.

Notas. 1. *La Película* n° 147, 17 jul. 1919, p. 18.

1920

97. Carlitos en La Pampa

Estreno: 1920 (General Pico, prov. de La Pampa)
Exhibición privada: s.d.
Año de producción: 1920
Producción: [Venus Film?] (Productor: Domingo Mauricio Filippini)
Dirección: Domingo Mauricio Filippini
Guion: [Domingo Mauricio Filippini?]
Fotografía y cámara: Domingo Mauricio Filippini
Laboratorios: [Venus Film?]
Distribución: [Venus Film?]
Duración: 20 min. aprox.
Género: comedia

Intérpretes: Manuel Novo (Carlitos), Burrugorri, Casani, Justo Monteagudo ("Pancho Tormentas"), Fabián García (la novia).

Argumento: s.d.

Locaciones: plaza Alsina de General Pico (La Pampa).

Comentario: Esta primera producción de ficción pampeana era una parodia del personaje del vagabundo creado por Charles Chaplin, similar a las realizadas durante 1916 por la Cooperativa Biográfica y por Julio Irigoyen.
Según los historiadores Etchenique y Pena (2003, p. 42-43), su director, Domingo Filippini, propietario de una casa fotográfica en General Pico, luego de adquirir en 1920 una cámara Pathé de 35mm al cineasta Mario Gallo encaró la realización de este cortometraje junto a un grupo de aficionados.
Del metraje original de *Carlitos en La Pampa*, se conserva un rollo de cuatro minutos y medio, gracias a la búsqueda emprendida por el documentalista Marcelo Viñas.

98. La gobernación de Santa Fe

Estreno: viernes 27 de febrero a las 21:00 hs. en el Social Theatre (Rosario, prov. de Santa Fe)
Exhibición privada: martes 24 de febrero a las 15:00 hs. en el Social Theatre
Producción: s.d.
Dibujos y realización: [Romeo Borgini?] [Quirino Cristiani?]
Guion: s.d.
Fotografía y cámara: s.d.
Distribución: s.d.
Duración: 60 min. aprox.[1]/ 1 prólogo y 4 actos / 25 partes
Género: "film de dibujos animados de actualidad"[2]

Personajes: s.d.

Datos del argumento: "Con mucho acierto y sano humorismo en la citada película se hace alusión a diversos acontecimientos notorios de la política santafesina y en particular a los de esta ciudad [Rosario], lo cual permite poner en caricatura a varios personajes conocidos cuyas actitudes han sido muy bien observadas por los autores de la película [...] Las leyendas y epígrafes que complementan la labor de los dibujos son en su mayor parte muy acertados y graciosos" (*La Capital*, 25 feb. 1920, "Arte y Teatros").

Comentario: Este largometraje de animación fue financiado seguramente por sectores políticos de la provincia de Santa Fe pero realizado por "varios dibujantes de la Capital Federal".[3] Si bien ninguna de las fuentes consultadas hace referencia explícita al nombre de sus directores, estimamos que podría tratarse de Quirino Cristiani o de Romeo Borgini, los realizadores característicos del cine de animación de esos años.
La gobernación de Santa Fe alude desde un punto de vista satírico a los prolegómenos del proceso electoral de febrero de 1920, un período caracterizado por la división dentro del radicalismo santafesino que desencadenó una seria conflictividad interna y el pedido de licencia del gobernador radical unos pocos meses antes de las elecciones.
Posteriormente a su estreno, el 8 de marzo se proyectó en el Social Theatre (Rosario) una nueva versión del film con el agregado de las siguientes escenas: "El pacto–El cisma–Lo que se vió por el ojo de la llave–Desenvainen y metan!–Desfile de los candidatos a diputados nacionales–El juicio final".[4]

Comparación con bibliografía específica: Ningún historiador menciona esta obra.

Notas. 1. Ver cartelera en *La Capital*, 27 feb. 1920, p. 10. **2.** Ídem. **3.** *La Capital*, 25 feb. 1920, "Arte y Teatros". **4.** Cartelera en *La Capital*, 8 mar. 1920.

99. Una garufa a media noche

Estreno: jueves 22 de abril a la tarde en el Empire Theatre (Capital Federal)
Año de producción: [1920?]
Producción: [Compañía Cinematográfica Ariel?] [Propietarios: Roberto Guidi (Director Artístico), Alberto J. Biasotti (Director Técnico), Mario V. Ponisio (Administrador)]
Distribución: Ariel (Maipú 286)
Duración: [cortometraje?]
Género: "película infantil de muñecos animados"[1]

Notas: 1. *Última Hora*, 22 abr. 1920, p. 4.

100. Un drama en la selva

Estreno: jueves 22 de abril a la tarde en el Empire Theatre (Capital Federal)
Año de producción: [1920?]
Producción: [Compañía Cinematográfica Ariel?] [Propietarios: Roberto Guidi (Director Artístico), Alberto J. Biasotti (Director Técnico), Mario V. Ponisio (Administrador)]
Distribución: Ariel (Maipú 286)
Duración: [cortometraje?]
Género: "película infantil de muñecos animados"[1]

Comentario: Tanto *Última Hora*[2] como *La Montaña*[3] informan del estreno de estas dos películas de "muñecos animados", caracterizándolas este último periódico como "cómicas nacionales". Sin embargo, cabe también la posibilidad de que se trate de films extranjeros distribuidos por Ariel, ya que no hemos podido obtener ninguna información sobre su realización por parte de esta productora nacional.

Comparación con bibliografía específica: Estas películas no son citadas por la bibliografía previa.

Notas: 1. *La Montaña*, 22 abr. 1920, p. 5. **2.** 22 abr. 1920, p. 4. **3.** 22 abr. 1920, p. 5.

101. Pueblo Chico...

Estreno: lunes 26 de abril en el Cinematógrafo Callao[1] y Teatro Florida (Capital Federal)
Exhibición privada: domingo 4 de abril a las 10:30 hs. en el Empire Theatre (Capital Federal)[2]
Año de producción: 1918/19
Producción: Chaco Film [Propietarios: Sóstene Luis Cominetti (Director General) y Edmo Eugenio Cominetti]
Dirección: Sóstene L. Cominetti y Edmo E. Cominetti
Guion: Sóstene L. Cominetti y Edmo Cominetti, inspirado en una obra teatral de Pierre Augustin de Beaumarchais
Fotografía y cámara: Federico Valle (Director Técnico), Arnold Etchebehere, Domingo Sorianello y Edmo Cominetti
Virados en color
Laboratorios: Talleres Cinematográficos Federico Valle[3]
Escenografía: Edmo E. Cominetti
Estudios: Talleres Cinematográficos Federico Valle (Reconquista 452) y Chaco Film (O'Higgins 2739, Belgrano)
Distribución: Chaco Film (Lavalle 1059)
Duración: 7 actos
Género: comedia

Intérpretes: Sara Elena Quirós[4] (Sara Sagasta), Luis Jeannot [seudónimo de Sóstene Cominetti] (Bernardo Gambaudi), Edmo Quirós [seudónimo de Edmo Cominetti] (César Aguirre / Jerónimo Gambaudi?), Eugenio Zacchia, Julia Passi Neri,[5] Marina Torres, Federico Flores, Clara Quiñoneros, Leonie Hilland [o Hillion?], José P. Maunero [o Mainero?].

Argumento: "'Primero es un leve rumor que roza apenas el oído, un murmullo suavísimo que va diseminando el germen emponzoñado; una boca lo recoge, le presta alientos; se arrastra, crece, camina, trepa, toma refuerzos de boca en boca y de repente silba, grita, se abalanza, extiende su vuelo, arrolla, envuelve, ahoga, destruye, estalla y se convierte en un clamor general de odio, reproche y ataque'.
Sobre esta expresiva frase de Beaumarchais se desarrolla el argumento" (Publicidad en *La Película* n° 183, 25 mar. 1920, p. 16).

"La acción se desarrolla en una pequeña población con pretensiones de ciudad, ubicada en un punto imaginario cuyo nombre es 'Pueblo Chico'. En este lugar viven los hermanos Jerónimo y Bernardo Gambaudi, dueños de una modesta casa de negocios, completando la familia la tía Conce, la vieja Petrona y Tomasito.

La monótona existencia de estos habitantes vese de pronto interrumpida por la llegada de la viuda de Sagasta y su hija Sara [joven maestra], residentes en Buenos Aires que van a pasar una temporada con sus parientes los Gambaudi.

Al morir la tía Conce, el hermano más joven, Bernardo, se casa con Sarita, matrimonio sin amor, guiado sólo por la conveniencia familiar, produciéndose luego un estado de ánimo aburridor en la desposada sin poder acostumbrarse a la vida pueblerina y pensando siempre en la esplendorosa Buenos Aires. En esos días grises de nostalgia y de ensueño, llega oportunamente a 'Pueblo Chico' un elegante porteño, el doctor César Aguirre, amigo de Sara y uno de los primeros afiladores (sic) que ella tuvo en la capital. El encuentro hace pensar a la infeliz en el contraste que presenta su marido rústico, tipo vulgar con aquel árbitro de las elegancias porteñas. Este adivina los pensamientos de su ex-novia y trata de flirtearla de nuevo. Sabe Aguirre que el marido de Sara está ausente y le escribe una carta anunciándole su visita a solas. El jefe de correos vengativo [debido a que culpa a Bernardo de que Sara lo haya rechazado sentimentalmente], abre, lee la carta y envía un anónimo a Bernardo diciéndole el contenido epistolar.

El marido llega, encontrando juntos a los dos cuando el doctor intenta poner asedio a la virtud de la sorprendida esposa. Bernardo obliga al seductor a fugarse y, al mismo tiempo, repudia a Sara separándose de ella sin escuchar súplicas ni explicaciones de la honrada mujer.

El doctor Aguirre, caballerosamente da explicaciones y el matrimonio vuelve a unirse naciendo luego un niño que colma la felicidad conyugal" (*La Película* n° 188, 29 abr. 1920, p. 15).

"En el ciclo de los pormenores interpretativos y fotográficos cuya fecundidad es digna de señalarse como muestra de los progresos del sentido netamente cinematográfico entre nosotros; recordamos: el de las manos enlazadas; el farolillo en las penumbras de la callejuela; el velón; la ventana con un vidrio rajado, a través del cual se contempla la lluvia nocturna; algunos de los contracuadros de luz interior, con efectos de contraste y proyección lateral; un encuadre campero en tono azul; los despertares de cada individuo de la casa; un cielo, una boyada en el barrizal..." (*La Época*, 5 abr. 1920 citado en *La Película* n° 186, 15 abr. 1920, p. 22).

"El ambiente. Es lo mejor de la obra: hay ambiente argentino. Nuestras calles de pueblo, ríos de lodo.

Aquellos niños que vuelven en tropel de la escuela y se traban en pelea, hasta la intervención de la 'señorita'. Aquellos tantos detalles de la casa modesta donde la carpeta sirve de cobija" (*Las Noticias*, 27 abr. 1920, p. 4).

Comentario: La Chaco Film, creada a mediados de noviembre de 1917 por Sóstene y Edmo Cominetti, encargó inicialmente la fotografía de su primera obra, *Pueblo Chico...*, a los talleres Federico Valle ya que carecía de estudios y de equipamiento técnico.

El rodaje se inició el 31 de julio de 1918, pero debió interrumpirse a partir de noviembre, debido a la renuncia de uno de sus protagonistas, James Devesa, y a la construcción de un "teatro de pose" que terminó originando un pleito. Luego, en febrero de 1919, con su inauguración en O'Higgins 2739 (Belgrano), la filmación se reinicia, aunque recién a mediados de diciembre se anuncia su inminente conclusión.[6]

Después de su estreno, el director y actor Sóstene Cominetti viajó en mayo de 1920 a Francia e Italia con la intención de estudiar sus industrias cinematográficas e intentar exhibir allí su primera película. Sin embargo, la Chaco Film termina por desaparecer, quedando en 1921 dos proyectos sin realizar, *Un cow-boy argentino* y *Esthercita*, que iban a ser dirigidos por su hermano.

Su única producción, *Pueblo Chico...*, constituyó el debut cinematográfico a los 17 años de uno de los directores fundamentales del cine mudo, Edmo Cominetti. Este cineasta, además, bajo el seudónimo de Edmo Quirós, interpretó dos personajes en esta obra, uno de ellos el supuesto amante de la protagonista,[7] que inicialmente correspondió al actor James Devesa. Esta suerte de comedia de costumbres sobre la clase media pueblerina, inspirada en el teatro francés de Pierre de Beaumarchais y con marcadas influencias del cine estadounidense, implicó una renovación temática en el cine nacional signado por el drama gauchesco y el melodrama tanguero. Esta película, según las fuentes consultadas, no fue comercializada posteriormente.

Comparación con bibliografía específica: Di Núbila (1998, p. 45) cita como director a Edmo Cominetti y como protagonista a Edmo Quirós, sin percibir que este último es un seudónimo de Cominetti.

Por su parte, Peña (2012, p. 27), si bien no descarta que Edmo Cominetti haya dirigido el film, indica que "en las reseñas de la época aparece atribuido a su hermano Sóstene", lo cual se contradice con las publicidades de Chaco Film que caracterizan a ambos como directores y autores[8] y particularmente a Sóstene como "director general" de la productora. En

cambio, Couselo (1992, p. 30) y SICMA (1992, p. 33) marcan el debut de
Edmo Cominetti en la dirección con *Los hijos de naides* (1921).

Con respecto al año de producción, CIHCA (1958, p. 4), Di Núbila (1998,
p. 45) y Portela (en Kriger y Portela, 1997, p. 47) señalan en forma inexacta
como fecha estimativa de rodaje, 1919, 1920 y 1917, respectivamente. A
su vez, Portela parece confundir la Chaco Film con la Ariel al mencionar
a Cominetti como fundador de esta última productora.

Por último, ninguno de los autores incluye a *Pueblo Chico...* dentro de
la filmografía como fotógrafo de Federico Valle.[9]

Notas: 1. Esta exhibición fue en "honor" de la brigada 4° de la Liga
Patriótica Argentina. **2.** Además se proyectó exclusivamente para la prensa
la noche del 6 de abril en los talleres Valle con "algunos cortes de ciertas
escenas un poco largas, y el arreglo de otros pequeños defectos" (*Última
Hora*, 7 abr. 1920, p. 5). **3.** El revelado y los virajes tuvieron que ser realizados por estos talleres porque Chaco Film carecía de laboratorios. **4.** Es
probable que Sara Quirós sea el seudónimo de la actriz Sara Cominetti.
5. Podría tratarse de Julia Neri, intérprete de *Paseo trágico* (1918) y *El
pañuelo de Clarita* (1919). **6.** *Crítica*, 16 dic. 1919, p. 5. **7.** A partir de la
comparación de las fotografías de Edmo Cominetti y del personaje César
Aguirre, interpretado por el actor "Edmo Quirós", publicadas en *Excelsior*
n° 313 (10 mar. 1920, p. 1659) y *La Película* n° 184 (1° abr. 1920, p. 16) se
puede determinar que se trata de la misma persona. **8.** *Excelsior* n° 315,
24 mar. 1920; *La Película* n° 157, 25 sep. 1919; *Última Hora*, 25 abr. 1920,
p. 5. **9.** Una publicidad en *La Película* n° 90 (13 jun. 1918) y un artículo
en *Excelsior* n° 321 (5 mayo 1920) mencionan a Valle como "operador"
o como director técnico.

102. El guacho
[Título de rodaje: **El Guaso / Hugo, el guaso**]

Estreno: martes 1° de junio en el Real Cine (Capital Federal)
Exhibición privada: domingo 16 de mayo a las 10:00 hs. en el Esmeralda (Capital Federal)
Año de producción: 1920
Producción: Ricci, Rondanina y Cía.
Dirección: s.d.
Guion: s.d.
Fotografía y cámara: Pío Quadro
Laboratorios: F.I.F.A.
Estudios: F.I.F.A. (Rioja 2068?)
Distribución: Copperi y Rondanina (Maipú 768)
Duración: 5 actos
Género: "cine-drama"[1]

Intérpretes: Eloy Bard (hija del estanciero), Saúl Larguía (Hugo), Parodi, Vázquez, Elvi, Rubén Anselmo.

Argumento: "La acción gira alrededor de una muchacha cuyo padre es dueño de un gran establecimiento ganadero. Trabaja allí, como capataz, un mocetón fornido, noble y leal [Hugo], cuya hombría logra atraer sobre sí la atención de la muchacha, que concluye por enamorarse de él durante cierta doma de potros en que el capataz demuestra un arrojo incomparable, montando los más briosos corceles.
La hija del estanciero es correspondida por el capataz, de lo cual llega a enterarse el padre, quien despide a su empleado. [Lo] Considera 'un guacho' indigno de su hija. La chica se casa con un abogado, accediendo a los deseos paternos, y su marido, para adquirir dinero destinado a una amante, proyecta un asalto contra el suegro de quien recibe una bala que le ocasiona la muerte.
Viuda la muchacha, concluye casándose con el capataz, que es llamado de nuevo a la estancia por el estanciero arrepentido de su obra" (*Las Noticias*, 18 mayo 1920, p. 4).

Comentario: Primera y única producción de la Ricci, Rondanina y Cía., cuyo rodaje, desarrollado entre mediados de enero y comienzos de mayo de 1920, fue encargado a los talleres F.I.F.A., por ese entonces propiedad exclusiva de Pío Quadro. Con respecto a su director, *Cine Universal*[2] aporta la única referencia al señalar que corrió por cuenta "de manos que conceptuamos inexpertas".

De este film que no volvió a distribuirse en los años posteriores, el coleccionista Roberto Di Chiara (1996, p. 102) afirma haber preservado algunos fragmentos en 35mm nitrato.

Comparación con bibliografía específica: Solo Di Núbila (1998, p. 36) y Di Chiara (1996, p. 102) citan el título de una película denominada *El gaucho* prácticamente sin datos complementarios, tratándose en realidad de *El guacho*.

Notas: 1. Publicidad en *Excelsior* n° 324, 26 mayo 1920. **2.** N° 35, 17 abr. 1920, p. 1.

103. Mala yerba

Estreno: lunes 7 de junio a la noche en el Capitol Theatre (Capital Federal)
Exhibición privada: domingo 30 de mayo a las 10:00 hs. en el Cinematógrafo Callao (Capital Federal)
Año de producción: 1919/20
Producción: Compañía Cinematográfica Ariel [Propietarios: Roberto Guidi (Director Artístico), Alberto J. Biasotti (Director Técnico), Mario V. Ponisio (Administrador)]
Dirección: Roberto Guidi
Guion: Eligio González Cadavid
Fotografía y cámara: Alberto J. Biasotti
Laboratorios: Ariel
Estudios: Ariel (Trelles 2651/71)
Distribución: Ariel (Maipú 286)
Duración: 8 actos
Género: drama

Intérpretes: Pepita González (Rosario), Felipe Farah (Juan Carlos), Elena Rivera (Flora), Ángel Boyano (Benavídez), Alma Miller (doña Mercedes), Jorge Ravel (don Domingo), Artemio Alvarado (Casimiro), José A. Rodríguez (comisario), Gregorio Bianquet (sargento), José Plá.

Argumento: "Juan Carlos ama a Rosario, la hija del mayordomo de la estancia de Benavídez. Este [Benavídez],[1] a su vez, ronda la ventana de Flora, la hermana de Juan Carlos.
Un día, la paloma cae en las garras del gavilán. A pesar de la intervención de Rosario, que quiere hacer recaer sobre ella la culpa, Juan Carlos comprende que ha sido ofendido gravemente por Benavídez y promete vengarse.
Pero no es este el único que no traga a Benavídez; por otras razones hay varias personas que, cordialmente, le desean el mayor mal posible.
A consecuencia de algunos robos de hacienda, Benavídez y los suyos salen en persecución de los cuatreros, y en medio de la noche se produce una pelea que termina con la desaparición del capataz y con la herida de Benavídez.
He aquí uno de los pasajes más interesantes de la película. ¿Quién hirió al estanciero? ¿Juan Carlos? ¿Un peón que le tenía enojo? ¿Uno de los cuatreros? ¿Un novio despechado?
Respetamos el misterio.

Sigamos, pues adelante, y lleguemos hasta el momento en que Juan Carlos, por a o por b, ha recobrado su libertad y tiene ocasión de tomar parte en una carrera de caballos donde su 'pingo' gana al del estanciero. De pronto, la fiesta campestre se interrumpe al grito de alarma de un paisano que anuncia la quemazón que se aproxima. Se produce la confusión propia de tales casos y el desbande es general.

Benavídez que no ha dejado de cortejar a Rosario, aprovecha la oportunidad y lleva a la joven a un rancho abandonado, donde pretende imponer su cariño a la fuerza.

Atraído por los gritos de su novia llega Juan Carlos y, al enfrentarse con su aborrecido rival, da rienda suelta a su rencor y se traba en feroz pelea. Termina el conflicto con el beso ritual, después del castigo aplicado al villano"[2] (*Las Noticias*, 7 mayo 1920, p. 4).

Comentario: *Mala yerba*, como en el caso del primer film de Roberto Guidi, recurre a actores prácticamente desconocidos y al mismo espacio pueblerino campero.[3] Sin embargo, esta nueva película "es acción desde el comienzo al fin", "una obra muy movida realizada de acuerdo con el gusto presente del público",[4] a diferencia de su anterior comedia de costumbres con ribetes psicológicos. Este drama campero sin gauchos, pero de alguna manera deudor del western estadounidense, fue escrito por el autor teatral y periodista Eligio González Cadavid. Su rodaje se realizó entre fines de diciembre de 1919 y mediados de marzo de 1920. Para promocionarlo, la Ariel mandó a imprimir unos boletos similares a los de la Compañía de Tranvías Anglo Argentina, pero sustituyó el nombre de dicha empresa por el de Tradicional Asunto Argentino junto con el lema: "No deje de ver *Mala yerba*, película argentina con un alma más grande que una catedral".[5]

Esta obra constituyó el primer protagónico de Felipe Farah, de importante trayectoria en el período mudo, y el debut cinematográfico de José A. Rodríguez, quien, luego de participar en varias películas con el nombre artístico de León Artola, continuará su carrera en el cine español como director y guionista.

Mala yerba se exhibió también durante 1923 y 1924, año a partir del cual se redujo su duración de 8 a 6 actos.

Notas: 1. "A Benavídez lo define el autor como uno de esos terratenientes cuyo capricho es ley en sus tierras [...] al comisario lo tiene 'en una mano', posee dinero en abundancia y su gente le obedece a ciegas" (*Excelsior* n° 326, 9 jun. 1920, p. 21). **2.** Esta sinopsis también se publicó con leves variaciones en *Cine Universal* n° 38 (29 mayo 1920, p. 5), por lo cual es muy posible que haya sido distribuida por la Ariel en diversos medios de prensa. **3.** Según *Cine Universal* n° 38 (29 mayo 1920, p. 1) es "reflejo de la vida en ciertos pueblos de la línea del Sud, como Altamirano, Domselaar, etc.". **4.** *Imparcial Film* n° 59, 8 jun. 1920, p. 7; *La Película* n° 178, 19 feb. 1920, p. 7. **5.** *Excelsior* n° 326, 9 jun. 1920.

104. Reía carnaval...

Estreno: antes del 27 de julio[1]
Exhibición privada: antes del 21 de julio en el Majestic Theatre (Capital Federal)[2]
Año de producción: 1920
Producción: Buenos Aires Film (Propietario: Julio Irigoyen) / Casa Argentina Scherrer
Dirección: Julio Irigoyen
Guion: s.d.
Fotografía y cámara: [Julio Irigoyen?] [o Carlos J. Torre? (Torres Ríos)][3]
Virados en color
Laboratorios: Buenos Aires Film
Estudios: Buenos Aires Film (Tucumán 833?)
Distribución: Buenos Aires Film (Brasil 1328)
Duración: 2 actos
Género: "cine-novela"[4]

Intérpretes: Mary Clay, Rodolfo Vismara.

Datos del argumento: "En dos o tres escenas aparece la tienda 'Casa Argentina Scherrer', a la cual la protagonista va de compras o lo que sea. Bueno. Poco después, una leyenda dice lo siguiente: 'Cinco años después'. Hace cinco años la 'Casa Argentina Scherrer' no existía [...] A los productores no les importan los detalles" (*Cine Universal* n° 45, 4 sep. 1920, p. 7).

Comentario: Se trata de la primera ficción publicitaria de Buenos Aires Film, financiada por la mercería Argentina Scherrer. Esta productora, creada por Julio Irigoyen en diciembre de 1918, estaba dedicada a la realización de todo tipo de trabajos cinematográficos, incluso películas publicitarias y familiares. Tenía sus oficinas comerciales en Brasil 1328 y sus propios talleres en Pedriel 155, los cuales habían sido montados por un supuesto "ex-jefe de talleres de importantes fábricas norteamericanas",[5] Mr. J. Laigs.
En septiembre de 1919, esta empresa trasladó sus estudios de la calle Pedriel a Tucumán 833, conservándolos todavía en marzo de 1920. Es probable que *Reía carnaval...* haya sido realizada en esos nuevos talleres, cuya dirección coincidía con la de la editora de películas publicitarias Italo Fattori y Cía. Posiblemente ambas empresas compartieran las mismas instalaciones o trabajaran directamente en sociedad.

Reía carnaval... marcó el debut de la actriz Mary Clay, seudónimo de Mary Telchef, y de Rodolfo Vismara, el actor característico de las producciones de bajo presupuesto de Julio Irigoyen.

Esta película se distribuyó gratuitamente entre los exhibidores con el objeto de garantizar a la empresa que financiaba el film la difusión de su producto comercial entre los posibles consumidores.

Comparación con bibliografía específica: Solamente Margaritt (1947, p. 515) y Di Núbila (1998, p. 36) dan cuenta de este título, sin aportar ninguna otra información. Margaritt lo menciona como *Ríe carnaval* y Di Núbila como *Río carnaval*.

Notas: 1. La fuente más antigua que pudimos obtener sobre el estreno, *Última Hora* (27 jul. 1920, p. 5), indica que ya se estaba exhibiendo comercialmente. **2.** Según *Excelsior* n° 332 (21 jul. 1920, p. 19) se había proyectado en dicha sala antes de esa fecha. **3.** No fue posible determinar si el cameraman Carlos Torre, director técnico de los estudios Buenos Aires Film desde febrero de 1919, seguía vinculado en el período de rodaje a esta productora. **4.** Publicidad en *Excelsior* n° 336, 18 ago. 1920. **5.** Publicidad en *La Película* n° 157, 25 sep. 1919.

105. Mi derecho

Estreno: jueves 5 de agosto en el Teatro Florida (Capital Federal)
Exhibición privada: domingo 6 de junio a las 10:00 hs. en el Empire
Theatre (Capital Federal)
Año de producción: 1919/20
Producción: Andes Film (Propietario: María B. de Celestini?)
Dirección: [María B. de Celestini?] [y/o Roberto Biasotti?]
Guion: María B. de Celestini
Fotografía y cámara: Alberto J. Biasotti
Laboratorios: Ariel
Estudios: Ariel (Trelles 2651/71)
Distribución: Arco Film (A. Copperi y Cía. / Maipú 768)
Duración: 6 actos
Género: drama

Intérpretes: Pepita González (Blanca Castillo), Ángel Boyano ("villano"),
Pascual Negri, Felipe Farah, Sara [o María?] Locatelli, Clara Bertarelli,
A. D'Apont, José Plá, Elena Rivera, Pedro Mángano, Sr. Rodríguez, los
niños Sandro Celestini y María Cappabianca, y la pareja de baile Aurora
y J. C. Faaduaga.

Argumento: "Una joven tiene un hijo fuera de la ley que han hecho los
hombres y el padre de ella [de cierta posición social], para no dar un
escándalo social, secuestra al recién nacido y lo envía a criar lejos de la
madre. Esta no puede olvidarlo y mientras su padre no deja de buscar
quien repare la falta de la hija y lo encubra todo con el casamiento, la
madre infeliz sufre porque no puede prodigarle sus caricias al hijito.
Los deseos del padre se cumplen y ella se casa [con un hombre envile-
cido], pero en su imaginación no vivía más que [para] su hijo a quien
tanto su marido como su padre habían dado por muerto.
Un día extenuado por el frío y el hambre, cae desmayado en los salones
de su propia madre, el niño harapiento. Tenía ya 12 años. En ese momento se daba una gran fiesta a beneficio de la 'Sociedad de niños que
no conocen sus padres'. Corre la dueña de casa en auxilio de la criatura
y ve en una marca que lleva en el pecho que es su propio hijo. Sin repa-
rar en nada y movida por ese momento explosivo en que el dolor y la
alegría saben hermanar, grita ¡hijo mío! La nota de escándalo corre por
los salones, las murmuraciones se acrecientan, la catástrofe se avecina
y trata de explicar su actitud, de explicar su conducta, pero estas cosas

no puede comprenderlas la gente que la circunda, el prejuicio social es implacable. No perdona.

En el paroxismo de su fiebre mezcla de alegría y de dolor e importándole ya nada de lo que implica la ficticia amistad de los que la rodean, echa a sus invitados a la calle y cae la tela cuando abrazada al cuello de su hijo, vuelve a gritarle ¡Yo soy tu madre! ¡Hijo mío! ¡Hijo mío!" (*Crítica*, 7 jun. 1920, p. 5).

"El desenlace es emocionante y corrobora la tesis; pero como situación, es falso. Porque no se concibe que la madre, el protector de esta y el médico, se distraigan ante un discurso, en vez de socorrer al niño que yace en estado comatoso, a consecuencia de un golpe" (*Cine Universal* n° 39, 12 jun. 1920, p. 1).

Iluminación y encuadre: "Hay muy buenos estudios de luces; la noche, la lluvia, la luz artificial están muy bien realizadas. Sólo hay que señalar el abuso de primeros planos; lo cual es común a todas las filmaciones nacionales [...] Debemos hacer la salvedad de que la mayoría de los encuadres no favorecen la acción de la actriz [Pepita González], porque valen por una serie de retratos en distintas 'poses'; defecto frecuente en la cinematografía nacional" (Ídem).

Comentario: *Mi derecho* constituyó la única participación de María B. de Celestini como guionista dentro del cine nacional. Posteriormente se dedicó a la actividad teatral.

Más difícil resulta corroborar su efectiva intervención como directora, a pesar de ser mencionada por el conjunto de los historiadores como una de las pocas cineastas del primer cine argentino. Por un lado, los comentarios durante el rodaje y el estreno del film la señalan sólo como argumentista. Por otro lado, un comentario del diario *Crítica*[1] y dos publicidades del film dan cuenta de su rol de directora artística.[2] En 1926, un listado de películas de los laboratorios de Alberto Biasotti[3] confirma esta información.

Sin embargo, la filmografía de uno de los protagonistas de *Mi derecho*, Ángel Boyano,[4] indica que el realizador de la película fue el director artístico de los estudios Ariel, Roberto Guidi. Finalmente, tres publicidades de los estudios Ariel[5] y la autobiografía fílmica del actor Felipe Farah[6] atribuyen la dirección a un tal Roberto Biasotti.[7]

Más allá de la controversia sobre su "autoría", es importante destacar que esta obra de tesis que denunciaba la hipocresía social desde el punto de la vista femenino se aparta de las temáticas características del cine del período.

Esta película, rodada entre diciembre de 1919 y mediados de febrero de 1920, se exhibió, además de en otras salas, 12 veces consecutivas en el Teatro Florida. Volvió a ser proyectada, por ejemplo, a fines de octubre de 1921.

Comparación con bibliografía específica: Maranghello (2005, p. 38) atribuye a Margarita Celestini, protagonista de *Ironías del destino* (1919), la dirección y el argumento de este film.

Notas: 1. 7 jun. 1920, p. 5. **2.** *La Película* n° 203, 12 ago. 1920, p. 13; *Excelsior* n° 335, 11 ago. 1920, p. 12. **3.** Publicidad en *Excelsior* n° 647, 6 ago. 1926, p. 12. **4.** *Última Hora*, 15 nov. 1929, p. 4. **5.** *La Película* n° 628, 4 oct. 1928, p. 16; n° 653, 28 mar. 1929, p. 18 y n° 678, 19 sep. 1929, p. 68. **6.** *Última Hora*, 11 nov. 1929, p. 4. **7.** Probablemente Roberto Biasotti sea un seudónimo formado por el nombre de Roberto Guidi, antes mencionado, y el apellido del fotógrafo del film, Alberto Biasotti.

106. Palomas rubias

Estreno: lunes 18 de octubre en el Cinematógrafo Callao, Esmeralda, Gaumont Theatre y Smart Palace (Capital Federal)
Exhibición privada: domingo 12 de septiembre a las 10:30 hs. en el Esmeralda
Año de producción: 1920
Producción: Empresa Cinematográfica Italo Fattori (Propietario: Italo Fattori)
Dirección y guion: José A. Ferreyra
Intertítulos: Gallo Film
Fotografía y cámara: Carlos J. Torre [Torres Ríos]
Laboratorios: [Italo Fattori?] [Gallo Film?]
Estudios: Italo Fattori (Tucumán 692)
Distribución: Adrián B. Curell (Lavalle 1282)
Duración: 6 [o 7?] actos[1]
Género: comedia

Intérpretes: Lidia Liss (Elena Carter), Mary Clay (Lucy?), Elena Guido (monja), Emilia Saleny, Jorge Lafuente (Carlos Roig?), Modesto Insa (Marcelo Agudo), Rodolfo Vismara (Roberto Recto), José Plá ("El cuervo"), Enrique Pariggi (Héctor Carter?),[2] [?] (Hoffman), Elsa Bey.

Argumento: "*Palomas rubias* es la vida de los estudiantes. Vida de bullicio y belleza, vida de encanto y amor. Aquí un futuro intelectual que revende sus libros por unas monedas, allá un universitario que sinceramente ama" (*La Montaña*, 19 oct. 1920, p. 3).

"El asunto gira alrededor de un idilio sentimental. Un estudiante encuéntrase en el patio de un colegio de monjas con una niña, pupila del mismo, de la que se enamora, encontrando en ella la reciprocidad correspondiente; pero se cruza en el camino un cínico, que apela a todos los recursos para conquistar el amor de la misma mujer, y el buen estudiante, todo honradez y rectitud, se ve envuelto en una serie de intrigas.
La intervención de personas amigas del estudiante, hace que las cosas se pongan en claro, correspondiendo como epílogo el premio al que verdaderamente lo merece" (*Excelsior* n° 345, 20 oct. 1920, p. 19).

"A este respecto [el humorismo de los tipos secundarios] hay detalles felicísimos; uno de ellos, el encuadre final, en el que los dos muchachos estudiantes, despilfarrados y paupérrimos, son sustituidos por dos emblemáticos patos" (*Cine Universal* n° 46, 18 sep. 1920, p. 1).

Iluminación e intertítulos: "Hay efectos de luz muy apreciables. Ciertos encuadres nocturnos y los de la fiesta de otoño, asaz pictóricos. La composición escénica, cuidada. Y, algo característico: la elegancia artística de los adornos en las cuadrículas de las leyendas. Estas, además, son literariamente buenas, sin amaneramiento" (Ídem).

Comentario: La empresa Italo Fattori, productora de películas publicitarias, realizó con *Palomas rubias* su primer film argumental que no responde a objetivos de propaganda comercial. Su rodaje se inició a mediados de julio de 1920, y concluyó a comienzos del mes de septiembre. Si bien un artículo en *Cine Argentino*[3] informa que los interiores se filmaron "en el viejo Luna Park, Corrientes, entre Pellegrini y Cerrito", es importante destacar que un aviso de la empresa editora ubica sus talleres en Tucumán 692.[4] En octubre de 1920 la productora Italo Fattori adoptó el nombre de Fattori Film luego de convertirse en "sociedad en comandita" con un capital de 250.000 pesos, y se dedicó también a la filmación de películas familiares y a la distribución de films extranjeros.

Palomas rubias, una producción realizada con escasos recursos, se comercializó además durante 1921, y luego entre 1925 y 1929. Con respecto a su exhibición en el exterior, *Excelsior*[5] anuncia en septiembre de 1920 la venta de una copia a Italia.

Comparación con bibliografía específica: Couselo (1969, p. 133) y Maranghello (2005, p. 36) citan como guionista a Leopoldo Torres Ríos. En un reportaje para *Imparcial Film* n° 176 (5 sep. 1922, p. 5) el propio Ferreyra se adjudica la autoría del guion, lo cual es confirmado por *La Unión* (18 oct. 1920, p. 6). Otras fuentes de la época, como *Excelsior* n° 332 (21 jul. 1920, p. 19) y n° 345 (20 oct. 1920, p. 19), atribuyen su redacción al productor Italo Fattori.

Notas: 1. Mientras que las publicidades en *Excelsior* n° 344 (13 oct. 1920) y n° 346 (27 oct. 1920) dan cuenta de una extensión de 6 actos, las editadas en *Última Hora* (15 oct. 1920, p. 4) y *Cine Universal* n° 48 (16 oct. 1920) indican 7 actos. Entre 1925 y 1929 vuelven a mencionarse ambas duraciones. **2.** A pesar de que este actor afirma en su filmografía (*Última Hora*, 15 nov. 1929, p. 4) que interpretó el personaje de Carlos Roig, *Cine Universal* n° 46 (18 sep. 1920, p. 1) informa que fue realizado por Jorge Lafuente, y el de Héctor Carter estuvo a cargo de Pariggi. **3.** N° 80, 16 nov. 1939, p. 27. **4.** *Cine Universal* n° 49, 30 oct. 1920. **5.** N° 342, 29 sep. 1920, p. 17.

Divergencias con bibliografía específica: Maranghello (2005, p. 37-38) incluye dentro de la filmografía del director Luis Ramassotto la película *Cuando el grito de la patria suena*, señalando incluso que llegó a estrenarse en el Teatro Colón en 1920. A su vez, Di Núbila (1998, p. 36) cita este título en un listado de films estrenados hasta fines de 1921, y Margaritt (1947, p. 512) la define como la primera obra dirigida por Nelo Cosimi en 1917. Sin embargo, esta película, cuyo rodaje se desarrolló en 1919 y 1920 por intermedio de la productora América Film, quedó finalmente inconclusa como informan *La Película* n° 221 (16 dic. 1920, p. 13), *Excelsior* n° 364 (2 mar. 1921, "Producción Sudamericana") y n° 504 (7 nov. 1923, p. 13). Por otra parte, Di Núbila (1998, p. 36 y 47) menciona en dos oportunidades la existencia de un film con argumento de Enrique García Velloso, sobre una importante actriz de la época colonial denominado *Trinidad Guevara*, pero según *Excelsior* n° 322 (12 mayo 1920, p. 19), *La Película* n° 189 (6 mayo 1920, "Cinematografía Argentina") y n° 194 (10 jun. 1920, p. 13), a pesar de que Federal Film inició el rodaje durante 1920, jamás logró concluirse.

1921

107. Film publicitario Caja Nacional de Ahorro Postal

Estreno: [1921?]
Año de producción: 1921
Producción: Fattori Film (Productor: Italo Fattori) / Caja Nacional de Ahorro Postal
Dirección: s.d.
Guion: s.d.
Fotografía y cámara: s.d.
Laboratorios: Fattori Film
Estudios: Fattori Film (Esmeralda 412)
Distribución: Fattori Film
Duración: s.d.
Género: película de *reclame*

Intérprete: Noemí Labardén.

Argumento: s.d.

Comentario: En un reportaje publicado por *La Montaña*[1] en 1923, la actriz Noemí Labardén, luego llamada Yolanda Labardén, señala a esta "película en series para la Caja Nacional de Ahorro Postal" como su debut cinematográfico. Según esta actriz, el film, cuyo rodaje demandó dos meses, fue producido "hará aproximadamente unos dos años [cuando el productor] Fattori se presentó a mi familia solicitando mi concurso para la película".

Comparación con bibliografía específica: Este film nunca fue mencionado anteriormente.

Notas: 1. 6 jun. 1923, p. 5.

108. El sueño de dos enamorados

Estreno: después del 24 de febrero[1]
Exhibición privada: s.d.
Año de producción: 1921
Producción: Buenos Aires Film (Propietario: Julio Irigoyen) / Lagorio, Esparrach y Cía. (Kalisay)
Dirección: Julio Irigoyen
Guion: s.d.
Fotografía y cámara: [Julio Irigoyen?][2]
Laboratorios: Buenos Aires Film
Estudios: Buenos Aires Film (Tucumán 833?)
Distribución: Buenos Aires Film (Brasil 1328)
Duración: 2 actos
Género: comedia

Intérprete: José Plá.

Datos del argumento: "Tiene una parte sentimental que le da aspecto de una obra ajena a la propaganda" (*Excelsior* n° 361, 9 feb. 1921, p. 15).

Comentario: Como en el caso de *Reía carnaval...*(1920), se trata de una ficción de *reclame* realizada por Buenos Aires Film, y financiada por la firma Lagorio, Esparrach y Cía., fabricantes del "mejor vino quinado, tónico aperitivo"[3] Kalisay.
Su rodaje debió realizarse principalmente en el transcurso de enero de 1921, porque la única fuente que da cuenta del mismo a comienzos de febrero informa que Irigoyen "está terminando o ya terminó" este film.[4]
Posiblemente su título original haya sido *Cuando el amor manda*, una obra que Irigoyen planeaba comenzar a filmar a fines de octubre de 1920.
De *El sueño de dos enamorados* se confeccionaron cinco copias para distribuir gratuitamente entre los exhibidores.

Notas: 1. En esta fecha se publica la última publicidad, donde se anuncia que la productora "se propone dar gratis a todos los cines de la República" esta obra (*La Película* n° 231, 24 feb. 1921). **2.** Para ese entonces el fotógrafo Carlos Torres Ríos ya estaba desvinculado de la empresa. **3.** Publicidad en *Fray Mocho* n° 170, 30 jul. 1915. **4.** *Excelsior* n° 360, 2 feb. 1921, p. 7.

109. Hacia el abismo

Estreno: [después del 23 de marzo?][1]
Año de producción: [1921?]
Producción: Arata y Pardo (Propietarios: Roberto R. y A. Arata, F. Pardo)
Dirección, fotografía y cámara: [Roberto R. Arata?]
Guion: s.d.
Distribución: [Arata y Pardo?]
Duración: [cortometraje?]
Género: película de *reclame*

Intérpretes: s.d.

Argumento: s.d.

Comentario: Podría tratarse de una ficción de carácter publicitario de alguna firma de seguros, ya que la revista *Excelsior*[2] señala que "la póliza de seguros desempeña un papel altamente moralizador y decisivo en cuanto al desenlace del argumento".
La editora Arata y Pardo, dedicada a la producción de documentales institucionales, se constituyó aproximadamente en 1919, desapareciendo luego de pedir la convocatoria de acreedores en abril de 1923. Es probable que uno de sus propietarios, Roberto R. Arata, se haya encargado de la dirección, o bien de la fotografía, ya que es mencionado como "operador" de algunos documentales, aunque esta empresa también contrató en otras oportunidades a diversos cameraman de los talleres de Federico Valle y de Mario Gallo.

Comparación con bibliografía específica: Este film no es citado por la bibliografía previa.

Notas: 1. Para esa fecha, *Excelsior* n° 367 (23 mar. 1921, p. 22), anuncia que será exhibida próximamente. **2.** Ídem.

110. La gaucha
[Título previo al rodaje: **La canción de los campos**]

Estreno: miércoles 27 de abril a la noche en el Smart Palace (Capital Federal)
Exhibición privada: domingo 27 de marzo a las 10:00 hs. en el Smart Palace[1]
Año de producción: 1920/21
Producción: Mayo Film [Propietarios: José A. Ferreyra, Leopoldo Torres Ríos, Carlos Torres Ríos, Castro (y Narciso Sánchez Sevilla?)][2]
Dirección y guion: José A. Ferreyra
Fotografía y cámara: Carlos J. Torre [Torres Ríos]
Virados en color
Laboratorios: Mayo Film
Música: [repertorio criollo a cargo de un conjunto de guitarristas?][3]
Estudios: Mayo Film (Costa Rica 4600)
Distribución: Mayo Film (Bolívar 1047)
Duración: [1.600 metros?][4] (88 min. aprox.)
Género: drama campero

Intérpretes: Lidia Liss (Marga, la gaucha), Jorge Lafuente (José María, peón de campo), Elena Guido (Justiniana, la malquerida), Enrique Pariggi (Ernesto Valvi, el hijo del patrón), Rosa Guido (Juanita, la ardilla), Elsa Bey (Rosita, la hija del capataz), Armando R. Sentous [o Lentous?] (Juancho, novio de Rosita), Yolanda de Maintenon (Judit, la víctima), María Halm (una mujer, otra víctima), Álvaro Escobar ("Lamento", el trovador del pago), José Plá (don Pablo, el capataz), Eduardo Leal Pizano (Jorgito, el impecable), Antonio Magatón (don Braulio, tata viejo).[5]

Argumento: "En un pago distante de la ciudad, donde reina un verdadero ambiente de vida criolla, gaucha, viven tranquilos y felices las gentes lugareñas, entre las que encontramos a Marga y su novio [José María]; a Rosita con su novio Juancho; a Justiniana; a un trovador llamado Lamento y al capataz don Pablo que sin trascendencia pasan la plácida existencia pampeana.
Pero cuando más segura creen su felicidad el patrón, un emigrante enriquecido por el sudor de los gauchos, manda a su hijo Ernesto Valvi para que se reforme; acompañan a este a su reformatorio, Jorgito, un compañero de sus calaveradas, una mujer de mundo, y su querida.
Pero a pesar de todas las precauciones del viejo Valvi los instintos de su hijo duermen como los de una fiera pero no se mueren, y he aquí que

pone sus ojos en la linda rosa del pago, Marga, la que no quiere ceder bajo ningún precio, pues adora entrañablemente a su gaucho, encendiendo por esto más el capricho de Ernesto Valvi.

Mientras tanto Jorgito no permanece ocioso y trata de quitar a Juancho su querida Rosita. Mas Marga 'La gaucha' los salva a todos durante la fiesta que celebran por la llegada de su 'patroncito', al ir Ernesto a besarla a viva fuerza, esta le araña y hace ver a los pobres gauchos la verdad, poniendo al calavera en una situación tan vergonzosa que él mismo llega a reconocer su torpeza y pide perdón a Marga; haciendo quedar a su gaucho, mientras él con sus compañeros de diversión se marcha de la estancia a seguir rodando por ese mundo suyo de inquietud y desprestigios morales" (*La República*, 30 mar. 1921, p. 6).

"[...] y es entonces cuando renace la calma y hasta el payador que cantaba de puro holgazán con su vieja guitarra a la puerta del rancho empuña el arado y cuando la aurora asoma su disco de oro y rosa, la inmensa masa de ignorados que fructifican la tierra, van dejando en los surcos sus energías regadas con el sudor de su frente" (*Crítica*, 28 abr. 1921, p. 4).

Comentario: La Mayo Film [o Compañía Cinematográfica Argentina Mayo] fue constituida por José Ferreyra, Leopoldo y Carlos Torres Ríos en noviembre de 1920,[6] después de obtener de un "capitalista" español 15.000 pesos para la realización de su primera producción, *La gaucha*. Su rodaje se realizó en 12 días, entre el 8 de diciembre de 1920 y comienzos de enero de 1921. El negativo fue revelado en los propios "laboratorios" de la empresa, en realidad "una cocina y un cuarto de baño" y "una pieza para copiar con una máquina de confección casera".[7]

La gaucha marcó el debut cinematográfico de Álvaro Escobar, un actor secundario que generalmente interpretaba personajes cómicos en el cine de Ferreyra.

Por otra parte, es importante destacar que fue publicada una versión novelada del argumento de Ferreyra a cargo de Leopoldo Torres Ríos,[8] seguramente como forma de publicitar el film.

Además de esta película, Mayo Film tenía otros dos proyectos que finalmente no realizó: *El suburbio*, y la adaptación del *Martín Fierro* de José Hernández.

En septiembre de 1921, Ferreyra y los hermanos Torres Ríos, junto con el cameraman Jerónimo Gaid, el guionista Alberto Baghino, y el fotógrafo Vicente Scaglione, entre otros, conforman la Asociación Cinematográfica Nacional, con el propósito de consolidar el gremio y defender los intereses de la producción autóctona.

Comparación con bibliografía específica: Couselo (1974, p. 30) toma como prueba inequívoca de que Leopoldo Torres Ríos colaboró con Ferreyra en el guion, la existencia de una novela escrita por él basada en el argumento del film. Sin embargo, dicha información bien puede ser sólo una prueba de que se encargó de redactar la novela y no necesariamente el guion original. Cabe destacar que ninguna de las fuentes de la época hace referencia a esa colaboración. A su vez, Couselo incluye dentro del reparto a Yolanda Labardén, quien recién trabajaría por primera vez con Ferreyra en *Corazón de criolla* (1923).

Por su parte, CIHCA (1958, p. 23) afirma que Mayo Film se fundó en 1921, cuando en realidad se creó en 1920, y que Torres Ríos fue autor exclusivo del guion.

Notas: 1. Además, se exhibió el 4 de abril en los talleres Tylca una nueva copia con algunas modificaciones. **2.** *Crítica* (1° dic. 1921, p. 5) menciona a Sánchez Sevilla como "socio capitalista" de Mayo Film a fines de 1921, por lo cual es posible que formara parte de esta productora durante 1920. **3.** Si bien *Crítica* (12 mar. 1921, p. 4) anuncia que durante su exhibición privada se interpretará música criolla, no pudimos corroborar posteriormente dicha información. **4.** Este metraje obtenido de *Excelsior* n° 356 (5 ene. 1921, p. 7) es sólo aproximado, ya que remite a la cantidad de celuloide impreso durante el rodaje, es decir anterior a la etapa de compaginación. **5.** La mayor parte del elenco con sus respectivos personajes fue obtenido de Couselo (1969, p.133-134). **6.** Ver *Excelsior* n° 349, 17 nov. 1920, "Producción Sudamericana". **7.** *Crítica*, 29 mar. 1921, p. 5. **8.** Couselo (1969, p. 41).

111. Pugilismo a conciencia

Estreno: viernes 6 de mayo a la noche en el Social Theatre (Rosario, prov. de Santa Fe)
Exhibición privada: s.d.
Año de producción: 1921
Producción: Extra Film Rosario (Productores: Carlos Martínez Carballo, J. Rebora y Antonio Defranza)
Dirección: [Antonio Defranza?][1]
Guion: s.d.
Fotografía y cámara: Antonio Defranza
Distribución: Extra Film Rosario (San Martín 526)
Duración: 35 partes
Género: "comedia dramática"[2]

Intérpretes: Bill Edwards, Adelina Falco,[3] Mario Neco (personaje cómico), George Bernier ("villano"), Jorge Coll, Joaquín Miralles, [Sorbani?].[4]

Datos del argumento: "El argumento gira alrededor de un desafío de box, matizado con un episodio amoroso, todo lo cual da al asunto un vis sportivo que ha sido muy bien aprovechado" (*La Acción*, 6 mayo 1921, "Notas Cinematográficas").

"[...] ha sido escrito para lucimiento de las habilidades pugilísticas y atléticas de Bill Edwards, quien consigue destacarse no solo por esas habilidades, sino también por la naturalidad con que trabaja" (*La Acción*, 9 mayo 1921, "Notas Cinematográficas).

Locaciones: Rosario (Prov. de Santa Fe): barrio Saladillo, Av. Rosario y Jockey Club.

Comentario: Esta producción de bajo presupuesto interpretada por actores aficionados fue la única película de ficción realizada por Extra Film Rosario. Sin embargo, en mayo de 1921, esta productora había organizado un concurso cinematográfico para seleccionar a los intérpretes de su próximo film, una obra de carácter policial.[5] Extra Film Rosario, dedicada también a la producción de actualidades documentales, termina por desaparecer en septiembre de 1921.
Pugilismo a conciencia, protagonizado por el campeón de box y profesor de atletismo Bill Edwards, constituyó la primera ficción nacional en abordar la temática del boxeo, un deporte sumamente popular en aquél entonces.

Comparación con bibliografía específica: Irigaray y Molina (2003) señalan que el film tenía como título *Pugilismo a conciencia o Mil trompadas por minuto*. Paralieu (2000, p. 29 y 31) indica que esta obra fue conocida con el nombre de *Pugilismo a conciencia*, o bien con el de *Mil trompadas por minuto*. Sin embargo, el conjunto de las fuentes de la época lo mencionan solo como *Pugilismo a conciencia*.[6] Por otra parte, estos autores sostienen que la fecha de estreno fue el día 17 de mayo de 1921, cuando en realidad se estrenó el 6 de mayo de ese año.[7]

Notas: 1. Defranza es mencionado solo como director técnico, es decir como el encargado de la labor fotográfica (*La Acción*, 13 abr. 1921, "Notas Cinematográficas"). **2.** Publicidad en *La Acción*, 4 mayo 1921. **3.** Esta actriz luego adoptará el nombre artístico de Elda Moreno. **4.** Este intérprete es citado en Irigaray y Molina (2003), información que no pudo ser confirmada por nuestro relevamiento. **5.** *La Acción*, 11 mayo 1921, "Notas Cinematográficas". **6.** Ver publicidad en *La Acción*, 4 mayo 1921; *La Capital*, 6 mayo 1921, "Cinematógrafos"; *Cinema Star* n° 141, 11 mayo 1921 y n° 142, 18 mayo 1921. **7.** Cartelera en *La Acción*, 6 mayo 1921 y en *La Capital*, 6 mayo 1921; *La Acción*, 7 mayo 1921, "Cines".

112. La vendedora...

Estreno: lunes 16 de mayo a la noche en el Esmeralda, Empire Theatre, Capitol Theatre y Cinematógrafo Callao (Capital Federal) y en el Palace Theatre y Cine Moderno (Rosario, prov. de Santa Fe)
Exhibición privada: sábado 2 de abril a la mañana (Capital Federal)[1] y jueves 5 de mayo en el Cine San Martín (Rosario, prov. de Santa Fe)
Año de producción: 1920
Producción: Alfredo Quesada [y Josué Quesada?][2] / Patria Film
Dirección: Francisco Defilippis Novoa
Guion: Francisco Defilippis Novoa basado en las novelas *La vendedora de Harrods* y *Cuando el amor triunfa* de Josué A. Quesada
Fotografía y cámara: Francisco Mayrhofer
Laboratorios: Patria Film
Estudios: Patria Film (Ecuador 930? / Charcas 2649?)[3]
Distribución: Charcas 2659
Duración: 10 actos
Género: drama

Intérpretes: Berta Singerman (Carmen), Argentino Gómez (Juan Manuel), Gloria Ferrándiz, Floria Fernández, Lawrence León[4] (Luis Miraflores), Carlos Perelli, Santos Casabal, [Guillermo?] Battaglia.

Argumento: "Carmen, simpática y delicada empleadita de una gran casa bonaerense frecuentada por gentes de elevada posición social y fortuna, cae en las redes amorosas tendidas a su virtud por un joven rico y desocupado. Él es, en el fondo un buen muchacho; y llega a encariñarse de Carmen, llevándola a vivir consigo y colmándola de todo género de halagos. Pero, la naturaleza de sus condiciones sociales es contraria a la prolongación de ese idilio. El amante se ve constreñido a contraer matrimonio con una distinguida señorita. En consecuencia, abandona a Carmen; y para acallar la pena de su corazón, lleva a su joven esposa a París. También va allá Carmen, enviada por el establecimiento. Los ex amantes reconcílianse como amigos; y se separan, volviendo Carmen a Buenos Aires, donde la aguarda un pretendiente, aviador profesional. Viudo a consecuencia de un accidente automovilístico, el 'niño bien' regresa al país natal. Y aquí ya no puede vencer el imperativo de su afecto; se une con Carmen, que rechaza el vínculo sacramental, para consagrarle su vida sin más ley que su cariño. El aviador, al saberlo, se suicida estrellándose con su aparato" (*El Telégrafo*, 19 mayo 1921, p. 3).

Locaciones: Capital Federal: el Jardín Botánico, el Rosedal de Palermo, Casa Moussion (Callao y Sarmiento), Avenida Alvear, el puerto de Buenos Aires y Retiro. Prov. de Buenos Aires: Mar del Plata.

Comentario: Este film dirigido por el dramaturgo Defilippis Novoa era la adaptación de la novela *La vendedora de Harrods* y de su secuela *Cuando el amor triunfa* escritas por Josué Quesada. La novela original constituyó un auténtico best-seller en su época, ya que había agotado para el período de rodaje tres ediciones,[5] dos de ellas de 100.000 ejemplares. Su popularidad no sólo determinó la realización de una versión cinematográfica, sino también de una adaptación teatral, estrenada por Quesada en 1922.

La vendedora..., que inicialmente iba a filmar la Gallo Film, fue rodada entre agosto y noviembre de 1920, por encargo del productor Alfredo Quesada en los estudios Patria Film. Su costo de producción ascendió a 22. 800 pesos.[6]

Esta película constituyó el debut cinematográfico de la actriz Berta Singerman, por ese entonces profesora de declamación del Consejo Nacional de Mujeres. El novelista Josué Quesada la eligió como intérprete protagónica paradójicamente luego de presenciar uno de sus recitales de poesía.

Un amparo legal por parte de Harrods Buenos Aires Ltd. impidió la utilización del nombre de la firma en el título del film, a pesar de que su mención en las diversas ediciones de la novela había sido autorizada por la empresa. Este impedimento posiblemente exprese ciertos reparos de algunos sectores que consideraban al cine todavía como portador de valores perniciosos, de ahí que fuese promocionada como "una película nacional, con un asunto altamente moral".[7]

Este pleito terminó por ser utilizado como publicidad encubierta del film, el cual, a pesar de varias críticas adversas, alcanzó a un mes y medio de su estreno las 235 representaciones consecutivas. Su productor Alfredo Quesada llegó a exigir a los dueños de las salas el pago por adelantado del 50% de las localidades vendidas como condición para exhibir una copia, cuando lo usual era "alquilar" las películas a un precio fijo.

Dicho litigio provocó que fuese exhibido inicialmente con el título de *La vendedora...* y desde mayo de 1921 como *La vendedora de H....* El título original de la novela recién se pudo utilizar a partir de 1923.

Para su reestreno en 1922, se le agregaron 250 metros (14 min. aprox.) que reproducían diversas escenas parisinas, entre otras de la Villa Lumiere y el Banco Español, en el cual la pareja protagonista se reencontraba. Estas nuevas imágenes se filmaron por intermedio de la casa francesa Gaumont, y probablemente fueron compaginadas con planos más cercanos de Berta Singerman y Argentino Gómez, ya que estos no viajaron a Francia. La distribución en nuestro país de *La vendedora...* continuó durante 1923, 1925, 1926 y 1928; en Montevideo (Uruguay) se estrenó el 26 de octubre de 1921.

Comparación con bibliografía específica: Di Núbila (1998, p. 47 y 28) por un lado cita este título como *La vendedora de Harrods,* que comenzó a ser utilizado mucho después del estreno, y por otro señala que fue realizado en los estudios de la calle Jean Jaurés. Sin embargo, los talleres de Patria Film en el período de rodaje solo podían estar ubicados en Ecuador 930, su dirección usual desde 1916, o bien en Charcas 2649, donde *Excelsior* [8] anuncia que serían trasladados a fines de mayo de 1920.
Por su parte, CIHCA (1958, p. 4), atribuye la producción a Quesada Film, que recién comienza a ser mencionada en las publicaciones consultadas entre abril y mayo de 1923.[9]

Notas: 1. Se exhibió para un grupo reducido de periodistas, proyectándose además el 9 de mayo en el Esmeralda. **2.** Si bien las publicaciones de la época atribuyen la producción exclusivamente a Alfredo Quesada, es factible que su hermano haya tenido algún tipo de intervención como da cuenta Maranghello (2005, p. 50). **3.** *Excelsior* n° 322 (12 mayo 1920) anuncia el inminente traslado de los estudios Patria Film a esa dirección, sin que hayamos podido confirmar que se haya realizado. **4.** Este intérprete era un aviador conocido en esa época. **5.** *Excelsior* n° 325, 2 jun. 1920, p. 19. **6.** *La Acción,* 25 abr. 1921, "Notas Cinematográficas". **7.** Publicidad en *Última Hora,* 16 mayo 1921, p. 4. **8.** N° 322, 12 mayo 1920, "Producción Sudamericana". **9.** Ver, por ejemplo, *La República,* 19 abr. 1923, p. 5; *Excelsior* n° 477, 2 mayo 1923, p. 28.

113. La hija de la pampa

Estreno: [después del 11 de julio?][1]
Exhibición privada: jueves 10 de marzo (Capital Federal)
Año de producción: 1921
Producción: Fattori Film (Productor: Italo Fattori)
Dirección: Alberto Traversa
Guion: Italo Fattori
Fotografía y cámara: [Alberto J. Biasotti?]
Laboratorios: Fattori Film
Estudios: [Fattori Film?] (Esmeralda 412) / [Ariel?] (Trelles 2651/71)
Distribución: [Fattori Film?]
Duración: 6 actos
Género: "drama campero"[2]

Intérpretes: Enne Adry, José Plá, Felipe Farah.

Argumento: s.d.

Comentario: La Fattori Film, anteriormente denominada Italo Fattori, acentúa a comienzos de 1921 el ritmo de producción y realiza simultáneamente con equipos técnicos y artísticos diferentes dos películas de ficción en el transcurso de un mes. Con este método de filmación apuntaba a reducir los costos de producción, y a la vez a tener a disposición como distribuidora una cantidad importante de películas nacionales que complementaran su novedosa oferta de films extranjeros. Posiblemente con este objetivo, Italo Fattori trasladó en noviembre de 1920 su "galería de filmación", talleres y oficinas a unos amplios locales ubicados en Esmeralda 412.
La hija de la pampa fue filmada durante febrero de 1921 por el cineasta italiano Alberto Traversa. De acuerdo a la filmografía del actor Felipe Farah[3] la labor fotográfica correspondió a Alberto Biasotti, aunque diversos listados de las películas realizadas por dicho cameraman de los estudios Ariel jamás mencionan este título.[4]
La hija de la pampa se distribuyó además en 1922 y 1928.

Notas: 1. Según la filmografía de José Plá publicada en *La Montaña* (11 jul. 1921, p. 5) no había sido todavía estrenada para esa fecha. **2.** Publicidad en *Excelsior* n° 376, 25 mayo 1921. **3.** *Última Hora*, 11 nov. 1929, p. 4. **4.** Ver publicidad en *Excelsior* n° 647, 6 ago. 1926, p. 12 y en *La Película* n° 628, 4 oct. 1928, p. 16.

114. Sobre un pingo pangaré

Estreno: [días antes del 27 de julio en el Cine varieté La Bolsa (Rosario, prov. de Santa Fe?][1]
Exhibición privada: domingo 8 de mayo a las 10:30 hs. en el Cinematógrafo Callao (Capital Federal)
Año de producción: 1921
Producción: Fattori Film (Propietario: Italo Fattori)
Dirección y guion: Ricardo Villarán
Fotografía y cámara: Pío Quadro
Laboratorios: Fattori Film
Estudios: Fattori Film (Esmeralda 412)
Distribución: Fattori Film (Esmeralda 412)
Duración: 6 actos
Género: comedia[2]

Intérpretes: Felipe Farah, Ivonne Duval, Ángel Boyano ("villano"), José Plá, [Carlos Dux?].[3]

Argumento: s.d.

Comentario: *Sobre un pingo pangaré*, rodado simultáneamente con *La hija de la pampa* entre febrero y comienzos de marzo de 1921, es el primer film dirigido por el escritor y autor teatral de origen peruano, Ricardo Villarán. La única fuente que aporta algún dato sobre la realización técnica es la filmografía del intérprete Felipe Farah,[4] labor que atribuye al fotógrafo Pío Quadro.
Luego de esta película, Fattori Film anunció en mayo de 1921 la filmación de otra comedia titulada *El robo de los 620.000 pesos*, proyecto que finalmente no se concretó.
Sobre un pingo pangaré fue distribuido nuevamente en 1928.

Comparación con bibliografía específica: Margaritt (1947, p. 515), Couselo (1992, p. 34) y Di Núbila (1998, p. 36 y 46) citan este film como *En un pingo pangaré*, confundiéndolo con el título de un sainete teatral de 1917.

Notas: 1. *Cinema Star* n° 152 (27 jul. 1921 "Los Estrenos...") informa que se exhibió en esa sala en carácter de "primicia". Es muy probable que se trate de la fecha del estreno, ya que para ese entonces no se había distribuido todavía en Capital Federal. **2.** A diferencia de las publicidades en

Excelsior n° 373 (5 mayo 1921) y en *La Película* n° 244 (26 mayo 1921), en 1928 fue promocionado como un "drama campero" (ver *La Película* n° 594, 9 feb. 1928 y n° 608, 17 mayo 1928). **3.** Maranghello (2005, p. 47) incluye a este actor dentro del reparto, el cual no surge de nuestro relevamiento. **4.** *Última Hora*, 11 nov. 1929, p. 4.

115. Cima rellena
[Primer título: **La cima rellena o envenenada**]

Estreno: [después del 24 de agosto?]
Exhibición privada: días antes del 24 de agosto (Capital Federal)[1]
Año de producción: 1920
Productora: Empresa Cinematográfica Ariel (Propietarios: Roberto Guidi, Alberto J. Biasotti y Mario V. Ponisio)
Dirección: [A. Chiesa?] [o Alberto J. Biasotti?]
Guion: Alberto J. Biasotti
Fotografía y cámara: Alberto J. Biasotti
Laboratorios: Ariel
Estudios: Ariel (Trelles 2651/71)
Distribución: [A. B. Curell y Cía.?]
Duración: 2 actos
Género: comedia

Intérprete: José Plá.

Argumento: s.d.

Comentario: *Cima rellena* era el primero de una serie de cortometrajes cómicos que planeaba realizar la productora Ariel, proyecto que finalmente no prosperó. Su filmación se inició a fines de agosto y concluyó sobre finales de octubre de 1920.
Si bien las fuentes del período de rodaje consignan a Alberto Biasotti como director, autor y fotógrafo,[2] una publicidad de sus laboratorios cinematográficos durante 1926 atribuye la dirección a A. Chiesa.[3]
Cima rellena fue la última producción financiada por los estudios Ariel, que continuaron su actividad al servicio de otras productoras.
Según algunas publicaciones de la época[4] se preveía exhibirla comercialmente en una misma sección con el mediometraje *Ave de rapiña* (1921).

Comparación con bibliografía específica: Peña (2012, p. 43) es el único autor que atribuye a Biasotti la dirección de esta comedia, a la que cita con su título de rodaje, *Cima rellena o envenenada*.
Por su parte, Di Núbila (1998, p. 35), si bien menciona correctamente su título, no incluye esta obra entre las producidas por los estudios Ariel.

Notas: 1. Según *Excelsior* n° 389 (24 ago. 1921, p. 19) se proyectó junto con otro cortometraje de la Ariel, *Ave de rapiña* (1921). Sin embargo, los días previos al 27 de octubre de 1920 ya se había exhibido una copia en

bruto, sin los intertítulos. **2.** *Última Hora*, 20 ago. 1920, p. 5; *Excelsior* n°
346, 27 oct. 1920 y n° 349, 17 nov. 1920. **3.** *Excelsior* n° 647, 6 ago. 1926,
p. 12. **4.** *Excelsior* n° 389, 24 ago. 1921, p. 19.

116. Ave de rapiña

Estreno: [después del 24 de agosto?]
Exhibición privada: días antes del 24 de agosto (Capital Federal)
Año de producción: [1920?/21?]
Producción: Sociedad Nacional de Arte Mímico [Comisión Directiva: José A. Rodríguez –León Artola– (Presidente), Juan de Ridder (Vicepresidente)][1]
Dirección: Roberto Guidi
Guion: [Roberto Guidi?]
Fotografía y cámara: Alberto J. Biasotti
Laboratorios: Ariel
Estudios: Ariel (Trelles 2651/71)
Distribución: [A. B. Curell y Cía.?]
Duración: 3 actos
Género: drama

Intérpretes: Ilda Grané, [León Artola?], [Juan de Ridder?], [F. Loosens?].[2]

Datos del argumento: "[Ilda Grané] compone con grande espontaneidad el tipo de la muchacha sencilla y buena que ve a su amado rendido a las plantas de una mujer que no es para él, y que a fuerza de nobleza de alma y de dulces cuidados concluye por conquistarlo" (*La República*, 9 ago. 1921, p. 8).

Comentario: La Sociedad Nacional de Arte Mímico, productora de *Ave de rapiña*, era una suerte de academia cinematográfica fundada el 8 de junio de 1919, cuyas clases de actuación se dictaban en Perú 359. Es probable que esta obra se haya filmado a fines de 1920, ya que a mediados de noviembre el periódico *Última Hora*[3] indica que la Sociedad de Arte Mímico se había propuesto realizar películas por su cuenta. A su vez, la revista *Excelsior*[4] informa, en el marco de su exhibición privada sobre finales de agosto de 1921, que se había rodado "hace algún tiempo".
Ave de rapiña fue la última obra realizada por Roberto Guidi en los estudios Ariel.

Comparación con bibliografía específica: Maranghello (2005, p. 36) menciona dentro del elenco a Felipe Farah y a Amelia Mirel, a pesar de que en la detallada filmografía confeccionada por Farah para *Última Hora*[5] no da cuenta de esta obra, como así tampoco dicha actriz en diversos reportajes.[6]

Notas: 1. A partir del 17 de julio de 1920, esta comisión también estaba integrada por Armando Lacroix (Secretario), F. Loosens (Prosecretario), S. Fortuny (Tesorero), L. Blanch (Protesorero); vocales: H. Pinilla, J. Barreiro, L. Mateos, Ilda Grané, E. Carrera, C. Canestré; revisadores de cuentas: A. Bertolini, C. Paulucci, M. Madeira. **2.** Citamos, como posibles intérpretes, a aquellos miembros de la Sociedad Nacional de Arte Mímico que participaron en otras películas, y que por lo tanto no estaban limitados sólo a tareas administrativas. **3.** 15 nov. 1920, p. 4. **4.** N° 389, 24 ago. 1921, p. 19. **5.** 11 nov. 1929, p. 4. **6.** Ver *Imparcial Film* n° 180, 3 oct. 1922; *Última Hora*, 26 mayo 1923, p. 5.

117. Los hijos de naides

Estreno: sábado 27 de agosto a la tarde y noche en el Capitol Theatre, Esmeralda, Empire Theatre, Cinematógrafo Callao y Gaumont Theatre (Capital Federal)
Exhibición privada: días antes del 8 de junio en los talleres Federico Valle[1]
Año de producción: 1920/21
Producción: Cinematografía Argentina Federico Valle (Propietario: Federico Valle)
Dirección: Edmo Cominetti
Guion: Arnold Etchebehere sobre un argumento de Nelo Cosimi[2]
Intertítulos: José Bustamante y Ballivián
Fotografía y cámara: Pío Quadro y Arnold Etchebehere
Virados en color
Laboratorios: Talleres Cinematográficos Federico Valle
Escenografía: Quirino Cristiani
Estudios: Talleres Cinematográficos Federico Valle (Reconquista 452 y/o Boedo 51?)[3]
Distribución: Cinematografía Argentina Federico Valle (Administrador: José García / Suipacha 750)
Duración: 6 actos
Género: drama campero

Intérpretes: Alfredo Zorrilla (Pablo Luque), Nelly Olmos (Celia), Nelo Cosimi (Malacara), Pedro Isidoro Cejos (Pedro Aguirre), Edmo Cominetti (médico), Antonio Vignola.

Argumento: "Don Pedro, el dueño de la estancia 'Los Cardales', ha sido en sus mocedades un muchacho andariego y enamorado. De unos amores libres tuvo un hijo, al que nunca pudo hallar no obstante el empeño con que lo buscara.
Alejado de esas tierras donde pasara su juventud, vive feliz en su campo acompañado de Celia, su hija.
Malacara, capataz de la estancia, sujeto respetado por la peonada por sus instintos fieros y su crudeza, mira con pasión malsana a la hija de su patrón [...] Un día de las lejanas tierras del sud, se presenta un simpático muchacho de campo que viene en demanda de trabajo. Pablo [Luque] se llama el recién llegado que luego cuando ingresa a la peonada se le apoda 'el alzao'.
'El quinto' es un toro bravísimo, que no obstante su nombre es la antítesis del quinto mandamiento.

Estando Celia mirando las faenas de campo, en forma imprevista se presenta el animal que todos temen y va derecho a embestirla, nadie trata de salvarla, todos huyen de esa fiera, menos Pablo [...] Los dos se miran desafiantes y frente a frente la lucha se inicia, hasta que al fin 'el alzao' domina a la bestia.

Los paisanos comentan el valor de Pablo. Malacara evidencia un momento de desagrado, pues teme sea su competidor. Celia que ya miraba con simpatías al paisanito recién llegado, estas se multiplican [...] Un día los enamorados están leyendo un libro, llega Malacara, cuya antipatía por Pablo es evidente y después de retarlo lo manda a engrasar el molino 'que ha estado gritando toda la noche'.

Pablo sube a dar cumplimiento a la orden, circunstancia que aprovecha Malacara para tomar a Celia en sus brazos en forma violenta, donde no hay más amor que la carne, el supremo deseo de la bestia, de querer poseerla. A los gritos de esta, Pablo que está en lo alto del molino ve la terrible escena y sin vacilar, bajar la escalera tardaría mucho, tal era las ansias de llegar pronto para sacar a Celia de los brazos del reptil, que desde los altos de la torre se tira sin medir el peligro del tanque y desde este que está a cuatro metros lo menos del suelo se arroja de nuevo y caza la presa de entre las garras de bestia.

Don Pedro enterado de la acción despide a Malacara y Pablo es designado capataz.

El idilio sigue, su conducta y el conocimiento de las cosas de campo, lo hacen un excelente administrador.

Gervasio, un viejo, peón de la estancia, que nadie sabe quién es ni de dónde vino, interroga un día a Pablo si es del Sud. Este dice que sí. A una segunda pregunta de quién es la madre, Gervasio, dice para sí, 'es el mismo, es el hijo del patrón y del único amor que yo tuve'.

Gervasio calla y sólo espera que Pablo y Celia que son hermanos se casen para saborear su venganza.

Viene inevitablemente lo que se presume. Los enamorados se casan y están por ser padres.

Es un día de lluvia y Pablo sorprendido por la tormenta se refugia en la pulpería. Allí esta Gervasio con Malacara que acaba de salir de la cárcel. Gervasio entera al ex capataz de 'Los Cardales' [de] que Celia y Pablo son hermanos y se han casado. Malacara que venía a vengarse de 'el alzao', siente una inmensa alegría al saber la noticia y ver a su enemigo.

La escena de provocación se sucede y Pablo vuelve a vencer una vez más a Malacara. Este grita a Pablo su situación como el último recurso de venganza.

Loco de dolor y de pena sale Pablo de la pulpería y en su casa escribe al médico amigo, confesando la situación y dejando en sus manos a Celia, que está por ser madre, de un momento a otro [para que detenga la gestación].
En la estación Pablo espera el tren para conducirlo lejos [...] Abandona su hogar en el momento que va a tener en el fruto de su amor el retoño de la alegría, cuando aparece su suegro, viene a conocer a su nieto.
Allí mismo Pablo recrimina a don Pedro su acción y este hace saber que él en realidad es el hijo que tanto buscaba, pero que Celia no es más que una chica que él recogiera para llenar el vacío que no pudiera llenar con su propio hijo. Loco de alegría, Pablo corre a su casa[4] y se entrega en los brazos de su mujer y besa con pasión al recién nacido, mientras la felicidad vuelve a surgir, y ese cielo ayer tempestuoso y fiero se convierte hoy en esos bellos y dulces días de plácido azul" (*Crítica*, 17 ago. 1921, p. 5).

Comentario: En 1920, Federico Valle retoma la producción del cine de ficción y del semanario *Film Revista*. El rodaje de *Los hijos de naides* se desarrolló entre diciembre de 1920 y abril de 1921, con una interrupción momentánea en febrero por un accidente sufrido por el actor Alfredo Zorrilla. Este intérprete, luego de participar en dos films de Valle, viajó a Europa para trabajar en las grandes editoras francesas como Pathé, Eclipse y Eclair. Regresó al país a mediados de 1920 para protagonizar este film. El director Edmo Cominetti se transformó durante 1921 y 1922 en administrador del cine Edén Palace (Villa Urquiza) bajo la firma Álvarez, Cominetti y Cía., y a mediados de 1922 realizó un viaje a Europa con la intención de incorporarse, sin éxito, a la industria cinematográfica alemana. A partir de 1923, continuó con su labor de director en el cine nacional. Este film con reminiscencias del western estadounidense se distribuyó además entre 1922 y 1924. Según el historiador Maranghello (2005, p. 48), se estrenó en salas de Nueva York, información que no hemos podido confirmar.
Es muy factible que las únicas copias existentes de *Los hijos de naides* se hayan perdido en el incendio de los depósitos de la Cinematografía Valle acaecido en abril de 1926.

Notas: 1. Se proyectó junto con *El Puma* (1923). El 15 de agosto a las 11:00 hs. en el Esmeralda se exhibió nuevamente, después del documental *El paraíso ignorado* de la Cinematografía Valle. **2.** A diferencia de las fuentes de la época (*Última Hora*, 14 ago. 1921, p. 3; *Excelsior* n° 390, 31 ago. 1921; *Crítica*, 14 ago. 1921, p. 4), Maranghello (2005, p. 48) incluye como coautor a Alfredo Zorrilla. **3.** No pudimos determinar si el rodaje se realizó en los talleres de la calle Reconquista o en los nuevos estudios que Valle inauguró a fines de diciembre de 1920 (Ver *Excelsior* n° 355, 29 dic. 1920). **4.** Con respecto a esta escena culminante, *El Telégrafo* (29 ago. 1921, p. 3) señala: "¡El médico está encerrado con la madre que da a luz! ¡Y tiene orden de extinguir la vida del nuevo ser! [...] El médico corta la desesperación de Luque, presentándose con el niño en brazos. ¡La probidad del profesional ha orillado y vencido a la desgracia!".

118. Venganza gaucha
[Primer título de rodaje: **Fiereza gaucha**]

Estreno: durante la semana del 14 de septiembre
Exhibición privada: -
Año de producción: 1917/[21?]
Producción: Ortiz Film (Propietario: Gumersindo F. Ortiz) / [Ideal Film?] (Propietario: Emilio López Catoya)
Dirección: José A. Ferreyra
Guion: [José A. Ferreyra?]
Fotografía y cámara: s.d.
Laboratorios: Ortiz Film
Estudios: Ortiz Film (Cevallos 1475)
Distribución: Ideal Film (Salta 161)
Duración: 5 actos
Género: "cine drama pampero"[1]

Intérpretes: María Reino, Nelo Cosimi, Lydia Bottini, Leticia Pizzano, Inés Castellano, Ángel Boyano ("villano").

Argumento: s.d.

Comentario: El rodaje de *Venganza gaucha* fue iniciado por Ortiz Film, productora de *El tango de la muerte* (1917), en mayo de 1917, pero quedó inconcluso, después de algunas interrupciones, a raíz de su cierre en noviembre de 1917. Sin embargo, dicha empresa había planeado venderlo ya que estaba "muy adelantado, faltándole breves detalles para su conclusión".[2]
Recién en enero de 1921, la distribuidora Ideal Film adquirió esta película junto con toda la producción de Ortiz Film. Luego de publicitarlo a lo largo del año, fue estrenado a mediados de septiembre, sin que hayamos podido determinar si esa distribuidora realizó modificaciones o agregados al film original.

Comparación con bibliografía específica: Ninguno de los textos consultados menciona el año de estreno.

Notas: 1. Publicidad en *Excelsior* n° 393, 21 sep. 1921. **2.** *La Película* n° 59, 8 nov. 1917, p.15.

119. La taba de don Nicasio

Estreno: antes del 21 de septiembre en el Suipacha (Capital Federal)[1]
Exhibición privada: antes del 18 de mayo a la trasnoche en el Esmeralda (Capital Federal)[2]
Año de producción: 1921
Producción: Fattori Film (Propietario: Italo Fattori)
Dirección: Alberto Traversa
Guion: Italo Fattori
Fotografía y cámara: s.d.
Laboratorios: Fattori Film
Estudios: Fattori Film (Esmeralda 412)
Distribución: s.d.[3]
Duración: 6 actos
Género: "drama campero"[4]

Intérpretes: Enne Adry, José Plá (mayordomo de estancia), Antonio Vignola.

Datos del argumento: "Es una película bien hecha y muy bien interpretada sobresaliendo la labor del señor Plá en su rol de mayordomo de la estancia y presidiario después" (*Excelsior* n° 375, 18 mayo 1921, p. 15).

Comentario: Esta película filmada entre mediados de abril y mayo de 1921 constituyó la última producción de ficción de Fattori Film por varios años. Esta empresa cerró sus puertas en junio de ese año, y en noviembre Italo Fattori puso en venta los materiales de su taller de filmación. A pesar de que en junio de 1922 intentó relanzar su productora,[5] habrá que esperar hasta 1925 para que Fattori Film retorne a la producción de ficción. *La taba de don Nicasio*, luego de ser anunciada en mayo de 1922 en Rosario y a fines de 1923 en Capital Federal, se distribuyó en 1927 y 1928.

Comparación con bibliografía específica: Ninguno de los autores consultados atribuye esta obra a Alberto Traversa. Maranghello (2005, p. 48) señala que fue interpretada por Felipe Farah, lo cual no surge de nuestro relevamiento de las fuentes de la época ni de la filmografía que este actor publicó en *Última Hora*.[6]

Notas: 1. Tomamos como referencia esta fecha porque *Excelsior* n° 393 (21 sep. 1921, p. 23) señala que este es el "único salón que se atrevió a estrenar" dicho film. **2.** Se proyectó también el sábado 21 de mayo a las 14:00 hs. en el Smart Palace. **3.** *Excelsior* n° 393 (21 sep. 1921, p. 23) informa que se estrenó a través de una distribuidora "muy conocida en el interior" del país. **4.** Publicidad en *Excelsior* n° 376, 25 mayo 1921. **5.** *Excelsior* n° 430, 7 jun. 1922. **6.** 11 nov. 1929, p. 4.

120. El triunfo de la verdad

Estreno: martes 27 de septiembre a la noche en el Capitol Theatre (Capital Federal)
Exhibición privada: -
Año de producción: 1921
Producción: Estrella Film (Productor: Juan Benito Lecuona)
Dirección: George Hugh Perry
Guion: George Hugh Perry basado en la novela homónima de Juan Benito Lecuona
Fotografía y cámara: Andrés Ducaud y Vicente Scaglione
Laboratorios: Tylca
Estudios: Tylca (Paraguay 1150)
Distribución: Boedo 168
Duración: 6 actos
Género: drama

Intérpretes: Juan B. Lecuona, Jack Stafford, Irma Thoms,[1] Didale La Rocque, Arturo Forte (Lake), Lloyd Davilson, J. S. Baillares.

Argumento: "Un joven ruso deportado consigue introducirse al país con un pasaporte que ha sustraído a un joven yanqui, que viene a probar fortuna, sin ninguna condición y carente de experiencia para luchar por la vida.

Ya en Buenos Aires los dos, el primero se une a un antiguo compañero anarquista, Duval, que vive con Sonia, la hermana del deportado, y Lake, el yanqui, busca trabajo en una estancia.

El hermano de Sonia ignora las relaciones de esta con Duval y que este ha cambiado de posición y de ideas. Ahora es propietario, detesta a los anarquistas, Sonia que ama a Duval, no profesa ya ideas avanzadas. Solo, sin apoyo de Duval, el deportado trata por medios violentos de convertir de nuevo a la anarquía a su ex compañero, incitándolo a cooperar en su obra de 'levantar' al obrero del campo. Duval se resiste y aquí tiene lugar la escena, en que nos referimos de la falta de exactitud en la interpretación del argumento.

Ningún anarquista pretende en forma alguna y menos en la que nos ofrece esta cinta, reintegrar a su seno a un renegado. La indumentaria de los tres sujetos, no tiene tampoco nada de real. Se pretende pintar a tres terroristas con una indumentaria haraposa. El hábito no hace al monje. Hay quien tira una bomba con camisa bien planchada, como el paisano Cruz Montiel...

Volviendo al argumento, Carlos Duval, que se ha tornado un vicioso de la ciudad, pretende traer del campo a Margarita, flor delicada, espíritu soñador, que vive embriagada en la dulce esperanza del príncipe alado. Casimiro, un muchacho de la estancia, ama a Margarita, pero frente a este rival teme por su suerte.

Incitada por las falsas promesas de Duval, un día Margarita huye de su casa y va a la de Duval en busca de apoyo para hacerse bailarina. Sonia que siente unos celos profundos, es la que cuida de la virtud de su huésped, más por egoísmo que como deber. Un día de comida en casa de Duval, este pretende violentar a Margarita, quien defendida por Sonia, huye y debuta en un teatro consagrándose una eximia danzarina.

Volvamos ahora al campo. La madre de Margarita pide a Lake [que] le busque su hija, este se va a la ciudad y agota todos sus recursos sin lograr sus propósitos, hasta que obligado por la circunstancia se mete de chauffeur de un taxi y se le presenta la oportunidad de descubrir al deportado en un rincón de la provincia de Buenos Aires, escondido en los sótanos de una casa vetusta y apartada. Descubierto por los terroristas, que estaban fabricando bombas, es golpeado y maniatado y dejado librado a su suerte. Después de grandes esfuerzos logra deshacerse de sus ligaduras y llegar hasta la casa de Martín [¿Carlos Duval?], a quien en venganza iban a tirar una bomba aprovechando la ocasión de celebrarse una fiesta. Y su llegada coincide con la de los terroristas; estos tiran la bomba, Lake da la voz de alarma y Sonia recoge la terrible caja destructora y la tira por el balcón afuera, en ese momento explota y mata sin saberlo a su propio hermano.

Margarita vuelve a su casa y comprende el amor de Casimiro, Duval llega a amar a Sonia y Lake se da cuenta de su error y vuelve a Norte América y sobre todas las cosas triunfa la verdad; el amor, lo único que no muere a través de los tiempos, lo único que construye y lo conserva todo" (*Crítica*, 28 sep. 1921, p. 3).

Encuadre e intertítulos: "En cuanto a la técnica, la dirección dista mucho de ser moderna, contrasta este hecho singular con la reclame de la Estrella que dice 'Técnica norteamericana' o lo que equivale decir la última palabra en materia de arte mudo. Para que tal cosa sea una realidad falta, y este descuido es imperdonable, el 'encuadre', la figura grande en donde se hacen resaltar las expresiones del rostro que nos digan de las emociones, de los horrores de la fábula [...] Las figuras de lejos nos hacen comprender el desarrollo de la trama, pero nunca las emociones y sentimientos de sus personajes. Los letreros que son una maravilla de arte fotográfico, contribuyen a realzar la cinta y hacernos saber muchas cosas que deberíamos conocer por la mímica de sus personajes.

Este hecho que no tiene explicación y lo ridículo del sombrero de Margarita, que está fuera de lugar y denota el desconocimiento del director de nuestro ambiente campero, son detalles que perjudican al film" (Ídem).

Locaciones: "Tiene interesantes escenas a bordo del Martha Washington" (*Excelsior* n° 387, 10 ago. 1921, p. 15).

Comentario: Este film que copiaba el tópico reaccionario del "terrorismo ácrata" característico del cine norteamericano de la época, es el primero dirigido por el estadounidense George Hugh Perry en nuestro país. Su adaptación de la novela breve *El triunfo de la verdad* de Juan B. Lecuona incluyó importantes modificaciones al texto original.[2]

La productora Estrella Film, que carecía de estudios propios, encargó a la empresa Tylca (Talleres y Laboratorios Cinematográficos Argentinos), propiedad de Rafael Parodi, la que sería su primera labor técnica dentro del cine de ficción. La única información que pudimos obtener sobre el rodaje de esta película data de mediados de julio de 1921,[3] donde se consigna además que se estaba terminando de filmar.

Luego de su estreno en un festival de beneficencia patrocinado por la Liga Argentina contra la Tuberculosis, comenzó a exhibirse comercialmente desde el jueves 29 de septiembre en los cines Capitol Theatre y Callao.

Comparación con bibliografía específica: A pesar de aportar cierta información sobre el film, Maranghello (2005, p. 48-49) lo caracteriza como un drama deportivo.

Ninguno de los textos históricos consultados da cuenta del director, guionista, fotógrafo, productor y distribuidor.

Notas: 1. Según *La Montaña* (30 sep. 1921, p. 5) tanto este apellido como el de Stafford serían seudónimos. **2.** *Excelsior* n° 395 (5 oct. 1921, p. 15) señala que "junto a la primitiva historia de amor [de Lecuona], se desarrolla una historia de aventuras de la que es héroe un joven norteamericano". **3.** *Excelsior* n° 383, 13 jul. 1921, p. 15.

121. Brenda

Estreno: viernes 14 de octubre en el Capitol Theatre, Esmeralda y Cinematógrafo Callao (Capital Federal)
Exhibición privada: martes 4 de octubre a las 10:30 hs. en el Esmeralda
Año de producción: 1920
Producción: Acevedo Díaz-Film [Propietario: Eduardo Acevedo Díaz (h)?]
Dirección: Eduardo Martínez de la Pera y Ernesto Gunche
Guion: Joaquín E. Rimbau, Eduardo Martínez de la Pera y Ernesto Gunche basado en la novela homónima de Eduardo Acevedo Díaz
Fotografía y cámara: Eduardo Martínez de la Pera y Ernesto Gunche
Laboratorios: Martínez y Gunche (Bogotá 2791, Flores)
Estudios: Martínez y Gunche (Andrés Arguibel 2887)
Distribución: Martínez y Gunche (Esmeralda 491)
Duración: 7 actos[1]
Género: drama

Intérpretes: Erna [o Enna?] Randal (Brenda), René Leroy (Areba Linares), Cora Lydia (Cantarela), Lina Esteves (Sra. de Nerva), Horacio Dyali [o Dealy?] (Raúl Henares), Nelo Cosimi (Gerardo), Luis Sullivan (Zelmar Bafil), Carlos Rohmer (doctor De Selis), Elena Guido.

Argumento: "Brenda es una jovencita, hija de cierto coronel que muere en la revolución de 1904,[2] cumpliendo lo que él considera un deber de soldado y patricio. Y muerta la madre, la huérfana pasa a vivir con una anciana señora, que la cuida como si fuera su hija, y años después trata de hacerla casar con el doctor De Selis, hombre tenaz, tan prestigioso en su profesión como exento de escrúpulos y de abnegación.

Brenda, que encuentra en el cementerio a Raúl, joven ingeniero que ha vuelto de Europa, no tarda en corresponder el amor que este le ofrece. Vecinos, un pequeño alambrado y un hermoso jardín los acerca con frecuencia, siguiendo los impulsos de sus corazones, y son muchas las horas en que sueñan con una felicidad noblemente anhelada.

Cuando los primeros encuentros de los jóvenes se producen, la señora de Nerva no tarda en exteriorizar su desagrado, combatiendo la inclinación de Brenda por Raúl, quien no logra explicarse la causa de aquella notoria mala voluntad, que llega hasta causarle un desaire en el baile al que asisten los protagonistas. Brenda, en su inocencia juvenil, no sospecha tampoco que su amiga pueda ser una rival oculta. Enamorada de Raúl, que ni se apercibe de aquel amor tesonero, no tarda en aliarse con el doctor De Selis para dificultar el idilio de los jóvenes, creyendo que en esa forma el ingeniero podrá ser su marido.

El médico, hombre que no sabe retroceder, que se ha hecho la idea de convertir a Brenda en su esposa, sin que esta autorice en ningún momento sus galanteos, posee un secreto en el que confía y al que sólo apelará cuando vea que ello es indispensable para decidir a su favor la voluntad de la niña, puesto que con la de su tutora cuenta en forma ilimitada, que llega hasta prohibirle que hable con Raúl, a lo cual la joven accede en parte, y asegurándose la complicidad del negro jardinero, asistente de su padre, se ven en el jardín lindero, sin poder alcanzar el motivo por el cual se rechazan las leales aspiraciones de los enamorados.

Paralela a esta acción se desarrolla la trágica historia de Cantarela, una hermosa hija de cierto viejo pescador, que en ella ha concentrado todos sus amores y que sueña verla casada y feliz con otro joven pescador que es su compañero y un verdadero hijo [Gerardo], por la lealtad con que sirve al anciano. Son seres humildes, sencillos y de una grandeza análoga a la del mar en que pasan sus vidas. Él la quiere con las potencias de su cuerpo de gigante y sus vehemencias sin pliegues. Pero el conquistador elegante [Zelmar], que nada arriesga en sus idilios, persigue a la incauta pescadora y jurándole eterna pasión logra hacerla fugar del hogar paterno. Cuando el padre, gravemente enfermo regresa al hogar, buscando el solícito cuidado de su hija, se entera de lo ocurrido, no sufre menos que el joven pescador, cuya vida será en lo sucesivo una tragedia.

Sabedora Cantarela de la gravedad del padre, vuelve a su casa guiada por el deber, y cierra los ojos de aquel buen viejo que aún la perdona, como el otro la sigue amando a pesar de todo, y cierto día en que ella sale al mar, él trepa al bote para acompañarla. La pasión puede más que él y al declarárselo así ella lo rechaza, convencida de que es un amor imposible. Ambos caen al mar y este los arroja abrazados a la playa.

Enferma la señora de Nerva, el doctor y Areba Linares creen llegado el momento para desunir a Brenda y Raúl, y la anciana señora confiesa a la joven la causa que impide su casamiento. El matador del coronel, padre de Brenda, fue Raúl Henares, embanderado en el partido adversario. La niña herida por aquella revelación rechaza a Raúl.

Entre tanto, el doctor tiene un grave incidente con Zelmar, seductor de Cantarela y muere en un duelo.

Pasan algunos meses. Cierto día Raúl y Brenda vuelven a encontrarse y como el amor es más fuerte y ella ha comprendido que la muerte del padre fue un episodio triste de las luchas fratricidas, perdona a Raúl, que le vuelve a brindar su amor"[3] (*Imparcial Film* n° 129, 11 oct. 1921, p. 30 y 31).

Locaciones: Cerro de Montevideo (Uruguay), sus playas y paseos.

Comentario: El autor de la novela *Brenda* (1886), Eduardo Acevedo Díaz, era un periodista, político y diplomático uruguayo radicado en Argentina que falleció meses antes del estreno del film. La adaptación cinematográfica de esta obra fue redactada en 1917 por Joaquín E. Rimbau, periodista del semanario *Caras y Caretas*. Esta versión tenía la particularidad de extrapolar la trama original al siglo XX, ubicándola con posterioridad a la guerra civil uruguaya de 1904.

El proyecto de filmación que databa de 1917 había sido presentado ante la Asociación del Divino Rostro, que lo rechazó por considerarlo "inmoral". Finalmente en 1919 la productora Acevedo Díaz-Film le encargó su realización, con intérpretes en su mayoría debutantes, a la Martínez y Gunche, en cuyos talleres se filmó gran parte de los interiores entre enero y febrero de 1920. A fines de marzo el equipo se trasladó a Montevideo para tomar algunos exteriores y se anunció el fin del rodaje para el 18 de abril.[4]

La Martínez y Gunche,[5] a pesar de promocionar reiteradamente su estreno entre abril y septiembre de 1920, terminó por postergarlo hasta octubre de 1921.

Con respecto a su distribución posterior, *Brenda* se comercializó entre 1922 y 1924, y luego en 1928 y 1931. En noviembre de 1921 se vendió una copia a la empresa Ítalo-Chilena para su exhibición en ese país.

Notas: 1. Publicidad en *La Película* n° 355, 12 jul. 1923. **2.** Se refiere a la intentona revolucionaria llevada a cabo en Uruguay por el Partido Nacional liderado por Aparicio Saravia contra el gobierno de José Batlle y Ordóñez. **3.** Este resumen seguramente fue distribuido en los medios de prensa por la Martínez y Gunche, porque también es transcrito casi textualmente en *Excelsior* n° 397 (19 oct. 1921, p. 21). **4.** *Las Noticias*, 14 abr. 1920, p. 4. **5.** En octubre de 1920, esta empresa adoptó la denominación de Compañía Cinematográfica Martínez y Gunche Sociedad Anónima con un capital de $ 1.000.000.

122. El hijo del Riachuelo

Estreno: martes 18 de octubre a la noche en el Cinematógrafo Callao (Capital Federal)
Exhibición privada: domingo 2 de octubre a las 10:00 hs. en el Esmeralda (Capital Federal)
Año de producción: 1921
Producción: Porteña Film (Productores: Ricardo Villarán, Eugenio Rodríguez Ramos y Alfredo Bragado)
Dirección y guion: Ricardo Villarán
Fotografía y cámara: Alberto J. Biasotti
Laboratorios: Ariel
Estudios: Ariel (Trelles 2651/71)
Distribución: Programa Imperio (A. B. Curell y Cía. / Tucumán 1072) y Porteña Film
Duración: 7 actos
Género: drama

Intérpretes: Nelo Cosimi (Pedro Nosiglia, "Riachuelo"), Mary Clay (Carmen), Ángel Boyano (Gerardo), José Plá (Gervasio), Jorge Ravel (Giuseppe), Juan Ridder ("Ñandú"), Antonio Vignola, Carlos Dux, María Spinelli ("Tiritas", vampiresa de café), Juan Ballester ("Temperante"), Felipe Farah ("El Mochuelo"), Maruja Díaz.

Argumento: "'El hijo del Riachuelo' es un muchachón criado a bordo de la 'Garibaldi', un pequeño navío que atraca siempre en La Boca. Un mal sujeto llamado Gerardo, induce a Pedro, que tal es el nombre de 'el hijo del Riachuelo', a cambiar su vida honrada por la de un maleante. Desde entonces el muchacho se convierte en un malhechor y un ebrio. Su valentía, su fuerte constitución física lo hacen temible.
Un día después de salir de la cárcel [por un asesinato que no cometió], va a un café de camareras y allí ve a Tiritas, su ex amante y causa de su depravación, pero la desprecia. La noticia de que Gervasio, su abuelo, se está muriendo, le trae a la memoria otros días, los de su infancia, los de su adolescencia y se siente bueno. Va a la 'Garibaldi' y es arrojado de ella por Giuseppe, el contramaestre del velero, quien le dice que si lo ve así su abuelo, en ese estado de embriaguez, va a morirse más pronto.
Vuelve Pedro al café y sigue bebiendo y pensado. A su memoria se le agolpan todas las escenas de su vida, su novia Carmen, aquella hermosa criatura que había crecido a su lado y que perdió debido a su mala vida.

Su alma parece sentir la necesidad de regenerarse cuando sabe que Gerardo, su íntimo amigo, según él, es el marido de Carmen. Su bestia se rebela, pero bien pronto la domina y abandonando su vida de zozobras y de canalla se dedica al trabajo.

Y lo vemos en Ensenada trabajando de espaldas en un frigorífico. Sus condiciones personales y su dedicación al trabajo le han valido un ascenso, que no mira con buenos ojos Ñandú, un obrero que se cree perjudicado porque supone que él debía tener ese puesto.

Un día Pedro recibe una carta, la letra y la firma es de Carmen, de la mujer que nunca pudo olvidar, era una cita.

Sin vacilar Pedro corre a la casa de su ex novia, hoy la mujer de Gerardo, esta se sorprende al verlo.

–¿Cómo? –interroga Pedro– ¿no me ha mandado Ud. esta carta?

–Yo no –dice Carmen, al propio tiempo que una luz ilumina su cerebro, haciéndola quedar pensativa, mientras adivina la patraña que se le está jugando. Pedro no acierta, pero Carmen como saliendo de su abismo, agrega –es la obra de Gerardo, es él quien ha mandado esa carta, para hacerme caer en lo que él busca, para quedarse con Tiritas: es él que quiere acusarme por adulterio. ¡Huye pronto Pedro, no me comprometas!

Carmen corre hacia la ventana, mira afuera y ve a Gerardo con la policía, entonces Pedro resueltamente decide hacerse pasar por ladrón y pide a Carmen todo lo que tiene, envuelve en un lienzo varios objetos, ata y amordaza a Carmen para que cuando entre la policía vea ese cuadro.

El primero en entrar es Gerardo, tras él Pedro cierra la puerta y los dos hombres pelean y en lucha frente a frente el primero es herido y Gerardo cae muerto.

La policía derriba la puerta y Pedro desde el balcón salta al caballo de un vigilante y huye.

Llega Pedro a su casa, su compañero Julio cura las heridas y todo va pasando bien, hasta que un día ve Ñandú por el ojo de la llave las heridas que Julio cura a Pedro y lo delata a la policía.

Ese mismo día Pedro renuncia al puesto, pues va a trabajar a la 'Garibaldi' al lado de su abuelo ya viejo. Ñandú[1] es llamado por el gerente y lo nombra capataz a pedido de Pedro.

Este noble rasgo de su capataz lo empequeñece y lo hace arrepentir de su indigna acción, que la hace conocer al interesado, invitándolo a huir. Pedro queda anonadado y esta circunstancia la aprovecha Ñandú para darle un golpe en la cabeza y hacerlo desmayar [...] Ñandú saca el cuchillo de la cintura a Pedro y con él abre de nuevo las heridas. Así lo salvará de la policía que en vez de hallar las cicatrices que lo delatan sólo verá heridas frescas. Llega la policía y Ñandú se da preso, en defensa propia hirió a Pedro que le había pegado un palo en la cabeza, esa es su declaración. Las cosas pasan y Pedro vuelve sano y regenerado a la 'Garibaldi' y un día Gervasio, el abuelo, lleva a bordo a Carmen y la encierra en el comedor, allí el amor vuelve a dar sus brotes y esos dos seres que tanto sufrieron por Gerardo, son felices" (*Crítica*, 3 oct. 1921, p. 4).

Comentario: La Porteña Film se constituye a mediados de junio de 1921 en Tucumán 1072 bajo la dirección del escritor y autor teatral de origen peruano Ricardo Villarán. Esta productora no poseía ni "galerías de filmación" ni laboratorios por lo cual encargó la realización técnica de *El hijo del Riachuelo* a los talleres Ariel. Posteriormente al rodaje desarrollado entre mediados de junio y comienzos de agosto de 1921, los estudios de Alberto Biasotti y Roberto Guidi entablaron un pleito contra Porteña Film por la falta de pago de los trabajos de filmación, y en junio de 1922 obtuvieron la propiedad exclusiva de esta obra para su distribución.[2]
La revista *Imparcial Film*[3] publicó pocos días después de su estreno una "cine-novela" con la trama de la película, aunque con algunas modificaciones, escrita por el director Ricardo Villarán como forma de publicitar la película entre los potenciales espectadores y exhibidores.
La distribución de *El hijo del Riachuelo*, única producción de Porteña Film, continuó durante 1923 y 1924. En gran parte de este último año circuló una versión abreviada de entre 5 y 6 actos por intermedio de la compañía Selección Nacional, y volvió a exhibirse a partir de septiembre con su duración original.

Notas: 1. En este texto es mencionado Julio como la persona recomendada por Pedro al gerente, sin embargo creemos que se trata de un error de redacción, ya que la reacción posterior de Ñandú carecería de sentido. **2.** *La Película* n° 300, 22 jun. 1922, p. 19. **3.** N° 131, 25 oct. 1921, p. 5-7 y 42.

123. El collar de perlas

Estreno: jueves 17 de noviembre a las 23:00 hs. en el Grand Splendid Theatre (Capital Federal)
Exhibición privada: -
Año de producción: 1921
Producción: [Comisión de fiestas de la Liga Patriótica Argentina?] (Presidenta: Agustina Marcó Roca) / Tylca
Dirección: George Hugh Perry
Guion: George Hugh Perry sobre un argumento original de Hugo Wast (Gustavo A. Martínez Zuviría)
Fotografía y cámara: Vicente Scaglione
Laboratorios: Tylca
Música adaptada: orquesta bajo la dirección del maestro Castellanos (*Le Coq d'Or* de Rimsky-Korsakov, *Le Nil* de Leroux; un nocturno y dos preludios de Chopin; *Cradle song* de Brahms; *Chiarina, Aveu* y *Chopin* de Schumann, *At Evening* [*Beau Soir*?] de Debussy; *Le Deluge* de Saint-Saëns; *Melodía* de Tchaikovsky; *Preludio y variaciones* de César Franck; *Adagio* de la 5ª sinfonía de Beethoven)
Estudios: Tylca (Paraguay 1150)
Duración: 1.500 metros (82 min. aprox.)
Género: drama

Intérpretes: Agustina Marcó Roca (Indiana), Beatriz Gallardo (Valentina), Carlos Ortiz Basualdo (Jaime), María Constanza Bunge Guerrico de Zavalía (doña Cristina), Carlos González Moreno (Ricardo), Mercedes Martínez de Hoz (María Elena, hija de doña Cristina), Mauricio Harilaos (Aquiles), Francisco González Moreno, Teodosia Roca de Watson, Federico Harilaos, Mercedes Bunge Guerrico de López (criada), Nicolás Ortiz Basualdo, Julia Blanca Roca de López, Ramón Acosta, Elisa Sauze, Alejandro Becú, Blanca Campos de Amadeo Artayeta, Carlos Ocampo Paz, Josefina Roca de Castells, Sr. E. Pampín, Matilde von dem Busche (Gaby), Sr. Pirovano, Marta Madero Unzué, Sr. Zuberbühler, Sofía Almeyra (doña Virginia), Antonio Dellepiane (padre de Valentina), Mercedes Madero Unzué, Sr. Escalada Iriondo Julieta Shaw, Sr. Aldao, Jorgelina Cano, Sr. Oliveira Cézar, Maud D'Alkaine (Nurse), Laura Escalada, Lucila D'Alkaine, Georgina Escalada, Marta Rodríguez Alcorta, Zelmira Bollini, Gloria Rodríguez Alcorta, Clara Marcó Roca, Luisa Martínez de Hoz, Carmen De Barry, Elena Aldao, Elisa Juárez Celman de Sauze, Inés Zavalía, Julia Emma López, Clara Castells Roca.

Datos del argumento: "Desarrolla el film la historia de una gitanilla huérfana, recogida por una acaudalada familia porteña. Más tarde, ya señorita, dotada de todos los encantos, ve quebrados sus sueños de felicidad, porque el hombre en quien ella ha cifrado su amorosa ilusión es acusado como hijo del asesino del esposo de su benefactora (*La Razón*, 17 nov. 1921, "Notas sociales").

"La nueva película, de corte sentimental y de intriga al mismo tiempo [...] fue seguida con verdadero interés por el público [...] La belleza y elegancia de las damas, cuya acción se desenvuelve en suntuosas y confortables moradas, contribuye a hacerla más atrayente, sirviendo de espléndido marco a algunos cuadros de singular belleza, como aquellos del hermosísimo jardín de Valentina, las escenas en la mansión de Da. Cristina y de su hija María Elena; otras del tenis y del 'diner blanc' son trágicamente interrumpidas por la fatal noticia, así como el cuadro gitano que rememora Indiana en una visión de su pasada infancia que es uno de los más 'réussi' del film.
Entre otras escenas que ofrecen interés, citaremos la del duelo" (*La Nación*, 18 nov. 1921, p. 6).

Locaciones: Capital Federal: los "courts" del Tennis Club, el Museo Histórico Nacional, interiores de la casa de Ortiz Basualdo, el patio y los jardines de la casa solariega de los Lezama. Prov. de Buenos Aires: Hurlingham.

Comentario: Se trató de la segunda producción de ficción financiada o promovida por la Liga Patriótica Argentina.[1] Fue realizada por el director estadounidense George Perry entre septiembre y octubre de 1921. En este film, interpretado por miembros de las clases altas, tuvo una breve participación el historiador y criminólogo Antonio Dellepiane, en una escena que trascurre en el Museo Histórico Nacional, del cual era director. El argumento, escrito por el novelista Hugo Wast, es una suerte de continuación de su novela *Ciudad turbulenta, ciudad alegre...* (1919).
El estreno de *El collar de perlas* se realizó en un festival de beneficencia a favor de la Liga Patriótica. Luego de una segunda exhibición en noviembre de 1921, también a beneficio de esta organización, se proyectó el 12 de diciembre en el Grand Splendid Theatre.

Comparación con bibliografía específica: El único historiador que hace referencia a este film es Maranghello (2005, p. 49), aunque señala que tuvo dirección conjunta de Perry y Scaglione, cuando en realidad, en las fuentes de la época, Perry es mencionado exclusivamente como director artístico[2] y Vicente Scaglione como "operador".[3]

En relación al guion, este autor no señala que la adaptación del texto original de Hugo Wast corrió por cuenta del propio Perry.[4]

Notas. 1. *La Nación* (13 dic. 1921) y *Excelsior* n° 401 (16 nov. 1921, "Producción Sudamericana") señalan que "por iniciativa de la Comisión de fiestas de la Liga Patriótica Argentina se ha filmado esta cinta". **2.** *Última Hora*, 8 oct. 1921, p. 3; *La Nación*, 13 dic. 1921; *Excelsior* n° 401, 16 nov. 1921, "Producción Sudamericana". **3.** *Crítica*, 31 dic. 1921, "Cinematografía Nacional". **4.** Ver *La Prensa*, 18 nov. 1921, p. 12.

Divergencias con bibliografía específica: Alejandra Portela (en Kriger y Portela, 1997, p. 83) incluye dentro de la filmografía de Mario Gallo durante 1921, la producción *Botafogo II*. El inicio de la filmación o la "preparación" de este "cine-sainete" que tenía como posibles directores a Alberto Traversa, González Castillo, Edmo Cominetti y José Ferreyra, fue anunciada entre enero y junio de 1921.[1] Sin embargo, toda información sobre la película desaparece de las publicaciones cinematográficas a partir de esa fecha, coincidiendo con el surgimiento de un nuevo proyecto cinematográfico de Gallo Film, *Esthercita*. *Excelsior*[2] confirma que esta obra no se realizó al señalar que "los proyectos de Mario Gallo son múltiples y variados, su afán de producir está pareja con su fantasía, pero ¡ay! realizarlo es difícil [...] Después de la tentativa de *Botafogo II*, se encuentra con *Esthercita*, habiendo decidido demorar su filmación".

Notas: 1. Ver sección "Producción Nacional" en *La Película* n° 228, 3 feb. 1921 y n° 244, 26 mayo 1921; sección "Producción Sudamericana" en *Excelsior* n° 364, 2 mar. 1921 y n° 381, 29 jun. 1921. **2.** *Excelsior* n° 396, 12 oct. 1921, "Producción Sudamericana".

1922

124. La desconocida

Estreno: lunes 9 de enero a la noche en el Gran Splendid Theatre (Capital Federal)[1]
Exhibición privada: jueves 5 de enero en la sala de proyección de Tylca (Capital Federal)
Año de producción: 1921
Producción: [Comisión de fiestas [o de señoritas?] de la Liga Patriótica Argentina?] (Presidenta: Agustina Marcó Roca) [y Sociedad Escuelas y Patronatos?] / Tylca
Dirección: Alberto Casares Lumb
Guion: María Constanza Bunge Guerrico de Zavalía[2]
Fotografía y cámara: Vicente Scaglione
Virados en color
Laboratorios: Tylca
Estudios: Tylca (Paraguay 1150)
Duración: largometraje
Género: "cine drama social"[3]

Intérpretes: Mercedes Bunge Guerrico de López (Magda Bidasoa), Carlos González Moreno (Enrique [o Fernando?] Bidasoa, tahúr), Federico Harilaos (Federico de la Vera), Jorgelina Cano (Edith, hija del banquero Linten), Clara Juárez Celman de Bustillo (Clara, *la desconocida*), E. Cussani (Hugo Linten), María Constanza Bunge Guerrico de Zavalía, Horacio Bustillo, María Rosa Fernández Guerrico de Vivot, Rafael Vivot.

Argumento: "La primera leyenda incita nuestro interés [...] Dice así: '¡Vieja ciudad de Europa que eres como el alma y el cerebro del mundo! Ciudad alucinante, ciudad pérfida y encantadora; ciudad de los mil dramas y las mil novelas, escuchadnos: Esta noche iremos cautelosamente por una de tus calles y te robaremos un secreto, una novela más, una de esas mil cosas que tú ocultas en los vericuetos de tu corazón'" (*Crítica*, 9 ene. 1922, p. 5).

"Estamos en Europa, en casa del señor Bidasoa, quien reside en París con su hermana Magda [...] Este empeña una partida de barajas con Federico de la Vera. Es este un joven de buena familia, de escaso patrimonio y heredero de unas tierras ubicadas en la Argentina [...] El rol de Magda durante toda esa escena ha sido ayudar, por medio de señas, las trampas de su hermano. Pero, en esta oportunidad definitiva [cuando Federico apuesta sus tierras], condoliéndose del joven, equivoca la seña; y De la Vera recupera todo su caudal, quedando Bidasoa sin un céntimo.

De la Vera se aleja contentísimo, anunciando que partirá a la Argentina en unión de su compañera [...] está enamorado de Edith, hija única del banquero Hugo Linten. La joven le corresponde. Seguro de ello, el galán y victorioso jugador, preséntase a solicitar la mano de Edith [...] el solicitante se revela poseedor de campos en la Argentina y expone sus planes para el futuro, basados en esa riqueza.

Linten tiene otro concepto de las regiones del Plata; y las visiones intercaladas nos lo exhiben en la forma desastrosa de épocas pretéritas.[4] No es, por lo tanto, halagüeña para él la perspectiva de que su hija se traslade a Sud América, una vez casada.

Pero Edith quiere a Federico; y en vista de ello, Linten promete a De la Vera pensar en su solicitud.

Esa noche hay un baile en casa del banquero. Bidasoa y Magda se disponen a concurrir. El primero, arruinado, declara que su único recurso de resurgimiento es casarse con Edith; y pide a Magda que lo ayude a ganarla. Magda se lo promete.

Mientras tanto, en el baile, Edith y De la Vera conversan en un apartado. El joven exhala su amor y se dice dichoso.

Magda Bidasoa escucha el diálogo, encubierta por las plantas; y, oído lo anterior, preséntase de improviso a la enamorada pareja, y pide hablar a solas con Federico. Edith se alarma.

Magda requiere a De la Vera para que cumpla su promesa de partir a América con su 'compañera', entendiéndose por tal ella misma. El joven la desengaña, y Magda acude, entonces a su hermano y le cuenta el trance. Bidasoa le pide cooperación en un proyecto; realizado el cual, cada uno de ambos lograría lo que más anhela. Ella accede.

En el acto, Bidasoa organiza una mesa de juego. Y pide naipes. Al barajarlos, rompe uno; y pasa el mazo a De la Vera, quien descubre la baraja rota. Bidasoa pide, entonces, naipes nuevos. Linten ofrece los suyos, y se los entrega a Magda. Esta los cambia por otros, señalados ex profeso, que entrega en la mesa; y deja caer los de Linten en el asiento de Federico.

Se empeña la partida. Y antes de mucho, Bidasoa denuncia el hecho de que se juega con cartas señaladas. Y lo comprueba. Linten declara que él dio los naipes, pero que no son esos. Se buscan los del banquero, y aparecen en el asiento de Federico de la Vera.

Increpado como estafador, lo echan de la tertulia. Antes de salir, cambia unas frases con Edith. Esta le desea 'regeneración' en Sud América, prometiéndole aguardarlo. Él rechaza esa promesa, por cuanto Edith le supone culpable.

A esta altura, ya ha entrado en juego 'la desconocida', Clara X, vinculada, al parecer, por íntima amistad, con Edith.

Bidasoa, al ver salir a De la Vera, considérase plenamente triunfante, y va a pedir al banquero la mano de Edith. Linten ve en esa petición el logro de sus aspiraciones, y accede complacido. Edith, en cambio, se resiste. Y sólo consiente en aquel repugnante noviazgo a condición de que Bidasoa no denuncie a la policía la presunta estafa de Federico. Bidasoa, aunque de mala gana, conviene en ello.

Cuando De la Vera llega al barco que lo conducirá a la Argentina, recibe un telegrama anunciándole el compromiso de la que él considerara, antes, novia suya.

Al día siguiente, Clara se presenta en casa del banquero, y sorprende allí a Bidasoa. Ambos se reconocen. Clara reprocha a Bidasoa sus conatos de captación de Edith, siendo él casado; y como llega Edith a averiguar la causa de ese altercado, Clara le revela que ese hombre, presunto novio de Edith, es, en realidad, marido de 'la desconocida'.

Se casaron en un pueblo de Argentina, hallándose de tránsito.

Al exigírsele pruebas de su aserto, Clara las ofrece para de ahí a tres meses; y se va.

Edith suspende, también, su anuencia al matrimonio hasta pasados tres meses.

Clara, al salir, permanece escondida bajo la escalera; y desde ahí escucha que Bidasoa, para deshacerse de ella, se propone asesinarla.

Entonces, apenas se aleja él, Clara regresa adentro y revela a Edith su historia. Hija de un padre rico, en la Argentina, al morir este, quedó dueña de gran fortuna. Bidasoa, al pasar, la conoció. Y fingiéndose enamorado, se casó con ella, le tiró la fortuna, la embarcó en su yate y la arrojó al río.

Federico ha llegado a Buenos Aires. Trae carta de recomendación para un estanciero, que le ha de procurar las orientaciones precisas para entrar en posesión de sus tierras.

Al fin de tomar los datos indispensables, va donde el cónsul de Francia –quien lo encamina satisfactoriamente.

Entonces se desarrolla a los ojos del recién venido, una amplia visión del territorio, sus cultivos, sus colonos, sus pueblos, etc.[5] [...] La revelación hecha por Clara pone a Edith contentísima. ¡Al fin van a caer las barreras que la apartaban de su amado, cuya inocencia le hace más interesante, ahora que expía delitos ajenos! Con esta dichosa nueva en los labios,

va a hablar con su padre. Linten, furioso, encamínase al domicilio de
Bidasoa. Le increpa su conducta; y sucumbe ahí mismo de una apoplejía.
Bidasoa, indiferente, exclama:

–¡Hasta la muerte me protege!

La prueba de las pillerías de Bidasoa consta de unos documentos, con-
servados en la Argentina.

Bidasoa y su hermana están de acuerdo con el hecho de existir tales
documentos y de que es preciso ganarlos a fuerza de industria.

Se encaminan a Buenos Aires; y saben allí que De la Vera partió con sus
amigos, hacia la estancia *El Retiro*.

De la Vera [...] al volver a Buenos Aires encuentra a 'la desconocida'. Esta le
relata lo ocurrido, y el estado de ánimo de Edith, que tanto anhela volver
a ser la novia de corazón de aquel hombre bueno. Entonces, Federico va
a tomar su pasaje para volver a Europa.

Bidasoa y Magda, alojados en el Plaza Hotel, contemplan, desde una
ventana, el diálogo de Clara y Federico en la plaza San Martín.

Bidasoa, al ver de nuevo a Clara, a quien persigue, quiere concluir con
ella de una vez. Empuña un revólver; y va a matarla desde lo alto. Magda,
impulsada, por su buena índole, se opone; y le detiene el brazo. Él pugna,
ella insiste. Y en esa brega, escápase el tiro, y sucumbe el villano.

De la Vera ha zarpado para Europa. Al llegar corre a ver a su amada. Ella
le aguarda anhelosa; y desde que lo ve aproximarse, le abre los brazos.
Él hace otro tanto. Lo demás se supone.

'La desconocida' y Magda entran en un asilo caritativo, consagrándose
a aliviar los males del prójimo.

El desenlace [...] es originalísimo. Sugiere la situación de los dos enamorados; pero el beso triunfal no aparece en la pantalla" (*El Telégrafo*,
10 ene. 1922, p. 6).

Locaciones: Prov. de Buenos Aires: establecimiento de campo *El Retiro*.
Capital Federal: el palacio de J. A. Fernández, Plaza Hotel, salones de
la confitería París, plaza San Martín, y principales paseos. Misiones:
Cataratas del Iguazú. Obrajes del Chaco.

Comentario: Es probable que *La desconocida* haya sido el tercer film
de ficción financiado por la Liga Patriótica Argentina con el objetivo
de recaudar fondos para dicha organización política. Los trabajos de
filmación realizados con mucha premura durante diciembre de 1921
corrieron por cuenta de los estudios Tylca, que utilizó en determinados
momentos luz artificial para registrar interiores naturales.

En el reparto, constituido exclusivamente por integrantes de las clases altas, participaron algunos intérpretes aficionados de *El collar de perlas* (1921), quienes se caracterizaron, según *Crítica*,[6] por su "dureza e indecisión" en ciertas escenas.

Con respecto a la dirección, mientras que diversos periódicos atribuyen ese rol a Alberto Casares Lumb,[7] las publicaciones cinematográficas citan como director artístico a George Hugh Perry.[8] Optamos por darle mayor credibilidad a la información de la prensa diaria, porque generalmente realiza una cobertura más detallada de este tipo de producciones. Además, un artículo de *Crítica*[9] menciona a Casares Lumb como director en la descripción de los títulos de presentación del film.

La desconocida fue exhibida también el 16 de enero de 1922 a la noche en el Grand Splendid Theatre, y es posible que se estrenara en el trascurso de ese mes en Mar del Plata.

Comparación con bibliografía específica: Solamente Maranghello (2005, p. 49) hace referencia a esta película. Si bien indica que fue realizada por los estudios Tylca con un reparto similar al de *El collar de perlas* (1921), da a entender que la dirección y el argumento corrieron por cuenta de Perry y Hugo Wast, respectivamente.

Notas: 1. Se exhibió a beneficio de la Liga Patriótica y de la Sociedad Escuelas y Patronatos a $ 5 la platea. **2.** Si bien *Crítica* (9 ene. 1922, p. 5) informa que el guionista utiliza el seudónimo de "La desconocida", *La Razón* (10 ene. 1922, p. 7) y *La Prensa* (10 ene. 1922, p. 9) atribuyen a esta mujer su autoría. **3.** *El Telégrafo*, 10 ene. 1922, p. 6. **4.** Según *Crítica* (9 ene. 1922, p. 5), "vemos unos cuadros que nos hacen reír a mandíbula batiente y también nos hacen pensar con cierta tristeza en la gratitud con que pagan la prodigalidad de América en el viejo mundo. El extranjero en cuestión ve a Buenos Aires en un día activo: un lodazal con carretas tiradas por bueyes lerdos; un indio paseando con una pantera como si fuera un fox-terrier; y un terceto de quichuas tocando la ocarina...". **5.** Como contrapartida de la falsa imagen de lo nacional se muestra la supuesta "bella visión de la Argentina real, en la que se ponen de relieve diferentes aspectos de nuestra riqueza, y las hermosas mansiones bonaerenses, exponentes de nuestra civilización y progreso" (*La Prensa*, 10 ene. 1922, p. 10). **6.** 9 ene. 1922, p. 5. **7.** *La Razón*, 10 ene. 1922, p. 7; *La Prensa*, 10 ene. 1922, p. 10. **8.** *Excelsior* n° 412, 1° feb. 1922, p. 13; *La Película* n° 275, 29 dic. 1921, p. 11. **9.** 9 ene. 1922, p. 5.

125. El misionero de Atacama

Estreno: [abril?]
Año de producción: [1922?]
Producción: Clemente Onelli
Dirección y guion: Clemente Onelli
Fotografía y cámara: s.d.
Distribución: -
Duración: 15 min.
Género: histórico

Intérpretes: s.d.

Argumento: "Cuadro I. –Un fraile pasea por el claustro de un convento español, rezando el breviario. Llega un monaguillo y le alcanza un papel. Es la orden de 'la obediencia' que destina a fray Diego [de Figueredo], del convento de Palos, a las misiones del Tucumán. El epígrafe dice: *'En 1707 los pocos Franciscanos de la Custodia del Tucumán pedían a los conventos del Virreinato del Río de la Plata doctrineros para civilizar indígenas de Atacama. El pedido fue pasado a los conventos de España'.*
Cuadro II. –Una iglesia en Europa con la puerta entornada. Sale el monaguillo llevando una bolsa y un arca, el pobre bagaje del fraile. Suben la escalera del templo algunas mujeres, mientras sale de la iglesia el fraile encapuchado: le besan la mano para despedirlo y entran en la iglesia.
Cuadro III. –Un buque a vela de la época en alta mar (se supone que es la nave donde navega el misionero).
Cuadro IV. –En medio de la pampa el fraile viaja en la carreta colonial tirada por bueyes.
Cuadro V. –Un patio de convento pobre en una quebrada de Atacama. Una vieja criolla trabaja en la rueca: dos indígenas de Susques sentados a su manera en el suelo hilan lana de vicuña en la pascana. Llega al patio una llama cargada con dos petaquitas: eso llama la atención de los indígenas que se incorporan mientras entra al patio el fraile doctrinero.
Cuadros VI y VII. –El mismo patio con una pobre mesa con cacharros españoles de la época: el fraile, los dos indígenas y un chico comen unos choclos sancochados. Durante este frugal almuerzo fray Diego se gana la simpatía de los mansos indios, quienes le obsequian pieles, el intransigente puma y unos ídolos. Relativo fracaso de las caricias franciscanas a la fiera. El reverendo mira tristemente los ídolos; después con dulzura los esconde en una alforja.

Llega un viejo señor español de poncho. Es el alcalde de primer voto que saluda y conversa con el fraile, el cual le indica la alforja. Después el fraile le enseña a los indígenas tres vigas entalladas (año 1708) para puerta de una iglesia; los indígenas cargan con ellas como para ir a terminar una capilla.

Cuadro VIII. –En la puerta del convento. El fraile enseñando a los neófitos a cultivar el terruño. De este modo consigue que la alimentación no sea únicamente de maíz.

Cuadro IX. –En el patio conventual un chico sentado en un tronco cerca de una tinaja deletrea en un libro; cerca una mujer criolla desgrana maíz, la otra criolla sigue hilando y el fraile con un pincel en la mano y de pie retoca el cuadro de la Visitación (tela colonial de la época) en el que está trabajando uno de los indígenas ya mejor vestido, mientras el otro, sentado, toca el instrumento indígena la "fusa".

Fray Diego ha conseguido –dice el epígrafe– que los indígenas sepan leer, que moderen sus bailes y sus músicas, y que un indígena de Susques pinte el cuadro de la Visitación para la nueva capilla.

Y así prosigue la película, sin más amores que el amor cristiano [...]" ["Un film histórico. El misionero de Atacama", *Plus Ultra* n° 72, abr. 1922, citado en Couselo (2008, p. 46 y 47)].

Comentario: Se trató de un cortometraje histórico sobre la acción "evangelizadora" de los franciscanos en el Virreinato del Río de la Plata confeccionado con fines didácticos para ser proyectado seguramente en las escuelas, sin que haya tenido exhibición comercial.

Su realizador y productor Clemente Onelli, naturalista y director del zoológico de Buenos Aires, convocó para esta obra a intérpretes no profesionales como por ejemplo a un cura franciscano y a tres indígenas de la región de Atacama.

126. Match Firpo-Maxted[1]

Estreno: domingo 9 de abril de 18 a 19 hs. en los balcones de Argentine Foreign Film (Florida 475 / Capital Federal)
Exhibición privada: -
Año de producción: 1922
Producción: Argentine Foreign Film (Propietarios: Marcelo Corbicier y José Prícolo)
Dibujos y realización: Quirino Cristiani
Guion: [Quirino Cristiani?]
Distribución: Argentine Foreign Film
Duración: s.d.
Género: comedia de animación

Personajes: Luis Ángel Firpo, Sailord Maxted.

Argumento: s.d.

Comentario: Este film de animación de Quirino Cristiani hace referencia a la pelea de boxeo realizada en Nueva York, en la cual el argentino Luis Ángel Firpo le ganó por knock-out al estadounidense Sailord Maxted.
Si bien no contamos con datos sobre su filmación, es probable que se haya realizado entre fines de marzo y comienzos de abril, porque dicho match de box aconteció el 20 de marzo de 1922.
Se proyectó gratuitamente en los balcones de la distribuidora Argentine Foreign Film, como anticipo del estreno en nuestro país del registro documental de ese match, cuyos derechos pertenecían a dicha empresa. También se exhibió a mediados de abril en los cines Belgrano y Social Theatre de Rosario (Prov. de Santa Fe).[2]

Comparación con bibliografía específica: Esta obra no es citada por los historiadores del cine mudo nacional.

Notas: 1. Se trata de un título tentativo. *Crítica* (8 abr. 1922, p. 2) la menciona solamente como la película del match Firpo-Maxted. **2.** Ver *La Acción*, 18 abr. 1922, p. 7.

127. Milonguita

Estreno: lunes 17 de abril a la noche en el Capitol Theatre, Cinematógrafo Callao, Esmeralda y Gaumont Theatre (Capital Federal); y en los cines Palace Theatre y Moderno (Rosario, prov. de Santa Fe)
Exhibición privada: domingo 16 de abril a las 10:30 hs. en el Cinematógrafo Callao (Capital Federal)
Año de producción: 1921/22
Producción: Manuel M. González / Cinematografía Argentina Federico Valle (Propietario: Federico Valle)
Dirección: José Bustamante y Ballivián
Guion: José Bustamante y Ballivián inspirado en la letra del tango homónimo escrita por Samuel Linning
Intertítulos (dibujos): Quirino Cristiani
Fotografía y cámara: Arnold Etchebehere y Domingo Sorianello
Laboratorios: Talleres Cinematográficos Federico Valle
Música original y adaptada: Enrique Delfino (el tango *Milonguita*, entre otros)[1]
Estudios: Talleres Cinematográficos Federico Valle (Boedo 51)
Distribución: Cinematografía Argentina Federico Valle (Administrador: José García / Suipacha 750) [en Capital Federal] / Mundial Film [en Rosario]
Duración: 1.600 metros (88 min. aprox.)
Género: drama

Intérpretes: María Esther Lerena (Esthercita, alias *Milonguita*), Ignacio Corsini (Carlos Beltrán), Juan Pérez Bilbao ("Malpaso"), la niña Beba López (Beba), Mercedes López (señora Renard), José Sassone ("Tirilo"), Julio Andrada, el gato Cachivache, [?] (el viejo vendedor de flores).

Argumento: "Esthercita es la amante de Tirilo, un ladrón que ha dejado sus correrías. En el conventillo donde vive, tiene una vecina, pobre mujer [señora Renard], que va dejando sus pulmones para mantener el hogar, que alegra los encantos de Beba, su pequeña hijita. La pobre madre ve a Esthercita y presiente el triste porvenir de su Beba, si ella muere. ¡Pobre carne de cañón!
Tirilo tiene en Malpaso un terrible rival y en torno a estos sujetos se cierne un drama con todos los caracteres de la crápula y la canalla en que viven. Carlos, otro vecino, un muchacho que ha venido de provincias a graduarse en medicina, observa con toda repugnancia el cuadro que ofrecen Tirilo y Milonguita y desprecia las insinuaciones de esta que no pierde ninguna oportunidad para atraerse sus simpatías.

Malpaso, ha decidido a todo trance quitar la mujer a Tirilo e invita a este a efectuar un robo. Cuando está preparado el golpe, Malpaso avisa a la policía y Tirilo es tomado preso con las manos en la masa... Ya despejado el campo, Malpaso va a la pieza de Milonguita, pero es rechazado por esta, a quien golpea. Los lloros de Beba detienen al criminal en sus iras, mas este, reaccionando, la emprende con la pobre criatura que, habiendo muerto la madre, la hace suya.

En estas circunstancias entra Carlos, que ya había simpatizado con Milonguita al adoptar a Beba, y ve esta terrible escena. Los dos hombres se toman en riña y después de una larga lucha, Malpaso le pega a Carlos con un florero en la cabeza, y huye. Y de aquí en adelante nace un vivo amor entre Milonguita y Carlos, alegrado por las sonrisas de 'su hija', de la encantadora Beba.

Han cambiado de casa y de ambiente. Milonguita se halla regenerada, la dicha le sonríe, pero la dicha le es efímera. Carlos estudia sin cesar y con la aproximación al título se aproximan las horas de angustia de Milonguita que ve desaparecer a su amor.

Tirilo ha salido de la cárcel y busca a Milonguita y a Malpaso. Un soplo de tragedia llena todos los ambientes; es la venganza que siente sed.

Malpaso está en su pieza y recibe la visita de Tirilo; entre los dos hombres los separa una vida. Uno de los dos está de más. Pelean y los dos se hieren. Malpaso muere y Tirilo, herido, va en busca de Milonguita.

A la casa de Carlos llega la madre, viene a ver a su hijo, que pronto será médico. Se halla con Milonguita. Comprende todo y pide a esta que lo deje. En tal momento llega Tirilo bañado en sangre; viene a matar a su ex amante.

Cuál no será la angustia y la vergüenza de Milonguita, ante este cuadro denigrante. Pero de súbito se le ocurre un pretexto para satisfacer a los deseos de la madre y se finge amorosa con Tirilo, en cuanto llega Carlos.[2] Este, con el alma dolorida, abandona en compañía de su madre la casa de sus afectos y Milonguita queda otra vez frente a Tirilo.

Este cree entonces en el amor de Milonguita arrepentida, pero cuando oye de sus labios que se equivoca, que ya no podrá quererlo nunca, quiere matarla, pero llega la policía, que lo andaba buscando por la muerte de Malpaso y se lo lleva.

No sabemos luego lo que ocurre a Milonguita ni a Carlos.

Ha pasado ya algún tiempo y encontramos a la Beba vendiendo diarios y a Milonguita en un hospital. Mucho ha sufrido la pobre, no tenía consuelo a sus penas. Su amor había muerto ya con la separación de Carlos. Nada le valió su regeneración, su sacrificio por la madre de Carlos, solo encontró una recompensa en la muerte.

Beba compra flores para llevar a su mamita enferma. El médico de turno va a visitar a la enferma que trajeron ayer anoche. Es Carlos. Ella lo mira. El también parece reconocer a la enferma. Dos gritos de amor y de angustia se confunden y repercuten en el frío ámbito del hospital: ¡Carlos! ¡Milonguita!
Unas palabras tristes y angustiosas hacen eco en los oídos de Carlos: ¡Carlos, me muero!
Cuán grande no (?) el dolor de Carlos al ver que nada puede hacer por su Milonguita. Y mientras afuera toca el organillo la canción popular y llega Beba con sus andrajos y sus flores para su mamita enferma, Milonguita cierra para siempre sus ojos en los brazos de Carlos"[3] (*Crítica*, 17 abr. 1922, p. 4).

"Ha sido admirable la fecundidad observadora del autor [...] La imagen alegórica del pajarillo cantando en una espesura entramada es muy feliz, y comenta con acierto el carácter de Milonguita, cuyo rostro se refleja alternativamente en un espejo [...] Ocurrencias felices, y muy en el carácter de las respectivas situaciones son: la visión del esqueleto en el libro de Carlos, hojeado por Milonguita; los pasos de Carlos acercándose a sorprenderla; el paseo del polichinela automático llevando y trayendo cartitas a los enamorados; la modorra del gato;[4] el rezo enseñado por Beba a su protectora; y tantas más [...] El fotodramaturgo pinta la índole de un malvado con un simple pisotón a la cabeza de una muñeca" (*El Telégrafo*, 17 abr. 1922, p. 5).

Comentario: *Milonguita* fue filmada, entre mediados de octubre de 1921 y comienzos de enero de 1922, en los estudios de Boedo 51 que la Cinematografía Argentina Federico Valle compró en noviembre de 1920 a la editora Quiroga Film (anteriormente Quiroga-Benoît Film).[5]
Esta obra constituyó uno de los grandes éxitos del cine mudo argentino. A pesar de ser estrenada en el peor día de exhibición de la semana, logró recuperar los costos de producción a sólo un mes de su estreno[6] y recaudar, para comienzos de agosto, alrededor de 50.000 pesos. El exhibidor, Manuel M. González, financió la realización de este film.
Su director, de nacionalidad peruana, José Bustamante y Ballivián, además de ser crítico teatral, pertenecía desde 1906 al gremio cinematográfico como redactor de intertítulos y publicista en la distribuidora Sociedad General Cinematográfica.[7] Posteriormente se desempeñó como guionista en la productora de Federico Valle.
La protagonista, María Esther Lerena, una joven actriz del Teatro Apolo, fue también convocada por José Bustamante para un nuevo proyecto,

Ojos de criolla, que si bien se comenzó a filmar en 1923 nunca llegó a concluirse.

El cineasta de animación Quirino Cristiani realizó las ilustraciones de los intertítulos, las cuales, según *La Unión*,[8] remitían a simbolismos que "interpretaban de una manera más viva aún que la palabra, el dolor, la miseria, la alegría, la juventud, el amor...".

En el estreno en Capital Federal, antes de la proyección se desarrollaba sobre el escenario del cine un cuadro teatral que representaba el amanecer porteño, con varias parejas de baile cuyas figuras, sin poder ser identificadas claramente por el público, se reflejaban en los cristales del exterior de un cabaret porteño, mientras "una orquesta típica ejecuta un tango, cuyas notas se van haciendo cada vez más débiles hasta enmudecer cuando el escenario queda totalmente iluminado".[9]

El tango *Milonguita* (1920) –con música de Delfino y letra de Samuel Linning– además de este film inspiró la obra teatral homónima de Linning, estrenada el 25 de agosto de 1922, cuyo final se apartaba del destino trágico que la protagonista tenía en el film.

Milonguita inicialmente iba a ser dirigida por Edmo Cominetti, quien a pesar de reescribir el argumento original de José Bustamante con autorización de Federico Valle, terminó renunciando por disidencias con dicho autor. Sin embargo, Cominetti estuvo a punto de filmar en 1921 por su cuenta esa nueva versión del guion titulado *Esthercita*, primero a través de su productora Chaco Film y luego con Gallo Film, lo cual derivó en una acusación de plagio por parte de Bustamante. Mario Gallo intentó retomar sin éxito este proyecto durante ese año con González Castillo como guionista y Alberto T. Weisbach como director.

El film de Bustamante, después de distribuirse durante 1922, se reestrenó a precios populares en 1923 con "copias nuevas y *reformadas*",[10] comercializándose también durante 1924 y 1925. En el exterior se estrenó durante julio de 1922 en Montevideo (Uruguay), en noviembre de 1922 en Brasil (con el título de *Maxixinha)*, y en marzo de 1923 en Chile.

El negativo y las copias de esta película seguramente se destruyeron en el incendio del archivo fílmico de la Cinematografía Valle en abril de 1926, ya que no volvió a ser distribuido con posterioridad a este hecho.

Comparación con bibliografía específica: Maranghello (2005, p. 49) menciona en forma errónea que el autor de *Milonguita* fue el dramaturgo González Castillo,[11] y que los talleres de Federico Valle en ese período estaban ubicados en Reconquista al 400.[12] A su vez, incluye a Mary Clay dentro del elenco, lo cual no surge de nuestro relevamiento.

Notas: 1. En su estreno en Rosario no se exhibió con música adaptada de Delfino. **2.** Con respecto a esta escena, *El Telégrafo* (17 abr. 1922, p. 5) señala: "La señora Beltrán tiene una frase dulcísima al abrazar a Milonguita: –¡Gracias... por el bien que le hizo usted...!". **3.** *El Telégrafo* (17 abr. 1922, p. 5) describe el final de la siguiente forma: "La niña cae de rodillas y gime su dolor y desamparo. El médico medita con tristísima mirada; y cubre la faz del cadáver. La sombra eterna invade el cuadro; y en las esfumaciones se desgarran toques de luz, como lagrimazos, como sollozos, como desconsuelos, murmurados en la inconexión del desvarío...". **4.** El gato Cachivache, según *La Montaña* (31 mar. 1922, p. 5), en una escena aparecía leyendo y dando vuelta con su pata una página del libro *Aventuras del gran Micifuz*. **5.** *Excelsior* n° 350, 24 nov. 1920, "Producción Sudamericana". **6.** El monto invertido es posible que haya sido de $ 30.000, porque *Última Hora* (9 jun. 1922, p. 3), luego de resaltar que se cubrieron los gastos de filmación, señala en el párrafo siguiente esta cifra de recaudación. **7.** Se desvinculó de dicha empresa recién en 1923. **8.** 8 abr. 1922, p. 6. **9.** *Crítica*, 3 abr. 1922, p. 4. **10.** Publicidad en *Excelsior* n° 477, 2 mayo 1923. **11.** *La Película* n° 291 (20 abr. 1922, p. 17), *Última Hora* (16 abr. 1922, p. 3) y *El Telégrafo* (17 abr. 1922, p. 5) mencionan a Bustamante como autor del argumento. **12.** Desde el comienzo del rodaje, *La Película* n° 266 (27 oct. 1921, "Producción Nacional") informa que en los estudios de la calle Boedo "se impresionaron algunos metros" de *Milonguita*.

128. El suplicio del fuego

Estreno: lunes 24 de abril a las 18:15 hs. en el Cine Moderno (Rosario, prov. de Santa Fe)
Exhibición privada: antes del 1° de abril en el Imperial (Rosario)
Año de producción: 1921/22
Producción: Internacional Film
Dirección y guion: James Devesa
Fotografía y cámara: Pío Quadro
Laboratorios: Quadro y Gumiel
Estudios: Quadro y Gumiel (Avenida de Mayo 733 o Maipú 265)
Distribución: s.d.
Duración: 6 actos / 40 partes
Género: "cine-drama"[1]

Intérpretes: James Devesa, Elda Moreno,[2] Esteban Peyrano, Ángel Zaphiro [Zeffiro?], Antonio Borli [o Borby?], Ofelia Aimón, [Carmen Morel?], [Emilio Parody?].[3]

Datos del argumento: "La película, que narraba la historia de una joven que era capturada por una banda de peligrosos delincuentes, contaba con episodios de gran audacia para la época [...] como la que 'interpreta Peyrano a quien le toca ir corriendo a caballo a la par del tren, saltar al vagón y por el techo trasladarse hasta la máquina, amenazar al maquinista y hacer detener el tren'" [Daniel Rosso, *El país desde Rosario*, 7 oct. 1977, Sup. Esp. p. 6, citado en Irigaray y Molina (2003)].

Locaciones: Prov. de Córdoba: Capilla del Monte. Capital Federal: Avenida de Mayo y edificio del diario *La Prensa*. Rosario (Prov. de Santa Fe): Parque Independencia.

Comentario: El Museo del Cine "Ducrós Hicken" conserva una copia incompleta de este film dirigido y escrito por James Devesa, un actor que había partido en 1919 hacia Europa para posteriormente incorporarse a la industria cinematográfica italiana. De regreso a nuestro país, reabrió en Capital Federal, durante julio de 1921, la "academia de mímica cinematográfica" Foto Film (Corrientes 1934) y dictó en octubre conferencias sobre cine en Rosario. En esa ciudad, logró convencer a dos inversores para constituir a mediados de diciembre de 1921 la Internacional Film, la empresa editora de *El suplicio del fuego*. Una vez concluida esta producción rosarina se trasladó a Barcelona para filmar *Militona, la tragedia de un torero* (Henry Vorins, 1922).

La fotografía de *El suplicio del fuego* estuvo a cargo de Pío Quadro, quien junto con Emilio Gumiel inauguró en septiembre de 1921 un estudio en Avenida de Mayo 733, el cual se trasladó en 1922 a Maipú 265. Es muy probable que parte del rodaje, realizado entre fines diciembre de 1921 y los últimos días de enero de 1922,[4] se desarrollara en estos estudios, dado que *Excelsior*[5] informa que James Devesa se encontraba en Buenos Aires para filmar los interiores.

Comparación con bibliografía específica: Irigaray y Molina (2003), a pesar de aportar algunos datos relevantes, indican que su rodaje se inició en 1922 y que concluyó en 1923. Ielpi (2006, p. 201) fecha su estreno en 1923.

Por su parte, Maranghello (2001, p. 67) cita esta obra con el título *El suplicio del juego*.

Notas: 1. Publicidad en *Cinema Star* n° 170, 15 mar. 1922. **2.** Seudónimo de la actriz Adelina Falco. **3.** Estos dos últimos intérpretes son mencionados al comienzo del rodaje en *Excelsior* n° 406 (21 dic. 1921, p. 15), sin que hayamos podido confirmar si finalmente intervinieron en el film. **4.** Ver sección "Producción Sudamericana" en *Excelsior* n° 408, 4 ene. 1922 y n° 412, 1° feb. 1922. **5.** N° 409, 11 ene. 1922, p. 17.

129. El remanso

Estreno: martes 2 de mayo a la noche en el Palace Theatre, Gaumont Theatre y Capitol Theatre (Capital Federal)
Exhibición privada: jueves 13 de abril a las 10:00 hs. en el Cinematógrafo Callao (Capital Federal)
Año de Producción: 1921/22
Producción: Tylca (Director Propietario: Rafael Parodi)
Dirección y guion: Nelo Cosimi
Intertítulos: Leopoldo Torres Ríos
Fotografía y cámara: Luis Ángel Scaglione
Laboratorios: Tylca
Escenografía: Andrés Ducaud
Estudios: Tylca (Paraguay 1150)
Distribución: Tylca Film (Paraguay 1150)
Duración: 2.000 metros (110 min. aprox.)
Género: drama

Intérpretes: Nelo Cosimi (Carlos), Ángela Olivella (Rosita), Aquiles Marchesi (Luis), Diego Figueroa (el viejo Martín), Vicente Gabba ("Cangrejo"), Argentina Cosimi, la madre de Nelo Cosimi, Juan Ballester, [Sra. Gravinska?].[1]

Argumento: "*El remanso* es la historia de un náufrago de la vida, la historia de Carlos que buscaba amor y amistad.
Un día halló esta en el afecto que tuvo a Luis, un joven como él a quien quería entrañablemente hasta que el amor de una mujer y la felonía del amigo no le hubiese (sic) hecho sufrir un revés en sus más caros ideales. Rosita, la nieta del viejo Martín, que había nacido en las islas del Delta, era la pasión de Carlos y no obstante esto Luis haciéndose el ignorante del sentimiento de su amigo cortejaba a Rosita.
El transcurso del tiempo había hecho acrecentar en el pecho de Carlos una gran antipatía por Luis. Un día, mientras trabajaban en la pesca, en el bote, Carlos le dice a Luis que ya no existe para él ese afecto de antes y que uno de los dos está de más en la isla. Luis recibe la noticia con aparente indiferencia y mientras Carlos le da la espalda le pega en la cabeza con un hierro. La fuerte contextura de Carlos resiste en parte el golpe y se inicia una lucha, cayendo los dos al agua; aquí toma la riña caracteres graves y Luis, zambulléndose, huye de las manos de Carlos que llega al bote extenuado. La llegada de Martín en las proximidades

salva a Carlos de la angustiosa situación y lo lleva a su rancho. Allí es cuidado por Rosita con la que luego se casa.

Transcurre un tiempo en que la dicha sonríe a los tres, son inmensamente felices y todo porque Rosita va a ser madre; mas una noche el graznido de la lechuza parece sentirse en derredor a la casa de la dicha.

Carlos y don Martín salen a pescar. Es de noche. Un barco se aproxima a la isla, en ese barco trabaja Luis. El antiguo rival de Carlos no puede resistir la tentación de ver a Rosa y sabiéndola sola a esa hora va al rancho. Allí pretende seducirla y mientras están luchando llega Carlos trayendo enfermo a Martín y descubre al canalla, quien después de larga lucha huye. Toma Carlos su fusil y dispara yendo la bala a incrustarse en el brazo de Luis, que solo rema con un remo; luego otro tiro y la débil embarcación parece perderse...

El autor no quiso resolver el programa (sic). De Luis ya no se sabrá nada más.

Después de esta tormenta viene la calma y con ella la dicha del hogar que no faltó ni un solo día desde que Carlos entró a formar parte.

Alrededor de este asunto se tejió una discreta comedia dramática, salpicada de algunos detalles pintorescos, el raconto de la traición en el remanso, la caída del rancho de la familia de 'Cangrejo' [un niño huérfano y vagabundo], que se lo llevó la correntada, un accidente de 'Cangrejo' y 'Pichona', y otros no menos interesantes" (*Crítica*, 14 abr. 1922, p. 5).

Locaciones: islas de Río Capitán (Delta del Paraná, prov. de Buenos Aires).

Comentario: Se trató de la primera producción de ficción financiada por Tylca (Talleres y Laboratorios Cinematográficos Argentinos), editora creada en abril de 1920.[2] Esta empresa fue inicialmente propiedad de la firma Balbi, Parodi y Mariotti, hasta que a partir de julio de 1921 quedó como único dueño Rafael Parodi.[3] Bajo la supervisión del arquitecto Andrés Ducaud, se terminó de construir durante octubre de ese año en la azotea de la calle Paraguay 1150 una "galería" con luz artificial para poder filmar también de noche.

La instalación de estos estudios respondía a un ambicioso plan de Tylca que consistía en la formación de cuatro equipos técnicos con el objetivo de producir una película cada dos meses. El primero estaba constituido por Cosimi y Luis Scaglione (*El remanso*), otro por el director José Ferreyra y Vicente Scaglione que debían aprestarse a iniciar *La muchacha del arrabal*; el siguiente estaría encabezado por D. Rizzo, autor de un guion titulado *Calzones cortos*, mientras que el último todavía estaba por conformarse.

Los exteriores de *El remanso* se rodaron en el Delta entre el 1° de octubre y comienzos de noviembre de 1921, extendiéndose más de lo previsto por el mal tiempo. A continuación se realizaron los interiores en los talleres Tylca concluyendo el rodaje a mediados de enero de 1922. Según el historiador Ducrós Hicken (1955c) se trucó "una lucha subacuática [...] en la pileta del Club de Gimnasia y Esgrima gracias al empleo ingenioso de un tubo y de una ventana de cristal".

Por otra parte, dicha editora utilizó su semanario documental *Actualidades Tylca*, creado en mayo de 1920, para promocionar su producción de ficción, incluso con anterioridad a la etapa de rodaje. Por ejemplo, mientras que el sumario del número 68, estrenado el 1° de octubre de 1921, anticipaba: "Nuestra primera producción artística, Nelo Cosimi se ensaya para *El remanso*",[4] el del n° 74, correspondiente al 15 de noviembre, anunciaba: "Motivos de *El remanso*: la última aventura de nuestros artistas en el Delta".[5] También la campaña publicitaria de este film incluyó la edición de una novela escrita por Leopoldo Torres Ríos basada en el guion original. Este redactor a su vez había sido premiado en un concurso para realizar los intertítulos de esta película, las cuales según *El Telégrafo*[6] estaban "un poco recargados de literatura, si bien oportunos siempre".

Este film, que constituyó el debut de Nelo Cosimi como director, al parecer tuvo una buena repercusión ya que logró permanecer en cartel cinco o seis días en salas centrales cuando rara vez una película nacional se exhibía más de dos veces en un solo cine.[7] A su vez, la propia publicidad de la empresa, por ese entonces llamada Tylca Film, anunció que a tres días del estreno fue contratado por 100 salas cinematográficas.[8]

En nuestro país, se distribuyó además durante 1923, 1924 y 1926, mientras que en el exterior se exhibió en Río de Janeiro (Brasil) en diciembre de 1922, además de anunciarse en septiembre la venta de copias a Uruguay, Chile y a Bélgica.[9] También fue estrenada en abril de 1923 en Barcelona (España) por intermedio de una distribuidora fundada por Juan Glizé y Pedro Font con sede en Petrixol 10.

Comparación con bibliografía específica: Di Núbila (1998) y Maranghello (2005) no incluyen *El remanso* dentro de la producción de Tylca.

Por su parte, CIHCA (1958, p. 4 y 33), además de indicar que este film se realizó en 1923, aporta dos datos contradictorios. Por un lado, menciona que Rafael Parodi fundó la Tylca Film en 1922, y por otro que esta productora realizó en 1921 la película *Mientras la ciudad duerme*.

Notas: 1. Esta intérprete es mencionada en el primer día del rodaje por *Última Hora* (7 oct. 1921, p. 3), sin que vuelva a ser citada posteriormente.

2. Es probable que primero funcionara bajo la denominación de Drake Film and Sun Company en el mismo domicilio de Paraguay 1150. **3.** *La Película* n° 250, 7 jul. 1921, p. 21. **4.** *Crítica*, 1° oct. 1921, p. 5. **5.** *Crítica*, 15 nov. 1921, p. 5. **6.** 14 abr. 1922, p. 5. **7.** *Excelsior* n° 426, 10 mayo 1922, "Producción Nacional". **8.** *Excelsior* n° 426, 10 mayo 1922. **9.** *Cine Mundial* n° 6, sep. 1922, p. 9.

130. La muchacha del arrabal
[Primer título: **Flor de barro**]

Estreno: martes 4 de julio a la noche en el Esmeralda (Capital Federal)
Exhibición privada: domingo 18 de junio a las 10:30 hs. en el Esmeralda[1]
Año de producción: 1922
Producción: Tylca (Director Propietario: Rafael Parodi)
Dirección: José A. Ferreyra
Guion: José A. Ferreyra inspirado en su tango homónimo
Fotografía y cámara: Luis Ángel Scaglione y Vicente Scaglione
Laboratorios: Tylca
Escenografía: Andrés Ducaud
Música original: Roberto Firpo, ejecutada por su orquesta (el tango *La muchacha del arrabal*, con letra de José A. Ferreyra y Leopoldo Torres Ríos, interpretado por una cancionista, entre otros)[2]
Estudios: Tylca (Paraguay 1150)
Distribución: Tylca Film (Paraguay 1150)
Duración: 6 actos
Género: "drama de amor y odio del suburbio porteño"[3]

Intérpretes: Lidia Liss ("La muchacha del arrabal"), Jorge Lafuente (Carlos María del Campo, pintor), Ángel Boyano ("el indio"), Elena Guido ("Chola", su amante), Carlos Lasalle (Roberto, el estudiante), Carlos Dux ("Copetín"), Juan Ballester (el dueño), Aquiles Marchesi (el amigo), Margarita Quesada, Rosario Millan, [Modesto Insa?].[4]

Argumento: "Un pintor que tiene su estudio en una calle del centro, se dirige a un café cantante [de La Boca] en busca de inspiración para un cuadro. Allí encuentra a una joven [cantante] y cuando esta toma asiento en su mesa, se le aproxima 'el indio', un personaje repugnante que vive al margen de las leyes, e intenta sacarle a Carlos, el pintor, la mujer aquella. Se arma una gresca, interviene la policía y Carlos sale del café llevando en brazos a la muchacha, aquella muchacha de arrabal.
En otras (sic) vemos en el estudio del pintor que poco a poco la protagonista va transformándose. Ya no fuma ni bebe, pues Carlos la ama, y esto es lo que ha hecho de ella una buena mujer.
'El indio', en complicidad con su amante ['Chola'], logra escaparse de la cárcel, y la primera medida que toma es dirigirse a buscar a la muchacha del arrabal. La encuentra, y esta, por defender a Carlos, se va con él.

En un reservado del café-cantante encuentra la policía muerto a 'el indio'. Como no se encontraba otra persona allí que la novia de Carlos, la detienen.

Un amigo del pintor [Roberto] hace averiguaciones y encuentra a la criminal, que es la amante de 'el indio', entregándola a la policía.

Termina la obra triunfando el amor de dos almas que se adoran con el triunfo artístico de Carlos, a quien le han premiado un cuadro titulado 'La muchacha del arrabal' [en el concurso anual del salón de Bellas Artes] y que un amigo de este le cambia el título ese por 'La muchacha del amor'" (*La República*, 20 jun. 1922, p. 5).

Intertítulos: "Lo que sí es censurable en el argumento lo apreciamos en los títulos explicativos. Una pésima gramática y carencia de literatura, bien que fuera *sintética*, a que tanto se presta el carácter emocional del argumento" (Narciso Robledal, *Caras y Caretas* n° 1242, 22 jul. 1922, "Teatro del Silencio").

Comentario: *La muchacha del arrabal*, filmada entre el 24 de febrero y fines de mayo de 1922, fue la única película dirigida por José Ferreyra para la productora Tylca. Esta obra contenía en algunos pasajes música original de Roberto Firpo que se ejecutaba en vivo con orquesta y canto sincronizado con la proyección. Su director había planeado además agregar en la exhibición escenas teatrales interpretadas por los mismos actores, pero finalmente desistió.

Por otro lado, esta productora –denominada Tylca Film desde abril de 1922– recurrió, por intermedio del escenógrafo Andrés Ducaud, a una original forma de promoción del film. El vestíbulo del cine Esmeralda, donde se exhibió durante 15 días consecutivos, fue transformado en "un cafetín sórdido" del suburbio bonaerense, convocando a "una concurrencia numerosa que comenta la decoración, se divierte con los carteles que se han colocado, así como con las grandes siluetas de los intérpretes y hasta con el anaquel de bebidas de toda índole instalado en la taquilla".[5] Sin embargo, dicha escenografía tuvo que ser retirada a los pocos días por orden de la Inspección de Teatros y Cines, porque la sala no tenía el permiso municipal correspondiente.

La muchacha del arrabal volvió a distribuirse en 1923, 1924 y 1926. Además, durante 1922 se vendieron copias a Brasil y Uruguay, y se exhibió en Santiago de Chile en el transcurso del mes de octubre. En Europa, fue estrenada en abril de 1923 en Barcelona (España) por intermedio de los distribuidores Juan Glizé y Pedro Font, y posiblemente en Bélgica ya que se anunció en 1922 la venta de una copia a ese país.[6]

Comparación con bibliografía específica: Couselo (1969, p. 134) señala que esta obra se filmó en los estudios de Boedo 51,[7] cuando en realidad los talleres Tylca estaban ubicados Paraguay 1150.[8] Además, nuestra investigación permitió completar algunos datos como la fecha de estreno, los nombres de los personajes y de tres actores secundarios

Por su parte, Maranghello (2005, p. 41) afirma que se trató de una producción de Pío Quadro para Tylca, lo cual no surge de nuestro relevamiento ni tampoco figura en el libro de Couselo.

Notas: 1. Se proyectó también el miércoles 21 de junio a la noche en el mismo cine. **2.** Según *La República* (5 jul. 1922, p. 4) ese tango, cuya partitura fue editada, se cantó antes de la proyección. **3.** Publicidad en *Imparcial Film* n° 167, 4 jul. 1922. **4.** Este intérprete es citado con anterioridad al rodaje en *Última Hora* (19 feb. 1922, p. 3) y *Excelsior* n° 415 (22 feb. 1922, p. 13), sin que posteriormente vuelva a ser mencionado. **5.** *Excelsior* n° 434, 5 jul. 1922, p. 7. **6.** *Revista del Exhibidor* n° 6, sep. 1922, p. 9. **7.** En esa dirección estaban ubicados hasta julio de 1922 los Talleres Cinematográficos Federico Valle. **8.** Ver *Excelsior* n° 421, 5 abr. 1922, "Guía Práctica"; *La Película* n° 320, 9 nov. 1922.

131. La ley del hombre

Estreno: martes 11 de julio a la noche en el Teatro Apolo (Capital Federal)
Exhibición privada: domingo 18 de septiembre de 1921 a las 10:00 hs.
en el Smart Palace (Capital Federal)
Año de producción: 1921/[1922?]
Producción: Atlántida Film (Propietario: Ignacio Bengoechea) / Super Program (Propietario: Ventura Goday)
Dirección: Alberto Traversa
Guion: José A. Rodríguez [León Artola]
Fotografía y cámara: Alberto J. Biasotti
Virados en color[1]
Laboratorios: Ariel
Estudios: Ariel (Trelles 2651/71)
Distribución: Super Program (Ventura Goday / Lavalle 869)
Duración: 6 actos[2]
Género: "drama pasional entre indios Onas"[3]

Intérpretes: León Artola (José Fuentes), Enne Adry (María Álvarez), Ilda Grané (Alka), Pedro Rivero (Obki, cacique), Manuel Moreno (Alchecke, cacique), Juan Ridder (Jesús Álvarez, hermano de María), María Cappabianca (una vecina), Sra. de Cappabianca (su madre), Carlos Dux (Basilio), F. Loosens (personaje cómico).

Argumento: "En concreto, sucede que José Fuentes, un prófugo náufrago, después de andar errante en el desierto patagón, es recogido por una tribu de Onas, con la cual llega a connaturalizarse alcanzando a ser jefe de la misma.
En tales circunstancias, sorprende a su rival Obki en trance de raptar a una muchacha blanca, sorprendida al bañarse en un arroyo. Salva a la chica, y con este rasgo determina la admiración simpática de esta y la conjura de Obki y sus secuaces contra su caudillaje.
Ya está el drama en marcha. La muchacha salvada es María Álvarez, hermana de un estanciero. Este, al enterarse de las conversaciones de María con un cacique, la encierra. Pero es tarde: el amor ha vinculado a ambos jóvenes, que hacen tentativas para reencontrarse.
Mientras tanto, la ona Alka ama en silencio a José, el cacique blanco. Los celos muerden su corazón, y asechan el idilio.
María consigue emborrachar a su guardián –el ridículo cocinero Basilio, enamorado de ella– y fuga en busca de José.

Los jóvenes se encuentran, abandonándose a las efusiones de su pasión
[...] El hermano de María sale en persecución de esta. Alka descubre a la
pareja, y el despecho la hace concebir un deseo homicida. Obki, sediento
de venganza contra su vencedor, lo busca por las breñas, dispuesto a
asesinarlo traidoramente. Un dardo envenenado de Alka extingue los
besos de María en el pleno fervor de un abrazo.
Alka rebosa de alegría: ¡José es suyo! Mas, en el propio instante, el cacique
blanco rueda exánime: otra flecha ponzoñosa, la de Obki, le arranca el
alma, cuando el dolor lo enloquecía ante su amada agonizante. María se
arrastra hasta exhalar el último suspiro sobre el cuerpo de José.
Así los encuentra el estanciero Álvarez, y ante ese trágico espectáculo,
se reprocha su pretérito rigor con los amantes.
Alka, a su vez, castiga con sus flechas a Obki, matándolo;[4] y luego se va
a errar por las montañas, como la sombra de la desesperación..." (*El
Telégrafo*, 19 sep. 1921, p. 6).

Flash Back: "Ante el asombro de la muchacha [María] que se extraña de
ver junto a los indios a un hombre blanco, Fuentes le cuenta su historia [luego de salvarla]. Él trabajaba en Buenos Aires y vivía feliz con su
madre hasta que la desgracia entró en la casa. Enfermó la anciana y, un
día, agotadas las economías, la huelga general lo dejó sin trabajo. Para
comprar medicinas robó [un bolsón a una mujer]; detenido, fue libertado
por sus compañeros de huelga y debió huir. Vivió unos días a salto de
mata y, muerta su madre, decidió embarcarse en un vapor de la carrera
del Sur. A bordo su existencia pronto se hizo imposible. Los tripulantes
–rompehuelgas– hacían mofa de él y una noche llegaron a burlarse de
su madre. Incapaz de aguantar por más tiempo arremetió contra sus
ofensores y mató. En la pelea el buque comenzó a incendiarse[5] y para
salvarse fue menester ganar la costa a nado. Una vez en tierra [...] halló
asilo junto con los indios" (*La Unión*, 29 sep. 1921, p. 23).

Fotografía: "La fotografía, en general, es algo velada. Lo cual no quiere
decir que carezca de perspectivas preciosas, nubes muy bien sorpren-
didas y simulaciones nocturnas aceptables [...] Hay escenas tomadas a
distancias inverosímiles, enmendadas por contracuadros repetidísimos.
En cambio, hay otras muy bien hechas; como las del baño, rapto y lucha
de María (con la particularidad accesoria de ser la primera actriz nacional
que aparece semidesnuda); las jocosas de los animales bebedores y la
del coro de los asnos; la llegada del náufrago a tierra; el hambriento en
el corro de los Onas; y otras" (*El Telégrafo*, 19 sep. 1921, p. 6).

Locaciones: Sierras de Córdoba.

Comentario: Comentario: Este film, que hacía referencia a la represión de la Semana Trágica de 1919 y abordaba la temática indígena, fue financiado por una productora de muy fugaz existencia, Atlántida Film. *La ley del hombre* tuvo un costo aproximado de 17.000 pesos.

El rodaje de exteriores en las sierras de Córdoba, realizado con la intención de imitar el paisaje del sur argentino, concluyó a fines de mayo de 1921, mientras que la filmación de los interiores en los estudios Ariel finalizó en el transcurso del mes de agosto. Después de una exhibición privada no muy auspiciosa, fue ofrecido en venta a la "alquiladora" Moss y Cía. *Excelsior*⁶ informó, a fines de septiembre, que había sido "enmendada por otros señores desconocidos". Finalmente, en febrero de 1922, la distribuidora Super Program de Ventura Goday adquirió esta obra e introdujo una serie de "cortes y cambios".⁷

Comparación con bibliografía específica: Solamente Di Núbila (1998, p. 36) cita el título de esta película, aunque sin agregar ninguna información complementaria.

Notas: 1. Según *El Telégrafo* (19 sep. 1921, p. 6) "hubiera convenido más entonación en el vigor de los virajes". **2.** Esta extensión es sólo tentativa porque fue obtenida de *Excelsior* n° 413 (8 feb. 1922, p. 16), es decir con anterioridad a las modificaciones introducidas por la distribuidora en 1922. **3.** Publicidad en *Excelsior* n° 434, 5 jul. 1922. **4.** *La Unión* (29 sep. 1921, p. 23) describe el final de la siguiente forma: "Y va a arrodillarse [Alka] junto al grupo que forman Fuentes y la blanca. 'Hasta en la muerte fuiste feliz. Tenía que ser tuya y lo fue. Ya nada os separará' es la postrera exclamación lúcida de la india". **5.** Con respecto a esta escena, *El Telégrafo* (19 sep. 1921, p. 6) señala que "el buquecito de juguete naufragando en una aljofaina es un detalle indigno de la fuerza emotiva del drama mismo". **6.** N° 394, 28 sep. 1921, p. 21. **7.** *Excelsior* n° 434, 5 jul. 1922, p. 9.

132. Allá en el Sur...

Estreno: martes 29 de agosto a la noche en el Palace Theatre, Esmeralda,
Capitol Theatre, Cinematógrafo Callao y Gaumont Theatre (Capital Federal)
Exhibición privada: días antes del 29 de agosto en la sala de proyección
de la Cinematografía Federico Valle (Capital Federal)
Año de producción: 1922
Producción: Cinematografía Argentina Federico Valle (Propietarios:
Federico Valle y Arnold Etchebehere)
Dirección: Arnold Etchebehere y José Bustamante y Ballivián
Guion: José Bustamante y Ballivián
Fotografía y cámara: Arnold Etchebehere y José Raúl Neira (exteriores
en Patagonia) / [Arnold Etchebehere?] (interiores)
Laboratorios: Talleres Cinematográficos Federico Valle
Estudios: Talleres Cinematográficos Federico Valle (Boedo 51)
Distribución: Cinematografía Argentina Federico Valle (Suipacha 750)
Duración: 6 actos
Género: "drama de amor y de venganza"[1]

Intérpretes: Nelo Cosimi (Menton), Amelia Mirel (hermana), Arauco
Radal (Sander), Raquel Garín (esposa), Augusto Gosalbes, [Amalia Lanús?],
[Carlos Benavídez?], [Claudia Hornos?].

Argumento: "Hay un señor Sander cuyos negocios no prosperan; posee
una esposa digna a quien Menton, el usurero de la comarca, prestó cierta
cantidad con la malvada intención de exigir luego el pago aún a costa de
la honra de esa mujer. Tal suma, a escondidas del marido, fue empleada por la consorte en los gastos del viaje de una 'oveja descarriada', su
hermana, infeliz pecadora arrepentida que regresa al hogar... El primer
movimiento de Sander, cuando comparece su cuñada, es de rechazo.
No la quiere bajo su honrado techo, no le perdona sus debilidades; mas
intercede su esposa y el buen hombre consiente en admitirla.
Menton, entre tanto, apremia a la esposa para que le pague; también
apremia a Sander por otras deudas, y... llega un día –una noche– en que
la esposa, resuelta al sacrificio para saldar la oculta deuda con el usurero,
salta del lecho conyugal y se dispone para la cita. La sorprende su hermana; adivina su 'fatal' propósito y encerrándola de modo que no pueda
salir y entregarse a Menton, acude ella. Aquí se nos presenta una escena
'realista'. El usurero, en su casa, aguarda impaciente a la víctima. Muévese
el pestillo, ábrese la puerta... el semblante del hombre va reflejando a la

bestia... y aparece la 'otra', la hermana, que viene dispuesta a entregarse por sustitución, para aplacar a la fiera.

Y ya Menton, después de la natural y hostil sorpresa por el 'cambio', va reaccionando hacia ella, que se abandona, pasiva y anhelante; y ya las manos y los ojos ávidos de acariciar las semidesnudeces del busto de ella... y al abrazarla y juntarse los rostros un certero disparo hiere y tumba a la fiera. Era el obrero 'bueno', el peón 'regenerado' de Sander, ayer exigente por sus jornales y ahora, acaso por virtud de una mirada y de un agradecimiento, el salvador oportuno..." (Narciso Robledal, *Caras y Caretas* n° 1249, 9 sep. 1922, "Teatro del Silencio").

"Una de las escenas que ha de llamar la atención del público en esta película [...] es la del incendio de un bosque de alerces en plena Patagonia. [...] la visión de este árbol, consumido por el fuego, tal como si fuera de llamas su follaje, es de una magnificencia fantástica. Centenares de alerces desaparecieron así, mientras se filmaban las escenas más interesantes de la película [...] Desgraciadamente, estos incendios son un espectáculo común en la Patagonia. No tienen otro objeto que preparar la tierra para que pasten en ella los pequeños ganados de los colonos" (*Última Hora*, 27 ago. 1922, p. 3).

Locaciones: Prov. de Chubut: lago Menéndez y sus bosques, los lagos Verde, Futalaufquen, Krugger y Cisne. Prov. de Río Negro: lago Nahuel Huapi. Prov. de Buenos Aires.

Comentario: La importancia que adquirió la región patagónica en los medios de prensa debido a las huelgas y los fusilamientos en Santa Cruz (1920-1922) seguramente determinó que un productor como Federico Valle, conocedor de la opinión pública como director del semanario documental *Film Revista*, decidiera filmar varias ficciones en esa geografía.[2] A fines de febrero de 1922 envió una troupe[3] bajo dirección de Arnold Etchebehere a la Patagonia con 15.000 metros de celuloide con el objeto de realizar tres películas (*Allá en el Sur, Jangada florida, Huanca, el mestizo*) y el documental *La tierra del futuro*, este último por encargo de la empresa Saint Hnos. Dicha travesía concluyó a fines de marzo y fue consignada por el noticiario *Film Revista* del 14 de marzo bajo el título: "Nuestra troupe cinematográfica por la región de los lagos".

A pesar de que anunciaron haber regresado con 10.000 metros de película impresa, el historiador Domingo Di Núbila (1996, p. 120) indica que cuando la mayor parte de ese material fue revelado se descubrió que era inservible. Por esta razón debieron rodarse escenas complementarias en

San Isidro con el objetivo de "plagiar" el paisaje patagónico. La revista *La Película*[4] parece hacer referencia a esta sustitución de la geografía al rebautizar el film "Allá en... Palermo, o en el Tigre". Tanto estos exteriores en Buenos Aires como los interiores en los talleres de Federico Valle se filmaron entre fines de abril y el 30 de mayo de 1922, pero el rodaje se reanudó en el mes de agosto porque el director Bustamante "vio que podría agregar unas escenas interesantes más, con el propósito de que esta cinta quede más completa y aparezca en su desenlace más terminante".[5] Las escasas imágenes de las regiones patagónicas no sólo fueron utilizadas en *Allá en el Sur...* sino también en el documental *La tierra del futuro* (1922), y seguramente en *¡Patagonia!* (1922) y *Donde el Nahuel Huapi es rey* (1924).

Este film, cuyo título remite a la película *Allá en el Este* (David Griffith, 1920),[6] constituyó el debut cinematográfico de Arauco Radal, descubierto por Valle y contratado por su parecido con el actor japonés Sessue Hayakawa, que por ese entonces se destacaba en el cine estadounidense. También se trató de la primera obra de Amelia Mirel y Augusto Gosalbes, actores que aparecerían en muchos otros films del período.

El músico José Bohr logró vender a Valle una ingeniosa promoción basada en la composición de un tango con el nombre de la película, del cual editó una partitura y un disco ejecutado por la orquesta de Roberto Firpo.[7] Sin embargo, no pudimos confirmar si dicha obra musical fue interpretada durante la proyección del film.

Allá en el Sur... se distribuyó además entre 1923 y 1925. Es muy posible que se haya estrenado en Brasil, ya que en septiembre de 1922 partió el cameraman Arnold Etchebehere con una copia para exhibirlo en Río de Janeiro.

Seguramente este film se destruyó en el incendio ocurrido en abril de 1926 en las dependencias de la Cinematografía Valle, porque la última vez que se comercializó fue durante 1925.

Comparación con bibliografía específica: Maranghello (2005, p. 49) atribuye a Bustamante sólo la autoría del guion. En cambio, CIHCA (1958, p. 26), Couselo (1992, p. 34) y Peña (2012, p. 29) lo citan como único director. Según las fuentes consultadas, Etchebehere ocupó el cargo de director durante el rodaje en la Patagonia.[8] Bustamante, que no había viajado al sur argentino, se encargó de la dirección artística en la filmación realizada en Buenos Aires.[9]

Levinson (2011, p. 80) fecha el estreno del film a comienzos de septiembre de 1922, pero se exhibió por primera vez el 29 de agosto.[10]

Notas: 1. Publicidad en *Excelsior* n° 441, 23 ago. 1922. **2.** De hecho, dos de los films realizados hacían alusión a esos sucesos. **3.** La misma estaba conformada por José Neira, Raquel Garín, Amelia Mirel, Nelo Cosimi, Arauco Radal, Amalia Lanús, Carlos Benavídez y Claudia Hornos. Posteriormente en Esquel se incorporó el actor Augusto Gosalbes. **4.** N° 312, 14 sep. 1922, p. 17. **5.** *La República,* 12 ago. 1922, p. 5. **6.** *Way down east.* **7.** Ver Bohr (1987, p. 104 y 113). **8.** *Última Hora,* 4 ago. 1922, p. 3; *Excelsior* n° 424, 24 abr. 1922, "Producción Nacional". **9.** *Excelsior* n° 427, 15 mayo 1922, "Producción Nacional"; *La República,* 12 ago. 1922, p. 5. **10.** Ver publicidad en *Imparcial Film* n° 175, 29 ago. 1922; *Última Hora,* 30 ago. 1922, p. 3.

133. Buenos Aires, ciudad de ensueño
[Primer título de rodaje: **Los campesinos**]

Estreno: martes 26 de septiembre a la noche en The American Palace y Teatro Florida (Capital Federal)
Exhibición privada: domingo 21 de agosto de 1921 a las 10:00 hs. en el Smart Palace (Capital Federal)[1]
Año de producción: 1921
Producción: Mayo Film [Productores: José A. Ferreyra, Leopoldo Torres Ríos, Carlos Torres Ríos, (Castro y Narciso Sánchez Sevilla?)]
Dirección y guion: José A. Ferreyra
Fotografía y cámara: Carlos J. Torre [Torres Ríos] / Ayudante: Roque Funes
Virados en color
Laboratorios: Mayo Film
Estudios: Mayo Film (Bolívar 1047)
Distribución: Mayo Film (Pichincha 1412)
Duración: s.d.
Género: drama

Intérpretes: Lidia Liss (Magdalena, la cocotte), Jorge Lafuente (Juan de Dios, el campesino), Elena Guido (Lina, la sacrificada), Enrique Pariggi (Julio, el de la ciudad),[2] María Elena Castro (Juana Rosa, la soñadora), Carlos Dux (Demetrio, el poetastro), Elsa Bey (Elsa, la campesina), Carlos Lasalle (Alberto, el patoterito), Armando R. Sentous [o Lentous?] (amigo de Julio).

Argumento: "Es original y feliz el arranque de la acción: un tren rápido en marcha… pasando ante el primer plano. Luego, los contornos de Buenos Aires; y la paz aldeana en el pueblito" (*El Telégrafo*, 22 ago. 1921, p. 6).

"En un pueblo no lejano a esta capital, vive Juana Rosa, la hija del dueño de la fonda, que es festejada por Juan de Dios, un muchacho de campo que la ama entrañablemente. En esa casa viven además Elsa, una bonita criatura, que es perseguida por Demetrio, un poeta silvestre y ramplón, y Lina, una lisiada. Nada de nuevo ocurre en el pueblo que perturbe la feliz tranquilidad de esa gente, hasta que llegan Julio y Alberto, dos 'niños bien' que van al campo, no para ver las haciendas de sus padres, sino en tren de cacería. En el campo no los conocen: la caza es más fácil, y además, hay cada paisanita que quita el sentido.[3] Dos de esas son, Juana Rosa y Elsa. La primera sueña con Buenos Aires, las cosas que ha leído o le han narrado, la tienen sugestionada a tal punto que desearía tener alas para volar hacia la ciudad del ensueño... Elsa, en cambio, ama el dulce aroma del campo. Julio es para Juana Rosa el ala que necesita para volar y llega este en forma de Providencia. Con la noche llega la hora de la fuga y Juana Rosa abandona su casa en compañía de Julio. Alberto no tuvo éxito en sus gestiones y Elsa queda en su rancho, mientras dice a su galán: 'El día que venga usted a buscarme honradamente, ya sabe donde estoy'. Elsa corre a decirle a Juan de Dios que Juana Rosa se fuga. Corre este, con su escopeta, pero llega tarde, el auto ya se había alejado. Juan de Dios queda con el alma partida y sumido en la mayor tristeza.

Julio lleva a Juana Rosa a un ambiente de perversión, hace lucir su hazaña por los cabarets, pero ella no gusta de esta vida y es continuamente maltratada. Magdalena, una de esas mujeres que también ha pasado lo que pasa ahora Juana Rosa, se conduele y la protege. Va a prepararle su fuga. Lina, que quiere entrañablemente a Juan de Dios, lo obliga a que vaya a buscar a Juana Rosa y así lo hace el joven y enamorado muchacho. Una casualidad hace que descubra el paradero de su amada[4] y llega en el momento en que Magdalena iba a hacer fugar a Juana Rosa y Julio se dispone a castigar esa osadía. Juan de Dios, lleva entonces a Juana Rosa a casa de sus padres. Demetrio el poeta silvestre, cuando ve feliz a la pareja se acerca a Elsa solicitando una vez más su mano, pero a lo lejos se ve llegar a Alberto, que enamorado de Elsa viene a casarse con ella. El poeta se aleja, y Juana Rosa y Elsa son felices, como toda la gente que las rodea" (*Crítica*, 22 ago. 1921, p. 5).

Intertítulos: "Los títulos no nos 'convencieron', ni por su gramática ni por su literatura" (*Caras y Caretas* n° 1255, 21 oct. 1922, "Teatro del silencio").

"Aparte de los adornos simbólicos de las leyendas, y de la buena y sencilla literatura de estas mismas, su ideación y continuidad [de las escenas] 'hablan' por sí a la fantasía" (*El Telégrafo*, 22 ago. 1921, p. 6).

Comentario: La filmación de esta segunda y última producción de Mayo Film se realizó, entre fines de mayo y comienzos de agosto de 1921, en un estudio improvisado en la azotea de la calle Bolívar 1047. Una vez concluido el rodaje, el director José Ferreyra y los hermanos Torres Ríos vendieron su parte de la empresa al "socio capitalista" Narciso Sánchez Sevilla. Sin embargo, Mayo Film paralizó la actividad de sus talleres hasta diciembre de ese año, cuando ingresó nuevamente como cameraman Carlos Torres Ríos. A pesar de este intento de reactivación, el 31 de agosto de 1922 fue adquirida por la firma Misenta Hermanos,[5] que se encargó de comercializar *Buenos Aires...* durante su estreno.

Su director, José Ferreyra, diseño el afiche del film que "representaba una vaga cabeza de medusa, rompiendo las nebulosas de una ciudad fantástica".[6]

Notas: 1. Se realizó una segunda exhibición el jueves 14 de septiembre de 1922 a las 00:00 hs. en el Esmeralda. **2.** A pesar de que en las publicidades este personaje es citado como "Enrique, el de la ciudad", optamos por utilizar este otro nombre debido a que así es mencionado en el argumento publicado por *Crítica* (22 ago. 1921, p. 5) y *El Telégrafo* (22 ago. 1921, p. 6). **3.** A este instante de la trama podría corresponder el siguiente simbolismo: "para aumentar la sensación desagradable de bravura fiera, inhumana, se ofrece el cuadro de unas palomitas en tierno arrullo que caen muertas a tiros por dos 'niños guapos' que salen en busca de una mujer con la que piensan hacer lo mismo que la paloma" (*Última Hora*, 16 sep. 1922, p. 3). **4.** Según *El Telégrafo* (22 ago. 1921, p. 6), Juan de Dios "vagando por los contornos del Riachuelo, encuentra al amigo de Julio y lo sigue". **5.** *Excelsior* n° 443, 6 sep. 1922, "Producción Nacional". **6.** *Crítica*, 13 ago. 1921, p. 5.

134. ¡Patagonia!

Estreno: miércoles 4 de octubre a la noche en el Cinematógrafo Callao, Capitol Theatre [y Palace Theatre?][1] (Capital Federal)
Exhibición privada: domingo 1° de octubre a las 10:30 hs. en el Cinematógrafo Callao
Año de producción: 1922
Producción: Cinematografía Argentina Federico Valle (Propietarios: Federico Valle y Arnold Etchebehere)
Dirección: Arnold Etchebehere
Supervisión y guion: José Bustamante y Ballivián
Fotografía y cámara: Arnold Etchebehere y José Raúl Neira[2]
Laboratorios: Talleres Cinematográficos Federico Valle
Estudios: Talleres Cinematográficos Federico Valle (Boedo 51?)
Distribución: Cinematografía Argentina Federico Valle (Suipacha 750)
Duración: 6 actos
Género: "drama del desierto del gran sur argentino"[3]

Intérpretes: Nelo Cosimi (Burton), Raquel Garín (la hermana abnegada), Arauco Radal (Manco, el indio), Amelia Mirel (la hermana menor), Augusto Gosalbes (el padre).

Argumento: "Un carro avanza por el desierto. En él vienen un padre y sus dos hijas. Huyen de los campos donde los bandoleros de Santa Cruz han saqueado todos los hogares. Después de varios días de viaje, llegan a un rancho y piden hospitalidad. Su morador [Manco], un nativo de pocas palabras, se niega a recibirlos. Pero, les da a entender, que a pocos metros de allí, pueden acampar por su cuenta, en un rancho abandonado. Así lo hacen.
A la mañana siguiente, el jefe de la familia, hombre viejo y enfermo, muere y sus dos hijas, que son dos bellas mujeres, quedan abandonadas en aquellas regiones, donde la mujer es un artículo de lujo, por lo tanto están expuestas a ser adquiridas por el primer hombre sin escrúpulos que las desee. Y ese hombre llega. Es el dueño de aquel rancho. Sus primeras palabras le hacen pasar como un caballero, pero al final, no puede disimular su instinto y decide casarse con la mayor de las hermanas. Como esta no está conforme castiga a la pequeña en venganza, hasta que la otra se sacrifica. A todo esto, el nativo, que en una oportunidad había salvado la vida a la chica, y enterándose de lo que ocurría, se dirige a tomar un pico y cava un pozo.
–¿Qué haces? –le pregunta su vecino.

-Estoy cavando una tumba.

-¿Piensas enterrarte tan pronto?

-No. Es a ti -y sin más ni más saca un cuchillo y lo mata, enterrándolo de inmediato en el pozo.

Se dirige entonces a donde están las dos mujeres y les dice:

-El señor Burton se fue ayer y quién sabe si volverá más. Me encargó que yo las acompañase hasta donde está su hermano. Aquí tengo el carro -y señaló el viejo carricoche.

Y poco a poco se va cerrando el iris y se pierde allá a lo lejos el carro que desaparece lentamente..." (*La República*, 2 oct. 1922, p. 5).

"Antes de terminar, quisiéramos señalar la conveniencia de dar otra forma a la escena de la muerte del matrero [Burton], pues el público grueso inevitable (sic) podría, como sucedió ayer, malograr la eficacia dramática de esa situación [...] La máquina ha pasado deprisa como veloz ha pasado la visión del director que no se ha detenido en el detalle de tipos y costumbres de esa vasta región. Los exteriores no dan la sensación de lo que hace presentir el nombre de la película, pero con todo estamos en la Patagonia" (*Crítica*, 2 oct. 1922, p. 9).

Locaciones: Prov. de Chubut: lago Menéndez y sus bosques, los lagos Verde, Futalaufquen, Krugger y Cisne. Prov. de Río Negro: lago Nahuel Huapi. Prov. de Buenos Aires.

Comentario: Este film es la segunda producción de Cinematografía Argentina Federico Valle realizada, junto con *Allá en el Sur...* (1922), en las regiones patagónicas, con la misma troupe de actores y técnicos. La filmación de los exteriores en Río Negro y Chubut se desarrolló entre fines de febrero y de marzo de 1922. Posteriormente, el rodaje se retomó a finales de agosto y concluyó en los últimos días de septiembre.

El comentario del diario *Crítica* acerca de que "la máquina [cámara] ha pasado deprisa" o que "no se ha detenido en el detalle de tipos y costumbres de esa vasta región [Patagonia]"[4] parece confirmar el escaso metraje que logró ser revelado debido a la utilización de un negativo vencido.[5] En este sentido, la revista *La Película*[6] vuelve a hacer referencia, como en el caso de *Allá en el Sur...*, a la filmación de exteriores en los alrededores de la Capital con la intención de plagiar y completar ciertos paisajes patagónicos faltantes.

La Cinematografía Valle vendió en julio de 1922 sus talleres ubicados en Boedo 51 a la productora Araucana Film, por lo cual es probable que el rodaje de los interiores de *¡Patagonia!* no se haya realizado en esos estudios.

La promoción de esta película implicó, por un lado, la confección de un afiche original a cargo del dibujante Widner, y por otro la composición por parte de José Bohr, bajo el seudónimo de Pierre Louis, de un shimmy con el título del film, cuya partitura estaba dedicada al intérprete Arauco Radal.

¡Patagonia! siguió comercializándose entre 1923 y 1925. El incendio que consumió el depósito de películas de la Cinematografía Valle en 1926 seguramente destruyó el negativo de este film, porque no volvió a ser distribuido con posterioridad.

Comparación con bibliografía específica: CIHCA (1958, p. 26) y Couselo (1992, p. 34) mencionan a Bustamante como director de esta obra. Sin embargo, las fuentes de la época atribuyen a Etchebehere la dirección,[7] y a Bustamante la supervisión del film y la redacción del argumento.[8]

Notas: 1. Si bien *La República* (4. oct. 1922, p. 5) y una publicidad en *Crítica* (4 oct. 1922) anuncian su estreno en esa sala, no pudimos confirmar esta información en la cartelera de espectáculos. **2.** Neira participó sólo de la filmación de exteriores en el sur argentino. **3.** Publicidad en *Crítica*, 4 oct. 1922. **4.** *Crítica*, 2 oct. 1922, p. 9. **5.** Ver Di Núbila (1996, p. 120). **6.** N° 316, 12 oct. 1922, p. 17. **7.** Publicidad en *Cine Mundial* n° 6, sep. 1922; *Excelsior* n° 447, 4 oct. 1922, "Producción Nacional". **8.** *Última Hora*, 13 sep. 1922, p. 3; *Excelsior* n° 447, 4 oct. 1922, "Producción Nacional".

135. El viaje de Marcelo

Estreno: jueves 12 de octubre a la noche en el Empire Theatre (Capital Federal)
Exhibición privada: martes 10 de octubre a la madrugada en el Empire Theatre[1]
Año de producción: 1922
Producción: Tylca Film (Director Propietario: Rafael Parodi)
Realización: Andrés Ducaud
Dibujos y guion: Pelele (Pedro Ángel Zavalla) y Ramón Columba
Laboratorios: Tylca Film
Estudios: Tylca Film (Paraguay 1150)
Distribución: Tylca Film (Paraguay 1150)
Duración: 5 actos
Género: "dibujos cómicos animados"[2]

Personajes: el presidente argentino Marcelo T. de Alvear; el ex mandatario Hipólito Yrigoyen; Julieta Lanteri; los presidentes de Brasil Epitácio Pessoa, Baltasar Brum de Uruguay, de Francia Alexandre Millerand; el primer ministro francés Raymond Poincaré; primer ministro británico David Lloyd George; el Papa Pío XI; los reyes Alfonso XIII de España, Víctor Manuel III de Italia, Alberto I de Bélgica, el príncipe de Gales, el rey de Inglaterra Jorge V, "niño fifí", Sisebuta, Trifón, y "los alegres peces de un mar dibujado".[3]

Argumento: "Tylca presenta *El viaje de Marcelo* haciendo aparecer la ciudad de Buenos Aires en el amanecer del 2 de abril, transformando el sol que apunta, en una urna electoral. Surgen los innumerables candidatos, sin omitir la Lanteri. De pronto sale un niño fifí que deposita su voto feminista, apareciendo seguidamente Sisebuta con Don Trifón de la oreja que echa el pucho y guarda el voto.
La noticia del resultado de las elecciones sale de Buenos Aires perdiéndose en el horizonte como un aeroplano. Llega a París. La Torre Eiffel se estremece y camina hacia el alojamiento del futuro presidente. Mientras la torre se achica, Marcelo comienza a crecer.
Marcelo surge de un montón de cartas y telegramas, abre uno que dice: 'Felicitaciones esplendentes de profundas efectividades. – Hipólito' [Yrigoyen]. Otro dice: 'Te bendigo pelandrún. Vieni in casa. Non pesso sortire como tú los ay. – Pío XI'. Otro dice: 'Viení cuí, per Bacco. A mangiari una regia tallarinata. – Victorio Emanuele'. Otro por el estilo de los Reyes de España, de Inglaterra, de Bélgica, etc.

Antes de salir para Italia hay una serie de incidencias cómicas y cuando llega a Roma entra al Quirinal vestido de bersaglieri. El Rey lo abraza, lo besa, lo condecora y luego pasan a la Tallarinada que viene del techo. Se sirven los tallarines por metro y Marcelo usa unas tijeras al efecto. Seguidamente va a visitar al Papa. Se arrodilla, se abrazan y luego Marcelo le da un golpecito a la barriga del Papa: 'Qué papa'... Aparece una jaula llena de cardenales que son presentados a Marcelo.

Vuelve a París y de allí se va a Inglaterra vestido de escocés con las piernas afeitadas. Cruza la Mancha de un saltito a lo Chaplin y es recibido por Jorge V: –'¡Ola, ché! ¡Qué tal Jorge! ¿y tu familia?'.

El Rey lo condecora con la orden de la 'Liga' y se apercibe al colocarla, de lo bien afeitadas que están las piernas de Marcelo. Lloyd George lee un discurso y en ese momento hay algunas escenas muy cómicas con el sombrero del Príncipe heredero.

En Bélgica, el Rey lo condecora con la orden de Leopoldo... ¡Oh, amigazo!... Leopoldo Melo.

Se viste de baturro para ir a España. Allí baila jotas [con Alfonso XIII] y entre ¡olé, olé!... hay chistes de verdadero humorismo.

Vuelve a París, baila tangos con Poincaré mientras Millerand toca el bandoneón. Entre cortes y firuletes hay una serie de momentos de alta hilaridad.[4]

De regreso a Buenos Aires pasa por Vigo, Lisboa, Río y Montevideo, donde se desarrollan también escenitas de mucha comicidad" (*La Montaña*, 8 oct. 1922, p. 2).

Intertítulos: "En lo que respecta a los subtítulos, ellos tienen mucho del 'cocoliche' moderno, es decir construido recientemente, lo que sin duda habrá sido hecho con el propósito de que el público los comprenda mejor"[5] (*La Montaña*, 10 oct. 1922, p. 5).

Comentario: *El viaje de Marcelo* fue el único largometraje de animación realizado por Tylca Film, género que ya había ensayado esta productora en su semanario de actualidades. Para este film que demandó alrededor de 56.400 dibujos, fueron convocados dos caricaturistas políticos de larga trayectoria en diarios y revistas culturales de la época, como Pelele y Columba. En relación al rodaje, el primer dato obtenido es de septiembre de 1922,[6] aunque es muy probable que se haya iniciado con anterioridad. Su filmación concluyó a comienzos de octubre.

El viaje de Marcelo, al parecer, no tuvo un fuerte tono satírico contra el mandatario electo, ya que fue exhibido el lunes 15 de octubre en la residencia de Alvear, quien "festejó ruidosamente los chistes y notas cómicas".[7]

Esta película estrenada con buena repercusión de público, además se distribuyó entre 1923 y 1925, pero a partir de 1924 con el título *El viaje de Don Marcelo*.[8]

Comparación con bibliografía específica: Solo Maranghello (2005, p. 50) menciona este film, pero cita únicamente como autor de los dibujos a Columba[9] e indica que el título es *El viaje de Don Marcelo*, que no se corresponde con el de estreno.

Notas: 1. Según *La Montaña* (10 oct. 1922, p. 5) en esta función no se proyectó la totalidad del film, sino sólo hasta la entrevista con Lloyd George. **2.** Publicidad en *La Película* n° 348, 24 mayo 1923. **3.** *Crítica*, 13 oct. 1922, "El Cine...". **4.** La escena referida a Francia se titulaba "Un shimmy de Marcelo con Poincaré" (*Excelsior* n° 448, 11 oct. 1922, p. 11). **5.** En cambio, *La República* (16 oct. 1922, p. 5) indica que "lo que no puede resistir el espectador culto es el lenguaje grosero con que se les ha hecho 'hablar' a los personajes". **6.** *Cine Mundial* n° 6, sep. 1922, p. 9. **7.** *Excelsior* n° 449, 18 oct. 1922, p. 11. **8.** Ver publicidad en *La Película* n° 391, 20 mar. 1924. **9.** *Imparcial Film* n° 183 (24 oct. 1922, publicidad), *La República* (7 oct. 1922, p. 5) y *Crítica* (13 oct. 1922, "El Cine...") mencionan también a Pelele como dibujante.

136. *Fausto*, relatado por Anastasio "El Pollo" (Estanislao Del Campo)

Estreno: martes 14 de noviembre a la noche en el Grand Splendid Theatre, Palace Theatre y Cinematógrafo Callao (Capital Federal)
Exhibición privada: viernes 3 de noviembre en el Teatro Cervantes (Capital Federal)[1]
Año de producción: 1921/22
Producción: Martínez y Gunche (Propietarios: Eduardo Martínez de la Pera y Ernesto Gunche)[2]
Dirección: Carlos Rohmer
Guion: Eduardo Martínez de la Pera y Ernesto Gunche sobre el poema *Fausto, impresiones del gaucho Anastasio el Pollo en la representación de esta ópera* de Estanislao del Campo
Intertítulos (supervisión): Ricardo del Campo
Fotografía y cámara: Eduardo Martínez de la Pera y Ernesto Gunche
Virados en color[3]
Laboratorios: Martínez y Gunche (Bogotá 2791, Flores)
Música adaptada
Estudios: Martínez y Gunche (Andrés Arguibel 2887)
Distribución: Martínez y Gunche (Esmeralda 491)
Duración: 7 actos[4]
Género: "cine-poema"[5]

Intérpretes: Carlos Rohmer (Anastasio "El pollo" / Mefistófeles), Ricardo Varela (don Laguna), Rodolfo Vismara (Fausto), Blonda Vivienne (Margarita),[6] Delia Codebó (Siebel), Pablo Almirán (Silverio), Ramón Bertrán (Valentín).

Argumento: "Como es sabido, Anastasio El Pollo y Laguna se encuentran por casualidad en circunstancias en que el primero regresa de un viaje a la ciudad. Después de cambiar algunos elogios a sus respectivos fletes, y a raíz de una mención incidental del diablo, El Pollo dice que lo ha visto en persona en el 'tiatro de Colón', cuatro o cinco noches antes. Y relata la representación del *Fausto* a la que ha asistido. Todo esto se sigue en el film por medio –diríamos– de un diálogo entre ambos personajes, si de diálogos puede hablarse tratándose de una película. Así, a medida que el relato de El Pollo avanza, la figura de los interlocutores va apareciendo en la pantalla 'close-up' y la descripción se representa en escenas que se funden en las anteriores, mostrando alternativamente lo que El Pollo viera y lo que Laguna se imagina a través de las palabras del 'cuñao'.

Se intercalan a la acción propiamente dicha las leyendas que transcriben íntegramente el texto del poema original, en forma que estas vienen a ser el elemento primordial de la realización cinematográfica, y marcan, por consiguiente, los diversos tiempos en que se descompone el movimiento escénico. De ahí que la película no sea, en realidad, otra cosa que una lectura con ilustraciones cinematográficas del *Fausto* de Del Campo, y que su desarrollo adolezca de una lentitud que por momentos la hace pesada. Esas ilustraciones están hechas con una gran probidad, que se acusa en todos los detalles y que da al film un gran interés de reconstrucción histó-rica de lugares y costumbres [...] Los aperos de Laguna y de Anastasio El Pollo son auténticos de la época y pertenecieron a D. Francisco Ceballos, así como las prendas de vestir, que fueron cedidas por D. Adolfo Olivera. Los archivos y las colecciones bibliográficas fueron consultados, y copia exacta de grabados de aquel entonces es el telón de boca del antiguo Colón. En ciertos casos en que los mismos grabados podían inducir al error, sobre todo en lo que se refiere al vestuario y atrecería, se han bus-cado prendas y objetos auténticos, que fielmente fueron copiados. Del mismo modo se ha procedido para reproducir el cielo que se baila en el tercer acto de la película, y que es, en el entender de Laguna, el baile que El Pollo ha visto al final del segundo acto del *Fausto*" (*La Nación*, 16 nov. 1922, p. 6).

"Pero lo que más ha llamado la atención son los comentarios fotográficos a las distintas narraciones que hace don Anastasio el Pollo a su amigo Laguna.
En el párrafo que hace de:
'Sabe que es linda la mar.
La viera de mañanita
Cuando agatas la puntita
Del sol comienza a asomar'.
Aquí el público no pudo contener su explosión de entusiasmo que se tradujo en una delirante ovación. Tal cual dice el verso se ve en la foto-grafía. La madrugada, el naciente con sus hermosos coloridos, la mar... Y después aquella frase:
'Trae en las alas encrespadas
los colores de la aurora...'
Y se reproducen aquí bellos paisajes que representan los más hermosos cuadros que pueda concebir un artista, tal es su naturaleza viviente, tal sus colores que más bien parecen salidos de la paleta de un pintor que de un baño fotográfico" (*Crítica*, 4 nov. 1922, p. 12).

Comentario: Esta primera versión del *Fausto Criollo* constituyó el último largometraje de ficción financiado por la empresa Martínez y Gunche. La primera información sobre su rodaje data de fines de marzo de 1922, cuando se cuenta que Martínez y Gunche "viene trabajando desde hace tiempo [...] la adaptación de *Fausto*",[7] por lo que es muy probable que los trabajos de filmación se iniciaran el año anterior. De hecho, el diario *Crítica*[8], en noviembre de 1922, indica que su realización duró más de un año. *Fausto* se concluyó en julio de 1922.

La productora convocó a un pariente del autor del poema gauchesco, Ricardo del Campo, con el objeto de revisar y depurar los intertítulos, tomados del texto original. Sin embargo, esta colaboración puede haber tenido una intención meramente publicitaria.

A su vez, Martínez y Gunche, encargó al dibujante Widner la confección de los afiches publicitarios centrados en el motivo del diablo, que afortunadamente fueron preservados.

Ya con el título de *El Fausto (Criollo)* se reestrenó el 1° de abril de 1923,[9] y se distribuyó también durante 1924. En 1925 es puesto en venta el negativo y cinco copias a través de Picazarri Film. En mayo de 1931 el film es adquirido por el distribuidor Ernesto Sola con el objetivo, entre otros, de comerciarlo en España.

Comparación con bibliografía específica: CIHCA (1958, p. 5), Couselo (1992, p. 34) y Maranghello (2005, p. 28) indican que el año de estreno o de producción es 1923.

Notas: 1. Según *Crítica* (4 nov. 1922, p. 12) la proyección se realizó a una velocidad más lenta que la usual. **2.** Probablemente hayan intervenido otros inversores, ya que *Excelsior* n° 505 (14 nov. 1923, p. 17) señala: "una señora de Baradero exige su plata prestada para la impresión de la película". **3.** *La Nación* (16 nov. 1922, p. 6) hace mención a "la riqueza de los virajes, aunque algo cargados en ciertos pasajes, especialmente en las combinaciones de tonalidades de distinta intensidad, obtenidos con felicidad". **4.** Publicidad en *Excelsior* n° 488, 18 jul. 1923, p. 24. **5.** Publicidad en *Cine Mundial* n° 7, oct. 1922. **6.** Este personaje originariamente iba a ser interpretado por Amelia Mirel. **7.** *Excelsior* n° 420, 29 mar. 1922, p. 15. **8.** 13 nov. 1922, p. 10. **9.** Es factible que sobre fines de ese año se exhibiera por primera vez en Montevideo (Uruguay) porque *Excelsior* n° 499 (3 oct. 1923, p. 15) informa que el distribuidor Juan Dasso viajaría a esa ciudad para preparar su estreno.

137. La chica de la calle Florida

Estreno: martes 21 de noviembre en el Esmeralda, Cinematógrafo Callao, Capitol Theatre, Gaumont Theatre y Empire Theatre (Capital Federal)
Exhibición privada: domingo 5 de noviembre a las 10:30 hs. en el Esmeralda
Año de producción: 1922
Producción: Colón Film (Propietario: Luis A. Scaglione)
Dirección y guion: José A. Ferreyra
Fotografía y cámara: Luis A. Scaglione, Vicente Scaglione y Antonio Defranza
Laboratorios: Colón Film
Escenografía: Augusto Gosalbes
Estudios: Colón Film (Boedo 51)
Distribución: Colón Film (Carlos Pellegrini 570)
Duración: 7 actos
Género: "cine-drama del ambiente porteño"[1]

Intérpretes: Lidia Liss (Alcira, "la chica de la calle Florida"), Jorge Lafuente (Jorge), Elena Guido (Juana), César Robles (Amancio), Augusto Gosalbes (don Jaime, el dueño), Leonor Alvear (Elsa), Carlos Lasalle (Carlos, un muchacho), Álvaro Escobar (Pedro).

Argumento: "El argumento se basa en la historia de Alcira, vendedora de una gran tienda que ha logrado interesar con su bondad y su belleza al hijo del dueño del establecimiento, amores que hallan resistencia en el padre del joven Jorge, estudiante de Derecho, destinado a un brillante porvenir. Los enamorados se independizan, pero caen en la miseria. Los personajes del drama en acción, además de los mencionados, son el gerente de la casa, Amancio, un pillo de siete suelas que tiene entre sus víctimas a Juana, la dactilógrafa, sometida a su capricho, intentando hacer lo mismo con Alcira. Elsa, otra empleada, y Pedro, 'el botones', completan el nudo dramático que se resuelve a satisfacción del romanticismo popular. El gerente muere de un tiro, disparado por Juana, la dactilógrafa. Eliminado el hombre malo, reconcílianse padre [don Jaime] e hijo, este toma el gobierno del negocio, apareciendo padre de unos hermosos niños que le ha dado su amada y buena esposa Alcira.
El 'botones', Pedro, que se muere por los pedazos (sic) de Elsa, y había sido despedido por el gerente, vuelve al establecimiento, viéndosele al final ejerciendo el cargo de gerente con toda la prosopopeya de los

grandes personajes, con gran contentamiento de los espectadores, que lo ovacionaron ruidosamente" (*La Película* n° 320, 9 nov. 1922, p. 13).

Comentario: *La chica de la calle Florida*, una de las pocas películas que se conservan del período mudo nacional, originariamente iba a ser realizada por Tylca Film con los mismos actores y equipo técnico de su anterior producción, *La muchacha del arrabal* (1922). Pero en septiembre de 1922 se separaron de esa editora José Ferreyra y los hermanos Scaglione, y conformaron estos últimos el Estudio Artístico Cinematográfico Argentino Colón Film, que retomaba el nombre comercial de la antigua productora de Luis Scaglione. Sus estudios y laboratorios se instalaron en Boedo 51, propiedad de una fugaz sociedad denominada Araucana Film, de la cual Scaglione había sido miembro. Esta nueva empresa produjo por su cuenta *La chica de la calle Florida*. Su rodaje, realizado en parte con luz artificial, se desarrolló entre mediados de septiembre y fines de octubre de 1922. Como mecanismo publicitario, la productora distribuyó una cartulina en la que la protagonista apelaba a sus potenciales espectadores: "A ti, compañerita: ...obrera sin fatigas [...] A ti, costurerita de paso ligero; ...A ti, muchacha vendedora vestida de negro; ...A ti, compañerita, dedico este bello film".[2]
Esta película constituyó un importante éxito de boletería. En 1923 se realizó el *reprise* y luego fue comercializada entre 1925 y 1929. A fines de abril de 1923, Juan Glizé adquirió los derechos de exhibición para España.

Notas: 1. Publicidad en *Imparcial Film* n° 184, 31 oct. 1922. **2.** *La República*, 8 nov. 1922, p. 5.

-- --------------------

Divergencias con bibliografía específica: Couselo (2008, p. 13) menciona *La milonga* entre las obras producidas por Mario Gallo en 1922. Se trata de un argumento escrito por Alberto Weisbach para los intérpretes Luis Arata y Olinda Bozán cuyo inicio de filmación fue anunciado en los medios gráficos entre noviembre de 1921 y agosto de 1922.[1] Luego, van a desaparecer las referencias a esta obra, y es muy probable que nunca haya sido realizada.

Notas. 1. Ver *Última Hora*, 30 nov. 1921, p. 5; *La Película*, 16 feb. 1922, p. 16-17; sección "Producción Nacional" en *Excelsior* n° 419, 22 mar. 1922 y n° 440, 16 ago. 1922.

1923

138. Inquilinos de etiqueta

Estreno: durante 1923 en el Select Lavalle (Capital Federal)
Exhibición privada: s.d.
Año de producción: 1922
Producción: Ideal Program (Productores: Pablo C. Ducrós Hicken, Roberto Kuhlenschmidt Hicken, Ricardo Raffo, Arturo Lara, Ernesto Caro)
Dirección: Pablo C. Ducrós Hicken y Roberto Kuhlenschmidt Hicken
Guion: Pablo C. Ducrós Hicken [y Roberto Kuhlenschmidt Hicken?]
Fotografía y cámara: Roberto Kuhlenschmidt Hicken y otros
Laboratorios: Talleres Cinematográficos Federico Valle
Distribución: [Ideal Program?]
Duración: 520 metros (29 min. aprox.)
Género: comedia

Intérpretes: Pablo C. Ducrós Hicken, Roberto Kuhlenschmidt Hicken, Ricardo Raffo, Arturo Lara, Ernesto Caro.

Datos del argumento: "El argumento consistía en la tentativa de dos vagabundos de pernoctar en una casa abandonada, pero ya ocupada por otro congénere, que, disfrazado de fantasma, procederá a ahuyentarlos. La trama se complica por la participación de un pintor [en busca de paisajes] y de un cazador furtivo. Y la llegada imprevista del dueño de la finca, con su chófer [...] Una jocosa advertencia daba la tónica e iniciaba la proyección de esta farsa al estilo yanqui de entonces: 'Quisimos hacer un film cómico y nos salió dramático, pero la próxima vez haremos uno dramático para que salga cómico'" [Barrios Barón (en Museo del Cine, 1980, p. 14)].

Locaciones: casa quinta de Christian H. Hicken (Villa Progreso, prov. de Buenos Aires).

Comentario: Se trató de una producción amateur realizada por Pablo C. Ducrós Hicken, futuro historiador del cine mudo nacional, conjuntamente con su primo Roberto Kuhlenschmidt Hicken, quien luego se convertiría, bajo el nombre de Roberto Schmidt, en camarógrafo y jefe de la sección máquinas de la Cinematografía Argentina Federico Valle.

Su rodaje se inició en febrero de 1922 y concluyó, luego de varias interrupciones, en diciembre.

Inquilinos de etiqueta, exhibido en varias salas céntricas durante 1923 como una "comedia americana" o bien como una película de Mack Sennett, no volvió a ser distribuido posteriormente.

Según Barrios Barón (1980, p. 19) el positivo de este film fue conservado por una familiar del director, Josefina Otero de Kuhlenschmidt.

139. El Puma

Estreno: martes 20 de marzo a la noche en el Gaumont Theatre (Capital Federal)
Exhibición privada: días antes del 8 de junio de 1921 en los talleres Federico Valle (Capital Federal)[1]
Año de producción: 1920/22
Producción: Cinematografía Argentina Federico Valle / Super Program (Propietario: Ventura Goday)
Dirección: Manuel Lema Sánchez
Guion: [Manuel Lema Sánchez y/o Nelo Cosimi?]
Fotografía y cámara: Pío Quadro y Luis Scaglione
Laboratorios: Talleres Cinematográficos Federico Valle y Colón Film
Estudios: Talleres Cinematográficos Federico Valle (Reconquista 452) y Colón Film (Boedo 51)
Distribución: Super Program (A. B. Curell y Cía. / Lavalle 764)
Duración: 6 actos
Género: drama campero

Intérpretes: Nelo Cosimi ("El Puma"), Francis Selma (Aurora?), Inés Castellano (Felicia?), A. Bayán, Augusto Gosalbes.

Argumento: "Después de cuatro años de ausencia de Caldenes, su pueblo natal, 'El Puma' mira hacia un punto del horizonte que circunda a la vasta Pampa, animoso de tomar un recto camino que lo conduzca al lejano hogar abandonado para evitar un choque, que podría ser terrible, con Horacio, el hijo del comisario.

Mientras permaneció fuera de su rancho, 'El Puma' ganó su sustento en una chacra, remitiendo a la vez a su hermana Aurora, que hubo de quedar casi abandonada en Caldenes, parte de su sueldo para que subviniera a sus gastos. Ambos eran huérfanos, y por su laboriosidad gozaban de un justo aprecio en todo el contorno.

Horacio, espíritu perverso, cuya maldad encubría siempre valiéndose de 'El barbudo', 'El gringo' y 'Gurí', tres sujetos detestables, cometía toda clase de abusos en Caldenes, aprovechándose de su situación de hijo de la más alta autoridad del partido.

Nadie se aventuraba a reprender a Horacio, y sin que su padre lo supiera, era él una especie de agresivo mandón merced al temeroso consentimiento del vecindario [...]

¿Por qué regresaba este gaucho tan intempestivamente al tiempo que en su corazón gravitaba una gran angustia? Regresaba porque el día anterior tuvo la desgracia de recibir una carta que un amigo anónimo, pero bueno, le remitiera comunicándole que Aurora, desde hacía largo tiempo, era madre de un niño cuyo padre se ignoraba [...] Cuando los dos hermanos se vieron, después de tanto tiempo transcurrido, se entabló una lucha horrible. Él quería saber quién era el padre del niño y ella trataba de ocultarlo por todos los medios, a fin de evitar una posible catástrofe.[2] Fincado aquí el conflicto de la obra, esta termina con una imponente pelea entre 'El Puma' y Horacio, que luchan entre las llamas de un verdadero incendio.

Cuando 'El Puma' asegura para Aurora el compromiso del hombre que la hizo madre, resuelve volver a la chacra donde trabajará con la ilusión de juntar una suma de dinero para casarse con Felicia, la hija del pulpero de Caldenes, a quien desde hace años ama entrañablemente" (*La República*, 18 mayo 1922, p. 5).

Locaciones: pueblo de Rivadavia (Prov. de Buenos Aires).

Comentario: Originalmente *El Puma* iba a ser realizado por la editora San Martín Film bajo la dirección de Juan Glizé. Sin embargo, los talleres Federico Valle finalmente se encargaron de su filmación entre julio y agosto de 1920. En 1921, *El Puma* fue comprada por la distribuidora Super Program. Uno de sus propietarios, Ventura Goday, financió, entre fines de agosto y septiembre de 1922, el rodaje de un nuevo acto en los estudios Colón Film. Recién en 1923, el film fue estrenado por la empresa Super Program (Lavalle 764), por ese entonces propiedad de Curell y Cía. *El Puma* refleja cierta influencia del periodismo cinematográfico sobre la producción nacional de esos años, porque su director (y, probablemente, también argumentista), Manuel Lema Sánchez, había sido secretario de redacción de la revista *Cine Universal* y redactor de *La Película*, mientras que la actriz protagonista obtuvo el primer premio en un concurso organizado por *Cine Universal*.

Esta película, con claras influencias del western estadounidense, según las fuentes consultadas no volvió a ser distribuida posteriormente.

Comparación con bibliografía específica: Di Núbila (1998, p. 36) cita este título, sin ningún dato complementario. Peña (2012, p. 29) atribuye la dirección y el guion a Nelo Cosimi, cuando en realidad Manuel Lema Sánchez, como señalan las fuentes de la época, se encargó de la dirección artística del film.[3] En cambio, la información sobre el autor del argumento resulta más contradictoria, ya que en este rol son mencionados, en publicaciones diferentes, tanto Lema Sánchez[4] como Cosimi.[5]

Notas: 1. Se exhibió junto con *Los hijos de naides* (1921). Posteriormente se organizó otra proyección antes del 27 julio de 1921 en el Metropol. En ninguno de los dos casos se proyectó la versión de 6 actos, sino una de 5 actos. **2.** *Última Hora* (16 mar. 1923, p. 3) señala que en ausencia de "El Puma", Horacio sedujo a su hermana, por lo cual es casi seguro que este era el padre del niño. **3.** Ver, por ejemplo, *La Película* n° 339, 22 mar. 1923, p. 20; *La República*, 18 mayo 1922, p. 5; *Crítica*, 1° abr. 1921, p. 4; *Cine Universal* n° 50, 13 nov. 1920, p. 1. **4.** Ver *Cine Universal* n° 45, 4 sep. 1920, p. 1; sección "Producción Sudamericana" en *Excelsior* n° 337, 25 ago. 1920, n° 378, 8 jun. 1921 y n° 434, 5 jul. 1922. **5.** Ver *La República*, 10 oct. 1922, p. 4; *La Película* n° 309, 24 ago. 1922, p. 20.

140. Midinettes porteñas

Estreno: martes 17 de abril en el Esmeralda (Capital Federal)
Exhibición privada: domingo 8 de abril a las 10:00 hs. en el Esmeralda
Año de producción: 1922
Producción: Tylca Film (Director Propietario: Rafael Parodi)
Dirección y guion: Rafael Parodi
Fotografía y cámara: Andrés Ducaud
Laboratorios: Tylca Film
Escenografía: Andrés Ducaud
Estudios: Tylca Film (Paraguay 1150)
Distribución: Tylca Film (Paraguay 1150)
Duración: 7 actos
Género: drama

Intérpretes: Amelia Mirel (Irene Vázquez), Ángel Boyano, Aquiles
Marchesi (Rodolfo Luna, alias "Anguila"), María Delelis (Valentina Pedreti),
María Spinelli, Fca. Bertoni, Amelia Escobar, Lola Cardona, Carlos Dux,
Luis Fezia, Julio Andrada, Juan Ballester.

Datos del argumento: "Es un buen ensayo cinematográfico en que se
nos presenta a una muchacha [Irene Vázquez] que salta de la costura al
automóvil, deslumbrada por las pompas mundanas.
Surge luego el 'hombre malo' que la seduce y la explota, y acaba su fugaz
existencia trágicamente, en una sala de juego.
Esta es la víctima... fugaz mariposa de alas brillantes que se consume
entre el fuego de las pasiones; y estableciendo paralelo ejemplar, pero a
la inversa, vemos a otra *midinette*, [que] resistiéndose a las tentaciones
que la cercan, logra el premio a sus virtudes, encontrando paz, amor y
hogar"[1] (Narciso Robledal, *Caras y Caretas* n° 1282, 28 abr. 1923, "Teatro
del Silencio").

"Algunas situaciones son dudosas y otras inexplicables, pero hay excelentes
escenas en que compiten la técnica con la fotografía y la interpretación,
como sucede en el número de varietés que la Mirel representa en el
teatro Smart, donde la bailarina luce triunfalmente su figura escultural
admirable" (*Excelsior* n° 476, 25 abr. 1923, p. 28).

Comentario: *Midinettes porteñas*, dirigida y escrita por el propietario
de la productora Tylca Film, Rafael Parodi, comenzó a filmarse en septiembre de 1922. En cambio, resulta más difícil determinar la fecha de

terminación, porque toda información sobre el rodaje desaparece de los medios de prensa a partir de mediados de octubre. Sin embargo, es probable que haya sido concluido en el transcurso de 1922.

A pesar de que Tylca Film acentuó su producción a fines de ese año realizando por momentos en forma simultánea *El viaje de Marcelo* (1922) y *Midinettes porteñas*, en noviembre su propietario solicitó una convocatoria de acreedores para evitar la quiebra.[2] De todas formas, en julio de 1923 la empresa sufrió el embargo de algunos de sus bienes.

Midinettes porteñas se distribuyó también durante 1924, 1926 y 1931.

Notas: 1. Según recuerda la actriz Amelia Mirel, a raíz de una huelga de un grupo de actores, su director decidió despedir a los intérpretes y suspender la filmación: "Entonces le dije que lo que tenía que hacer era matar a todos los personajes y seguir con otro argumento [...] Un mes después me llamó para seguir con el trabajo. En principio la película iba a ser la historia de una muchachita que moría tuberculosa después de que dos hombres la abandonaran. Parodi tomó las escenas ya filmadas en que los galanes escribían cartas de adiós y las transformó en cartas de suicidas. El argumento cambió. Los dos hombres morían y la muchacha triunfaba en el teatro. Al final, sí, moría tuberculosa" (Revista *La Nación*, 26 nov. 1972, p. 19). **2.** *La Película* n° 320, 9 nov. 1922.

141. Fir¡pobre!nnan

Estreno: viernes 20 de abril en el Gaumont Theatre (Capital Federal)
Exhibición privada: domingo 8 de abril a la madrugada en el Esmeralda
(Capital Federal)
Año de producción: 1923
Producción: Martínez y Gunche (Propietarios: Eduardo Martínez de la
Pera y Ernesto Gunche)
Dibujos y dirección: Quirino Cristiani
Guion: [Quirino Cristiani?]
Fotografía y cámara: [Eduardo Martínez de la Pera y Ernesto Gunche?]
Laboratorios: Martínez y Gunche (Bogotá 2791, Flores)
Estudios: Martínez y Gunche (Andrés Arguibel 2887)
Distribución: Martínez y Gunche (Esmeralda 491)
Duración: 3 actos
Género: comedia de animación

Personajes: Luis Ángel Firpo, Bill Brennan.

Datos del argumento: "Se comenta con ágil ironía y fina comicidad, el
ya célebre match de boxeo Firpo-Brennan, historiándose jocosamente
los preliminares del encuentro y presentando a nuestro público una
visión fiel de los terroríficos 'castañazos' con que el 'toro salvaje de las
pampas' [Firpo] consiguió 'adormecer' al popular 'Knock-Out Bill', en la
más sangrienta de las peleas habidas" (*Última Hora*, 20 abr. 1923, p. 3).

Comentario: Segundo film de animación de Cristiani sobre la carrera
deportiva del boxeador argentino Luis Ángel Firpo, en este caso centrado
en su triunfo frente a Bill Brennan que tuvo lugar el 12 de marzo de 1923
en Nueva York. Para determinar el inicio de la filmación podemos tomar
como referencia estimativa la fecha de la pelea de box. Por su parte, a
fines de ese mes *La Película*[1] anunciaba que la productora Martínez y
Gunche estaba por concluir su realización.
Fir¡pobre!nnan fue estrenado al día siguiente de la primera proyección del
registro documental del match seguramente con el objeto de beneficiarse
del renovado interés que despertó ese combate en el público argentino.
Este "comentario humorístico del gran match pugilístico"[2] se comercializó
además en 1924 a través de la distribuidora Selección Nacional.

Comparación con bibliografía específica: Bendazzi (2008, p. 79-80) es el único que menciona este mediometraje, aunque limita la información al año de producción, la realización de Cristiani y la descripción de la pelea original.

Notas. 1. N° 340, 29 mar. 1923, p. 19. **2.** Publicidad en *Excelsior* n° 472, 28 mar. 1923, p. 18.

142. El guapo del arrabal

Estreno: lunes 30 de abril en el Electric Palace y Teatro de la Princesa
(Capital Federal)
Exhibición privada: domingo 15 de abril a las 10:30 hs. en el Select
Lavalle (Capital Federal)
Año de producción: [1923?]
Producción: Buenos Aires Film (Director Propietario: Julio Irigoyen)
Dirección: Julio Irigoyen
Guion: Leopoldo Torres Ríos
Fotografía y cámara: [Julio Irigoyen?]
Laboratorios: Buenos Aires Film
Distribución: Buenos Aires Film (Lavalle 1059)
Duración: 6 actos
Género: "drama del hampa porteña"[1]

Intérpretes: Rodolfo Vismara (El guapo del arrabal), Noemí Labardén[2]
("Mariposa"), Matías Adolfo de Torres, Raquel Garín, Luis Poublan, Ana
Murray, Augusto Gosalbes, Nicolás Oscar Nelson (guardaespaldas del
guapo), Manuel Ochoa (policía), Fernando Campos (policía).

Argumento: *"El guapo del arrabal* es la historia de un joven obrero del
suburbio que se convierte en un sujeto maleante para buscar venganza
en el individuo que asesinó a su madre.
Es así como vemos al obrero de ayer, feliz con el afecto de la madre a
quien amaba entrañablemente, convertirse en un ladrón, en una fiera,
para buscar en el hampa al autor de la muerte de su madrecita querida,
que mataron para robarle sus ahorros.
Pensaba, y esa era su obsesión, que algún día conviviendo con esa ralea
de maleantes, llegaría a saber qué fiera fue aquella que estranguló a la
madre esa mañana poco después de abandonar su hogar.
En sus correrías, por su arrojo, carácter y desapego a la vida, era el jefe de
una banda de ladrones en la que se hallaba Lechuza, elemento dirigente
desde un café de gente de mal vivir.
Lechuza tenía una hermosa criatura como de unos diecisiete años, que
amaba al guapo y era correspondida por este. No obstante el ambiente
en que vivía Mariposa, que tal era su nombre, no había llegado a ser salpicada por el barro de ese lozanal (sic), era pura, era buena, en su alma,
no se cultivaba más que el bien y el deseo de abandonar pronto, pero
con su guapo, las miserias que la rodeaban. Pero... el guapo todavía no
había hallado su néctar... el asesino de su madre. En vano ella trataba de

persuadirlo, él también quería abandonar esa vida que no sentía, pero ¿cómo retroceder cuando tanto había perdido moral y materialmente? Querubi era un ladrón de la banda del guapo, que tenía envidia a este y además gustaba de Mariposa. Un día en un incidente Querubi pretendió eliminar de la banda al guapo y obtuvo este pedido (?) de Lechuza con una delación de este a la policía que concluyó con la prisión de Querubi. Cuando salió de la cárcel este se dirigió a casa de Lechuza y vengó la traición matándole; entonces Lechuza confesó a Mariposa que no era su padre y diciéndole dónde había sido robada cuando era niña.

Y aquí termina el drama. Muerto Lechuza queda desamparada Mariposa, quien es objeto de cuidado del guapo y a quien lleva a casa de sus desconsolados padres, que en vista del gran amor que se tienen los dos muchachos permiten su casamiento.

Ella vuelve a lo que era y él a ser el hombre de trabajo y útil a la sociedad, en cuya alma todavía existen sus sentimientos de bondad" (*Excelsior* n° 477, 2 mayo 1923, p. 27).

Locaciones: Avenida del Tejar y Estomba (Saavedra, Capital Federal), entre otras.

Comentario: La productora Buenos Aires Film, cuyo propietario era Julio Irigoyen, realizó su primera obra de ficción de carácter no publicitario, *El guapo del arrabal.*

Este film, como el resto de la filmografía de Irigoyen, respondía a una producción de baja calidad estética, realizada con presupuestos muy reducidos. No casualmente este director ejemplificaría su método de trabajo señalando: "con recursos pobres hacemos verdaderas hazañas [...] sobre 1.800 metros de negativo fueron aprovechados 1.600".[3] Si bien no pudimos obtener información sobre el rodaje, se trató seguramente de una filmación desarrollada en breve tiempo, como era característico de esta empresa. Posiblemente fue realizada durante los primeros meses de 1923 o bien a fines de 1922 como señala Maranghello (2001, p. 62).

El guapo del arrabal se distribuyó además durante 1924 y 1925. En 1929 y 1930 se exhibió *La pulpera de Santa Lucía,* de la misma productora. Creemos que se trata del mismo film de 1923, que se distribuyó con un nombre diferente con el objeto de aprovechar la popularidad de la canción de Héctor Pedro Blomberg.

Comparación con bibliografía específica: Maranghello (2005, p. 44 y 57) menciona *El guapo del arrabal* y *La pulpera de Santa Lucía* como si se tratara de dos películas diferentes. Sin embargo, según nuestra interpretación, *La pulpera de Santa Lucía* no era más que el nuevo título elegido por la distribuidora Buenos Aires Film para comercializar *El guapo...* a partir de octubre de 1929. Ambas obras tenían como protagonistas a los mismos intérpretes, Noemí Labardén y Rodolfo Vismara, y la misma duración de 6 actos.[4] Si bien las publicidades de *La pulpera...* señalaban que esta obra describía "un retazo de vida que tuvo obscuro origen en la taberna típica de los mazorqueros de la Santa Federación", no dejaban de evidenciar una trama similar a la de *El guapo...*, caracterizada por "la tragedia de dos almas buenas perdidas en las siniestras sombras del hampa porteña".[5] Resulta, a su vez, llamativo que esta última frase también era citada en las publicidades de *El guapo...* durante 1925.[6] Irigoyen haría lo mismo con *El último gaucho* (1924), reestrenado como *La chacra de don Lorenzo* (1929), título que remitía a una famosa obra teatral de Martín Coronado.

Por último, Maranghello (2005, p. 44) da a entender que este film tuvo fotografía de Roberto Irigoyen, pero ningún fuente de la época lo menciona. En cambio, diversas publicaciones describen exclusivamente a su hermano Julio Irigoyen como director artístico y técnico del film,[7] por lo cual es probable que se haya encargado también de la labor fotográfica.

Notas: 1. Publicidad en *La Película* n° 353, 28 jun. 1923. **2.** Esta intérprete posteriormente utilizará el nombre de Yolanda Labardén. **3.** *Imparcial Film* n° 237, 3 nov. 1923, p. 35. **4.** Ver publicidad en *La Película* n° 353, 28 jun. 1923; *Imparcial Film* n° 588, 20 dic. 1929, p. 12; *La Película* n° 723, 31 jul. 1930, p. 18. **5.** Publicidad en *Excelsior* n° 829, 30 ene. 1930 y en *La Película* n° 699, 13 feb. 1930. **6.** *Excelsior* n° 592, 17 jul. 1925 y n° 605, 14 oct. 1925. **7.** Publicidad en *La Película* n° 342, 12 abr. 1923 y en *Excelsior* n° 476, 25 abr. 1923.

143. Guiñol porteño

Estreno: miércoles 2 de mayo a la noche en el Cinematógrafo Callao, Capitol Theatre y Select (Capital Federal)
Exhibición privada: domingo 25 de marzo en el Cinematógrafo Callao
Año de producción: 1923
Producción: Editora Cine Gráfica Atalanta Film (Propietario: Luis Landini)
Dirección: Alberto Traversa
Guion: José Mazzanti[1]
Intertítulos: José González Castillo
Fotografía y cámara: Mario Gallo y Emilio Peruzzi
Laboratorios: Gallo Film
Estudios: Gallo Film (Bartolomé Mitre 2062)
Distribución: José García (Suipacha 915)
Duración: 6 actos
Género: comedia

Intérpretes: Joe Boykin (protagonista / capítulo *Hasta Dempsey no para*), Enme S. de Traversa[2] (protagonista / capítulo *Cosas de locos*), Leticia Scuri, Julio Michelot ("un criollo vivo"? / capítulo *Hasta Dempsey no para*), Alberto Traversa (loco / capítulo *Cosas de locos*), Andrade.

Argumento: "La obra se divide en tres partes, formando un total homogéneo. Se inicia con *Peliculamanía*, siguiendo con una escena de gran guiñol [*Cosas de locos*] y terminando en una parodia de box de efectiva gracia [*Hasta Dempsey no para*]" (*Excelsior* n° 472, 28 mar. 1923, p. 17).

"Su prólogo curioso [*Peliculamanía*] se desarrolla entre bastidores, maquinarias y gentes de la farándula cinesca, en los talleres de filmación. Las escenas entre artistas comentando las obras de cine carentes de ingenio, brinda la ocasión de leer nuevos argumentos que van desarrollándose en la pantalla con acierto y discreción. La primera relación es una pieza guiñolesca de estilo sintético con escenas pavorosas [*Cosas de locos*], actuando de loco Traversa, con todos los aspectos de demencia y de venganza entre hombres que hay en medio de sus vidas una mujer y esto exige un crimen que no se llega a consumar por quedar pendiente la historia.
De lo trágico pasa el relato a lo cómico.
El gran entusiasmo despertado por el deporte del box y las enormidades de dólares que con él van aparejados, han dado motivo para un argumento cómico [*Hasta Dempsey no para*] que se desarrolla eficazmente y con suma originalidad.

Las estadísticas pugilísticas indican continuamente que el manager tal o cual ha ganado con su campeón en el match tal, tantos miles de dólares. Un vivo criollo de los que nada inventan y de todo saben, ve con la presencia del negro Boykin[3] un futuro 'merlo' y campeón de box al mismo tiempo. Los preliminares del training, así como la reunión de conspicuos vecinos del populoso barrio de la Boca para la formación de una cooperativa anónima para allegar recursos y seguir la preparación del campeón, hacen que su desarrollo transcurra en medio de escenas de gran hilaridad hasta que como todas las cosas, termina como cosas de negros (sic)" (*Excelsior* n° 478, 9 mayo 1923, p. 31).

Comentario: Se trata de la primera producción de Atalanta Film, fundada en 1923 por Luis Landini. Esta productora estaba instalada en Bartolomé Mitre 2062, la misma dirección comercial que tenían desde octubre de 1922 los talleres Gallo Film, encargados de la labor técnica de esta película. Es posible que se haya filmado entre enero y marzo de 1923, porque en los últimos días de diciembre de 1922 todavía se anunciaba el inminente comienzo del rodaje,[4] y a finales de marzo ya había sido exhibida.

Guiñol porteño estuvo protagonizado por Joe Boykin, el "sparring-partner" del boxeador Luis Ángel Firpo, seguramente con el objeto de aprovechar la enorme popularidad del boxeo en esos años y el éxito de las exhibiciones de las peleas de Firpo en los cines.

En el exterior, es probable que se haya estrenado en Brasil por intermedio de su director Alberto Traversa, quien se trasladó a ese país en 1924 llevando una copia de esta película.

Según las fuentes consultadas, la película no se distribuyó luego de su año de estreno, a pesar de que en 1924 el productor Luis Landini ofreció en venta el negativo.[5]

Comparación con bibliografía específica: Couselo (1965b, p. 49) fecha su producción en 1927.

Notas: 1. Llamativamente en *La Película* n° 326 (21 dic. 1922, p. 11) se publicitó el rodaje, en los talleres de Gallo Film, de un argumento de González Castillo con el mismo título bajo la dirección de Traversa y financiado por la Cinematográfica Lux. **2.** Podría tratarse de Enne Adry, actriz protagónica de *La ley del hombre* (1922). **3.** Este personaje, según *La Película* n° 345 (3 mayo 1923, p. 39), "aparenta ser un robusto marinero que perdió su vapor y anda vagando por el puerto" cuando "es realmente un campeón, cosa que ignora el criollo vivo". **4.** Publicidad en *La Película* n° 327, 28 dic. 1922. **5.** Ver publicidad en *La Película* n° 422, 23 oct. 1924.

144. Las aventuras de Fosforito

Estreno: [domingo 20 de mayo a las 17:20 hs. en Plaza Italia (Capital Federal)?]
Año de producción: [1923?]
Producción: Publicinema [o Publi-Cine?] (Propietario: Quirino Cristiani, entre otros) / Compañía General de Fósforos
Dibujos y realización: Quirino Cristiani
Guion: Quirino Cristiani
Distribución: Publicinema [o Publi-Cine?]
Duración: 3 min.
Género: animación publicitaria

Personajes: Fosforito, Fosforita.

Argumento: "Había una caja de fósforos. De allí salían dos, con la cara dotada de los rasgos de un hombre y una mujer, respectivamente. Después se los veía vestidos con indumentaria humana y con figura humana. Los presentaba en un bosque bastante oscuro, como dos enamorados. Él le decía: '¡Fosforita, mi pecho se inflama ante tu presencia!.' Y ella le respondía: 'Presta atención, que no se te inflame la cabeza!.' Después se abrazaban, se besaban, y cuando las dos cabezas se rozaban, se prendían fuego y el bosque era iluminado por una claridad muy viva. Luego la llama se extinguía, las figuras volvían a su estado originario de fósforos y se metían en la caja. Esta aparecía en primer plano y se veía el nombre: Fósforos Victoria. El locutor (era la época del cine mudo) decía: ' Dan más luz y duran más!'" [Quirino Cristiani en Bendazzi (2008, p. 92)].

Comentario: Primera película de animación realizada por Publicinema, productora de carácter publicitario creada por el cineasta Quirino Cristiani en sociedad con un fabricante de telas. Esta empresa exhibía en diversos lugares públicos de la ciudad de Buenos Aires sus cortos publicitarios junto con las primeras películas de Chaplin y de diversos cómicos estadounidenses por medio de un proyector y una pantalla ubicados en un camión. Un comentario del diario *Critica*,[1] la única fuente de la época que da cuenta de los dibujos comerciales Publicinema, anuncia que el domingo 20 de mayo además de la exhibición en Plaza Italia, se iban a realizar otras en forma gratuita a las 18:30 en Santa Fe y Bustamante y a las 19:30 en Santa Fe y Pueyrredón. Sin embargo, resulta difícil determinar si esa información alude a las primeras exhibiciones donde se proyectó *Las aventuras de Fosforito*.

Notas: 1. 20 mayo 1923, p. 7.

145. Film de animación Yerba Mate Cruz del Sur

Estreno: [1923?]
Año de producción: [1923?]
Producción: Publicinema [o Publi-Cine?] (Propietario: Quirino Cristiani, entre otros) / Yerba Mate Cruz del Sur
Dibujos y realización: Quirino Cristiani
Guion: Quirino Cristiani
Distribución: Publicinema [o Publi-Cine?]
Duración: cortometraje
Género: animación publicitaria

Personajes: Flammarion.

Argumento: "Se veía a Flammarion, el astrónomo, y los subtítulos, rimados, decían: 'El gran sabio Flammarion / descubre con gran contento / en el azul firmamento / una gran constelación.' Luego se veía una estrella en primer plano que se transformaba en un paquete de yerba: Yerba Mate Cruz del Sur. La Cruz del Sur es una constelación, y es la constelación fundamental del hemisferio austral..." [Quirino Cristiani en Bendazzi (2008, p. 93)].

Comentario: Quirino Cristiani [en Bendazzi (2008, p. 93)] recuerda haber filmado, entre las muchas películas del Publicinema, un cortometraje de animación para promocionar la yerba mate Cruz del Sur antes de que la Municipalidad prohibiera este sistema de exhibición pública[1] debido a que provocaba problemas en el tránsito.
Aparentemente la "confección" de dibujos de propaganda comercial no se circunscribió a esta productora ya que por ejemplo *El Telégrafo*[2] informa sobre la instalación en la calle Corrientes de la Cartoon Film, que iba a iniciar sus actividades en enero de 1923 con la producción de "dibujos animados, historietas breves [de 5 minutos] que terminan con un aviso muy disimulado".

Notas. 1. Ver ficha "144. Las aventuras de Fosforito". **2.** 30 nov. 1922, p. 5.

146. La aventurera del pasaje Güemes

Estreno: [miércoles 23 de mayo en el Esmeralda?] [o lunes 28 de mayo en el Esmeralda, Teatro de la Princesa, Mignon Palace, Majestic Theatre y Palais Bleu (Capital Federal)?][1]
Exhibición privada: domingo 6 de mayo a la mañana en el Select Lavalle (Capital Federal)
Año de producción: 1922/23
Producción: Buenos Aires Film (Propietario: Julio Irigoyen)
Dirección: Julio Irigoyen
Guion: Alberto T. Weisbach
Fotografía y cámara: Julio Irigoyen
Laboratorios: Buenos Aires Film
Distribución: Buenos Aires Film (Lavalle 1059)
Duración: 6 actos
Género: drama

Intérpretes: Baronesa de Elinova ("la aventurera"? / novia del protagonista?),[2] Rodolfo Vismara (protagonista), Matías Adolfo de Torres (villano), Enrich Morgan, Augusto Gosalbes, los jockeys Vicente Fernández [Tapón], Ramón Pelletier, Francisco Arcuri, José Canal, Ramón Peña y otros.[3]

Argumento: "Trata de la vida de un muchacho, enamorado de una compañera de oficina, de la que es correspondido y a la cual abandona cuando esta es habilitada en el comercio, por el prejuicio de que pueden pensar que es el interés material y no el amor el que lo induce a seguir sus relaciones amorosas.

Esta situación es aprovechada por los miembros de un sindicato de gente sin escrúpulos que quieren apoderarse de los secretos de la fabricación de perfumes de la casa donde trabajan los enamorados.

Para lograr estos propósitos el secretario del sindicato hace intervenir a 'la aventurera' a fin de que enamore al joven y obtener los secretos por el cual pagarán una buena suma.

Para esto se le prepara al joven mesas de poker, en el cual se le hace perder para comprometerlo, se le lleva a las carreras con igual propósito y cuando creen tener la presa en sus manos pues el joven hizo uso del dinero de su patrón ante un pedido de 'la aventurera' se rebela y se da cuenta de la situación.

La habilitada que sigue enamorada confiesa a su patrón sus amores y este le dice que lo reconquiste. Sabe algo de sus relaciones con 'la aventurera' pero ignora que ha robado a la caja.

Una circunstancia la entera de este hecho y lo salva.
El amor que todo lo redime y purifica encuentra en esta moraleja que cuando el alma es sana y los sentimientos son honrados, el error en que se incurre no llega a agravarse, sino a mejorar dentro del arrepentimiento" (*Crítica*, 8 mayo 1923, p. 16).

"Las vistas tomadas en el Hipódromo, durante una carrera, pueden equipararse a más de un film extranjero, siendo tomadas con tanto detalle y realidad que provocan verdadero entusiasmo en el público aficionado. Y otro tanto puede decirse para las regatas del Tigre.
Si algún defecto puede anotarse para la técnica empleada [...] es la impresión algo monótona que da la iluminación proveniente de lo alto en todos los cuadros y que les da cierta dureza. Los interiores están bien tomados, teniendo en cuenta que no son de galería" (*Última Hora*, 11 mayo 1923, p. 3).

Intertítulos: "Siguiendo en el orden de los reparos, señalaremos los títulos, redactados con notorios descuidos gramaticales y en un estilo recargado de vulgar hojarasca literaria" (Narciso Robledal, *Caras y Caretas* n° 1288, 9 jun. 1923, "Teatro del Silencio").

Comentario: Segundo estreno de la Buenos Aires Film, editora que encara una producción intensiva de muy bajo costo convirtiéndose en uno de los puntales del cine nacional durante 1923. El rodaje de *La aventurera del pasaje Güemes* comenzó en diciembre de 1922 y a pesar de que se anunció a fines de febrero que ya estaba concluido,[4] es muy posible que se haya terminado con anterioridad.
Esta obra, cuyo afiche fue realizado por el dibujante Oñiverta (Alfredo de Treviño), se reestrenó con copias nuevas en mayo de 1924. Posteriormente se comercializó en 1925 y 1930.

Notas: 1. Mientras *Excelsior* n° 480 (23 mayo 1923, p. 31), *Crítica* (23 mayo 1923, p. 16) y *La Nación* (24 mayo 1923, p. 6) citan la primera fecha de exhibición, *La Película* n° 349 (31 mayo 1923, p. 31), *Última Hora* (28 mayo 1923, p. 2) y *La Razón* (28 mayo 1923, p. 4) señalan como día de estreno el lunes 28. **2.** Un comentario de *Crítica* (8 mayo 1923, p. 16) informa que dicha actriz interpreta dos personajes. **3.** Estos jockeys participan únicamente en la carrera del Hipódromo incluida en el film. **4.** *La Película* n° 335, 22 feb. 1923, p. 25.

147. Melenita de Oro

Estreno: lunes 4 de junio a la noche en el Esmeralda, Gaumont Theatre y Petit Splendid (Capital Federal)
Exhibición privada: domingo 22 de abril a las 10:30 hs. en el Esmeralda
Año de producción: 1922/23
Producción: Colón Film (Propietario: Luis A. Scaglione)
Dirección y guion: José A. Ferreyra inspirado libremente en la letra del tango homónimo de Samuel Linning
Fotografía y cámara: Luis A. Scaglione y Vicente Scaglione
Laboratorios: Colón Film
Estudios: Colón Film (Boedo 51)
Distribución: Unión Filmadores Argentinos (Representante: Aquiles Marchesi / Carlos Pellegrini 426)
Duración: 6 actos
Género: "drama de la vida de cabaret"[1]

Intérpretes: Lidia Liss (Leonor, "Melenita de Oro"), Jorge Lafuente (Roberto), Elena Guido ("La Loba"), César Robles ("El Dandy"), Álvaro Escobar ("Espamento"), José Plá ("Papá Juan"), Elena Fernández ("La Grilla"), Carlos Lasalle (Carlos), Ramos Arriaga ("El Rulo"), Juan Ballester.

Argumento: "Desde que se abre el iris para presentarnos una copa de champagne, hasta que se cierra por última vez en el momento en que el mundo reconoce que 'Melenita de Oro' fue buena... pasan ante la vista del espectador muchas escenas" (*Excelsior* n° 482, 6 jun. 1923, p. 23).

"'Melenita de Oro', desde criatura, ha tenido la desdicha de sufrir todas las rudas tempestades de una vida accidentada. No conoció madre y por padre tenía a un borracho que llamaba 'Papá Juan', a quien mantenía con su humilde y poco remunerativo trabajo de costurera. Hermosa, buena y sufrida había despertado los instintos canallescos de 'El Dandy' que veía en 'Melenita de Oro' un filón del rubio y rico metal. Para atraerse las simpatías de 'Papá Juan', 'El Dandy' satisfacía espléndidamente los gustos del borracho, a fin de lograr sus propósitos de conquista, ya que 'Melenita de Oro' no correspondía a sus galanteos. Para la pobre y desdichada criatura no había más ilusión en su corazoncito que Roberto, también un fruto del arrabal, desdichado como ella, a quien el amor hacia 'Melenita de Oro', hacía sentir desprecio a la vida de ladrón que llevaba hasta llegar a sentirse honrado.

Un día que 'Papá Juan' decidió entregar a 'Melenita' a los instintos de 'El Dandy', 'La Loba', amante de este, hace saber a la desdichada criatura lo que se trama contra ella y le aconseja que huya. 'Melenita' va en busca de Roberto para abandonar juntos la casa, pero el plan se frustra y 'El Dandy' logra raptarse la presa.

Ha pasado ya algún tiempo y 'Melenita de Oro' en el cabaret constituye una nota de brillo y de atracción. Lleva su nueva vida con indiferencia. Es fría y llena de escepticismo. Su corazón ha muerto.

'La Loba' una día, a la madrugada, sufre un accidente y es recogida por Roberto, quien va al cabaret con el objeto de que alguien se haga cargo de la enferma. Allí ve a 'Melenita', la emoción lo detiene frente a ella, pero la desdeña. 'El Dandy' cree que Roberto viene a buscar su presa y le provoca un incidente. La policía lo detiene al querer hacer uso de su revólver, pero consigue huir con la ayuda de un compinche que apaga la luz. Al subir la escalera se encuentra con 'Papá Juan', de cuyas manos recibe la muerte.

'Melenita', fuera del yugo, busca a Roberto para pedirle perdón, pero como el amor no muere, sus corazones palpitan nuevamente con las ansias de otros días y se unen.

Alrededor de este drama giran algunas figuras de carácter cómico que matizan con suma habilidad las escenas de emoción, tales 'La Grilla' y 'Espamento'" (*Crítica*, 24 abr. 1923, p. 16).

Intertítulos: "Los párrafos en que se nos explica [el argumento] no son muy respetuosos con los preceptos gramaticales, y, en cambio, derrochadores de puntos suspensivos 'mudos, pero elocuentes', aunque innecesarios" (Narciso Robledal, *Caras y Caretas* n° 1283, 5 mayo 1923, "Teatro del Silencio").

Comentario: Esta película que comenzó a filmar Colón Film en forma simultánea a *La chica de la calle Florida* (1922) con algunos de los mismos intérpretes, constituyó la última colaboración de la actriz Lidia Liss con el director José Ferreyra. El rodaje se inició a mediados de septiembre de 1922 y se anunció su conclusión a fines de marzo de 1923.[2]

Melenita de Oro fue la primera producción comercializada por medio de la Unión Filmadores Argentinos, una distribuidora conformada en mayo de 1923 por las productoras Colón Film, Tylca Film y Urania Film bajo la administración del ex productor Aquiles Marchesi con el objeto de garantizar una conveniente circulación de la producción nacional en el mercado interno.

Seguramente el éxito de la anterior producción de Colón Film, *La chica de la calle Florida*, haya incidido en la muy buena repercusión que *Melenita de Oro* tuvo entre los exhibidores. Según una publicidad de la empresa, 92 salas de cine contrataron su exhibición a solo 10 días del estreno.[3] *Melenita de Oro* se distribuyó en Argentina entre 1925 y 1929. En junio de 1923 y en febrero de 1926 diversas empresas chilenas adquirieron los derechos de comercialización para ese país. El distribuidor Juan Glizé, en mayo de 1923, obtuvo los derechos de exhibición para España.[4]

Notas: 1. Publicidad en *Excelsior* n° 594, 29 jul. 1925. **2.** *Excelsior* n° 472, 28 mar. 1923, p. 17. **3.** *Excelsior* n° 483, 13 jun. 1923, p. 30. **4.** *La Película* n° 345, 3 mayo 1923, p. 39.

148. Martín Fierro

Estreno: jueves 14 de junio en el Grand Splendid Theatre, Palace Theatre y Teatro General Belgrano (Capital Federal)
Exhibición privada: jueves 10 de mayo en el Metropol (Capital Federal)
Año de producción: 1922/23
Producción: Quesada Film (Productor: Alfredo Quesada)
Dirección: Alfredo Quesada
Guion: Alfredo Quesada sobre el poema homónimo de José Hernández
Intertítulos: versos del *Martín Fierro* de José Hernández
Fotografía y cámara: Luis Ángel Scaglione
Laboratorios: Colón Film
Escenografía: Augusto Gosalbes
Estudios: Colón Film (Boedo 51)
Distribución: Quesada Film (Lavalle 886)
Duración: 3.000 metros (164 min. aprox.) / 10 actos
Género: "drama popular"[1]

Intérpretes: Rafael de los Llanos (Martín Fierro), Nelo Cosimi (Sargento Cruz), Diego Figueroa (el viejo "Vizcacha"), Francisco Di Noia ("Picardía"), Francisco Longo ("Picardía" niño), Augusto Gosalbes, la tribu indígena del cacique Coliqueo.

Argumento: s.d.

Locaciones: Prov. de Buenos Aires: Los Toldos (campamento del cacique Coliqueo), Capitán Sarmiento, Capilla del Señor, y proximidades de Capital Federal.

Comentario: El productor Alfredo Quesada financió y dirigió la primera versión cinematográfica del poema de José Hernández, cuya realización técnica estuvo a cargo de los estudios Colón Film. El rodaje de *Martín Fierro* se desarrolló entre fines de noviembre de 1922 y mediados de abril de 1923. En ese período, la filmación sufrió varias interrupciones. Su costo de producción ascendió a 30.000 pesos.[2]
Alfredo Quesada intentó con *Martín Fierro* retomar la interrelación entre cine y literatura masiva que tanto éxito le había dado con *La vendedora...* (1921), aunque en este caso con mucha menos fortuna.
Esta primera y única producción de Quesada Film[3] se distribuyó también entre 1925 y 1928 con una duración reducida a 8 actos.

Comparación con bibliografía específica: Couselo (1992, p. 34), SICMA (1992, p. 36) y Peña (2012, p. 29) dan a entender que Josué Quesada intervino en la producción o en la realización. Cabe destacar que el conjunto de las fuentes consultadas mencionan solo a Alfredo Quesada como director, guionista y productor.[4]

CIHCA (1958, p. 5) y Maranghello (2005, p. 50) señalan que su filmación se realizó en 1923, cuando en realidad se había iniciado en 1922.[5]

Ningún historiador incluye esta obra dentro de la filmografía del fotógrafo Scaglione o de los estudios Colón Film.

Notas: 1. Publicidad en *Excelsior* n° 483, 13 jun. 1923. **2.** *Excelsior* n° 474, 11 abr. 1923, p. 17. **3.** Esta denominación comercial comienza a ser utilizada una vez concluido el rodaje. **4.** Ver *Película* n° 321, 16 nov. 1922, "Producción Nacional"; *Excelsior* n° 477, 2 mayo 1923, p. 28; *La República*, 2 dic. 1922, p. 5 y 18 abr. 1923, p. 5. **5.** Ver *La Película* n° 321, 16 nov. 1922, "Producción Nacional"; *Imparcial Film* n° 188, 28 nov. 1922, "Informaciones Cinematográficas".

149. El puñal del mazorquero

Estreno: martes 7 de agosto a las 18:15 hs. en el Social Theatre (Rosario, prov. de Santa Fe)
Exhibición privada: domingo 29 de abril a la mañana en el Esmeralda (Capital Federal)[1]
Año de producción: 1923
Producción: Urania Film (Propietarios: Benjamín Lapadula y Leopoldo Torres Ríos)
Dirección: Leopoldo Torres Ríos
Guion: Leopoldo Torres Ríos sobre el relato *La hija del mazorquero* de Juana Manuela Gorriti
Fotografía y cámara: Roque Funes
Escenografía: Juan José Gestaro
Distribución: Selección Nacional (Dasso y Cía. / Sucursal Rosario: Sarmiento 880)
Duración: 7 actos
Género: "tragedia histórica de la época de Rosas"[2]

Intérpretes: Blanco Juncal ("Alma Negra"), Víctor Quiroga (Ciriaco Cuitiño), Ernesto Milton (Pueyrredón), Laura del Campo (Clemencia), Leonor Alvear (Sra. de Pueyrredón), Carlos Riglos ("mártir" unitario), Irene González, José Plá, Enrique Pariggi.

Argumento: "Entre los mazorqueros que obedecieron ciegamente las órdenes del terrible dictador se encuentra 'Alma Negra', quien es padre de una bondadosa mujercita [Clemencia]. Por una casualidad Clemencia, conoce al joven unitario Pueyrredón, con quien mantiene relaciones amorosas. Una noche Clemencia escucha cierta conversación, en la que 'Alma Negra' amenaza que morirá 'el salvaje unitario Pueyrredón' en el momento de raptar a una mujer. Este es un golpe rudo para Clemencia, mas es tan grande su amor, que valiéndose de una ingeniosa treta salva a Pueyrredón y a la mujer que va con él.
Un día llega Clemencia al cuartel general para pedir favor por un anciano inocente y se encuentra con Cuitiño y este tiene que suspender el 'asesinato' de un mártir de la causa de Lavalle, que en vez de gritar '¡Viva la santa Federación!' pronunció un sonoro '¡Viva mi patria!'. Llega en ese momento la hija del mazorquero y Cuitiño la atiende con mucha deferencia. Al retirarse se le cae un papel que indica el domicilio de su amado que vive con su joven esposa.

Nuevamente la providencia ayuda a la heroína. Se entera de que la señora de Pueyrredón ha caído en las manos de los mazorqueros y que,
la posible salvación de esta, existe en que se presente su esposo como
detenido. Clemencia hace su último sacrificio para salvarlos. Llega hasta
el calabozo donde se encuentra la desolada mujer, y la hace huir, que-
dándose ella en su lugar.
Van a dar las 10 y Cuitiño, impaciente, le ordena a 'Alma Negra' que mate
a la prisionera. 'Alma Negra' antes de realizar la ejecución, vacila y casi
desiste, pero recuerda el gesto imperativo de Cuitiño y sin darse cuenta
mata a su propia hija" (*Excelsior* n° 496, 12 sep. 1923, p. 17).

Otros datos: "Las figuras de Quintino Pueyrredón, Lavalle y otros héroes
de aquel período turbulento [...] aparecen en el film" (*La Película* n° 364,
13 sep. 1923, p. 17).

"Escenarios de calles, interiores, confección de ropas, etc., según archivo del
Museo Histórico" (Publicidad en *La Película* n° 346, 10 mayo 1923, p. 32).

"Pero todo no son flores. También hay en *El puñal del mazorquero* algunas fallas. Cuando aparece el sereno, al principio y final de la obra, se le
ve un cable que lleva en la bota para que el farol alumbre lo suficiente
como para filmar el efecto de luz.
La protagonista llega hasta el calabozo donde se encuentra la Sra.
Pueyrredón, sin que nadie la moleste. Bien, esto está dispensado, porque
es conocida. ¿El carcelero qué hace? ¿El calabozo abierto? ¿La guardia del
cuartel en su sitio? Y, por último, el centinela durmiendo en la garita. No
sabemos si estos detalles 'son históricos...' o si se deben a la imaginación
de los que tuvieron a su cargo dirigir la película. Tal vez un poco de falta
de práctica que podrá corregirse en próximas labores" (*La República*,
30 abr. 1923, p. 4).

Intertítulos: "–¡Las nueve han dado y sereno!
Viva la Santa Federación.
Mueran los salvajes unitarios.
Las patrullas de mazorqueros lanzaban sus gritos de muerte; se perfilaba
el mortecino farol del sereno trágico y había un rumor impresionante de
ayes moribundos".[3]

"–¡Madrecita! Por primera vez el amor ha llegado a mi corazón, y estoy
sufriendo ahora toda la pena de lo imposible. ¡El hombre que amo no
podrá ser nunca mío!"[4]

"Era en el año 1840.
En la callejuela sombría y larga se perfila una sombra. Vagamente se define.
Es el mazorquero. Tiene una expresión angustiosa y fatal. En sus brazos
descansa un cuerpo de mujer con las ropas y el cabello en desorden"[5]
(Publicidad en *Excelsior* n° 496, 12 sep. 1923, p. 18).

Locaciones: San Vicente (Prov. de Buenos Aires).[6]

Comentario: Primera y única película de Urania Film, productora fundada por Leopoldo Torres Ríos y Benjamín Lapadula en septiembre de
1922 con domicilio en Carlos Pellegrini 426.
El puñal de mazorquero constituyó el debut como director de Leopoldo
Torres Ríos, uno de los cineastas fundamentales de la historia del cine
argentino. Con respeto al rodaje, si bien se anuncia, a comienzos de febrero, que Urania Film estaba terminando esta obra,[7] su filmación recién
concluyó en el transcurso del mes de abril de 1923.
Este film fue distribuido en 1924 y luego entre 1926 y 1928.

Comparación con bibliografía específica: Couselo (1974, p. 122) cita
como fecha de estreno el 12 de septiembre de 1923 en el Petit Splendid,
tratándose en realidad de su primera exhibición en Buenos Aires con
posterioridad a su estreno en Rosario el día 7 de agosto.[8] Por su parte,
CIHCA (1958, p. 23) señala que el año de producción es 1920.

Notas: 1. La proyección privada en Rosario se realizó antes del 4 de
agosto. **2.** Publicidad en *La Película* n° 346, 10 mayo 1923, p. 32. **3.** Esta
leyenda fue publicada con la foto de un sereno que transitaba de noche
por la ciudad. **4.** El intertítulo se corresponde con una fotografía del personaje de Clemencia rezando. **5.** Dichos títulos acompañan una imagen
donde se ve al mazorquero por la calle llevando en brazos el cuerpo de
una mujer. Esa foto muy probablemente remita a la escena final, ya que
la frase "tiene una expresión angustiosa y fatal" podría aludir al dolor
del padre luego de descubrir que había matado a su propia hija. **6.** Esta
información surge de Couselo (1974, p. 32), a partir de declaraciones del
director Torres Ríos. **7.** *Última Hora*, 9 feb. 1923, p. 3. **8.** Ver cartelera en
Crónica, 7 ago. 1923; *Crónica*, 8 ago. 1923, "Cinematográficas".

150. La casa de los cuervos

Estreno: jueves 16 de agosto en el Grand Splendid Theatre, Palace Theatre y Teatro General Belgrano (Capital Federal)
Exhibición privada: lunes 13 de agosto a las 14:30 hs. en el Petit Splendid (Capital Federal)
Año de producción: 1922/23
Producción: Hugo Wast Film (Productores: Gustavo Martínez Zuviría y Sres. Bourdieu)
Dirección: Carlos Rohmer[1]
Guion: Hugo Wast (Gustavo Martínez Zuviría) sobre su novela homónima
Fotografía y cámara: Eduardo Martínez de la Pera y Ernesto Gunche
Virados en color
Laboratorios: Martínez y Gunche (Bogotá 2791, Flores)
Estudios: Martínez y Gunche (Andrés Arguibel 2887)
Distribución: Selección Nacional (Dasso y Cía. / Esmeralda 491)
Duración: 11 actos
Género: drama histórico

Intérpretes: Julio Donadille (Insúa), Elena Stockes (Gabriela?), José Prado (Serafín Aldabar), Elena Avero (Rosarito), Carlos Rohmer (jefe de policía), Diego Figueroa (doctor Cullen / indio delator), Ramón Bertrán, Amelia Mirel, Elena Jones.

Argumento: "La acción de esta novela se desenvuelve en provincias. Descríbese en ella la época azarosa de las revoluciones, hacia el año 1877. El revolucionario Insúa, mata al jefe de las tropas del gobierno, Jarque, y a su secretario Borja. Herido a su vez, huye a caballo y logra escapar de sus perseguidores, refugiándose en los montes.
Lo reciben moribundo en una 'estancia'. Es la casa de doña Carmen de Borja, donde vive con su hija [Gabriela], la viuda de Jarque. Aquella recibe a la vez la noticia de que su hijo y su yerno han muerto en la revolución, y adivina quién los mató, pero guarda su terrible secreto, para no hacer nacer el odio en el corazón de la joven viuda, que cuida al herido.
Ellas lo ocultan durante meses y lo salvan, y un idilio, misterioso al principio, nace entre el revolucionario y aquella joven abnegada, que ignora a quién cuida. Un día él sabe que ella es la viuda y la hermana de sus víctimas, y resuelve alejarse. Pero ella, que ignora el secreto guardado por su madre, quiere retenerlo..." (*La Montaña*, 17 abr. 1923, p. 5).

"Luego [se describen] los amores trágicos de Insúa con Gabriela, enamorada del matador de su hermano [y de su esposo], cuyo matrimonio se anula al pie del altar por la presencia de Syra [novia de Borja] acusando de asesino a Insúa, quien loco de dolor se lanza a los desórdenes revolucionarios, para ir con sus montoneros a la muerte segura como un suicidio premeditado[...] Las figuras del profesor de primera enseñanza y de la romántica Rosarito son de primoroso estilo, representando uno y otra los sentimientos más dulces, bondadosos y magnánimos.

Las escenas del río cuando está a punto de ahogarse Insúa, herido; el incendio del zarzal de insuperable realismo, hablan muy alto de la técnica empleada en la filmación" (*Excelsior* n° 493, 22 ago. 1923, p. 17).

Fotografía y virados: "Hay perspectivas, a la luz del día y otras simulando iluminación nocturna que son de un efecto originalísimo. Perspectivas a dos y tres fondos que muchas películas extranjeras envidiarían y que dan un realce y una vida extraordinaria a los interiores.

Buenos, también, los virajes, tanto de las escenas nocturnas como el del incendio del garzal. Los paisajes, verdaderamente hermosos [...] Ha escapado a la dirección un pequeño detalle, sin importancia. Los restos de Alarcón que el indio encuentra, parecen salidos de una vitrina de museo, blancos y mondos, como si salieran en ese momento de la cocción ácida con que se los blanquea.

¿Se olvidaron [de] que Alarcón muere quemado?... " (*Última Hora*, 18 ago. 1923, p. 5).

Locaciones: estancia en Chascomús (Prov. de Buenos Aires).

Comentario: El proyecto de adaptación de la novela *La casa de los cuervos* de Hugo Wast databa de 1916, año en que obtuvo el primer premio en el concurso del Ateneo Nacional. En febrero de 1917 dicho proyecto recayó en manos de los estudios Martínez y Gunche. A pesar de que el rodaje fue anunciado entre 1917 y 1921, recién se inició el 29 de julio de 1922, y concluyó a comienzos de julio de 1923.

Su financiamiento estuvo a cargo de la empresa Hugo Wast Film, creada en 1922 por Gustavo Martínez Zuviría (Hugo Wast) y los hermanos Bourdieu con el propósito de adaptar al cine una serie de obras de Wast y eventualmente de otros escritores nacionales. La filmación de *La casa de los cuervos* realizada en los estudios Martínez y Gunche tuvo un alto presupuesto para la época, 60.000 pesos. El afiche original fue encargado al artista Málaga Grenet.

La Hugo Wast Film demandó a los estudios por incumplimiento de contrato, aduciendo una labor técnica que no se correspondía con el alto monto abonado.[2] A su vez, la empresa Martínez y Gunche soportaba por ese entonces serios problemas económicos –adeudaba incluso el sueldo de varios intérpretes de este film– que derivarán en su disolución en diciembre de 1924.

La casa de los cuervos, cuya publicidad apelaba a "1.000.000 de lectores que conocen la admirable novela",[3] fue proyectada durante los primeros 15 días en 65 salas de Capital Federal, algo inusual para la producción nacional de ese entonces. Posteriormente se exhibió entre 1924 y 1926.

Notas: 1. Este intérprete es citado como director artístico del film tanto en un reportaje a su protagonista Julio Donadille (*Imparcial Film* n° 280, 30 ago. 1924) como por *El Telégrafo* (29 ene. 1923, p. 5). **2.** Ver *Excelsior* n° 507, 28 nov. 1923, p. 11. **3.** *Excelsior* n° 493, 22 ago. 1923, p. 12.

151. Sombras de Buenos Aires

Estreno: lunes 17 de septiembre a la noche en el Cinematógrafo Callao, Esmeralda, Gaumont Theatre y Petit Splendid (Capital Federal)
Exhibición privada: domingo 2 de septiembre a las 10:30 hs. en el Select Lavalle (Capital Federal)
Año de producción: 1923
Producción: Buenos Aires Film (Propietario: Julio Irigoyen)
Dirección: Julio Irigoyen
Guion: Leopoldo Torres Ríos y Julio Bernat
Fotografía: Roberto Irigoyen
Laboratorios: Buenos Aires Film
Distribución: Buenos Aires Film (Lavalle 1059)
Duración: 8 actos[1]
Género: drama

Intérpretes: María Esther Pomar (Ana María), Matías Adolfo de Torres (Ernesto Vidor), Jorge Mazza [o Maza?] (Jorge Videla), Olinda Bozán (Mary Pickford), Totón Podestá ("Uno Tres Quintos"), Julio Andrada (Huinca), Herman Morgan (Dr. Néstor Wilde), Alfredo de Treviño [o Oñiverta], [Gloria?] Grat (madre de Ana María), Nicolás Oscar Nelson.

Argumento: "Vemos abrirse el iris, mostrándonos como prólogo de la obra, a una muchacha que al morir su madre, sola y desamparada, es recogida por un médico, en otros tiempos gran calavera, pero que sosegado y huérfano también, se compadece de la chica y la conduce a su casa facilitándole toda clase de atenciones y cuidados con el más honesto y sincero desinterés.
Amigo de este médico doctor Jorge Videla, es Ernesto Vidor, joven de desenfrenada vida, quien conoció primero a la huérfana engañándola miserablemente. Ana María, que tal es el nombre de la huérfana, vive dichosa en su respetable morada, cuando cierto día se aparece su ex novio, si tal merece llamársele, teniendo ambos que fingir ante el médico amigo. Estos dos seres que tan estrecha amistad los unía, tienen ambos un caballo de carreras. Se va a correr un gran premio y, anotados los dos corceles, Vidor que denota ser un individuo de malos antecedentes, trata de sobornar a Huinca, jockey del caballo Bisturí, del médico, con el solo fin de hacerle perder para que gane el suyo, Rey Moro. El corredor, que sólo piensa en Ana María, desprecia todo dinero que le ofrecen, pero prometiéndole como propuesta concluyente y exigida por Huinca, el que ella se lo pida, proyéctase una combinada entrevista, y el jockey

promete hacer perder la carrera, con la condición de que ella se someta a mayores sacrificios con él.

La joven que asquea las exigencias del tipo, accede obligada por más de una circunstancia y a la mañana siguiente lo deja abandonado en el sitio preparado para la cita de ambos, sometido a un profundo letargo, del que muere producido por un fuerte narcótico que le da a tomar.

En estas confusiones, originadas por la ausencia del corredor favorito, se confía la dirección del caballo a un aprendiz, que salva la carrera con gran regocijo del triunfo casi inesperado.

Después de una serie de incidencias originadas por las manifestaciones de 'Uno Tres Quintos', apodo de un individuo avezado en cuestiones de turf, como por la aparición de Mary Pickford, una empleadita que sólo aspira a ser estrella de cine, termina la película casándose el médico con Ana María, a quien después de su enterado pasado, la ama por creerla tan buena y digna, como no pudo demostrar en todo momento, por asedio de los malvados que encontrara a su paso, la buena como inexperta muchacha" (*Excelsior* n° 495, 5 sep. 1923, p. 21).

"La carrera de caballos del último acto fue el acontecimiento de la noche [del estreno], el público gritaba desenfrenado '¡Bisturí solo! ¡Arriba, Bisturí solo...!'. Y con la victoria del caballo del médico se volvían a oír los aplausos del público que en ese momento tenía la sensación de encontrarse en Palermo" (*La Película* n° 365, 20 sep. 1923, p. 23).

Locaciones: "Así tenemos, por ejemplo, una esplendida visión del corso de la Avenida, verdaderamente magnífico, una perspectiva nueva de Palermo, y una grandiosa exposición de cómo se encuentra el hipódromo en el día de un gran clásico" (*Crítica*, 30 sep. 1923, p. 10).

Comentario: El argumento y los protagonistas de *Sombras de Buenos Aires* fueron seleccionados a partir de un concurso organizado en mayo de 1923 por el diario *Crítica* y la productora Buenos Aires Film con premios en efectivo,[2] que sirvió de publicidad encubierta para el film. Se trató de un concurso de dudosa imparcialidad, si tenemos en cuenta, por ejemplo, que su guionista, Torres Ríos, había sido el autor de la primera producción de Julio Irigoyen de ese año, *El guapo del arrabal*, y que uno de los dos intérpretes ganadores, Matías de Torres, ya había participado en otras películas de dicha editora. Su filmación se desarrolló en el mes de agosto de 1923 durante un lapso de 20 días, parte de los interiores fueron realizados en Rosario debido a que la compañía teatral de su protagonista, María Esther Podestá de Pomar, estaba de gira por esa ciudad.

Este film, publicitado como una supuesta gran producción de $ 50.000 con importantes gastos en mobiliario,[3] se convirtió, posiblemente gracias a su promoción en un diario de gran masividad y a la participación de una actriz del teatro popular como Podestá, en una obra exitosa. Durante el primer mes fue proyectada en 156 salas, y llegó a las 578 representaciones consecutivas en casi dos meses de exhibición.[4]

De esa popularidad dieron cuenta dos composiciones musicales tituladas *Sombras de Buenos Aires*, un "vals sentimental para piano" de Antonio Bonavena y un tango milonga de J. Santa Cruz y José C. Marco, realizadas mucho después del estreno aunque tal vez hayan sido incluidas eventualmente en alguna proyección del film.

Su *reprise* en los cines de la capital se realizó durante la segunda semana de diciembre de 1923, y a fines de noviembre se estrenó en Montevideo (Uruguay). Posteriormente fue distribuida en nuestro país en 1924, 1925 y 1930.

Comparación con bibliografía específica: Maranghello (2001, p. 62) indica que esta obra tuvo argumento de Julio Irigoyen y que su rodaje demandó cinco días, cuando en realidad, según las fuentes de la época, el guion fue escrito por Torres Ríos y Julio Bernat[5] y su filmación se extendió durante 20 jornadas.[6] También señala que el film obtuvo el primer premio de un concurso del diario *Crítica* por alcanzar las 600 exhibiciones, pero la premiación, previa al rodaje, fue por la supuesta "calidad" del argumento y el "talento" de los tres actores principales.[7]

García Oliveri (1997, p. 29) indica que el año de producción es 1924 y Couselo (1974) no incluye esta obra en la filmografía de Leopoldo Torres Ríos como guionista.

Notas: 1. Publicidad en *La Película* n° 716, 12 jun. 1930. **2.** Mientras que el autor era premiado con 1.000 pesos, los intérpretes seleccionados, Matías de Torres, María Esther Podestá y Jorge Mazza, obtuvieron $ 300 cada uno. **3.** Según *Excelsior* n° 495 (5 sep. 1923, p. 21) "los interiores [...] fueron todos ellos puestos con gran lujo. Una de las habitaciones en que tienen lugar varias escenas de esta película, representa en muebles [de la casa Griet] solamente, un valor de 17.000 pesos". **4.** Ver *La Película* n° 372, 8 nov. 1923, p. 7. **5.** Ver *Excelsior* n° 487, 11 jul. 1923, "Producción Sudamericana"; *Crítica*, 26 ago. 1923, "El Cine..."; *Imparcial Film* n° 230, 15 sep. 1923. **6.** Ver *Crítica*, 21 ago. 1923, p. 11; *Excelsior* n° 497, 19 sep. 1923, p. 17. **7.** *Crítica* (24 jul. 1923, "Los Cines...") informa sobre los guionistas premiados y *Crítica* (5 ago. 1923, p. 10) sobre los intérpretes ganadores.

152. Luis A. Firpo y Jack Dempsey [o El match de box Firpo-Dempsey visto por el caricaturista Pelele][1]

Estreno: sábado 29 de septiembre a la tarde y noche en el Empire Theatre (Capital Federal)
Exhibición privada: -
Año de producción: 1923
Producción: [Cairo Film?] (Propietario: Humberto Cairo)
Dibujos: Pelele (Pedro Ángel Zavalla)
Guion: [Pelele?]
Fotografía y cámara: s.d.
Distribución: Cairo Film (Lavalle 641)
Duración: 1 acto
Género: comedia de animación

Personajes: Luis Ángel Firpo, Jack Dempsey.

Datos del argumento: "Filmado en todo su brutal y cómico realismo. El único film en que se ve a: ¡Dempsey por el aire! Todos los castañazos dados y recibidos por nuestro campeón. En fin: una reproducción exacta y divertida de la segunda pelea del siglo..." (Publicidad en *Última Hora*, 2 oct. 1923).

Comentario: Este film de animación del caricaturista Pelele sobre el histórico match de boxeo entre el Luis Ángel Firpo y el Jack Dempsey fue estrenado incluso antes de la exhibición del registro documental de la pelea. Si bien no pudimos obtener información sobre el período de producción, podemos tomar como referencia de su inicio la fecha del match realizado el 14 de septiembre de 1923.
Luis A. Firpo y Jack Dempsey obviamente busca resaltar los logros del boxeador argentino en una pelea en la que fue derrotado en forma polémica. Posteriormente, se estrenó otra película de dibujos animados sobre la misma temática realizada por Quirino Cristiani.

Comparación con bibliografía específica: Maranghello (2005, p. 50) es el único historiador que hace referencia a esta obra, pero citándola como *La pelea del siglo*. Es probable que esta denominación haya sido obtenida de un breve comentario sobre el film publicado en *La Razón* (4 oct. 1923, p. 7).

Notas: 1. Mientras el primer título corresponde a las publicidades de *Excelsior* n° 501 (17 oct. 1923) y *Última Hora* (2 oct. 1923), el segundo fue obtenido de la cartelera cinematográfica de *La Razón* (29 sep. 1923).

153. La baguala
[Título provisorio: **Donde el puñal es ley (La baguala)**]

Estreno: lunes 1° de octubre en el Crystal Palace (Capital Federal) y en Rosario (Prov. de Santa Fe)
Exhibición privada: domingo 17 de diciembre de 1922 en el Cinematógrafo Callao (Capital Federal)
Año de producción: 1922
Producción: Arte Film
Dirección: Ricardo Villarán
Guion: Ricardo Villarán sobre la novela *Los bandidos* de Jorge Dowton
Fotografía y cámara: Alberto J. Biasotti (Ariel)
Laboratorios: Ariel
Distribución: Super Program (Curell y Cía. / Lavalle 764)
Duración: 6 actos
Género: "drama campero"[1]

Intérpretes: Mary Clay ("La Baguala"), León Artola ("Gavilán"), Juan Ridder (Juan Antonio), Arturo Petrolini ("El Zorro"), Artemio Alvarado ("El Ñato"), H. Luisa de Rivero ("Ña Rita"), Manuel Moreno (El sargento), Pedro Rivero ("El Manchao").

Datos del argumento: "León Artola, Juan Ridder, Manuel Moreno, Artemia Álvarez (sic) A. Petrolini, encarnan tipos de facinerosos que pululan en la cordillera" (*Cine Mundial* n° 5, ago. 1922, p. 9).

Comentario: Esta adaptación de una novela del autor teatral Jorge Dowton fue filmada en los valles calchaquíes (Salta) por Arte Film. Es posible que esta productora estuviese conformada por los integrantes de la empresa Ariel (Biasotti, Guidi y Ponisio) y el director peruano Ricardo Villarán, porque en mayo de 1922 ya se anunciaba la asociación de estos, aunque bajo otra denominación, la Ariel S. A.[2] Su rodaje en exteriores se desarrolló entre mediados de julio y la segunda quincena de agosto de 1922, sin que hayamos podido determinar si se filmaron interiores en Buenos Aires después del regreso del equipo técnico a fines de agosto. Aunque si nos atenemos a su publicidad, daría la impresión de que se realizó íntegramente en Salta. Se trató de la última producción encargada a los talleres Ariel hasta su reapertura en diciembre de 1926.

Notas: 1. Publicidad en *Excelsior* n° 491, 8 ago. 1923. **2.** *Última Hora*, 4 mayo 1922, p. 3.

154. Mi alazán tostao

Estreno: martes 9 de octubre en el Grand Splendid Theatre, Palace Theatre, Cinematógrafo Callao y Teatro General Belgrano (Capital Federal)
Exhibición privada: domingo 16 de septiembre a las 10:30 hs. en el Select (Capital Federal)
Año de producción: 1922
Producción: Mundial Film (Propietario: Alejandro F. Gómez)
Dirección y guion: Nelo Cosimi
Fotografía y cámara: Luis Ángel Scaglione
Laboratorios: Colón Film
Escenografía: Augusto Gosalbes
Estudios: Colón Film (Boedo 51)
Distribución: Mundial Film (Montevideo 17)
Duración: 7 actos
Género: "cine-drama de ambiente campero"[1]

Intérpretes: Nelo Cosimi (Silvestre), Raquel Garín (Eulalia), Augusto Gosalbes (su padre ciego), Rafael de los Llanos, Arturo Forte (el hermano de Eulalia), Rafael D. Giorgio, Félix García, Carmen Sánchez, Luisa Paoli, Juan Ballester.

Argumento: "En uno de nuestros pueblos típicos de la campaña [...] vive una humilde familia que como únicos bienes tiene el rancho de paja y el cercado donde se reproducen sin inquietudes toda suerte de aves de corral.
Un viejo soldado aguarda el fin de sus días, acompañado por sus hijas, sirvió a la República y después quedó ciego y olvidado.
Al pueblo llega cierta vez un gaucho de noble corazón [Silvestre] y otro orejano, precisamente después de la partida del hijo del viejo soldado, a quien ha tocado en suerte ir al servicio militar.
El hijo del juez [Amancio], prototipo del compadrito, enamora con malos fines a una de las hijas del pobre hombre ciego [Eulalia] y por conseguir lo que desea no vacila en emplear los más reprobables medios.
Una lucha sorda se entabla entre las víctimas y el malevo.
El gaucho, noble y valiente, defiende a la hija del anciano y su oportuna intervención, en varios casos, salva a esta de la deshonra.
En el desenlace las víctimas se salvan de las asechanzas del malvado, pero únicamente a costa de la muerte del gaucho" (*La Película* n° 368, 11 oct. 1923, p. 23).

Comentario: *Mi alazán tostao* era un proyecto original de la empresa Araucana Cine Producción o Araucana Film fundada en junio de 1922. Esta sociedad presidida por Filomeno Acuña e integrada por Nelo Cosimi, Manuel Lema Sánchez y Luis Scaglione, entre otros,[2] adquirió en julio la "galería de filmación" de la Cinematografía Argentina Federico Valle ubicada en Boedo 51. Sin embargo, la Araucana se disolvió repentinamente a fines de agosto, permaneciendo en esas instalaciones uno de sus socios, Luis Scaglione, bajo la nueva denominación de Colón Film. A partir de mediados de septiembre de 1922, la distribuidora Mundial Film de Alejandro Gómez asume la financiación de *Mi alazán tostao*, y encarga la labor técnica a los talleres Colón Film. Su rodaje se inició durante los primeros días de octubre de 1922, y su terminación se anunció para el transcurso de la semana del 19 de diciembre.[3]

Mi alazán tostao, uno de los pocos films que se conservan del cine del período, fue preservado en la colección de Manuel Peña Rodríguez donada por el Fondo Nacional de las Artes al Museo del Cine "Ducrós Hicken", y restaurado por el coleccionista Fernando Peña y el historiador César Maranghello con una duración de 44 minutos.

El título de este film influenciado por western estadunidense remite al más grande éxito en Argentina del actor William S. Hart, *Mi caballo pinto*.[4] El representante de la Mundial Film en Santa Fe, Barone, incorporó en las funciones del cine Imperial (Rosario) a comienzos de noviembre de 1923 a un trío de guitarras porteño que acompañó con diversos números de canto la proyección.[5] Dicha distribuidora también lo comercializó en 1924.

Comparación con bibliografía específica: Peña [en Félix-Didier y Peña (coord.), 2009, p. 40] cita como salas de estreno únicamente el Grand Splendid y el Palace Theatre, y en consonancia con el resto de la bibliografía, no atribuye su realización técnica a Colón Film.

Notas: 1. Publicidad en *La Película* n° 390, 13 mar. 1924, p. 18. **2.** El directorio estaba conformado además por Jorge Poey y Juan E. Capurro. **3.** *Imparcial Film* n° 191, 19 dic. 1922, p. 10. **4.** *The narrow trail* (William S. Hart y Lambert Hillyer, 1917). **5.** *Excelsior* n° 504, 7 nov. 1923, p. 21.

155. Firpo-Dempsey
[o **Comentario humorístico del match Firpo- Dempsey**]

Estreno: entre el 11 de octubre y el 13 de noviembre[1]
Exhibición privada: s.d.
Año de producción: 1923
Producción: [Quirino Cristiani?]
Dibujos y realización: Quirino Cristiani
Guion: Quirino Cristiani
Distribución: [Super Program?][2] (Curell y Cía. / Lavalle 764)
Duración: 3 actos
Género: comedia de animación

Personajes: Luis Ángel Firpo, Jack Dempsey.

Datos del argumento: "La descripción más completa, sin cortes... ni quebradas de LA PELEA DEL SIGLO. Donde pueden apreciarse, en sus más mínimos detalles, los 'fouls' cometidos por Dempsey. [...] Firpo – los segundos... y los terceros –El 'pesao' del barrio – El 'promotor'... del escándalo –El toro es llevado al matadero –Allí fue Troya!... Oh! señor, qué de castañas! –Un vuelo planeado sin motor –Cómo será la revancha" (Publicidad en *La Película* n° 372, 8 nov. 1923, p. 10).

Comentario: Segunda película de animación sobre la pelea entre Luis Ángel Firpo y Jack Dempsey realizada el 14 de septiembre de 1923 en Nueva York. La primera información sobre su filmación data del 23 de septiembre, y según *La Película*[3] ya estaba concluida para el 11 de octubre. Con posterioridad al estreno, Quirino Cristiani y Luis Moglia Barth, ex empleados de la Cinematografía Valle, crean en diciembre de 1923 la Cinematográfica Inca, y comienzan a filmar una película semanal de dibujos animados y de actualidades documentales denominada *Cine Revista*.

Notas: 1. Tomamos como referencia estas fechas, porque *La Película* n° 368 (11 oct. 1923, "Los dibujos animados") informa que Cristiani ha realizado este film, y *Excelsior* n° 505 (14 nov. 1923, p. 17) da cuenta de que ya se había estrenado. **2.** Es probable que esta empresa se haya encargado de comercializarla con posterioridad a su estreno. **3.** N° 368, 11 oct. 1923, p. 15.

156. Corazón de criolla
[Primer título de rodaje: **La maleva**]

Estreno: lunes 15 de octubre en el Gaumont Theatre y el Mignon Palace (Capital Federal)
Exhibición privada: domingo 19 de agosto a las 10:30 hs. en el Select Lavalle (Capital Federal)
Año de producción: 1923
Producción: Colón Film (Propietario: Luis A. Scaglione)
Dirección y guion: José A. Ferreyra
Fotografía y cámara: Vicente y Luis Scaglione
Laboratorios: Colón Film
Escenografía: Augusto Gosalbes
Estudios: Colón Film (Boedo 51)
Distribución: Corbicier y Cía. (Uruguay 387)
Duración: 6 actos
Género: "drama de dolor del bajo fondo"[1]

Intérpretes: Yolanda Labardén (Magda), Jorge Lafuente (Juan Carlos), Elena Guido (Rosa), César Robles ("El Marcao"), Gloria Grat, Álvaro Escobar ("Figurita", personaje cómico), José Plá (don Plácido), Augusto Gosalbes, Cora Roig (doña Caridad), Ernesto Milton (Julián), Concepción de Gosalbes, Juan Ballester.

Argumento: "Es la historia de una muchacha que para vengar el honor ultrajado de su hermana y la infelicidad de sus padres viejos, abandona su pueblo para venir a la ciudad en busca del canalla.
Para dar con el sujeto que busca la infeliz vengadora tiene que pasar por una vía crucis que repugna a sus instintos, pero el deseo de venganza es superior a cuanto sacrificio realice.
Y es así que la vemos en el suburbio arrastrar su hermosa figurita en compañía de sujetos deleznables, beber en compañía del *Marcao*, el que manchó el honor de su hermanita para hallar en la confianza la forma fácil de arrancarle la vida [...] La hermanita no aparece, como el *Marcao* no pudo hacer de ella lo que quería, la arrojó de su lado, pero el destino no fue con ella tan cruel, un hombre bondadoso perdonó su falta y le dio su nombre.
Un día un violinista se compadeció de la pobre vengadora y le ofreció su amistad, iba a darle consejos, cuando llega el *Marcao* y quiere matar al violinista. Una amante ofendida de este que estaba en acecho dispara un tiro desde la calle al propio tiempo que la vengadora, y cae el *Marcao*.

La mujer del violinista, que cela a este lo sigue y entra en la habitación en el momento que agoniza el *Marcao*; es la hermanita víctima de este y causante del drama.

Más tarde se sabe que el tiro de la vengadora mató a la amante que estaba afuera y la bala certera fue de aquella pobre mujer que también perdió el *Marcao*.

Ya las cosas así regresan al campo y después de los perdones, son todos felices en la vida sana y tranquila de la estancia" (*Crítica*, 21 ago. 1923, p. 11).

Locaciones y fotografía: "La llegada a Buenos Aires de la joven provinciana presenta [...] la oportunidad de exponer ante el objetivo la Plaza del Congreso, la Avenida de Mayo y otras vistas panorámicas de la ciudad que han sido reproducidas con nitidez, y en las diversas escenas de la película se nota el cuidado puesto por una acertada dirección, no obstante la propensión manifiesta a los efectos de luz y de sombras, de los cuales no siempre conviene abusar [...] Tampoco hubieran estado de más una veintena de personajes que, actuando de comparsas, dieran, por ejemplo al café de la Boca, en cuyo interior se desarrollan muy importantes sucesos, el aspecto real de esos tugurios que siempre resultan pequeños para la enorme cantidad de parroquianos" (*La Nación*, 19 oct. 1923, p. 6).

Intertítulos: "Muy bien [...] los dibujos que se han hecho para adornar los títulos" (*La República*, 20 ago. 1923, p. 4).

Comentario: Esta tercera producción de Colón Film filmada entre el 22 de mayo y fines de julio de 1923, fue adquirida por la distribuidora Corbicier y Cía. por 14.500 pesos con derechos para ser proyectada en toda la república. Luego de la exhibición privada, su duración original fue alterada por dicha empresa con la inclusión de "14 escenas donde muestra diversas bellezas, costumbres y aspectos de la Argentina".[2]

Posteriormente, se distribuyó en 1924, 1926 y 1931. Es muy probable que se haya estrenado en el exterior porque *La Película*[3] informa en 1924 que Corbicier vendió los derechos de exhibición de *Corazón de criolla* en los países del Pacífico hasta Panamá como así también en Italia, Francia y España.

Comparación con bibliografía específica: Couselo (1969, p. 135) cita dos obras realizadas por Ferreyra en 1923, *Corazón de criolla* y *La maleva*, cuando en realidad esta última era el título de rodaje del primer film. De este error dan cuenta, por un lado, los diarios *Última Hora* (12 jul. 1923, p. 7), *El Telégrafo* (13 jul. 1923, p. 5) y *Crítica* (13 jul. 1923, p.

13) que informan sobre el cambio de nombres durante el rodaje, y por otro una publicidad en *Cine Argentino* n° 7 (23 jun. 1938, p. 20) con la filmografía de Álvaro Escobar, en la cual únicamente se menciona *Corazón de criolla*, a pesar de que Couselo incluye a este actor dentro del reparto de *La maleva*.

También CIHCA (1958, p. 31) y Maranghello (2005, p. 41) mencionan la existencia de ambos films. En cambio, Di Núbila (1998) directamente no hace referencia a *Corazón de criolla* dentro de la filmografía de Ferreyra. Por otra parte, CIHCA (1962, p. 21-22) publica una reconstrucción del argumento realizada por el historiador Enrique de Tejada, que decidimos no transcribir pues no coincide con la mayor parte de las sinopsis publicadas en *Crítica* (21 ago. 1923, p. 11) y *La Nación* (19 oct. 1923, p. 6).

Notas: 1. Publicidad en *La Película* n° 378, 20 dic. 1923. **2.** *Excelsior* n° 496, 12 sep. 1923, p. 19. **3.** N° 428, 4 dic. 1924, p. 21.

157. La mano negra

Estreno: viernes 26 de octubre en el Crystal Palace (Capital Federal)
Exhibición privada: s.d.
Año de producción: 1923
Producción: Atalanta Film (Propietario: Luis Landini)
Dirección: [Alberto Traversa?]
Guion: s.d.
Fotografía y cámara: [Emilio Peruzzi?] [y/o Mario Gallo?]
Laboratorios: [Atalanta Film?] [o Gallo Film?]
Estudios: [Atalanta Film?] [o Gallo Film?] (Bartolomé Mitre 2062)
Distribución: Selección Nacional (Dasso y Cía. / Esmeralda 491)
Duración: s.d.
Género: comedia

Intérpretes: s.d.

Argumento: s.d.

Comentario: Se trató de la segunda y última obra de ficción financiada por Atalanta Film, productora que se inició con *Guiñol porteño* (1923). Es muy probable que se haya realizado en los estudios que esta empresa anunció que construiría a partir de septiembre de 1923 en las instalaciones de Gallo Film en Bartolomé Mitre 2062.[1]
Ninguna de las publicaciones de la época consultadas en nuestra investigación da cuenta de su director. Sin embargo, Couselo (1965b, p. 49) y Maranghello (2005, p. 35) mencionan a Alberto Traversa como realizador del film. Si estos datos fueran ciertos, se trataría de la última película de este cineasta italiano en Argentina.
El propietario de Atalanta Film, Luis Landini, luego de un incendio que destruyó dichas instalaciones, puso en venta el negativo de *La mano negra* en 1924,[2] sin que haya vuelto a ser comercializado posteriormente.

Comparación con bibliografía especifica: Couselo (1965b, p. 49) indica que este film fue realizado en 1928.

Notas: 1. *Excelsior* n° 495, 5 sep. 1923, p. 23. **2.** Publicidad en *La Película* n° 422, 23 oct. 1924.

158. Cuentos infantiles

Estreno: [alrededor del 31 de octubre?][1]
Distribución: Selección Nacional (Dasso y Cía. / Esmeralda 491)
Duración: 3 actos

Argumento: s.d.

Comentario: *Cuentos infantiles*, junto a otros cortometrajes documentales y de dibujos animados, era promocionado como complemento de los largometrajes distribuidos por la empresa Selección Nacional. Es probable que este film fuese una compilación de cuentos ficcionales incluidos en alguno de los semanarios documentales de la época.
Esta obra se comercializó través de la misma distribuidora durante 1924.

Comparación con bibliografía específica: Ninguno de los textos consultados menciona esta película.

Notas: 1. Tomamos como referencia esta fecha porque *Excelsior* n° 503 (31 oct. 1923, p. 11) y *La Película* n° 371 (1° nov. 1923, p. 21) anuncian por primera vez que Selección Nacional cuenta con esta película para su distribución, aunque es posible que se estrenara posteriormente.

159. De nuestras pampas

Estreno: martes 6 de noviembre en el Esmeralda y Petit Splendid (Capital Federal)
Exhibición privada: domingo 28 de octubre a las 10:30 hs. en el Select Lavalle (Capital Federal)
Año de producción: 1923
Producción: Buenos Aires Film (Propietario: Julio Irigoyen)
Dirección: Julio Irigoyen
Guion: Leopoldo Torres Ríos
Fotografía y cámara: Roberto Irigoyen
Laboratorios: Buenos Aires Film
Distribución: Buenos Aires Film (Lavalle 1059)
Duración: 6 actos
Género: drama campero

Intérpretes: Blanca Olivier (Susana), Rodolfo Vismara (Horacio), Cesáreo Rocha (Juan Luis), Matías Adolfo de Torres (Anastasio), José A. Dillón (el viejo gaucho Lauro Almaraz), Ana Murray (Jacinta), Totón Podestá, Saturnina Medina (doña Teresa), Elena Vlesi [o Viesi?], Alfredo de Treviño [o Oñiverta], Gloria Grat, José Ramírez, Nicolás Oscar Nelson, José Gola.

Argumento: "El asunto tiene asomos del hijo pródigo, como uno de los protagonistas, Horacio, quien abandona el hogar doméstico para sumergirse en la gran urbe, tras mágicos espejismos de placeres mundanos, de cuyo abismo lo salva su bueno y honrado hermano Juan Luis. Susana es la mujer incitante y sensual que fascina al más romántico de los hermanos y trata de seducir al otro sin conseguirlo, demostrando que hay virtudes inquebrantables.[1]
No falta en esta cinta la indispensable lucha de hombre a hombre, vigorosa pelea sostenida entre los dos hermanos, quedando sin sentido el más bueno, mientras el villano, enceguecido, roba los ahorros de sus padres, fugándose con la vampiresa Susana a Buenos Aires.
Se destaca una escena de emoción y dolor. Pasa en la pulpería del pueblo, garito de la paisanada, donde, uno de los hermanos, Horacio, era desplumado vilmente. En eso entra Juan Luis, su hermano y en lucha franca, cara a cara hace pagar al villano su acción.
Susana que recorría los contornos llegó para admirar la bravura del joven. En esta capital se desarrollan las últimas partes [de] *De nuestras pampas*, donde se vislumbra a través de las luces y la alegría de un cabaret en todo su apogeo, uno de los aspectos del bajo fondo social de esta metrópoli.

El final es conmovedor, Juan Luis encuentra a Horacio en el momento culminante de su derrota por el mundo del vicio, reconciliándose ambos hermanos y volviendo a la senda del bien y al trabajo regenerador viéndoseles marchar juntos bajo el ardiente sol de las pampas a respirar los aires nativos perfumados de violetas, de flores silvestres y plantas olorosas del campo" (*Excelsior* n° 502, 24 oct. 1923, p. 23).

"Hemos visto en la pantalla rodeos, hierras, domas de potros y de mulas, payadores y toda suerte de faenas características de las estancias argentinas [...] La escena de los payadores encantó al público que llenaba la sala del Select Lavalle, no sólo por las figuras en acción bien representadas sino también por las canciones de picadillo llenas de sal y pimienta, cuya gracia hizo estallar el aplauso unánime de la concurrencia"[2] (*Excelsior* n° 504, 7 nov. 1923, p. 11).

Fotografía: "Sirven para dejar constancia de su pericia [Roberto Irigoyen] las hermosas contraluces que nos ofrece en las escenas camperas, al caer la tarde, cuando el rodeo presta bríos al ganado y a los paisanos, que, jinetes en el potro overo, cruzan la Pampa como una exhalación persiguiendo al ternero descarriado" (*Crítica*, 11 nov. 1923, p. 11).

Locaciones: Santa Rosa (La Pampa).

Comentario: Cuarto y último estreno de Buenos Aires Film en el transcurso de 1923. Como en el caso de *Sombras de Buenos Aires* (1923), el argumento obtuvo la medalla de oro en un concurso cinematográfico organizado esta vez por el diario rosarino *Reflejos*. Estas sospechosas premiaciones constituían en realidad una forma de promoción encubierta del film en medios de prensa masivos, que en este caso posibilitó, si nos atenemos a su publicidad, 278 exhibiciones consecutivas a los 26 días de su estreno, a las que asistieron más de 100.000 espectadores.[3]

De nuestras pampas, obra en la que debutó el actor José Gola,[4] de importante trayectoria cinematográfica en la década del '30, es un ejemplo más de un estilo de producción de bajo presupuesto propio de Buenos Aires Film.

Con respecto al período de rodaje, la información es sumamente contradictoria ya que mientras algunas fuentes informan que a fines de febrero de 1923 ya se había concluido,[5] otras indican que se estaba filmando en abril y en septiembre activando su terminación.[6]

A partir de mayo de 1924 se realizó el *reprise*, y retornó al circuito comercial en 1925.

Comparación con bibliografía específica: Maranghello (2001, p. 63) señala que este film se estrenó el 8 de noviembre de 1923 en los cines Esmeralda, Petit Splendid, Gaumont y Princesa, cuando su primera exhibición comercial fue realizada el 6 de noviembre en el Esmeralda y el Petit Splendid.[7]

Notas: 1. Se le contrapone a este personaje ciudadano, otra mujer, Jacinta, que según *Crítica* (13 nov. 1923, p. 16) "representa a la campesina sencilla, sin atracciones falsas y que odia o ama con la sinceridad que sólo saben emplear quienes no han tenido que luchar contra la prostitución y el materialismo". **2.** En la payada de contrapunto intervienen el cantor José A. Dillón, apodado *Almagaucha*, y el actor Totón Podestá en una rueda de paisanos formada por Vismara, De Torres, Rocha, entre otros. Sin embargo, no pudimos determinar si dicha payada expresada a través de las imágenes y de los intertítulos incluía también una actuación en vivo durante la proyección. **3.** *Crítica*, 2 dic. 1923, p. 10. **4.** Ver *Cine Argentino* n° 57, 8 jun. 1939, p. 28. **5.** *La Película* n° 335, 22 feb. 1923, p. 25; *Última Hora*, 21 feb. 1923, p. 3. **6.** *Excelsior* n° 476, 25 abr. 1923, p. 28 y n° 498, 26 sep. 1923, p. 19. **7.** Publicidad en *Crítica*, 6 nov. 1923; *Excelsior* n° 504, 7 nov. 1923, p. 11.

160. La leyenda del Puente Inca

Estreno: domingo 11 de noviembre en el Teatro San Martín (Capital Federal)
Exhibición privada: domingo 4 de noviembre a las 10:30 hs. en el Palace Theatre (Capital Federal)[1]
Año de producción: 1923
Producción: Marcelo Corbicier y Cía.[2]
Dirección y guion: José A. Ferreyra
Fotografía y cámara: Roque Funes
Distribución: Programa Patria (Lavalle 1079)[3]
Duración: 5 actos
Género: "tragedia andina"[4]

Intérpretes: Nelo Cosimi (el "Incano"), Amelia Mirel (María Rosa), Yolanda Labardén (Mavelina), Héctor Míguez (Raimundo).

Argumento: "La leyenda representada es la historia de amor del Incano, muerto de dolor cuando no puede vengar la traición de su mejor amigo. El Inca amaba locamente a su fiel compañera: para ella eran sus pensamientos, sus caricias y halagos. Ciego el Inca no conoció los amores de ella con el amigo más querido a quien le había confiado a su esposa. Mientras él exponía la vida conquistando tribus y honores para ofrecer el botín de guerra a su amada, esta y el amigo lo deshonraban traidoramente. Esta es la leyenda de cuyo tejido fantástico queda el recuerdo de una sortija legada de padres a hijos hasta llegar a poder del Incano. Es la última lágrima petrificada del Inca, repitiéndose el caso con iguales episodios en nuestros días" (*Excelsior* n° 505, 14 nov. 1923, p. 17).

"Su asunto gira en torno de los amores de un descendiente de los Incas del Perú [El Incano, un contrabandista], a quien sus antepasados hicieron un legado de venganza para aquel que mancillara la pureza de las esposas de los Incas [...] En vísperas de contraer matrimonio el Incano con María Rosa,[5] esta es deshonrada por un amigo de aquel [Raimundo] y cuando una noche va a sellar su compromiso el Incano con María Rosa, esta temblando de miedo ante el temor de que su futuro marido descubra la falta que por su propia voluntad no ha cometido, deja caer el anillo de piedra que el Incano le brinda, descubriendo este por tal cosa que su futura esposa no es la virgen sin mancha que soñaba.
El Incano pregunta a María Rosa quién es el traidor, pero esta calla el nombre de quien la ultrajara y entonces el Incano, por una casualidad,

descubre a quien le traicionó. Líbrase entonces una encarnizada lucha entre ambos, la cual termina con la muerte de los dos" (*Crítica*, 13 nov. 1923, p. 15).

Locaciones: Puente del Inca (Mendoza) y cordillera andina.

Comentario: El director José Ferreyra tenía la intención de filmar una serie de películas en paisajes pintorescos de Argentina con el objeto de tornarlas atractivas no sólo para el mercado interno sino también en el exterior, las cuales serían comercializadas por intermedio del distribuidor Marcelo Corbicier. *La leyenda del Puente Inca*, la primera de la serie, responde a este postulado no sólo por pretender "propagandizar las bellezas de la patria"[6] sino también por el exotismo de su argumento. La filmación en exteriores se desarrolló desde mediados hasta fines de septiembre de 1923, mientras que los interiores en Buenos Aires se rodaron durante octubre, sin que hayamos podido determinar qué estudios fueron utilizados.

Su estreno estuvo acompañado de un concurso con un premio semanal de "cinco argentinos oro" y la publicación de la foto en el diario *Crítica* de quien respondiera por escrito en la forma más clara e imparcial posible las siguientes preguntas: ¿cuál es su opinión sobre los intérpretes, el director y la película, y si la misma cuenta con "valores suficientes para ser exhibida como exponente del progreso de nuestra cinematografía en el exterior?".[7]

En diciembre de 1924, Corbicier logró vender los derechos de exhibición de este film para los países del Pacífico hasta Panamá y en Italia, Francia y España.

En nuestro país, *La leyenda del Puente Inca* fue distribuida durante 1924, 1925, 1926 y 1931.

Notas: 1. Fue invitada especialmente la compañía peruana de Arte Incaico. **2.** A pesar de que *Excelsior* n° 496 (12 sep. 1923, p. 19) y n° 514 (16 ene. 1924, p. 12) señalan que se filmó por cuenta de esta empresa, Corbicier y Cía. rectifica esta información y se presenta sólo como su distribuidora. Es posible que esa actitud haya tenido como causa los recurrentes conflictos entre sus socios. **3.** Se trata de la misma dirección comercial de Corbicier y Cía. **4.** Publicidad en *La Película* n° 371, 1 nov. 1923. **5.** María Rosa es hermana de Mavelina, la esposa de Raimundo. **6.** *Excelsior* n° 502, 24 oct. 1923, p. 20. **7.** Publicidad en *Crítica*, 20 nov. 1923.

161. Buenos Aires bohemio
[Primer título de rodaje: **Días de bohemia**]

Estreno: miércoles 14 de noviembre a la noche en el Empire Theatre, Esmeralda y Petit Splendid (Capital Federal)
Exhibición privada: domingo 21 de octubre a las 10:30 hs. en el Empire Theatre
Año de producción: 1923
Producción: Rapid Film [Propietario: Julio Alsina y Cía. (Jolly?)][1]
Dirección y guion: Leopoldo Torres Ríos
Fotografía y cámara: Antonio Defranza
Laboratorios: Rapid Film
Estudios: Rapid Film [Agüero 45?][2]
Distribución: Rapid Film (Lavalle 655)
Duración: 8 actos [3]
Género: "cine-novela de la vida inquieta"[4]

Intérpretes: María Mirbeau (Maruja), Ángel Boyano (El poeta Conrado), Enrique Achával [o Pariggi] (Horacio), Elena Guido (Susana, la corista), Sara Blomberg (La madre), el niño Julio Nasial (El pibe), Ángel Di Giorgi (El casero), Julio Andrada (un avenegra), José Plá ("El viejo verde").

Argumento: "Nuestra capital, lo mismo que en París, Roma o Madrid, es una madriguera de bohemios, son posiblemente los únicos que no están metalizados. Son la nota reidera o sentimental de la sociedad.
Son estos los románticos caballeros del siglo XX, los que Torres ha hecho protagonistas de este film.
El poeta Conrado escribió en una noche fría, arrimado al brasero, un poema donde eran protagonistas varios de sus amigos. En él dejó todo su cariño; pintó un mundo lleno de bondad y de belleza, los hombres no eran malos y la humanidad menos cruel.
Hay muchas coincidencias hijas tal vez de la fantasía, y del hambre. Los dos bohemios que hasta ayer fueron pobres, se encuentran hoy rodeados de lujos, dinero y títulos; salvan con la fortuna heredada por sorpresa a una pobre mujer enferma, y logran sacar del fango a otras jovencitas, como ellos, víctimas de la fatalidad.
Cuando el público está convencido que Horacio es marqués y que Conrado es millonario, la pantalla hace volver a la realidad.
Todo ha sido nada más que una fantasía; unas cuartillas que Conrado lee y que están a punto de ser editadas para poder cenar una semana.

Terminada la lectura 'el millonario' le pide al 'marqués' que lo invite a beber un café..." (*La República*, 22 oct. 1923, p. 4).

"UN MARQUÉS extranjero peón de albañil en Buenos Aires. – UN POETA BOHEMIO millonario en un cuarto de hora. – CORISTAS DE TEATRO ALEGRE que sueñan con un hogar. – UN CASERO pagado con versos. Estos son algunos motivos del más novedoso e interesante film nacional" (Publicidad en *Crítica*, 14 nov. 1923).

Locaciones: calles Carlos Pellegrini y Sarmiento (Capital Federal), entre otras.

Comentario: Los talleres Rapid Film, fundados en mayo de 1921 por uno de los pioneros del cine de ficción en Argentina, Julio Alsina, estaban inicialmente dedicados a la realización de intertítulos y de documentales publicitarios.
En junio de 1923 esta productora inauguró una "galería de filmación" con el propósito de dedicarse a la producción de obras de ficción. *Buenos Aires bohemio*, cuyo argumento contenía algunos rasgos autobiográficos de su autor Leopoldo Torres Ríos,[5] se filmó entre agosto y comienzos de octubre de 1923.
Durante 1924 y 1925 también fue distribuida por intermedio de Rapid Film.

Comparación con bibliografía específica: Couselo (1974, p. 122) indica que esta obra se estrenó en 1924, y CIHCA (1958, p. 4) informa que Rapid Film fue creada por Alsina en 1918, cuando en realidad se fundó en mayo de 1921.[6]

Notas: 1. *La Película* n° 303 (13 jul. 1922, p. 19) menciona a Jolly como propietario de Rapid Film. Sin embargo, no pudimos determinar si en la época de producción de esta película continuaba ocupando ese cargo. **2.** Este dato fue obtenido de una publicación de 1924 (*Excelsior* n° 522, 12 mar. 1924, p. 22), por lo cual puede no coincidir con la ubicación de los estudios en 1923. **3.** Publicidad en *La Película* n° 439, 19 feb. 1925. **4.** Publicidad en *Crítica*, 14 nov. 1923. **5.** *Excelsior* n° 504, 7 nov. 1923, p. 11. **6.** Ver *La Película* n° 241, 5 mayo 1921, "Producción Nacional".

162. Escándalo a media noche

Estreno: lunes 19 de noviembre a la noche en el Esmeralda, Cinematógrafo Callao, Empire Theatre y Petit Splendid (Capital Federal)
Exhibición privada: domingo 14 de octubre a las 10:30 hs. en el Empire Theatre
Año de producción: 1923
Producción: Zenith-Film (Propietarios: Alfredo A. Pisani y Andrés Ducaud)
Dirección: Roberto Guidi
Guion: Eduardo J. Watson [Roberto Guidi?] basado en la novela *El sombrero de tres picos* de Pedro de Alarcón
Fotografía y cámara: Andrés Ducaud
Laboratorios: Zenith-Film
Escenografía: Andrés Ducaud
Estudios: Zenith-Film (Caracas 768 / Flores)
Distribución: Selección Nacional (Dasso y Cía. / Esmeralda 491)
Duración: 6 actos
Género: "comedia dramática"[1]

Intérpretes: Amelia Mirel (Rosario), Felipe Farah (Esteban), Elena Jones (María Elena), Edmundo Volmar (Álvarez), H. Rivero, José Plá (comisario Aguilar), Arturo Petrolini, Pedro Rivero (sargento Soriano), Luis Vicen (el cínico), [Carlos Dux?].[2]

Argumento: "Al abrirse el iris aparecen un joven matrimonio que lleva una vida envidiable; como son pobres, viven honestamente de los trabajos rurales; Rosario, la esposa, le pide a un ricacho de la comarca un puesto para su hermano; este promete ayudarla; pero se ve en él cierto interés que le hace dudar a su esposo Esteban.

Por la noche, Álvarez se pone en complicidad con el comisario Aguilar para que con cualquier pretexto detenga al joven Esteban y de esa forma violaría su domicilio y ultrajaría a la bella Rosario. Después de unas escenas fuertes, motivadas por la detención del joven, este le recomienda a su mujer que cierre bien las puertas.

Una vez en la comisaría lo engañan para que pase allí la noche; pero Esteban que no pierde la ocasión, llama al sargento que lo cuida y lo encierra ganando la puerta para llegar cuanto antes a su domicilio. Su primera sorpresa fue al ver la puerta abierta; después, en el comedor, las ropas de su enemigo y, por último, por el ojo de la cerradura, al canalla que descansa en su propio lecho. Toma un revólver para matarlo, pero cree mejor hacer lo propio en casa de Álvarez. Se cambia con la ropa de este y pocos minutos después se halla en el palacio de aquel mal hombre. Como se ve, la trama está muy bien hilvanada, pero esta es sólo una faz del argumento que tan bien se ha sabido aprovechar para que esta película sea una 'base para los escarmientos futuros'.

Cuando Esteban fue detenido, la esposa cerró la puerta con llave; pero pocos minutos después tuvo que abrirla por oír voces que pedían socorro, apareciendo Álvarez muy fatigado, quien cuenta que debido a un accidente perdió la estabilidad y cayó al arroyo.

Rosario, que ha procurado cuidarlo, comprende que aquel hombre se ha valido de una artimaña para conseguirla y al despreciarlo, se produce una lucha, cayendo este desmayado.

La mujer echa a correr por los campos en dirección a la comisaría y en el camino se encuentra a Melitón, un peón de la estancia de Álvarez y le dice que su amo está en peligro. Entonces Melitón lo traslada a la cama y deja todo en orden (esta fue la escena que vio el marido cuando regresó a su casa y vio a Álvarez en la cama).

Después de interesantes y amenas escenas, que han pasado de dramáticas a cómicas, se encuentran todos en la mansión de Álvarez y todos ven en lo ocurrido una severa lección para el ladrón de la fruta del cercado ajeno.[3] Menos Álvarez, que después de encontrarse con el papel que le dejó Esteban, que decía: 'Ojo por ojo, diente por diente', creyó que lo que pensaba hacer él, lo había realizado el otro con su mujer.

Escándalo a media noche termina con unas frases dirigidas por María Elena a su esposo. Él pregunta: '¿Qué ocurrió aquí?' Y ella le responde: 'Si tu hubieras cumplido con tu obligación y hubieses estado en casa con tu mujercita, nadie te tendría ahora que dar más explicaciones'" (*La República*, 16 oct. 1923, p. 5).

Fotografía e intertítulos: "En cuanto a la fotografía [...] es en general regular, con algunos fuera de foco, no imputables a la proyección [...] Digamos, por fin, que no hay en esta película un solo letrero cursi, con esa prosa pegajosa y ramplona a que nos tenían habituados algunos productores de películas" (*Última Hora*, 17 oct. 1923, p. 3).

Comentario: Primera producción de Zenith-Film, una sociedad conformada por Alfredo Pisani y el escenógrafo Andrés Ducaud en julio de 1923 que poseía sus propios estudios en Caracas 768 (Flores).

Esta adaptación de *El sombrero de tres picos* era un antiguo proyecto que su director, el profesor de literatura Roberto Guidi, planeaba comenzar a filmar por intermedio de la productora Ariel en marzo de 1920. Sin embargo, su rodaje debió postergarse hasta 1923, realizándose entre fines de agosto y comienzos de octubre.

Escándalo a media noche se aparta de las tramas estandarizadas del cine mudo nacional, y se aventura, a través de una comedia con ribetes picarescos, a poner en cuestión, aunque con ciertos límites, la moralina que rodeaba a la institución matrimonial.

Su *reprise* con copia nueva se efectuó entre marzo y junio de 1924 a través de la empresa Selección Nacional, y luego se comercializó por intermedio de otras distribuidoras entre 1925 y 1928. En febrero de 1926 fue adquirida por la Austral Film de Chile para exhibirla en ese país.

Comparación con bibliografía específica: Maranghello (2005, p. 47) señala que Zenith-Film se constituyó recién en 1924 y que su primera obra fue *El poncho del olvido* (1924).

Por su parte, CIHCA (1958, p. 33) indica que la actriz Amelia Mirel se inició en 1923 en Zenith-Film, cuando en realidad su primera película fue *Allá en el Sur...* (1922).

Notas: 1. Publicidad en *Cine Veritas* n° 10, 20 oct. 1923. **2.** En una fotografía del rodaje publicada en *La Montaña* (1 oct. 1923, p. 5) se observa a este actor indicando a cámara el número de escena a filmar, por lo cual es posible que haya participado también en el elenco. **3.** Según *La Película* n° 374 (22 nov. 1923, p. 19) "María Elena [esposa de Álvarez] lo persuade [a Esteban] de que el único sinvergüenza es su marido y que Rosario no puede haberle faltado. La lección, ya que no debe caber venganza, será demostrar a Álvarez su fracaso, y hacerle suponer, en cambio, que Esteban ha triunfado".

163. Almas pequeñas, corazón grande

Estreno: durante 1923 en el cine Odeón (Bahía Blanca, prov. de Buenos Aires)
Exhibición privada: s.d.
Año de producción: 1923
Producción: [Amor Gary (h) y Amor Gary?]
Dirección: Amor Gary (h)
Guion: [Amor Gary (h)?]
Fotografía y cámara: Amor Gary
Virados en color
Escenografía: Tino D' Albi
Distribución: s.d.
Duración: s.d.
Género: s.d.

Intérpretes: s.d.

Argumento: s.d.

Locaciones: Sociedad Sportiva y arroyo Napostá (Bahía Blanca).

Comentario: Según el historiador Agustín Neifert (2007, p. 61-62) se trató de la primera producción de ficción realizada en Bahía Blanca por Amor Gary (h). Su padre, el cameraman del film, era propietario de una casa de fotografía ubicada en la calle San Martín 127 de esa ciudad.

Ubicación de las salas citadas

Alvear (Canning 1378, Capital Federal)
Capitol Theatre [ex Splendid Theatre] (Santa Fe 1848, Capital Federal)
Cine varieté La Bolsa (San Martín 681, Rosario)
Cinematógrafo Callao (Callao 27, Capital Federal)
Crystal Palace (Corrientes 1550, Capital Federal)
Electric Palace (Lavalle 836, Capital Federal)
Empire Theatre (Corrientes y Maipú, Capital Federal)
Esmeralda (Esmeralda 320, Capital Federal)
Gaumont Theatre (Rivadavia 1635, Capital Federal)
Gran Biógrafo Lavalle (Lavalle 921, Capital Federal)
Grand Splendid Theatre (Santa Fe 1860, Capital Federal)
Imperial (Corrientes 425, Rosario)
Imperial Biógrafo (Cangallo 771, Capital Federal)
Majestic Theatre (Lavalle 835, Capital Federal)
Metropol (Lavalle 869, Capital Federal)
Mignon Palace (Juramento 2435, Capital Federal)
Moderno (San Martín 754, Rosario)
Palace Theatre (Corrientes 757, Capital Federal)
Palace Theatre (Córdoba 1384, Rosario)
Palais Bleu (Santa Fe 2541, Capital Federal)
Petit Palace (Libertad 976, Capital Federal)
Petit Splendid (Libertad 976, Capital Federal)
Real Cine (Esmeralda 425, Capital Federal)
San Martín (San Martín y San Luis, Rosario)
Select [o Select American Biograph] (Suipacha 482, Capital Federal)
Select Lavalle (Lavalle 921, Capital Federal)
Smart Palace (Corrientes 1283, Capital Federal)
Social Theatre (Rioja 960, Rosario)
Splendid Theatre (Santa Fe 1848, Capital Federal)
Suipacha (Suipacha 442, Capital Federal)
Teatro Cine Presidente Roca (Rivadavia 3755, Capital Federal)
Teatro de la Ópera (Laprida 1223/35, Rosario)
Teatro de la Princesa (Suipacha 456, Capital Federal)
Teatro Esmeralda (Esmeralda 443/45, Capital Federal)
Teatro Florida (Galería Güemes, Capital Federal)
Teatro General Belgrano (Cabildo 2165, Capital Federal)
Teatro Olimpo (Gral. Mitre 520/ 48, Rosario)

Teatro Politeama Argentino (Corrientes y Paraná, Capital Federal)
Teatro San Martín (Esmeralda 265, Capital Federal)
The American Palace (Córdoba 1785, Capital Federal)

PUBLICACIONES CONSULTADAS

Revistas Cinematográficas

Cine Argentino. Buenos Aires, 1938-1941. Números consultados: 1-53, 55-67, 69-71, 73-82, 180, 181,185, 186.

Cine Mundial. Nueva York. N° 1 (abr. 1922) al n° 8 (nov. 1922).

Cine Universal. Buenos Aires. N° 1 (29 mar. 1919) al n° 67 (9 jul. 1921), números faltantes: 6, 9, 12, 15, 47.

Cine Veritas. Buenos Aires. N° 1 (10 abr. 1923) al n° 12 (22 nov. 1923).

Cinema Chat. Buenos Aires. N° 51 (4 sep. 1920) al n° 85 (30 abr. 1921).

Cinema Star. Rosario. N° 133/134 (1° ene. 1921) al n° 189 (31 dic. 1922).

Excelsior. Buenos Aires. N° 11 (8 abr. 1914) al n° 450 (25 oct. 1922); desde n° 471 (21 mar. 1923) hasta n° 564 (31 dic. 1924); n° 590 (1° jul. 1925) al n° 950 (26 mayo 1932), ejemplares faltantes: 688, 711, 813.

Film (continuación de *Excelsior*). Buenos Aires. N° 951 (2 jun. 1932) hasta n° 981 (30 dic. 1932).

Imparcial Film. Buenos Aires. N° 1 (sep. 1918) al n° 46 (25 feb. 1920); desde el n° 128 (4 oct. 1921) hasta el n° 140 (27 dic. 1921); del n° 149 (28 feb. 1922) al n° 264 (10 mayo 1924), ejemplares faltantes: 150-152, 157-159, 162, 166, 181, 201, 208, 211, 224, 254; del n° 538 (5 ene. 1929) hasta el n° 589 (27 dic. 1929); desde el n° 642 (2 ene. 1931) al n° 744 (30 dic. 1932), número faltante: 664. Ejemplares sueltos 1919-1928: 49, 51, 53, 54, 56, 59, 66, 71, 74, 81, 87, 93, 95, 99-101, 106, 107, 144, 274-276, 278, 280, 282, 288, 292, 296, 306, 308-310, 338, 449, 461, 488.

La Película. Buenos Aires. N° 1 (23 sep. 1916) al n° 853 (20 jul. 1933), números faltantes: 169, 173, 174, 220, 226, 227, 232, 233, 249, 256, 292, 311, 775, 847.

Radiofilm. Buenos Aires, 1958-1959. Números consultados: 652-658, 660, 663, 673.

Revista del Exhibidor. Buenos Aires. N° 1 (15 jul. 1926) al n° 226 (30 dic. 1932).

Revistas culturales

Atlántida. Buenos Aires. (1919: dic.).

Caras y Caretas. Buenos Aires. (1914: ene.-abr., jul.-ago.; 1915: ene.-dic.; 1916: ene.-ago.; 1918: ene.-dic.; 1920: ene.-abr.; 1921: mar.-ago.; 1922: ene.-dic.; 1923: mar.-dic.).

El Hogar. Buenos Aires. (1916: jun.-ago.; 1922: ene.-nov.).

El Tan-Tán. Buenos Aires. (1919: ago.-dic.; 1920: ene.-dic.).

Fray Mocho. Buenos Aires. (1914: ene.-feb., nov.-dic.; 1915: ene.-ago.; 1916: ene.-dic.; 1918: jul.-dic.).

Mundo Argentino. Buenos Aires. (1917: ene.-febrero; 1918: ene.-dic.; 1919: jul.-dic.).

PBT. Buenos Aires. (1916: mar.-jun.; 1917: ene.-dic.; 1918: ene.-mar.).

Plus Ultra. Buenos Aires. (1919: oct.-dic.; 1920: ene.-dic.; 1921: ene.-dic.; 1922: ene.-dic.).

Revista *La Nación*. Buenos Aires. (1972: 26 nov.).

Suplemento de la revista *El Hogar*. Buenos Aires, 1954-1955. Números consultados: 9-11, 15-17, 19-21, 23, 24, 27, 28, 30, 31, 33, 35, 37.

Todo es Historia. Buenos Aires, 1969-1971 / 1975. Números consultados: 32, 33, 42, 44, 46-49, 98.

Vida Porteña. Buenos Aires. (1917: abr.-dic.).

Periódicos

Correo de la Noche. Buenos Aires. (1915: jul.-sep.).

Crítica. Buenos Aires. (1915: mar.-dic.; 1916: ene.-dic.; 1919: 1° jul.-10 ago., 28 nov.-31 dic.; 1920: jun., jul., dic.; 1921: ene.-dic.; 1922: mar.-mayo, 28 ago.-15 nov.; 1923: 1° mar.-16 dic.).

Crónica. Rosario. (1915: jul.; 1916: jun.; 1918: mar.; 1920: feb.-abr.; 1921: mayo; 1923: ago.).

El Censor. Buenos Aires. (1916: ene.-jun.).

El Día. Buenos Aires. (1923: oct.-dic.).

El Diario. Buenos Aires. (1914: ene., mar., jul., oct., dic.; 1915: mar.-mayo, 18 sep.-30 sep., dic.; 1916: abr.-jun., sep.; 1917: feb.; 1922: nov.).

El Diario Español. Buenos Aires. (1916: mar.-abr.; 1918: 21 feb.-11 mayo).

El Nacional. Buenos Aires. (1914: feb.-dic.; 1915: mar.-mayo, jul.-dic.; 1916: mar.-ago., dic.; 1918: mayo-dic.).

El Pueblo. Buenos Aires. (1914: dic.; 1915: ene.-abr., jul.-dic.; 1916: mar.-jun.; 1917: sep.; 1919: oct.-dic.).

El Radical. Buenos Aires. (1915: ago.; 1916: 1° ene.-12 abr.).

El Telégrafo. Buenos Aires. (1921: mayo-dic.; 1922: 1° ene.-16 ene., mar.-jul.; 1923: ene., mayo, jul.-dic.).

Idea Nacional. Buenos Aires. (1916: dic.; 1917: ene.-ago., 15 oct.-31 dic.; 1918: 1° ene.-11 jun.).

La Acción. Rosario. (1920: feb.-abr.; 1921: abr.-mayo; 1922: mar.-abr.).

La Argentina. Buenos Aires. (1916: abr.; 1919: dic.; 1922: ene., nov.).

La Capital. Rosario. (1915: jun.; 1920: 15 feb.-15 mar.; 1921: 1° mayo-15 mayo; 1922: abr.; 1923: nov.-dic.; 1924: mar.-jun., sep.-dic.; 1925: mayo-jun., nov.).

La Época. Buenos Aires. (1918: 22 feb.-20 mar., mayo-jul.; 1923: oct.).

La Gaceta de Buenos Aires. Buenos Aires. (1914: dic.; 1915: abr., jul.-sep., dic.; 1916: ene- abr.; 1918: mar.-jun.).

La Mañana. Buenos Aires. (1914: oct.-dic.; 1915: ene.-dic.; 1916: ene.-dic.; 1917: 1° feb.- 17 feb.; 1918: abr.-dic.; 1919: ene.-mayo, 17 jun.-31 dic.; 1920: 1° ene.-15 jul.).

La Montaña. Buenos Aires. (1919: feb.-dic.; 1920: ene.-dic.; 1921: ene.-dic.; 1923: ene.-dic.).

La Nación. Buenos Aires. (1914: 1° oct.-19 dic.; 1915: 19 mar.-31 mar., 16 abr.-31 abr., 1° dic.-14 dic.; 1916: mar.-abr., sep.; 1917: feb.; 1918: 1° abr.-13 jun.; 1919: 12 jun.-31jun., dic.; 1922: ene., nov.; 1923: sep.).

La Prensa. Buenos Aires. (1914: dic.; 1915: dic.; 1917: ene.-feb.; 1922: ene.; 1923: ago.-sep.).

La Provincia. Santa Fe. (1921: sep.-dic.; 1922: ene.-sep.).

La Razón. Buenos Aires. (1914: 20 nov.-20 dic.; 1915: ene.-dic.; 1916: ene.-dic.; 1917: ene.-dic.; 1918: abr.-sep.; 1919: oct.-dic.; 1920: jul.; 1921: ago.-sep., nov.-dic.; 1922: abr.; 1923: ago.-dic.).

La Reacción. Rosario. (1915: 1° jun.-15 ago.; 1916: jun.).

La República. Buenos Aires. (1919: abr.-mayo, dic.; 1920: ene.-dic.; 1921: ene.-dic.; 1922: ene.-dic.; 1923: ene.-dic.).

La Tarde. Buenos Aires. (1914: ene.-abr., sep.-dic.).

La Tradición. Buenos Aires. (1915: abr., dic.).

La Unión. Buenos Aires. (1915: mayo; 1918: jul.-sep., dic.; 1919: oct.-dic.; 1920: sep.-nov.; 1921: jul.-dic.; 1922: ene., mar.-abr.;1923: oct.-dic.).

La Vanguardia. Buenos Aires. (1916: dic.; 1917: ene.-dic.; 1918: ene.-jun.).

La Verdad. Buenos Aires. (1917: 23 jul.-31 dic.; 1918: 1° ene.-5 mayo).

La Voz del Norte. Buenos Aires. (1916: ene.-dic.; 1917: ene.-dic.; 1918: ene.-ago.).

Las Noticias. Buenos Aires. (1919: 21 mayo-31 dic.; 1920: ene.-mayo).

Tribuna. Buenos Aires. (1914: ene., mar.-jul., dic.; 1915: mar.-dic.; 1916: ene.-dic.; 1917: ene.-abr.).

Última Hora. Buenos Aires. (1920: 26 feb.-31 dic.; 1921: mayo-dic.; 1922: ene.-sep.; 1923: ene.-dic.; 1924: ene.-mar.; 1926: abr.-mayo, ago.-dic.; 1927: abr.-sep., nov.-dic.; 1928: ene.-dic.; 1929: ene.-dic.).

Archivos consultados

Hemeroteca de la Biblioteca Nacional, Biblioteca y Centro de Documentación del Instituto Nacional de Cine y Artes Audiovisuales, Hemeroteca "José Hernández" de la Legislatura de la Ciudad Autónoma de Buenos Aires, Hemeroteca Municipal de Rosario/ONU (Biblioteca Argentina), Biblioteca de la Asociación de Mujeres de Rosario, Hemeroteca del Círculo de Comunicadores de Rosario y de la Región, Biblioteca del Museo del Cine "Pablo Ducrós Hicken", Colección Eduardo Orenstein, Biblioteca Teatral de Argentores, Hemeroteca de la Biblioteca del Congreso de la Nación, Colección del autor.

Bibliografía específica

Amalia. "Film" cinematográfico inspirado en la novela de José Mármol (1914), Buenos Aires, Compañía Sud- Americana de Billetes de Banco.

Anuarios estadísticos de la ciudad de Buenos Aires: 1891-1923 [DVD] (2010), Buenos Aires, Dirección General de Estadísticas y Censos / Gobierno de la Ciudad Autónoma de Buenos Aires.

Argumento de "La última langosta" (1916), Buenos Aires, Editor Juan P. Calatayud.

Barrios Barón, Carlos (1995), *Pioneros del cine en la Argentina*, Buenos Aires, Ed. del Autor.

Bendazzi, Giannalberto (2008), *Quirino Cristiani: Pionero del cine de animación. (Dos veces el océano)*, Buenos Aires, De la Flor.

Bernini, Emilio (2000), "Escenas callejeras. La ciudad en el cine argentino 1919-1943", en *El Matadero* n° 2, Buenos Aires, Facultad de Filosofía y Letras.

Bischoff, Efrain U. (1975), *"Deuda Sagrada*, una película olvidada", en *Todo es Historia* n° 98, Buenos Aires, jul. 1975.

Caneto *et al* (1996), *Historia de los primeros años del cine en la Argentina. 1895-1910*, Buenos Aires, Fundación Cinemateca Argentina.

CIHCA [Centro de Investigación de la Historia del Cine Argentino] (1958), *La época muda del cine argentino (reseña biográfica)*, Buenos Aires, Ed. Cinemateca Argentina, 2° ed.

——(1960), *Leopoldo Torres Ríos*, Buenos Aires, Ed. Cinemateca Argentina.

——(1962), *José Agustín Ferreyra (1889-1943)*, Buenos Aires, IV Festival Cinematográfico Internacional de Mar del Plata.

Couselo, Jorge Miguel (1963), "Fichas sueltas para un diccionario cinematográfico argentino", en *Tiempo de Cine* n° 16, Buenos Aires, oct.- nov. 1963, p. 29-31.

——(1964), "Fichas sueltas para un diccionario cinematográfico argentino", en *Tiempo de Cine* n° 17, Buenos Aires, mar.-abr. 1964, p. 24-26.

——(1965a), "Fichas sueltas para un diccionario cinematográfico argentino", en *Tiempo de Cine* n° 18 y 19, Buenos Aires, mar. 1965, p. 40-43.

——(1965b), "Fichas sueltas para un diccionario del cine argentino", en *Tiempo de Cine* n° 20 y 21, Buenos Aires, primavera-verano, p. 48-51.

——(1968), "Fichas sueltas para un diccionario del cine argentino", en *Tiempo de Cine* n° 22 y 23, Buenos Aires, ago.-sep. 1968, p. 60-63.

——(1969), *El negro Ferreyra. Un cine por instinto*, Buenos Aires, Freeland.

——(1970), "La primera *Amalia* del cine", en *Todo es Historia* n° 39, Buenos Aires, jul. 1970, p. 87.

——(1974), *Leopoldo Torres Ríos. El cine del sentimiento*, Buenos Aires, Corregidor.

——(1992), "El período mudo" en *Historia del cine argentino*, Buenos Aires, Centro Editor de América Latina.

——(1996), "Julio Irigoyen, el cine harto primitivo", en *Desmemoria*, Año II, n° 10, Buenos Aires, feb.- mayo 1996, p. 147-151.

——(2008), *Cine argentino en capítulos sueltos*, Festival Internacional de Cine de Mar del Plata.

Di Chiara, Roberto (1996), *El cine mudo argentino. Las películas existentes en el archivo de Florencio Varela*, Buenos Aires, Ed. del Autor.

Di Núbila, Domingo (1996), *Cuando el cine fue aventura. El pionero Federico Valle*, Buenos Aires, Ediciones del Jilguero.

——(1998), *La época de oro del cine argentino*, Buenos Aires, Ediciones del Jilguero.

Ducrós Hicken, Pablo C. (1942), "Primeros tiempos del cine argentino", en *La Nación*, Buenos Aires, 5 abr. 1942.

——(1950), "Cincuenta años de cine", en *El Hogar* n° 2144, Buenos Aires, 15 dic. 1950.

——(1954a), "Orígenes del cine argentino. Tiempo precinematográfico, en Suplemento de *El Hogar* n° 6, Buenos Aires, 12 nov. 1954.

——(1954b), "Orígenes del cine argentino. Un hombre providencial: Eugenio Py", en Suplemento de *El Hogar* n° 10, Buenos Aires, 10 dic. 1954.

——(1955a), "Orígenes del cine argentino. Nuevas etapas", en Suplemento de *El Hogar* n° 14, Buenos Aires, 7 ene. 1955.

——(1955b), "Orígenes del cine argentino. Una realidad apasionante", en Suplemento de *El Hogar* n° 18, Buenos Aires, 4 feb. 1955.

——(1955c), "Orígenes del cine argentino. Después de *Nobleza Gaucha...*", Suplemento de *El Hogar* n° 22, Buenos Aires, 4 mar. 1955.

——(1955d), "Orígenes del cine argentino. La etapa de *Una Nueva y Gloriosa Nación*", Suplemento de *El Hogar* n° 26, 1° abr. 1955.

——(1968), "La primera versión cinematográfica de *Amalia*", en *La Prensa*, Buenos Aires, 8 dic. 1968, Sección Ilustrada 2°, p. 1.

Etchenique, Jorge y Pena, Cristhian (2003), *Apuntes para una historia del cine en el territorio nacional de La Pampa*, Ministerio de Cultura / Gobierno de La Pampa.

Félix-Didier, Paula y Peña, Fernando [coord.] (2009), *Mosaico Criollo. Primera antología del cine mudo argentino. Dossier*, Buenos Aires, INCAA-Gobierno de la Ciudad.

García Oliveri, Ricardo (1997), "El periodo mudo", en *Cine argentino: Crónica de 100 años*, Buenos Aires, Manrique Zago Ediciones.

Ielpi, Rafael Oscar (2006), "El cine: una novedad. Capítulo 10" en *Rosario, del 900 a la "década infame".* Tomo IV, Rosario, Homosapiens.

Irigaray, Fernando y Molina, Héctor, *Aproximación a la producción cinematográfica rosarina*, http://www.bdp.org.ar/facultad/catedras/comsoc/comaud1/2003/01/ aproximación a la p...19/08/2010.

Kohen, Héctor (1994a), "1900-1920", en *Film* n° 10, Buenos Aires, oct.-nov. 1994.

——(1994b), "La crisis de la modernización. La oligarquía argentina en el período 1908-1919", en *Arte, historia e identidad en América Latina*, México, UNAM.

——(2005), "Algunas bodas y muchos funerales", en *Cuadernos de Cine* n° 5, Buenos Aires, mar. 2005, INCAA.

Kriger, Clara y Portela, Alejandra [comp.] (1997), *Cine latinoamericano I. Diccionario de realizadores*, Buenos Aires, Ediciones del Jilguero.

Levinson, Andrés (2011), *Cine en el país del viento. Antártida y Patagonia en el cine argentino de los primeros tiempos*, Viedma, Fondo Editorial Rionegrino.

Lusnich, Ana Laura y Piedras, Pablo [cedit.] (2009), *Una historia del cine político y social en Argentina (1896-1969)*, Buenos Aires, Nueva Librería.

Maldonado, Leonardo (2006), *Surgimiento y configuración de la crítica cinematográfica en la prensa argentina (1896-1920)*, Buenos Aires, iRojo Editores.

Manfredi (h), Alberto N. (1989), *Augusto Álvarez. Pionero de la cinematografía argentina*, Buenos Aires, Ed. del Autor.

Maranghello, César (2001), "Julio Irigoyen, el torbellino de Buenos Aires" en *La Mirada Cautiva* n° 5, Buenos Aires, oct. 2001, p. 49-86.

——(2005), *Breve historia del cine argentino*, Barcelona, Laertes.

Margaritt, Teo de León (1947), "Vida heroica de la cinematografía argentina. Séptima parte" en *Historia y filosofía del cine*, Buenos Aires, Impulso.

Marrone, Irene (2003), *Imágenes del mundo histórico. Identidades y representaciones en el noticiero y el documental en el cine mudo argentino*, Buenos Aires, Biblos / Archivo General de la Nación.

Martín, Jorge Abel (1983a), "Suplemento 1: Cine argentino. Historia. Documentación. Filmografía", en *Cine Libre* n° 6, Buenos Aires.

——(1983b), "Suplemento 2: Cine argentino. Historia. Documentación. Filmografía. El período intermedio", en *Cine Libre* [n° 7?], Buenos Aires.

Museo del Cine "Ducrós Hicken" (1980a), *Aquellos tiempos del biógrafo*, Buenos Aires, Museo del Cine "Ducrós Hicken".

——(1980b), *Ducrós Hicken, autor de cine*, Buenos Aires, Museo del Cine "Ducrós Hicken".

Neifert, Agustín (2006), "25 años de cine en Bahía Blanca. De muchachadas, rebeldes y remakes", en *La Nueva*, Bahía Blanca, 19 mar. 2006.

——(2007), *El cine en Bahía Blanca. Memoria y homenaje*, Bahía Blanca.

Paralieu, Sidney (2000), *Los cines de Rosario. Ayer y hoy*, Rosario, Fundación Ross.

Peluso, Hamlet y Visconti, Eduardo [comp.] (1998), *Carlos Gardel y la prensa mundial. Crónicas, comentarios y reportajes de su época*, Buenos Aires, Corregidor.

Peña, Fernando (2009), *Retrospectiva: Cine argentino mudo*, Buenos Aires, Malba. Cine.

——(2012), *Cien años de cine argentino*, Buenos Aires, Biblos.

Podestá, María Esther (1985), *Desde ya sin interrupciones*, Buenos Aires, Corregidor.

Pujol, Sergio (1994), *Valentino en Buenos Aires. Los años veinte y el espectáculo*, Buenos Aires, Emecé.

Quiroga, Horacio (2007), *Cine y literatura*, Buenos Aires, Losada.

Rodríguez, Alejandra (2011), "La trama, la historia y la política en *El último malón*", en *PolHis* n° 8 (Boletín electrónico), segundo semestre.

Sáenz, Sebastián (2004), *El cine en Córdoba. Catálogo de la producción cinematográfica 1915-2000*, Córdoba, Ferreyra editor.

Sendrós, Paraná (1992), "Cine e historieta: Un cuento de amor, traición, y tinta china", en *Cine argentino. La otra historia*, Buenos Aires, Letra Buena.

SICMA [Seminario de Investigación del Cine Mudo Argentino] (1992), "Historia del cine mudo en Argentina. 1896-1933", en *Cine latinoamericano (1896-1930)*, Caracas, Fundación del Nuevo Cine Latinoamericano.

...*Tierra argentina! – Comedia dramática en 12 actos* (1916), Buenos Aires, Imprenta "La Familia Italiana".

Programas de cine

Cine Almagro, jueves 4 oct. 1916, tarde y noche.
Cine Colón de Flores, lunes 15 dic. 1919, tarde y noche.
Cine Colón de Flores, viernes 27 feb. 1920, tarde y noche.
Cine Colón de Flores, lunes 8 mar. 1920, tarde y noche.

Cine Colón de Flores, viernes 12 mar. 1920, tarde y noche.
Cine Familiar "Brown" (La Boca), lunes 9 abr. 1923.
Cinematógrafo Callao, domingo 21 sep. 1919, tarde.
Cinematógrafo Callao, domingo 5 oct. 1919, noche.
Crystal Palace, lunes 1° abr. 1918, tarde.
Empire Theatre, martes 10 mar. 1914, matiné.
Gran Cine Imperial, miércoles 15 ene. 1919, noche.
Gran Cine Imperial, miércoles 22 ene. 1919, tarde.
Gran Cine Imperial, sábado 20 mar. 1920, tarde.
Gran Cine Imperial, jueves 12 abr. 1923, noche.
Grand Splendid Theatre, viernes 2 abr. 1920, noche.
Grand Splendid Theatre, miércoles 21 abr. 1920, noche.
Grand Splendid Theatre, sábado 1° mayo 1920, noche.
Grand Splendid Theatre, martes 1° jun. 1920, noche.
Grand Splendid Theatre, viernes 3 nov. 1922, noche.
Imperial Biógrafo, lunes 13 jul. 1914, noche.
Majestic Theatre, lunes 13 mayo 1918, tarde.
Metropol, martes 1° mayo 1923, tarde.
Metropol, viernes 11 mayo 1923, tarde.
Metropol, miércoles 16 mayo 1923, tarde.
Palace Theatre, sábado 3 nov. 1918, noche.
Palace Theatre, domingo 4 abr. 1920, noche.
Palais Cine Paris (La Plata), 20 mayo 1914, noche.
Petit Palace, miércoles 23 jun. 1915, noche.
Real Cine, domingo 29 jul. 1923, noche.
Select (Suipacha), martes 12 sep. 1922, noche.
Smart Palace, viernes 15 mayo 1914, matiné.
Smart Palace, sábado 7 oct. 1916, noche (fotocopia).
Teatro Ideal (La Plata), sábado 1° ago. 1914, noche.
Teatro Ideal (La Plata), jueves 21 ene. 1915, noche.
Teatro Pueyrredón (Flores), viernes 7 mayo 1915, noche.
Teatro Pueyrredón (Flores), lunes 24 mayo 1915, noche.
Teatro Pueyrredón (Flores), viernes 26 mayo 1916, noche.
Teatro Pueyrredón (Flores), miércoles 30 ago. 1916, noche.
Teatro Pueyrredón (Flores), domingo 14 ene. 1917, noche.
Teatro Pueyrredón (Flores), domingo 15 abr. 1917, noche.
Teatro Pueyrredón (Flores), jueves 18 abr. 1918, noche.

Bibliografía complementaria

Bedoya, Ricardo (1995), *100 años de cine en el Perú. Una historia crítica*, Lima, Universidad de Lima.

Bohr, José (1987), *Desde el balcón de mi vida*, Buenos Aires, Sudamericana-Planeta.

Bonavena, Antonio (1924), *Sombras de Buenos Aires* (vals sentimental para piano), [partitura]. [S.I.: s.n.].

Burch, Noël (2006), *El tragaluz del infinito*, Madrid, Cátedra.

Company, Juan Miguel y Palacio, Manuel [coord.] (1997), *Historia general del cine. Volumen V: Europa y Asia (1918-1930)*, Madrid, Cátedra.

Cabrera, Gustavo (2006), *Tita Merello. El mito, la mujer y el cine*, Héctor Oliveri Editor.

Del Amo García, Alfonso (1996), "Inspección técnica de materiales en el archivo de una filmoteca", en *Cuadernos de la Filmoteca* n° 3, Madrid, Filmoteca Española.

Elena, Alberto (1999), "Avatares del cine latinoamericano en España", en *Archivos de la Filmoteca* n° 31, Barcelona, feb. 1999, Paidós.

España, Claudio [Dir.] (1994), *Cine argentino en democracia 1983-1993*, Buenos Aires, Fondo Nacional de las Artes.

——[Dir.] (2000), *Cine argentino 1933-1956. Industria y clasicismo*. Tomo I y II, Buenos Aires, Fondo Nacional de las Artes.

——[Dir.] (2004), *Cine argentino 1957-1983. Modernidad y vanguardias*. Tomo I y II, Buenos Aires, Fondo Nacional de las Artes.

Ferreyra, José A., *La muchacha del arrabal* (tango para piano y canto). Letra: José A. Ferreyra y Leopoldo Torre (Torres Ríos); música, Roberto Firpo, [partitura]. [S.I.: s.n., s.f.].

Fitte, Enrique, *Nobleza gaucha* (vals para piano), [partitura], Buenos Aires, Talleres Gráficos Musicales Francisco De Paula, [s.f.].

González, Ricardo, *Hasta después de muerta* (vals para piano). [S.I.: s.n., s.f.].

González López, Palmira; Cánovas Belchi, Joaquín T. (1993), *Catálogo del cine español. Volumen F 2. Las películas de ficción (1921-1930)*, Madrid, Filmoteca Española.

Konigsberg, Ira (2004), *Diccionario técnico Akal de cine*, Madrid, Akal.

Kriger, Clara (2002), *Páginas de cine. Recorrido por las revistas de cine que se publicaron en Buenos Aires*, Buenos Aires, Archivo General de Nación.

Lagazio, Alfredo (1920), *En un pingo pangaré*, en *El Teatro Nacional* n° 97, Buenos Aires, 24 mar. 1920.

Lecuona, Juan Benito (1921?), *El triunfo de la verdad*, Buenos Aires, Nocito & Rañó.

Manrupe, Rául y Portela, María Alejandra (2005), *Un diccionario de films argentinos (1930-1995)*, Buenos Aires, Corregidor.

Marrosu, Ambretta (1997), *Don Leandro el Inefable: análisis fílmico, crónica y contexto*, Caracas, Fundación Cinemateca Nacional.

Novión, Alberto (1922), *El tango de la muerte*, en *La Escena* n° 67, Buenos Aires, 18 sep. 1922.

Palacio, Manuel y Santos, Pedro (1995), *Historia general del cine. Volumen VI: La transición del mudo al sonoro*, Madrid, Cátedra.

Paolella, Roberto (1967), *Historia del cine mudo*, Buenos Aires, Eudeba.

Pellettieri, Osvaldo (Director) (2002), *Historia del teatro argentino en Buenos Aires. La emancipación cultural (1884-1930)*, Buenos Aires, Galerna.

Pérez Freire, Osmán (1916), *La última langosta* (sinfonía), [partitura], Buenos Aires, Imprenta Ortelli Hnos.

——(1917), *Probá que te va a gustar* (tango para piano), [partitura], Buenos Aires, Imprenta Ortelli Hnos.

Podestá, José J. (2003), *Medio siglo de farándula. Memorias de José J. Podestá*, Buenos Aires, Galerna / Instituto Nacional de Teatro.

Podestá, Manuel T. (1917), *Delfina*, Buenos Aires, Biblioteca de La Nación.

Poil, Francois [José Bohr] (1922), *¡Patagonia!* (shimmy para piano), [partitura]. [S.I.: s.n.].

Ramos, Fernao [org.] (1987), *História do cinema brasileiro*, Art editora.

Rodríguez González, Raúl (1992), *El cine silente en Cuba*, La Habana, Letras Cubanas.

Roldán, Belisario (1919), *El rosal de las ruinas*, en *La Escena* n° 73, Buenos Aires, 20 nov. 1919.

Romano, Silvia y Aguilar, Gonzalo [coord.] (2010), *¿Qué he hecho yo para merecer esto?: guía para el investigador de medios audiovisuales en la Argentina*, Buenos Aires, Asaeca.

Ruiz, Luis Enrique (2004), *El cine mudo español en sus películas*, Bilbao, Mensajero.

Sarlo, Beatriz (1985), *El imperio de los sentimientos. Narraciones de circulación periódica en Argentina (1917-1927)*, Buenos Aires, Catálogos Editora.

Siulnas (1986), *Aquellos personajes de historieta (1912-1959)*, Buenos Aires, Punto Sur Editores.

Sosa Cordero, Osvaldo (1999), *Historia de las varietés en Buenos Aires (1900-1925)*, Buenos Aires, Corregidor.

Talents, Jenaro; Zunzunegui, Santos [coord.] (1997), *Historia general del cine. Volumen IV: América (1915-1928)*, Madrid, Cátedra.
——[coord.] (1998), *Historia general del cine. Volumen III: Europa 1908-1918*, Madrid, Cátedra.

Índice onomástico

Índice de películas y obras

–W–

Catálogo de imágenes

1- Una de las escenas no conservadas de *Amalia* (García Velloso, 1914). El intertítulo que corresponde a la escena reza: "Daniel (Jorge Quintana Unzué) lo salva [a Eduardo (Luis García Lawson)]…conduciéndolo a una zanja…donde le restaña sus heridas" (Folleto "Amalia, film cinematográfico", p. 23; *El Diario*, 11 dic. 1914, p. 5).

2- *Mariano Moreno y la Revolución de Mayo* (García Velloso, 1915). El alcalde Lezica (José Iglesias) le toma juramento a la Primera Junta de Gobierno, integrada por Cornelio Saavedra (José J. Podestá), Mariano Moreno (Pablo Podestá), Manuel Belgrano (César Fiaschi) y Juan José Castelli (Héctor Quiroga) (*Excelsior* n° 62, 7 abr. 1915, p. 6).

3- Los personajes cómicos de...*Tierra argentina!* [Sala (hijo)?, 1916]. De izquierda a derecha: el maestro Gerundio (Félix Mesa), su hijo Gilberto Cacatúa (Florencio Parravicini) y la madre (Aurelia Ferrer) (Publicidad en *Excelsior* n° 99, 1 ene. 1916).

....Gilberto, siempre original y personalísimo en sus hábitos rehusa obstinadamente las atenciones paternales....

4- *Carlitos en Buenos Aires* (Cunill Cabanellas?, 1916). Cunill (Carlitos) baila un tango con una intérprete no identificada (*Excelsior* n° 114, 19 abr. 1916, Sup. p. 8).

5- Partitura de la sinfonía del film *La última langosta* (Calatayud?, 1916), compuesta por Osmán Pérez Freire (Colección del autor).

6- *Hasta después de muerta…* (Parravicini, 1916). Publicidad de la versión de 1928. En la foto aparece Argentino Gómez y un intérprete infantil sin identificar (*Excelsior* n° 747, 5 jul. 1928, p. 28).

7- Publicidad de *El evadido de Ushuaia* (D'Armesano?, 1916). En la fotografía se observa a Julio (Luis Ramassotto) luego de fugarse del presidio (*La Película* n° 12, 14 dic. 1916).

8- *Santos Vega* (De Paoli, 1917). Aurora (Susana Vargas?), fascinada con Santos Vega (José J. Posestá) (*La Película* n° 30, 19 abr. 1917, p. 6).

Y Aurora... no pudo más... el paisano valía la pena... así que pueblera y todo......

9- *Buenos Aires tenebroso* (Glizé y Marracino, 1917). Carmen (Vina Veláz-quez) se muestra celosa ante la atracción de Calandria (Pedro Gialdroni) por María (Gemma Di Güelfo). El primero a la derecha: César Urquiola (*La Película* n° 35, 24 mayo 1917, p. 19).

10- *Flor de durazno* (Defilippis Novoa, 1917). La "bruja" Candela (Rosa Bozán) acecha a la pareja de Fabián (Carlos Gardel) y Rina (Ilde Pirovano) (*La Novela del Día* n° 139, 27 mayo 1921).

11- Publicidad de *El Apóstol* (1917), con caricaturas del presidente Hipólito Yrigoyen y del senador José Camilo Crotto, entre otros (*La Película* n° 62, 20 nov. 1917, p. 10).

12- El afiche de *El ladrón* (Roldán, 1917), ilustrado por Mario Zavattaro (*Excelsior* n° 200, 1 ene. 1918).

13- *¿Hasta dónde…?* (Capellani, 1918). Paul Capellani (el primero de la derecha), el protagonista dominado por su adicción al juego, y Héctor Quiroga (de pie en el centro) (*La Película* n° 79, 28 mar. 1918, p. 17).

14- *Máscara-Dura* (Borgini, 1918). Una escena del primer acto, en la cual Lulú canta y toca el piano que Máscara-Dura planea robar (*PBT* n° 692, 27 feb. 1918).

15- *Una noche de gala en el Colón* (Ducaud, 1918). Los muñecos representan a políticos de varios partidos ubicados en distintos sectores del Teatro Colón (*La Película* n° 106, 3 oct. 1918, p. 18).

16- *En buena ley* (Traversa, 1919). En la pulpería, Luciano Varangot (Mario Recchiedei, a la izquierda), el hijo del patrón, intenta provocar un altercado con el administrador de la estancia Fausto Leiva (Pedro Gialdroni, a la derecha) (*La Montaña*, 15 abr. 1919, p. 4).

17- Una escena perdida de *Juan Sin Ropa* (Benoît, 1919). El obrero Juan Ponce (Héctor Quiroga, a la derecha), ahora un acaudalado colono, participa de una fiesta junto a la familia de su antiguo patrón, Alvarado (José de Ángel, a la izquierda). En el centro su hija Elena (Camila Quiroga) y detrás de ella su hermano Oscar (Carlos Bouhier) (*La Película* n° 242, 12 mayo 1921).

18- Milagros de la Vega interpreta a la chismosa Petronila Pérez y Gómez en *El mentir de los demás* (Guidi, 1919) (*Imparcial Film* n° 24, 15 jul. 1919).

Un detalle del film

19- De izquierda a derecha: Lidia Liss, Saúl Larguía y Nelo Cosimi en una escena de *De vuelta al pago* (Ferreyra, 1919) (*La Película* n° 163, 6 nov. 1919).

20- *Blanco y negro* (Sansisena de Elizalde, Ocampo y Acevedo, 1919). Fotogramas del personaje Mercedes Acuña (Mercedes Anchorena) (*Imparcial Film* n° 40, 25 dic. 1919).

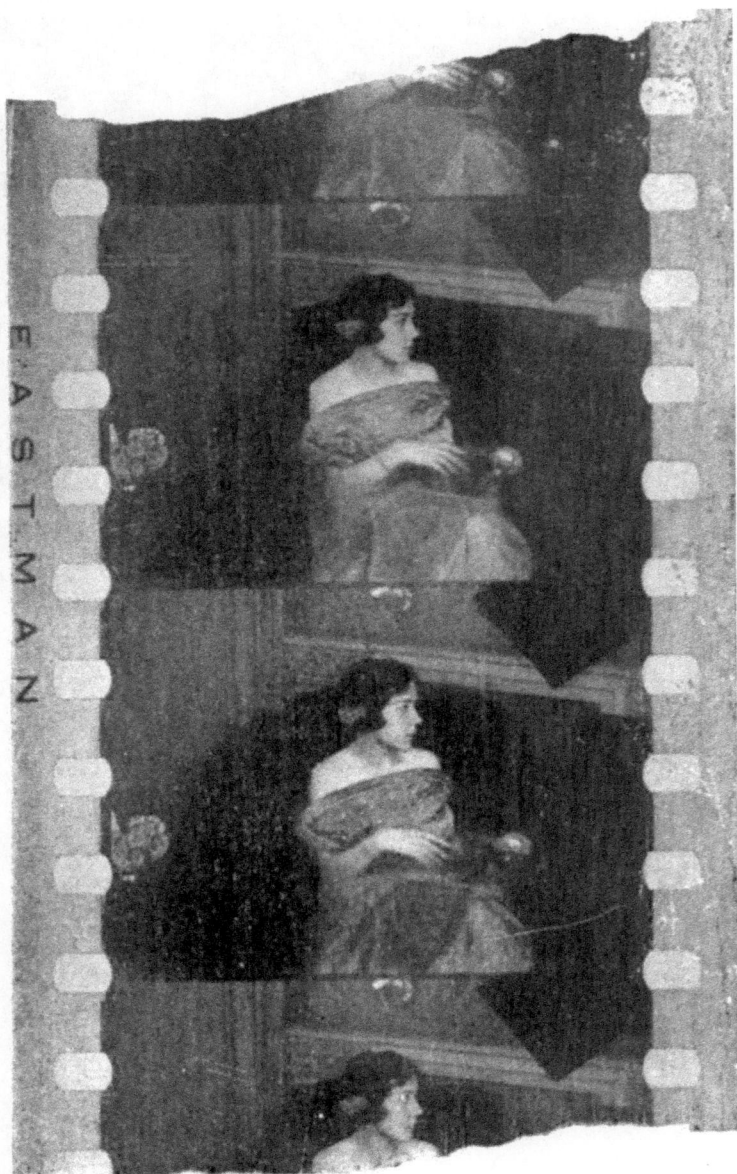

21- *Pueblo Chico…* (Sóstene y Edmo Cominetti, 1920). Bernardo Gambaudi (Sóstene Cominetti) se niega a escuchar las explicaciones de su esposa (Sara Quirós), convencido de su infidelidad (*La Película* n° 182, 18 mar.
1920, p. 12).

22- *Mala yerba* (Guidi, 1920). Juan Carlos (Felipe Farah) protege a su hermana Flora (Elena Rivera) del asedio del estanciero Benavidez (Angel Boyano) (*La República*, 9 jun. 1920, p. 6).

"MALA YERBA"

Elena Ribera, Felipe Farah y Angel Boyano, en una escena de "Mala Yerba"

23- Publicidad de *Mi derecho* (B. de Celestini?, 1920). Blanca Castillo (Pepita González) se reencuentra con su hijo (Sandro Celestini), años después de haber sido obligada a darlo en adopción por ser madre soltera (*La Película* n° 200, 22 jul. 1920).

24- Escena final de *Milonguita* (Bustamante y Ballivián, 1922). Esthercita (María Esther Lerena), mientras agoniza, se reencuentra con su antiguo amor, Carlos (Ignacio Corsini), el médico de turno del hospital (*Imparcial Film* n° 158, 2 mayo 1922).

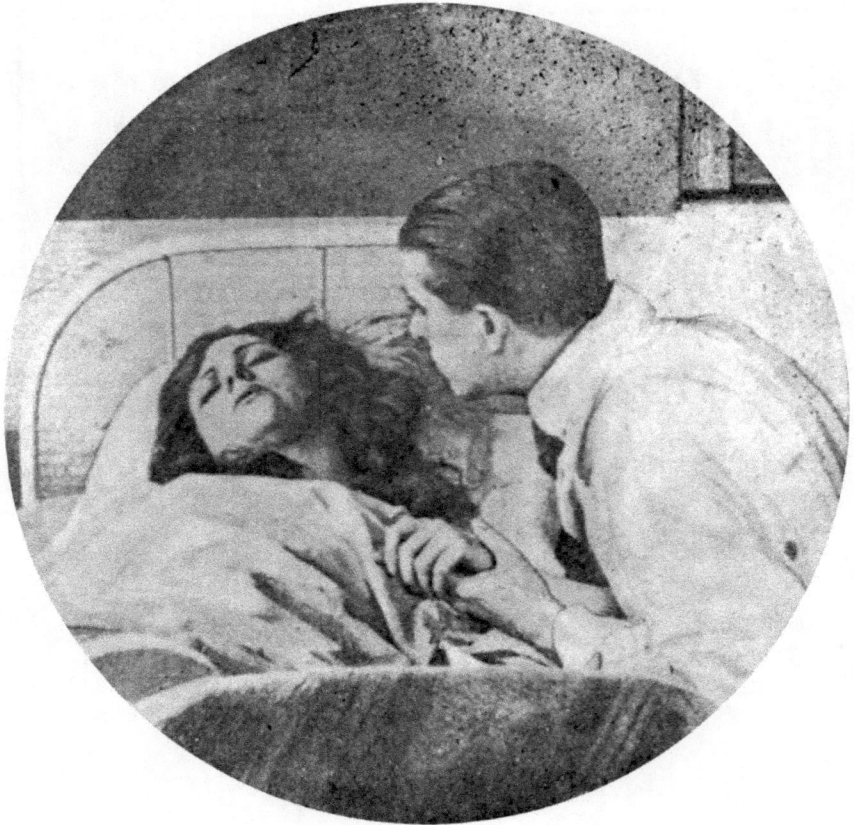

25- Lidia Liss baila un tango en *La muchacha del arrabal* (Ferreyra, 1922) (*El Telégrafo*, 6 jul. 1922, p. 5).

"La muchacha del arrabal"

26- Publicidad de ¡*Patagonia!* (Etchebehere, 1922). En la foto, el indio Manco (Arauco Radal) salva la vida de una joven huérfana (Amelia Mirel) (*Excelsior* n° 447, 4 oct. 1922).

27- Carlos Rohmer como Mefistófeles en *Fausto, relatado por Anastasio "El Pollo"* (Rohmer, 1922) (*Excelsior* n° 439, 9 ago. 1922).

28- Publicidad de *Fir¡pobre!nnan* (Cristiani, 1923). Caricaturas de Bill Brennan y Luis Ángel Firpo (*La Película* n° 342, 12 abr. 1923, p. 37).

29- En el centro, el guapo (Rodolfo Vismara) y Mariposa (Noemí Labardén), los personajes principales de *El guapo del arrabal* (Irigoyen, 1923). Fotógrafo: Zucchi (*Excelsior* n° 474, 11 abr. 1923).

30- Diversas escenas del film *Martin Fierro* (Quesada, 1923) (*Última Hora*, 9 abr. 1923).

Agradecimientos

En primer lugar, quisiéramos agradecer muy especialmente a María Pia López, Cecilia Larsen y Emiliano Ruiz Díaz del Área de Investigaciones de la Biblioteca Nacional de la República Argentina, por su apoyo incondicional para que este trabajo, ajeno al ámbito académico, pudiera desarrollarse a lo largo de varios años y llegara a publicarse. Agradecemos también a Graciela Daleo, que realizó una corrección sumamente precisa del texto original y ofreció sugerencias siempre pertinentes; a Ignacio Zeballos, Jefe de Departamento de Procesos Técnicos de la Biblioteca Nacional, quien junto con Mariana Nazar, Asistente técnica en el Departamento Archivo Intermedio del Archivo General de la Nación, aportaron consejos inestimables para la confección de la estructura del catálogo. Y, desde luego, a los integrantes de la Hemeroteca de la Biblioteca Nacional (María García Vinent, Gonzalo Gully, José Agüero, Soledad Zúñiga y Teresa Boquete, entre otros) que siempre estuvieron predispuestos a lo largo de estos años a realizar la búsqueda de las más ignotas publicaciones.

Por otra parte, agradecemos a Adrián Muoyo y Octavio Morelli, quienes a través de la Biblioteca y Centro de Documentación y Archivo del Instituto Nacional de Cine y Artes Audiovisuales encararon con enorme esfuerzo un trabajo de preservación de colecciones únicas de publicaciones que permitirán abrir nuevos campos de investigación en la historia del cine argentino en los años venideros. Sin su apoyo incondicional y del resto del equipo de esta biblioteca (conformado por Julio Iammarino, Alejandro Intrieri, Julio Artucio y Paula Barba), nuestra investigación no hubiese pasado de ser solo un proyecto.

También fue invalorable la ayuda prestada por el grupo de trabajo de la Hemeroteca Municipal de Rosario /ONU, por Andrea López Marelli, de la Biblioteca de la Asociación de Mujeres de Rosario, y por Néstor Francis, director de la Hemeroteca del Círculo de Comunicadores de Rosario y de la Región.

Pero principalmente quisiéramos resaltar el aporte fundamental de Hernán Villasenin y Constanza Gho, con quienes pudimos conformar un ámbito de discusión permanente sobre las hipótesis propuestas en el estudio preliminar, y que aportaron sugerencias y modificaciones a los textos introductorios.

También agradecemos al especialista en cine mudo Enrique Bouchard por responder a nuestras consultas, al historiador Martín Nuñez, quien constantemente se preocupó por la búsqueda de nuevas fuentes bibliografías,

y al cineasta y coleccionista Eduardo Orestein que con generosidad abrió su importante archivo sobre el período, aportando materiales centrales para esta investigación. En el mismo sentido, resultó invalorable el aporte de Willy Campion, Mary Rosa Seco Romera, Tomas Bregar, Juan Cristóbal Basile, Elena Santillán, Norberto L. Sznajdleder y Julio Artucio tanto en la búsqueda de publicaciones y programas como de películas.
Por último a los amigos que alentaron esta investigación como Horacio Campodónico, Silvia Cura, Laura Benítez, Juan Manuel Heredia, Diego Bugallo, Pablo Pérez, Javier Oviedo, Vanina Curso, Sergio Lodise, César Britos, Sergio Montero, el Duende del Kaos, Ariel Nocera, Alejandro Hosne, Lucas Domínguez Rubio, María Infante, Alejandrina Falcón, Marcelo Romano, Claudio Dovale y la familia Chaker.

Este libro se terminó de imprimir en septiembre de 2016 en Imprenta Dorrego, Dorrego 1102, CABA

www.ingramcontent.com/pod-product-compliance
Lightning Source LLC
Chambersburg PA
CBHW021805270326
41932CB00007B/58